TROUBLESHOOTING
AND
RISK PREVENTION OF
ENTERPRISE CONTRACT DISPUTES

企业合同纠纷疑难解答与风险防范

徐　嵩　伍志坚　黄明建　主编

法律出版社 LAW PRESS · CHINA
北京

图书在版编目(CIP)数据

企业合同纠纷疑难解答与风险防范 / 徐嵩, 伍志坚, 黄明建主编. -- 北京 : 法律出版社, 2022

ISBN 978-7-5197-6653-5

Ⅰ. ①企… Ⅱ. ①徐… ②伍… ③黄… Ⅲ. ①企业-经济合同-合同纠纷-问题解答②企业-经济合同-合同纠纷-处理-中国 Ⅳ. ①D923.65

中国版本图书馆 CIP 数据核字(2022)第065156号

企业合同纠纷疑难解答与风险防范
QIYE HETONG JIUFEN YINAN JIEDA YU FENGXIAN FANGFAN

徐 嵩 伍志坚 黄明建 主编

策划编辑 林 蕊
责任编辑 林 蕊
装帧设计 汪奇峰

出版发行 法律出版社
编辑统筹 司法实务出版分社
责任校对 王 丰
责任印制 胡晓雅
经 销 新华书店

开本 710毫米×1000毫米 1/16
印张 22.25 **字数** 428千
版本 2022年6月第1版
印次 2022年6月第1次印刷
印刷 固安华明印业有限公司

地址:北京市丰台区莲花池西里7号(100073)
网址:www.lawpress.com.cn
投稿邮箱:info@lawpress.com.cn
举报盗版邮箱:jbwq@lawpress.com.cn

销售电话:010-83938349
客服电话:010-83938350
咨询电话:010-63939796

书号:ISBN 978-7-5197-6653-5
定价:68.00元

凡购买本社图书,如有印装错误,我社负责退换。电话:010-83938349

本书编委会

序　一

自2020年起，新冠肺炎疫情的暴发对大家的生产、生活产生了巨大的影响，虽然随着疫苗的普及、防疫措施的成熟，国内疫情也已好转且保持可控态势，但新冠肺炎疫情并未像我们期待的一样完全消失，而是进入时起时伏、随时可能小规模暴发或季节性发作的“后疫情”时代。国内商业发展开始恢复，商场等逐步恢复正常经营，但是受疫情冲击较大的行业，如娱乐业、餐饮业、旅游业等，似乎还没有恢复元气。

即使是笔者所在的反射弧较长的律师行业，今年也感受到了明显的冲击，以公司业务为主，尤其是以中小民营企业为主要客户来源的律师，面临客户流失、收入锐减等问题。大部分律师业务难以维持增长态势，不少资深律师都坦言行业面临发展“寒冬期”。就我个人而言，虽然业务增长不及预期，但我却难得有充足的时间专注在本书的写作上，也算是一件好事。

“后疫情”时代里，我被问得最多的法律问题除了劳动用工，便是商事合同订立、履行、解除的问题。例如，我的一位客户公司经营难以为继，想通过股权融资获得资金的注入，但没想到股权转让合同订立后，投资人却迟迟无法按时支付股权转让价款，最终公司还是因为资金断裂而不得不停止营业。诚然，企业经营与合同密不可分，企业几乎每天都要签订各种合同、协议，必然会面临诸多不同类型商事合同的签订与履行，如买卖合同、租赁合同、融资合同、运输合同、技术合同、委托合同等。然而很多企业在合同签订中的风险防范意识和能力较低，内部合同管理制度也存在漏洞，发生合同纠纷的风险居高不下。企业如果在合同签订时没有把握先机，一旦出现纠纷进入诉讼等法律程序就会陷入被动，有苦难言。而企业完全可以在合同订立中通过合理、充分的风险评估和预防措施来避免这种情况的发生。这也是本书写作的初衷：我们希望利用自身长期为公司提供法律顾问服务、参与合同纠纷处理积累的丰富的合同法律实战经验，帮助企业认识其日常经营活动中潜在的法律风险，了解必要的法律知识并在实际工作中做到活学活用。

本书的章节主要是对照《民法典》第三编撰写的。我们对其中第二分编中的“供用电、水、气、热力合同”做了替换，改为“股权转让合同”。这是由于实务中，供用电、水、气、热力行业并非充分竞争的行业，作为普通的消费者，议价能力较弱，签订的大多是格式合同，因此我们根据实务中的热点、难点，将相应内容换成“股权转让合同”。本书提供生动、典型的案例情景，希望能帮助更多的公司预防商事合同法律风险。

最后，请允许我对参与本书写作的编委会全体成员及创作团队的每位成员表示由衷的感谢和崇高的敬意！囿于学识和时间，本书难免有疏漏和不当之处，欢迎各位专家、学者、读者不吝赐教，对本书的不足之处给予批评和指正。

徐　嵩

2022年5月

序　二

党的十八届三中全会指出，经济体制改革是全面深化改革的重点，核心问题是处理好政府和市场的关系，使市场在资源配置中起决定性作用和更好发挥政府作用。

社会主义市场经济本质上是法治经济，在深化“放管服”改革过程中，需要最大限度减少政府对市场活动的直接干预。由于市场在资源配置过程中起决定性作用，政府对市场活动的直接干预不断减少，企业在经济交往过程中的权益往往就需要通过合同得到保护。因此，合同风险的防范以及合同纠纷的解决就成为企业需要直接面对的重要课题。

在市场经济条件下，合同是企业实现交易的桥梁，是企业换取各类市场资源的必备手段，是企业赖以生存与发展的基本要素。同时，我们也要意识到，合同既是企业实现利润的起点，也是蕴藏风险的温床，许多风险在合同签订之初就已蕴藏其中。但是，现实生活中，部分企业重诉讼、轻预防，往往愿意不计成本打赢官司，却不愿意从源头填补合同漏洞、防范合同风险。如果企业能够对合同加以重视，对合同的起草、修改、签订、履行以及合同相关工作进行系统化、规范化管理，并对重要的合同条款进行严格谨慎的审查修改，提高签订合同的质量，完善合同履行的手续，将可大大减少合同风险。

加强企业合同管理、规范企业合同行为、防范企业合同风险、减少企业合同纠纷，是本书编写过程中的基本指导思想，我们期望本书的问世，能给企业带来有实践操作价值的指导和帮助。本书内容共分为二十七章，按照《民法典》第三编的内容进行编排，贯穿合同订立、履行和终止的全过程，并重点介绍各类典型合同的处理，通过以案释法的方式，从防范合同风险的角度出发，深度剖析每一个案例涉及的重要法律规定和法理问题，尽可能从中提炼具有可操作性的解决方案。本书在案例分析过程中，尽量将案例涉及的法律条文及相关观点和处理规则一并列出，以便企业管理人员在获得结论的同时，能够清楚地辨析和掌握相关法律规定，知其然并知其所以然，切实提高企业管理人员的依法治企水平和能力，从而更好、更高效地管理企业，通过管理获得效益。

本书根据《民法典》及其最新司法解释的规定编写，以集大成的方式融入了不同的实务观点，并结合编写组成员丰富的司法实践经验，形成了独具特色的体裁，力求以极简、清晰、切题的文字表述实用内容，为从事合同管理工作的法务人员、合同管理人员提供参考思路和工作方法，以满足企业的实务需求。

本书得以顺利成稿，归功于编写组全体成员长期以来的合同实践经验的总结与提炼；本书是他们不辞劳苦、尽心尽力的奋斗成果。正是以这种长期探索和反复实践的经验为基础，本书的内容才得以展现得生动真实、接近现实。相信每一位企业管理人员在掌握本书的要义之后，也能成为解决合同纠纷的专家。

诚然，企业合同纠纷解决涉及的法律问题纷繁复杂，受篇幅和作者能力所限，本书只是对其中一些常见的法律问题进行粗浅的介绍，读者如果希望对某个问题进行详细了解或者深入研究，还需要进一步查找其他资料或针对具体问题咨询专业人士，寻求更详细具体、更具针对性的法律咨询意见。

最后，特别感谢广东国智律师事务所尤其是对本书初稿提出修改意见的各位同事在本书写作过程中给予的鼓励与支持。当然，因时间和个人水平有限，书中难免存在疏漏和不妥之处，敬请广大读者朋友们批评指正。希望读者能从本书中汲取营养，受到启发，获得灵感；也希望本书能为企业的合同纠纷解决提供实实在在的帮助。

伍志坚

2022 年 5 月

序　三

契约精神是现代文明的基石，是市场经济的基础和灵魂，也是基本的商业道德和商业精神，社会主体都应该严格遵守合同契约规则。改革开放以来，中国经济飞速发展，大量的商业交易都以合同的形式实现，合同纠纷已经成为数量最多、范围最广、影响最大的法律纠纷。在各级人民法院受理的民商事案件中，有一半以上是合同纠纷，均与合同的订立、效力、履行、变更、解除、终止等有关。

本人自从事律师工作以来，先后为500余家企事业单位提供常年法律顾问服务，起草、审改合同逾10万份，办理各类合同纠纷案件1000余起。我从常年累月的起草审查合同文本、处理合同纠纷工作中发现，许多企业普遍存在的合同问题包括以下5个方面：一是交易主体普遍不重视书面合同的订立，至今尚有大量商业交易以口头约定方式进行，发生纠纷时，企业常因无法收集相应证据，面临举证困难；二是企业对合同交易的内容缺乏事前合规性审查，对交易的商业流程、风险点把控不足；三是部分法务工作者缺乏诉讼实战经验，对合同变更、解除、终止、违约等后果预估不足，导致在合同文本起草、审查过程中，出现误判，合同缺乏实用性和科学性；四是缺乏证据意识，在合同履行过程中，不重视证据的收集、整理、保存，对合同档案保管不善，导致产生纠纷时举证不能；五是未能建立完整有效的合同管理体系，缺乏流程、标准和监管，导致合同履行不规范。

每一起合同纠纷反映不同层面的合同风险防控问题。本书旨在通过案例、风险提示、法律规定，对常用的典型合同及高频多次发生的纠纷案件进行有针对性的分析，为不同受众处理合同纠纷提供一定的法律支持。

前车之鉴，后事之师。正因为有无数合同纠纷的失败案例，法律风险防控才显得尤为重要。如果合同交易主体有足够的法律风险防控能力，那么在实务中违法、违约的风险就会低很多，因此遭受的损失也会少很多。推动合同纠纷风险控制的标准化、流程化、规范化建设，帮助更多的合同交易主体建立完善的合同管理体系，提前防范和化解合同纠纷是本书编写的另一出发点。合同文本是交易各方在发生争议时主要甚至唯一的依据，而合同各方通常在纠纷发生时才会一字一句审视合同相关条款，所以并不是有了好的交易相对方、做了好的交易安排，就不必再关注合同文本。合同最重要的功能是创设纠纷解决准据，所以合同撰写要从纠纷产生时的视角入手，就各种可能的情形进行预设及风险防控，在合同文本定稿时最大限度消除纠纷隐患，才能确保合同目的最终得以顺利实现。

降低合同纠纷发生的风险，推动合同风险防控的标准化、流程化、规范化建设对不同类型的合同有不同的要求：对于大标的额或风险大的合同，需要整体考虑商业风险、法律风险并进行有针对性的风险防控设计；对于特定的单份合同，需要将有限的资源分配在如权利义务、违约责任、解除终止等最重要的条款上，保证核心诉求的实现；对于某些无法修改的合同，需要进行合同履约风险评估，进行合同解读和交底。只有对症下药、精准防控，才能全面提升合同风险防控能力，尽量降低产生合同纠纷的风险。

在案例为王、实战优先的时代，加强对案例的总结，从案例数据库中搜寻人民法院审理合同纠纷的裁判原则，熟悉并把控合同履行中的风险点，才能有效化解纠纷。尽管市面上有关合同纠纷解决方案的书籍很多，但我认为，本书有以下三个方面特点：

第一，《民法典》对《合同法》（已失效）条文进行了吸收、整合、修改，配套的司法解释也进行了相应调整。本书在编写过程中，与《民法典》及修订后的司法解释同步，基于目前最新的规定进行法律分析。

第二，本书以案例为基础，以法律法规、司法解释为依据，以法律风险防范为立足点，体现了对合同纠纷的源头治理、防患于未然的理念。

第三，本书讲述的合同纠纷具有典型性，涉及的都是高频、常见、多发的合同纠纷，更加注重实用性。

最后，希望本书的出版能为中国市场经济的规范化发展贡献绵薄之力！

黄明建

2022年5月

目　录 CONTENTS

第一章　合同的订立 001

1. 采用口头形式订立的合同成立吗？ 001
2. 出差在外，可以委托他人替自己订立合同吗？ 003
3. 未签名、盖章但已实际履行的合同是否成立？ 005
4. 商业广告是邀请还是要约邀请？ 006
5. 咨询对方是否有货，是否构成要约？ 008
6. 确认了承诺期限的要约可以撤销吗？ 010
7. 受约人认为要约不可撤销并为履行合同做好准备，要约可撤销吗？ 012
8. 过期作出承诺，合同成立吗？ 014
9. 承诺因快递延误没有按时到达要约人，合同成立吗？ 016
10. 合同抬头与盖章不一致，合同成立吗？ 018
11. 假借订立合同，恶意磋商损害他人利益，要承担缔约过失责任吗？ 020
12. 企业盖章的空白合同被员工擅自使用，企业要担责吗？ 021
13. 业务员私刻公章对外订立合同，责任由谁承担？ 023
14. 不履行“认购书”约定的义务，要承担违约责任吗？ 025
15. 提供格式条款的一方不合理地限制另一方主要权利，该条款有效吗？ 027
16. 合同磋商过程中知悉了对方的商业秘密，合同没谈成的，知悉方需要保密吗？ 028

第二章　合同的效力 031

17. 一方拒不履行报批义务导致合同未生效的，另一方有权要求对方按合同约定承担违约责任吗？ 031
18. 员工超越委托书的范围签订合同有效吗？ 033
19. 法定代表人未经股东会同意，在担保合同上签名、盖章，让公司为其本

人的债务承担担保责任，担保合同有效吗？ 035
20. 企业超越经营范围订立合同有效吗？ 036
21. 合同中造成对方人身伤害的免责条款有效吗？ 038
22. 合同签订时，对方公司已被吊销营业执照的，合同有效吗？ 039

第三章 合同的履行 042
23. 合同履行地点约定不明的，怎么办？ 042
24. 订立合同时对产品质量约定不明，如何处理？ 044
25. 网购货物未验货就签收，发现质量问题的，如何处理？ 045
26. 合同订立后找他人代为履行，可以吗？ 047
27. 客户经营状况恶化，企业可以停止供货吗？ 048
28. 公司的分支机构签订的合同，责任由谁承担？ 050
29. 企业已支付了定金，供货商以货物紧俏为由涨价，可以吗？ 052
30. 长期采购合同履行过程中，当事人对某一特定批次的价格发生争议怎么办？ 053
31. 合同订立后公司被兼并，合同还需要履行吗？ 055
32. 可否以对方未开具发票为由拒绝付款？ 057
33. 公司是否可以对方拖欠货款为由拒绝履行下一批发货义务？ 059
34. 货物在运输途中损毁，风险由谁承担？ 061
35. 软件开发合同履行过程中，因委托方擅自变更和增加功能需求导致不能按期完工，如何处理？ 063

第四章 合同的保全 065
36. 债务人怠于行使到期债权给债权人造成损害的，怎么办？ 065
37. 债务人低价转让财产给债权人造成损害的，如何维权？ 067
38. 撤销权有期限吗？ 069

第五章 合同的变更与转让 071
39. 合同成立后，当事人可以随意变更合同内容吗？ 071
40. 债权人可以将合同部分权利转让给第三方吗？ 072
41. 债务转让需要经债权人同意吗？ 074
42. 合同签订后，当事人可以将合同权利义务一并转让给第三人吗？ 075
43. 债务人对债权人享有到期债权，债务人可向受让人主张抵销吗？ 077

第六章　合同的终止 079

44. 一方迟延履行合同,经催告后在合理期限内仍未履行的,另一方可解除合同吗? 079
45. 在合同履行期届满前,一方明确不履行主要债务的,另一方可以解除合同吗? 081
46. 一方以快递方式邮寄解除合同通知,对方收到通知后合同自动解除吗? 083
47. 非违约方可以要求违约方赔偿合同解除后的预期可得利益损失吗? 085
48. 未及时行使合同解除权的权利人是否无权主张解除合同? 086
49. 当事人互负的到期债务可以互相抵销吗? 088
50. 债权人免除债务人部分债务后,可以反悔吗? 089

第七章　合同的担保 091

51. 多个担保物权并存,债权人如何主张权利? 091
52. 以房产作担保借款但没有办理登记,抵押权成立吗? 093
53. 企业的分支机构未经授权提供的担保有效吗? 094
54. 法定代表人对公司债务承担连带责任的保证条款有效吗? 096
55. 股东为企业担保,其配偶是否要承担担保责任? 097

第八章　违约责任 099

56. 违约金上限是合同金额的30%吗? 099
57. 合同约定违约方支付律师费,有效吗? 100
58. 合同没有约定违约责任,对方违约的,如何处理? 102
59. 当事人主张解除合同的,可同时主张违约责任吗? 103
60. 定金与订金有什么区别? 105
61. 可以要求违约方同时支付定金和违约金吗? 106
62. 当事人一方因第三人原因造成违约的,由谁承担违约责任? 107
63. 一方因合同内容被行政处罚的,能否通过主张违约责任对另一方进行追偿? 108
64. 一方违约,另一方没有采取措施致使损失扩大的,责任如何分担? 110
65. 合同违约责任与侵权责任竞合,如何起诉维权? 111
66. 约定违约金低于实际损失的,非违约方可以要求增加违约金吗? 113

第九章　买卖合同 115

67. 未签订买卖合同,送货单能否证明买卖合同关系成立? 115

68. 买方不按时提货导致货物损毁的，责任由谁承担？ 116
69. 购买已抵押的物品，第三方主张抵押权的，怎么办？ 118
70. 无权代理人签订的买卖合同是否有效？ 120
71. 买卖双方约定的“假一罚十”条款有效吗？ 122
72. 买受人对标的物质量有异议的，应当在什么时候提出？ 124
73. 分期付款买卖合同中，买方未支付到期价款达到全部价款 1/5 的，卖方怎么办？ 126
74. 所有权保留买卖合同中，卖方在什么情况下享有取回权？ 128
75. 一物数卖的，应当由谁取得物的所有权？ 131
76. 买卖合同中约定在货物验收单上签字即视为验收合格的条款，是否有效？ 132
77. 可以依据未加盖公司印章的合同追讨货款吗？ 134
78. 一方合同主体名称变更的，买卖合同是否有效？ 136
79. 购买的产品与样品不一致的，可以退货吗？ 137
80. 买卖合同约定的交易价格可以为市场价吗？ 138
81. 买卖合同终止后，出卖人负有旧物回收义务吗？ 140

第十章　赠与合同 143

82. 企业与红十字会签订赠与协议后反悔的，可以撤销赠与吗？ 143
83. 赠与的财产损毁的，企业需要承担赔偿责任吗？ 144
84. 赠与财产有瑕疵导致他人受损害的，企业要承担责任吗？ 145
85. 企业经济状况恶化，可以不履行赠与义务吗？ 147

第十一章　借款合同 149

86. 企业之间口头约定的借款合同有效吗？ 149
87. 在本金中预先扣除借款利息合法吗？ 151
88. 约定借款年利率为 48% 合法吗？ 153
89. 企业不按期清偿银行贷款，需要支付逾期利息吗？ 154
90. 借款时没有约定要支付利息的，贷款人可以主张利息吗？ 156
91. 企业没有按约定到银行提取借款的，利息从什么时候算起？ 157
92. 企业擅自改变银行贷款用途的，要承担任什么责任？ 159
93. 企业经营者遇到“套路贷”，怎么办？ 160
94. 法定代表人“私贷公用”的，责任如何承担？ 163
95. 员工代公司写欠条的，员工需要承担还款责任吗？ 165
96. 法定代表人以自己的名义出具欠条的，由谁承担还款责任？ 166

第十二章　保证合同 169
97. 主债权债务合同无效的,保证合同有效吗? 169
98. 债权人未向债务人追索债务,一般保证人有权拒绝承担保证责任吗? 171
99. 企业经营者签订最高额保证合同有什么法律风险? 174
100. 企业变更了名称,保证合同还需要继续履行吗? 175
101. 第三人出具的表示愿意承担债务的承诺书性质如何? 177
102. 主债权合同内容变动未经保证人同意的,保证人还要承担保证责任吗? 179
103. 保证人在保证期间内承诺"担保至还清债务为止"的,保证期间和诉讼时效如何计算? 180

第十三章　租赁合同 183
104. 租赁期限为30年的房屋租赁合同有效吗? 183
105. 未办理备案登记的房屋租赁合同有效吗? 185
106. 口头约定的租赁合同有效吗? 186
107. 承租人不按约定支付租金的,出租人可以解除合同吗? 188
108. 公司设立期间,股东为设立公司以个人名义签订租赁合同,合同责任由谁承担? 189
109. 承租人违反合同约定,出租人能否留置其物品? 191
110. 出租人没有按时交付租赁物,导致承租人财产受损的,承租人怎么办? 193
111. 承租人未经出租人同意转租商铺的行为受法律保护吗? 194
112. 出租人在租赁期内未通知承租人就将商铺卖给别人了,承租人怎么办? 196
113. 承租人对其正在租赁的厂房有优先购买权吗? 197
114. 出租人租赁未经消防验收的厂房,承租人可以解除合同吗? 198
115. 已经出租的厂房被查封,原租赁合同能否继续履行? 200
116. 承租人经营状况恶化导致无力继续履行租赁合同的,可以解除合同吗? 202
117. 承租人有优先承租权吗? 203

第十四章　融资租赁合同 205
118. 融资租赁合同生效后,承租人可要求供货商直接交付租赁物吗? 205
119. 融资租赁合同中的租赁物有质量缺陷的,责任由谁承担? 206
120. 融资租赁合同中的租赁物导致第三人人身损害的,出租人需要担责吗? 208
121. 融资租赁合同中的承租人未按约定支付租金,出租人怎么办? 210
122. 融资租赁合同到期后,租赁物的所有权归承租人所有吗? 212

第十五章 保理合同 214
123. 在有追索权的保理合同中,保理融资款期限届满后,保理人未收到保理融资款的,其可向谁请求支付? 214
124. 在无追索权的保理合同中,保理融资款期限届满后,保理人未收到保理融资款的,其可向谁请求支付? 215
125. 在保理合同中,债务人能否以基础合同系虚构为由抗辩支付应收账款? 216
126. 债权人就同一个应收账款订立多个保理合同,多个保理人同时主张权利的,谁能最先取得应收账款?实际履行顺序如何? 218

第十六章 承揽合同 220
127. 承揽人可以将自己承揽的业务转让给他人吗? 220
128. 承揽人使用劣质材料给定作人造成损失的,承揽人要承担责任吗? 221
129. 定作人中途变更要求造成承揽人损失的,需要赔偿吗? 222
130. 定作人对承揽人交付的成果不满意,怎么办? 224
131. 定作人可以随时解除承揽合同吗? 225
132. 工作成果完成后,定作人可以解除承揽合同吗? 226
133. 承揽人违反保密义务,要承担什么责任? 227
134. 定作人拒绝提取已加工完毕的货物,怎么办? 229
135. 承揽人保管不善造成加工材料毁损灭失的,责任由谁承担? 230
136. 承揽人的员工遭受人身损害,定作人需要承担赔偿责任吗? 231

第十七章 建设工程合同 233
137. 口头约定的建设工程合同有效吗? 233
138. 应该招标而未招标签订的建设工程施工合同有效吗? 234
139. 承包人能以合同约定的工程价款低于成本价为由要求变更合同价款吗? 235
140. 签订建设工程施工合同后,发包方可将合同权利义务全部转让给第三人吗? 237
141. 承包人明显不能在合同期限内完工的,发包人可以解除合同吗? 238
142. 发包人不支付工程进度款的,承包人可以解除合同吗? 240
143. 发包人提供的建筑材料不符合强制性标准的,承包人可以解除合同吗? 242
144. 因施工人的原因致使工程质量不合格的,发包人可以不支付工程款吗? 243
145. 承包人超越资质等级承揽工程,会有什么法律后果? 244

146. 发包人未取得建设工程规划许可证，有什么法律后果？　247
147. 建设工程施工合同约定的违约金过高，有效吗？　248
148. 未备案的建筑工程施工合同有效吗？　250
149. 建设工程施工合同无效，会导致结算协议也无效吗？　251
150. 发包人与承包人签订的"黑白合同"有效吗？　253
151. "黑白合同"均无效的，如何确定工程款的结算依据？　254

第十八章　运输合同　257
152. 货物在运输途中丢失的，责任由谁承担？　257
153. 因托运人给承运人指定运输路线而发生交通事故的，责任由谁承担？　258
154. 收货人拒绝受领货物的，承运人如何处理？　260
155. 保价金额明显高于货物实际价值的，如何认定赔偿金额？　262
156. 托运人拖欠运费不付，承运人可以留置货物吗？　264
157. 托运单中关于"赔偿限额"的格式条款有效吗？　265

第十九章　技术合同　268
158. 员工职务技术成果的转让权归谁所有？　268
159. 受让侵犯他人技术成果的技术，如何维权？　271
160. 委托开发合同未约定开发成果的专利申请权归属的，开发后的技术成果归谁所有？　272
161. 技术转让合同中没有约定后续改进的技术成果归属的，改进后的技术成果归谁所有？　274
162. 技术咨询合同中的委托人不接受工作成果的，可以不支付报酬吗？　275

第二十章　保管合同与仓储合同　277
163. 保管人将保管物转交第三人保管，造成保管物丢失的，保管人需承担责任吗？　277
164. 存货人提取货物时发现物品损坏的，责任由谁承担？　278
165. 寄存人不按照约定支付保管费的，保管人可否将保管物留置？　279
166. 存货人不按约定时间提货，保管人可以怎么办？　280
167. 仓储物在寄存期间被盗，保管人要承担赔偿责任吗？　282
168. 存货人可以转让仓单吗？　283

第二十一章 委托合同 285
169.委托人可以随时解除委托合同吗? 285
170.因不可归责于受托人的事由,委托人提前解除合同的,需要全额支付报酬吗? 287
171.委托人解除合同,需要支付违约金吗? 289
172.无偿委托合同履行过程中,受托人造成委托人损失的,受托人需要承担责任吗? 290
173.因不可归责于受托人的事由,委托事务不能完成的,委托人需要支付报酬吗? 291
174.因受托人的过错造成委托人损失的,受托人需要承担责任吗? 293
175.受托人处理委托事务垫付费用的,可以要求委托人支付利息吗? 294

第二十二章 物业服务合同 295
176.物业公司与开发商签订的前期物业服务合同对业主有约束力吗? 295
177.物业公司与开发商未通过招投标签订的前期物业管理合同有效吗? 296
178.前期物业服务合同约定的服务期未满,业主委员会有权解聘物业服务企业吗? 298
179.没有签订书面物业服务合同的,业主可以拒交物业管理费吗? 300
180.业主以房屋没人住为由拒交物业管理费,可以吗? 301

第二十三章 行纪合同 303
181.行纪人处理委托事务支出的费用,由谁承担? 303
182.行纪人自己购买委托物的,还能要求支付报酬吗? 304
183.行纪人以高于委托人指定的价格卖出产品的,如何处理? 305

第二十四章 中介合同 307
184.中介人没有促成交易,可以要求支付报酬吗? 307
185.第三人骗取委托人财物的,中介人要承担责任吗? 308
186.中介合同约定"买卖不成的,买方须支付违约金",有效吗? 309

第二十五章 合伙合同 312
187.合伙人不按协议约定履行出资义务的,怎么办? 312
188.合伙企业的利润应当如何分配? 313
189.合伙人对合伙期限没有约定的,合伙人可随时解除合伙合同吗? 315

第二十六章　股权转让合同　316

190. 有限责任公司股东之间的股权转让未办理登记的，转让合同有效吗？　316
191. “零作价”的股权转让合同有效吗？　318
192. 没有约定股权转让价格的股权转让协议有效吗？　319
193. 有限责任公司的股东违反公司章程禁止性规定转让股权有效吗？　321
194. 实际出资人与受让人签订的股权转让协议有效吗？　322
195. 显名股东私自转让股权的，实际出资人怎么办？　324
196. 股权转让导致股东人数超过 50 人的，转让行为是否有效？　326
197. 股东未实际出资便转让股权的，是否影响股权转让协议的效力？　328

第二十七章　准合同　331

198. 管理人为避免他人利益受损失而管理他人事务，可以要求受益人偿还因管理产生的费用吗？　331
199. 企业不小心将钱转到他人银行账号的，怎么办？　333

第一章
合同的订立

1. 采用口头形式订立的合同成立吗?

【情景案例】

张某是某电器公司董事长兼法定代表人,谭某是某机械贸易公司销售经理,两人在一次服装贸易展会上认识。随后张某与谭某商谈购买一台进口机械设备。双方口头约定张某从某机械贸易公司订购一台进口机械设备,价款为300万元,交货日期为6月15日前;如果卖方超过约定时间未交货,按货款总额的5%支付违约金。6月13日,谭某向张某交付机械设备时,张某表示当时约定的价款为270万元,为此,双方就价格产生分歧。双方协商时没有签订任何书面形式的协议,且没有电话录音等证明材料。由于该机械设备进货成本价为275万元,某机械贸易公司只同意将价格降到280万元,但张某不接受。无奈之下,某机械贸易公司诉至法院,要求某电器公司支付违约金15万元。庭审中,张某辩称,虽然双方有口头约定,但没有白纸黑字写下来,其可以不买该机械设备。

请问:某机械贸易公司的请求能得到法院支持吗?

【案例分析】

本案涉及的是采用口头形式订立合同的效力问题。

根据我国《民法典》第四百六十九条的规定,当事人订立合同,可以采用书面形式、口头形式或者其他形式。第五百零二条规定,依法成立的合同,自成立时生效,但是法律另有规定或者当事人另有约定的除外。由此可见,合同的形式可以是书面的,也可以是口头的或其他形式的,除非法律另有规定或者当事人另有约定。《民法典》第五百八十五条规定,当事人可以约定一方违约时应当根据违约情况向对方支付一定数额的违约金。

本案中,既然作为某电器公司法定代表人的张某,在法庭上承认其曾经与作为某机械贸易公司代理人谭某,以口头形式进行了包括买卖标的、价款、违约责任等内定的约定,可见,在某电器公司与某机械贸易公司之间已经成立了一份口头形式的买卖合同,且该合同自成立时已经生效,双方都应当按照约定全面履行自己的义务,否则就应当承担违约责任。某电器公司出尔反尔,拒绝按照口头合同约定的条件购买设备,已经构成违约,应当按照口头合同的约定承担违约责任,支付违约金。至于违约金的数额,双方约定按货款总额的5%计算,而机械设备货款总额为300万元,因此某机械贸易公司要求某电器公司支付15万元违约金符合双方约定。故谭某所在的某机械贸易公司的请求能得到法院支持。

【风险防范建议】

虽然根据我国《民法典》等相关法律的规定,当事人订立合同可以采取书面形式、口头形式或者其他形式,但笔者建议对于标的较大的合同,除可及时结清者外,尽量采取书面形式订立,以免“口说无凭”。而此处所说的书面形式既包括传统的纸质合同书、信件等,也包括电报、电传、传真等可以有形地表现所载内容的形式,以及电子数据交换、电子邮件等能够有形地表现所载内容,并可以随时调取查用的数据电文。如确实难以以书面形式订立合同,也建议以录音、录像等方式将双方的口头约定固定下来,或者至少需要有无利害关系的第三人作为见证人。以本案为例,如果张某在庭审中否认其曾经与谭某以口头形式达成一致的买卖条件,或者否认口头承诺过的价款为300万元,则谭某及某机械贸易公司将面临难以完成的举证责任,进而很可能面临对己方不利的诉讼结果。

【法条链接】

《民法典》第四百六十九条　当事人订立合同,可以采用书面形式、口头形式或者其他形式。

书面形式是合同书、信件、电报、电传、传真等可以有形地表现所载内容的形式。

以电子数据交换、电子邮件等方式能够有形地表现所载内容,并可以随时调取查用的数据电文,视为书面形式。

第五百零二条　依法成立的合同,自成立时生效,但是法律另有规定或者当事人另有约定的除外。

依照法律、行政法规的规定,合同应当办理批准等手续的,依照其规定。未办理批准等手续影响合同生效的,不影响合同中履行报批等义务条款以及相关条款的效力。应当办理申请批准等手续的当事人未履行义务的,对方可以请求其承担违反该义务的责任。

依照法律、行政法规的规定,合同的变更、转让、解除等情形应当办理批准等手续的,适用前款规定。

第五百零九条 当事人应当按照约定全面履行自己的义务。

当事人应当遵循诚信原则,根据合同的性质、目的和交易习惯履行通知、协助、保密等义务。

当事人在履行合同过程中,应当避免浪费资源、污染环境和破坏生态。

第五百八十五条 当事人可以约定一方违约时应当根据违约情况向对方支付一定数额的违约金,也可以约定因违约产生的损失赔偿额的计算方法。

约定的违约金低于造成的损失的,人民法院或者仲裁机构可以根据当事人的请求予以增加;约定的违约金过分高于造成的损失的,人民法院或者仲裁机构可以根据当事人的请求予以适当减少。

当事人就迟延履行约定违约金的,违约方支付违约金后,还应当履行债务。

2. 出差在外,可以委托他人替自己订立合同吗?

【情景案例】

赵某通过中介方介绍,准备购买某服装厂的一批库存服装,双方初步商定价款为60万元。约好签订买卖合同的当天,赵某临时有急事需要去外地,而某服装厂总经理钱某不同意改期,因此赵某委托朋友孙某代为签订买卖合同。孙某遂以自己的名义与某服装厂签订了买卖合同,并按照赵某指示支付了定金30万元;某服装厂出具了以赵某为付款人的收据。之后,又有李某拟以更高的价格购买钱某的库存服装,钱某打算反悔,于是以"其不是与赵某签订的买卖合同,而孙某又无签约资格为由",主张与孙某签订的买卖合同无效。

请问:赵某与某服装厂之间存在合同关系吗?

【案例分析】

本案涉及的是委托代理人订立合同的效力问题。

我国《民法典》第一百六十一条第一款规定,民事主体可以通过代理人实施民事法律行为。第一百六十二条规定,代理人在代理权限内,以被代理人名义实施的民事法律行为,对被代理人发生效力。第一百六十三条规定,代理包括委托代理和法定代理。委托代理人按照被代理人的委托行使代理权。第九百二十五条规定,受托人以自己的名义,在委托人的授权范围内与第三人订立的合同,第三人在订立合同时知道受托人与委托人之间的代理关系的,该合同直接约束委托人和第三人;但是,有确切证据证明该合同只约束受托人和第三人的除外。

本案中,赵某因故不能亲自签订书面合同,可以委托孙某作为代理人,代为实施签订买卖合同及交付定金的民事法律行为，所订立的合同的全部权利义务归于被代理人赵某。而且，钱某以某服装厂总经理的身份收取了孙某代表赵某交付的定金，并出具了以赵某为付款人的收据，足以证明钱某知晓合同的相对方实际为赵某；而赵某也确认孙某所签订的买卖合同是代表自己去签订的。故此，赵某与某服装厂之间存在合同关系，孙某代赵某签订的合同有效。

【风险防范建议】

我国《民法典》第一百六十五条规定，委托代理授权采用书面形式的，授权委托书应当载明代理人的姓名或者名称、代理事项、权限和期限，并由被代理人签名或者盖章。

虽然法律并不禁止以口头方式建立委托代理关系，但对于委托事项利益较大，或者履行时间较长的委托授权，建议委托人与被委托人签订书面委托合同，约定委托权限、委托报酬等权利义务，且以书面形式向被委托人出具委托书。被委托人在履行委托事项时将该书面委托书出示给合同相对方，以明确各方的身份，以免委托人、被委托人（也称代理人）以及合同相对方之间，对于合同主体、是否有权委托、委托权限、委托期限等产生争议。尤其是当受托人以自己的名义与合同相对方订立合同时，如果没有书面委托书，更容易造成混乱或者引发纠纷。以本案为例，赵某与孙某之间没有书面的委托代理合同，也没有书面的委托书，如果某服装厂没有出具以赵某为付款人的收据，或者孙某见财起意，主张自己才是库存服装的买方，那么在赵某与某服装厂、赵某与孙某之间可能会产生复杂的纠纷。

【法条链接】

《民法典》第一百六十一条第一款 民事主体可以通过代理人实施民事法律行为。

第一百六十二条 代理人在代理权限内，以被代理人名义实施的民事法律行为，对被代理人发生效力。

第一百六十三条 代理包括委托代理和法定代理。

委托代理人按照被代理人的委托行使代理权。法定代理人依照法律的规定行使代理权。

第一百六十五条 委托代理授权采用书面形式的，授权委托书应当载明代理人的姓名或者名称、代理事项、权限和期限，并由被代理人签名或者盖章。

第九百二十五条 受托人以自己的名义，在委托人的授权范围内与第三人订立的合同，第三人在订立合同时知道受托人与委托人之间的代理关系的，该合同直接约束委托人和第三人；但是，有确切证据证明该合同只约束受托人和第三人的除外。

3. 未签名、盖章但已实际履行的合同是否成立?

【情景案例】

A 服装公司向 B 布料公司订购一批高档布料,价款为 80 万元,双方协商一致的合同条款包括“本合同自双方签名、盖章之日起生效”等。B 布料公司首先盖章,并将已签名、盖章的合同快递给 A 服装公司,但因 A 服装公司负责审批用章的董某出差而未能及时签名、盖章。为了赶货期,A 服装公司的经办人让 B 布料公司先按合同上约定的时间发货,等董某出差回来再补签合同。B 布料公司考虑到生意机会珍贵,而且双方曾经合作过一次,于是按 A 服装公司经办人的要求发了货,A 服装公司在签收单上签字表示收到货物。没想到后来 A 服装公司的客户突然临时取消了订单,导致这批布料用不上了,于是 A 服装公司以没有在合同上签名、盖章为由要求退货,但遭到 B 布料公司拒绝。双方协商无果,B 布料公司诉至法院,要求 A 服装公司按合同约定支付 80 万元货款。

请问:B 布料公司的请求能得到法院支持吗?

【案例分析】

本案涉及的是采用合同书订立合同时,合同的成立时间问题。

我国《民法典》第四百九十条规定,当事人采用合同书形式订立合同的,自当事人均签名、盖章或者按指印时合同成立。在签名、盖章或者按指印之前,当事人一方已经履行主要义务,对方接受时,该合同成立。法律、行政法规规定或者当事人约定合同应当采用书面形式订立,当事人未采用书面形式但是一方已经履行主要义务,对方接受时,该合同成立。即一般而言,如果当事人选择采用合同书这种书面形式订立合同,合同应当自各方当事人都已签名并且盖章后才成立。但是现实中确实存在本案例所述的情况,即由于种种原因,在一方或者多方当事人还没来得及在书面合同上签名并且盖章前,当事人已经按照合同约定的内容开始履行合同,甚至是已经履行完毕了。那么在这种情况下,合同是否成立呢?如果成立,是在什么时候成立的呢?显然,根据《民法典》第四百九十条的规定,法律认定当事人之间已经以自己的行为确认了合同的成立,并且明确成立的时间是一方当事人接受另一方当事人履行主要义务的时间。

本案中,B 布料公司的主要合同义务是交付布料,因此,双方的合同在 A 服装公司在签收单上签字表示收到货物时成立。故 B 布料公司的请求可以得到法院的支持。

【风险防范建议】

来不及在合同书上签名、盖章就履行了合同，与口头合同是比较容易混淆的两种情况。然而，前者仍然属于以书面形式订立合同，合同书中有完备的合同条款，如质量要求、违约责任、争议解决方式等，而且只要对方当事人已经接受了本方履行的主要合同义务，根据《民法典》第四百九十条的规定，合同就已经成立了，就可以依照合同书约定的违约责任等主张权利；而口头合同由于"口说无凭"，往往很难有具体的违约责任，所能主张的违约赔偿往往不足以弥补实际损失。因此，笔者建议当事人尽量约定采取合同书的方式订立合同，以便在发生争议时有据可依，当然如能在合同上签名、盖章后再开始实际履行，则更为稳妥。如果还没有想清楚是否要与对方订立合同，切不可随意接受对方履行的合同主要义务，以免"木已成舟"，造成合同已经成立的法律事实，而不得不在被迫履行合同或者承担违约责任之间做艰难选择。

【法条链接】

《民法典》第四百九十条　当事人采用合同书形式订立合同的，自当事人均签名、盖章或者按指印时合同成立。在签名、盖章或者按指印之前，当事人一方已经履行主要义务，对方接受时，该合同成立。

法律、行政法规规定或者当事人约定合同应当采用书面形式订立，当事人未采用书面形式但是一方已经履行主要义务，对方接受时，该合同成立。

4. 商业广告是邀请还是要约邀请？

【情景案例】

李某在报纸上看到某旅行社刊登的广告："暑期大酬宾，999 元泰国六天五晚超值游"。李某遂于 7 月 28 日到某旅行社营业部为自己和儿子报名。没想到某旅行社前台工作人员却告知 999 元优惠活动已结束，现在报名费用为 2800 元。对此，李某感到十分气愤，认为某旅行社的行为违反了合同约定，要求其承担违约责任。但是某旅行社工作人员认为，他们与李某根本没签合同，所发的商业广告并不是合同的要约，而是要约邀请，他们无须受到广告的约束，也无须承担违约责任。双方协商不下，李某遂以某旅行社违约为由向人民法院提起诉讼。

请问：某旅行社刊登的广告是邀请还是要约邀请？

【案例分析】

本案涉及的是商业广告的性质问题。

根据我国《民法典》第四百七十三条的规定，要约邀请是希望他人向自己发出要约的表示。商业广告和宣传、寄送的价目表等为要约邀请。商业广告和宣传的内容符合要约条件的，构成要约。可见，一般而言，商业广告的性质属于要约邀请，只有内容完备程度达到要约标准的商业广告，才构成要约。那么要约的标准又是什么呢？《民法典》第四百七十二条规定，要约是希望与他人订立合同的意思表示，该意思表示应当符合下列条件：(1)内容具体确定；(2)表明经受要约人承诺，要约人即受该意思表示约束。即要约不但要有邀请他人与自己订立合同的意思表示，同时还得包括明确的标的(一般为具体的商品或者服务)、数量、质量、价款或报酬、履行期限、地点和方式等，以便收到要约的人可以据此内容直接决定是否同意要约，如同意就作出承诺，而不需要为了补充交易内容，再向发出要约的一方询问。以商业广告为例，要约邀请的作用仅仅是希望看到广告的不特定人，向广告主发出订立合同的申请，因此其内容往往并不具备订立合同所需的全部信息；相比之下，要约的内容则要清晰完整得多。

本案中，某旅行社发出的广告仅仅包括了价格和旅行地，而没有列出具体的旅游景点、成团出发地点、交通方式、是否包含自费项目等。总体而言，其内容很不具体，还不具备订立旅游合同的全部内容，此外，某旅行社也没有在广告上注明"一旦报名就一定成团"等内容，因此属于要约邀请。而要约邀请对于发出方不具有强制缔约的拘束力，因此，李某以某旅行社违约为由起诉，很可能难以得到法院的支持。

【风险防范建议】

很多商家为了吸引眼球往往在广告中作出一些不切实际的承诺，这样虽然暂时得到消费者的关注和更多的交易机会，但是当消费者知道真实的交易条件后感觉上当受骗，商家不但不能得到订立合同的商业价值，反而很可能会适得其反：轻则被消费者向亲朋转述"遭遇"，导致商家口碑下降，重则被消费者投诉举报，甚至经历诉讼索赔，还可能被同行以不正当竞争等理由举报，需要花费大量的精力和成本处理问题。因此，商家在发布广告时要注意以下事项：

(1)尽量实事求是，不要作出过于哗众取宠而又不能兑现的承诺。

(2)如果某低价是限量提供的，或限定某个特殊交易条件下才可使用，应明确说明，如本案中的广告可改为"暑期限量大酬宾"。

(3)在文案中注明"本广告为要约邀请"或类似内容，作为兜底保障。

同时，笔者也建议消费者不要贪便宜。切记世上没有免费的午餐，违反价值规律的事情多留个心眼，问清楚再交易。

【法条链接】

《民法典》第四百七十条 合同的内容由当事人约定,一般包括下列条款:

(一)当事人的姓名或者名称和住所;

(二)标的;

(三)数量;

(四)质量;

(五)价款或者报酬;

(六)履行期限、地点和方式;

(七)违约责任;

(八)解决争议的方法。

当事人可以参照各类合同的示范文本订立合同。

第四百七十二条 要约是希望与他人订立合同的意思表示,该意思表示应当符合下列条件:

(一)内容具体确定;

(二)表明经受要约人承诺,要约人即受该意思表示约束。

第四百七十三条 要约邀请是希望他人向自己发出要约的表示。拍卖公告、招标公告、招股说明书、债券募集办法、基金招募说明书、商业广告和宣传、寄送的价目表等为要约邀请。

商业广告和宣传的内容符合要约条件的,构成要约。

5. 咨询对方是否有货,是否构成要约?

【情景案例】

甲建筑公司需要购买一批水泥,于是向乙水泥厂、丙水泥厂发出电子邮件,邮件内容为:"我司需要购买水泥200吨,如贵厂有货,请速回邮件,我公司愿派人前往洽谈购买事宜。"乙水泥厂、丙水泥厂收到电子邮件后,都先后向甲建筑公司回复,声称备有现货,且告知了水泥的价格。乙水泥厂在发出邮件后,立即派车给甲建筑公司送去了200吨水泥。由于丙水泥厂的报价较低,甲建筑公司遂再向丙水泥厂回复邮件:"我司愿意按照贵厂报价,购买水泥200吨,请尽快发货,货款到付。"甲建筑公司回复丙水泥厂邮件当日15时,乙水泥厂将200吨水泥送到甲建筑公司时。甲建筑公司告知已决定购买丙水泥厂的水泥,因此不能接受乙水泥厂送来的水泥。乙水泥厂认为,甲建筑公司拒收水泥构成违约。协商无果后,乙水泥厂遂诉至法院,要求甲水泥公司承担违约责任及赔偿相应损失。

请问：乙水泥厂的请求能得到法院支持吗？

【案例分析】

本案涉及的是询价函的性质问题。

询价函是商业活动中常见的一种文书，是由买方向卖方发出，就某种商品或者服务的交易价格、交易条件等提出询问的信函，可以是纸质的，也可以是电子邮件等形式。询价行为的目的是请对方提出商品或者服务的报价，其性质仍然属于要约邀请，对双方都没有约束力。根据《民法典》第四百七十三条的规定，要约邀请是希望他人向自己发出要约的表示。商业广告和宣传、寄送的价目表等为要约邀请。商业广告和宣传的内容符合要约条件的，构成要约。此处的“符合要约条件”，是指需符合《民法典》第四百七十二条规定，即要约是希望与他人订立合同的意思表示，该意思表示应当符合下列条件：(1)内容具体确定；(2)表明经受要约人承诺，要约人即受该意思表示约束。可见，要约不但要有邀请他人与自己订立合同的意思表示，同时还得包括明确的标的(一般为具体的商品或者服务)、数量、质量、价款或报酬、履行期限、地点和方式等，以便收到要约的人可以据此内容直接决定是否同意要约，如同意就作出承诺。

本案中，甲建筑公司发出的询价函邮件仅表达了其有购买水泥的意向，没有包含价格，也没有包含其他必备的交易条件(如履行方式)，远不能达到构成要约的条件，只能起到引起乙水泥厂和丙水泥厂向甲建筑公司发出订立(水泥)买卖合同的要约的效果，故甲建筑公司发出的询价函属于要约邀请，而乙水泥厂和丙水泥厂发出的含有报价等具体交易条件的邮件，则是要约。两份要约分别到达受要约人甲建筑公司后，甲建筑公司向丙水泥厂回复邮件，确认按照丙水泥厂提出的交易条件购买水泥。这一行为是承诺，承诺达到丙水泥厂时，在甲建筑公司和丙水泥厂之间成立了一份水泥买卖合同。而甲建筑公司没有向乙水泥厂发出承诺，故甲建筑公司与乙水泥厂之间并未成立买卖合同关系；既然合同没有成立，就不存在违约责任的问题。因此，乙水泥厂的请求不能得到法院支持。

【风险防范建议】

询价函是经常被使用的一种商业函件，为了避免产生类似本案中的争议，笔者建议如下：

(1)发出询价函时注明“本报价函为要约邀请，如贵方有意提供某商品/服务，请向我方发出要约”或类似内容，以免收函方产生误会。

(2)如果对于收到的报价函中的价格等内容并不满意，不打算订立合同，也建议回复报价方，告知本次不打算进行交易。这既是商业礼貌，也可以避免造成不必要的争议。

(3)对于收到询价函的一方,不要因急于交易,而在没有在收到询价方确认成交的承诺之前,就仓促开始履行或者准备履行合同,以免造成损失。

【法条链接】

《民法典》第四百七十条 合同的内容由当事人约定,一般包括下列条款:

(一)当事人的姓名或者名称和住所;

(二)标的;

(三)数量;

(四)质量;

(五)价款或者报酬;

(六)履行期限、地点和方式;

(七)违约责任;

(八)解决争议的方法。

当事人可以参照各类合同的示范文本订立合同。

第四百七十二条 要约是希望与他人订立合同的意思表示,该意思表示应当符合下列条件:

(一)内容具体确定;

(二)表明经受要约人承诺,要约人即受该意思表示约束。

第四百七十三条 要约邀请是希望他人向自己发出要约的表示。拍卖公告、招标公告、招股说明书、债券募集办法、基金招募说明书、商业广告和宣传、寄送的价目表等为要约邀请。

商业广告和宣传的内容符合要约条件的,构成要约。

第四百八十三条 承诺生效时合同成立,但是法律另有规定或者当事人另有约定的除外。

6. 确认了承诺期限的要约可以撤销吗?

【情景案例】

A公司以电子邮件方式向B公司发出要约,邮件内容为:"愿意购买贵司××型号西装5000件,每件价格为2000元,贵司负责运输,货到付款。本函15天内答复有效。"由于B公司总经理吴某在外出差,8天后临近下班时间才回来,吴某一回到公司就看到A公司的邮件,于是立即以邮件方式回复A公司,内容为:"同意贵司报价,愿以每件2000元的价格向贵司出售5000件该型号西装。我司将于明日一早发货,请安排接收。”次日一早,A公司得知C公司的西装性价比更高,于是决定向C公司订货,同时向B公司回复邮件,内容为:“鉴于贵司没有及时向我司回复邮件,我司已向其他公司订货,贵司不用给我们发货了。”B公司认为,自己是在A公司指定的回复期15天内发出确认回复的,因此A公司单方面取消交易是不合法的,于是仍然按承诺时间给A公司发货,但A公司拒绝收货。为此双方发生纠纷,B公司诉至法院。

请问:A公司可以单方面取消交易吗?

【案例分析】

本案涉及的是要约撤销的问题。

我国《民法典》第四百七十二条规定,要约是希望与他人订立合同的意思表示,该意思表示应当符合下列条件:(1)内容具体确定;(2)表明经受要约人承诺,要约人即受该意思表示约束。第四百七十六条规定,要约可以撤销,但是有下列情形之一的除外:(1)要约人以确定承诺期限或者其他形式明示要约不可撤销;(2)受要约人有理由认为要约是不可撤销的,并已经为履行合同做了合理准备工作。

本案中,A公司发出的电子邮件内容具体确定,表达了明确的购买意愿,还包含了具体的西装型号、数量、价格、交付方式、付款方式等,构成了要约。要约可以撤回,一般而言也可以撤销。要约的撤回,是指要约人在要约送达受要约人之前,另行发出一个新的通知来“取消”要约的行为,这个取消通知最迟应当与要约同时送达给受要约人。而一旦要约已经送达给受要约人了,那么就只存在要约能否撤销的问题。但是并非所有的要约都可以撤销。A公司在邮件中为自己的要约明确设置了15天的有效期,按上述法律规定,A公司向B公司发出的要约是不可撤销的。更何况在本案中,B公司已经在A公司的撤销通知发出之前的一天发出了承诺,根据《民法典》第四百八十三条之规定,B公司承诺发出时,A公司与B公司之间的买卖合同已经成立。故A公司不能单方面取消交易。

【风险防范建议】

就买方而言,其发出要约时,要注意以下事项:

(1)如果还没有确定一定要从某个潜在供应商处购买商品或者服务,在询价时不要将询价函写得过于具体确定,尤其是对市场上供应充足、充分竞争的商品或服务更是如此。

(2)发出要约时尽量不要确定承诺具体的期限,或者可以将期限尽量设置得短一些。

(3)一旦改变主意了,就要尽快发出撤销要约的通知,使撤销要约的通知在受要约人发出承诺之前到达。

就卖方而言,其收到要约后,要注意以下事项:

(1)收到要约后及时发出承诺,以使合同成立。

(2)尽量与买方签订书面合同或者是取得买方对交易的确认书之后,再开始履行合同,以免已经投入了大量成本,而买方突然撤回、撤销要约,导致进退维谷,甚至陷入漫长的诉讼纠纷中。

【法条链接】

《民法典》第四百七十二条 要约是希望与他人订立合同的意思表示,该意思表示应当符合下列条件:

(一)内容具体确定;

(二)表明经受要约人承诺,要约人即受该意思表示约束。

第四百七十六条 要约可以撤销,但是有下列情形之一的除外:

(一)要约人以确定承诺期限或者其他形式明示要约不可撤销;

(二)受要约人有理由认为要约是不可撤销的,并已经为履行合同做了合理准备工作。

第四百七十七条 撤销要约的意思表示以对话方式作出的,该意思表示的内容应当在受要约人作出承诺之前为受要约人所知道;撤销要约的意思表示以非对话方式作出的,应当在受要约人作出承诺之前到达受要约人。

第四百八十三条 承诺生效时合同成立,但是法律另有规定或者当事人另有约定的除外。

7. 受约人认为要约不可撤销并为履行合同做好准备,要约可撤销吗?

【情景案例】

甲皮鞋厂与乙贸易公司经常有业务上的往来。某日,甲皮鞋厂收到乙贸易公司的传真,要订购某款皮鞋2000双。在接到订单后,甲皮鞋厂像原来一样,做好采购原材料等工作以准备进行生产。但甲皮鞋厂在生产了1000双皮鞋后,又收到乙贸易公司一封传真,声称他们要撤销上一次的要约,因为他们从国外出差回来的总经理不看好这款皮鞋的销量,所以他们不再购买。可是,甲皮鞋厂已经投入生产,乙贸易公司撤销要约将会给其造成较大的经济损失。为此,双方发生矛盾。协商无果后,甲皮鞋厂将乙贸易公司诉至法院,要求其购买已生产出来的1000双皮鞋并赔偿相应损失。

请问:甲皮鞋厂的请求能得到法院支持吗?

【案例分析】

本案涉及的是要约撤销的问题。

我国《民法典》第四百七十二条规定，要约是希望与他人订立合同的意思表示，该意思表示应当符合下列条件：(1)内容具体确定；(2)表明经受要约人承诺，要约人即受该意思表示约束。第四百七十六条规定，要约可以撤销，但是有下列情形之一的除外：(1)要约人以确定承诺期限或者其他形式明示要约不可撤销；(2)受要约人有理由认为要约是不可撤销的，并已经为履行合同做了合理准备工作。

本案中，甲皮鞋厂与乙贸易公司之前有过长期的业务往来，乙贸易公司发来的传真清楚列明了皮鞋的款式、数量，甲皮鞋厂基于过往的合作，有理由相信乙贸易公司会订立、履行合同，而且也投入了大量的人力物力，采购原料、安排生产工期，为履行合同做了合理的准备工作，甚至已经生产出了一部分皮鞋。这种情况下，如果允许乙贸易公司任意撤销要约，将会给甲皮鞋厂造成巨大损失，故为了平衡当事人之间的权利义务，按照法律的规定，乙贸易公司作为发出要约的一方，不得再撤销要约。故甲皮鞋厂的请求可以得到法院支持。

【风险防范建议】

对买方来说，其发要约时要注意以下事项：

(1)如果还没有确定一定要从某个潜在供应商处购买商品或者服务，在询价时切忌将询价函写得过于具体确定，尤其是市场上供应充足、充分竞争的商品或服务更是如此。

(2)发出要约或询价函时，明确要求要约接收方需取得发出方的书面确认或签订书面合同后，方可开始准备工作，否则造成的损失由要约接收方自行承担。

对卖方来说，其收到要约后，应尽量与买方签订书面合同或者是取得买方对交易的确认书之后，再开始履行合同，以免已经投入了大量成本，而买方突然撤回、撤销要约，导致进退维谷，甚至陷入漫长的诉讼纠纷中。

【法条链接】

《民法典》第四百七十二条　要约是希望与他人订立合同的意思表示，该意思表示应当符合下列条件：

(一)内容具体确定；

(二)表明经受要约人承诺，要约人即受该意思表示约束。

第四百七十六条　要约可以撤销，但是有下列情形之一的除外：

(一)要约人以确定承诺期限或者其他形式明示要约不可撤销；

(二)受要约人有理由认为要约是不可撤销的，并已经为履行合同做了合理准备工作。

第四百七十七条　撤销要约的意思表示以对话方式作出的，该意思表示的内容应当在受要约人作出承诺之前为受要约人所知道;撤销要约的意思表示以非对话方式作出的,应当在受要约人作出承诺之前到达受要约人。

8. 过期作出承诺,合同成立吗?

【情景案例】

A公司是一家从事服装加工的生产企业。3月1日,B公司给A公司发出一份电子邮件,要求其加工1万条牛仔裤,并在7天内作出承诺是否接单。3月9日,由于A公司没有作出承诺,于是B公司与另一家服装加工企业签订了加工合同。3月10日,B公司收到了A公司回复的电子邮件,内容为:"我司同意给贵司加工1万条牛仔裤,由于最近公司订单太多,回复晚了,抱歉。"因为A公司发出承诺的时间超出B公司要求作出承诺的期限,所以B公司没有与A公司进行合作。但A公司总经理郑某却说,他们的承诺只是没有按时作出,并不影响合同的效力,如果B公司单方面解除合同,要承担违约责任。

请问:郑某的说法符合我国法律规定吗?

【案例分析】

本案涉及的是承诺期限的问题。

我国《民法典》第四百八十一条规定,承诺应当在要约确定的期限内到达要约人。要约没有确定承诺期限的,承诺应当依照下列规定到达:(1)要约以对话方式作出的,应当即时作出承诺;(2)要约以非对话方式作出的,承诺应当在合理期限内到达。第四百八十六条规定,受要约人超过承诺期限发出承诺,或者在承诺期限内发出承诺,按照通常情形不能及时到达要约人的,为新要约;但是,要约人及时通知受要约人该承诺有效的除外。

本案中,B公司在电子邮件中明确提出,要求A公司在7天内对于是否接单作出承诺,即B公司在要约中已经明确指定了要求答复的期限,A公司在指定的时间内作出答复才是有效的承诺。而A公司延迟到第9天才发出愿意承接加工业务的邮件,根据《民法典》第四百八十六条之规定,此时A公司发出的邮件已经不再是承诺,而是一个新的要约。该新要约由A公司发给B公司,希望与B公司订立加工合同,而B公司明确表示了拒绝。也就是说,B公司没有对该新要约作出承诺,故A公司与B公司之间并未成立合同关系;既然合同都没有成立,自然也不存在效力的问题。因此,郑某的说法不符合法律的规定。

【风险防范建议】

关于受要约人如何防范相应法律风险，建议如下：

（1）使用相对固定电子邮箱或QQ号、微信号、传真号等，专门用于接收商业往来函件，并且指定专人负责实时查收，以免因为漏看邮件等原因白白错失商业机会。

（2）对于收到的邮件、传真等及时处理；如果来函中指定了答复期限，应当及时答复，即使不接收来函的内容，也建议给予答复，以便保留进一步磋商或者是日后合作的机会。

（3）如果对收到的要约满意，应当及时发出承诺。如要约中明确指定了答复期限，则必须在该期限内发出承诺，并且应当预留出承诺的在途时间，以确保承诺能在要约限定的时间内到达要约人。

【法条链接】

《民法典》第四百七十八条　有下列情形之一的，要约失效：

（一）要约被拒绝；

（二）要约被依法撤销；

（三）承诺期限届满，受要约人未作出承诺；

（四）受要约人对要约的内容作出实质性变更。

第四百八十一条　承诺应当在要约确定的期限内到达要约人。

要约没有确定承诺期限的，承诺应当依照下列规定到达：

（一）要约以对话方式作出的，应当即时作出承诺；

（二）要约以非对话方式作出的，承诺应当在合理期限内到达。

第四百八十二条　要约以信件或者电报作出的，承诺期限自信件载明的日期或者电报交发之日开始计算。信件未载明日期的，自投寄该信件的邮戳日期开始计算。要约以电话、传真、电子邮件等快速通讯方式作出的，承诺期限自要约到达受要约人时开始计算。

第四百八十三条　承诺生效时合同成立，但是法律另有规定或者当事人另有约定的除外。

第四百八十六条　受要约人超过承诺期限发出承诺，或者在承诺期限内发出承诺，按照通常情形不能及时到达要约人的，为新要约；但是，要约人及时通知受要约人该承诺有效的除外。

9. 承诺因快递延误没有按时到达要约人，合同成立吗？

【情景案例】

8月1日，甲公司以普通信件形式向乙公司发出要约，订购300吨水泥，每吨350元，要求乙公司在12天内作出是否接受本订单的承诺。乙公司于8月5日收到信件后立即作出承诺，表示愿意接受甲公司的要约，并马上将信件寄出。甲公司所在地发生特大洪水导致该地区邮政中断，信件8月20日才送达甲公司。此时，水泥的市场价格已经降至每吨300元，甲公司不打算购买乙公司的水泥了。另外，甲公司还认为其发出要约19天之后才收到乙公司的承诺，该承诺因远远超过指定时间而失效，合同未成立，因此对乙公司的回函置之不理。直到乙公司通知甲公司准备收货时，甲公司才向乙公司主张合同未成立。乙公司认为，其已及时作出承诺，承诺延期到达是甲公司所在地发生特大洪水造成的，属于不可抗力，因此合同已经成立，甲公司必须继续履行合同。

请问：乙公司的说法符合我国法律规定吗？

【案例分析】

本案涉及的是承诺因意外事件而延迟到达，合同是否成立的问题。

我国《民法典》第四百八十二条规定，要约以信件或者电报作出的，承诺期限自信件载明的日期或者电报交发之日开始计算。信件未载明日期的，自投寄该信件的邮戳日期开始计算。第四百八十七条规定，受要约人在承诺期限内发出承诺，按照通常情形能够及时到达要约人，但是因其他原因致使承诺到达要约人时超过承诺期限的，除要约人及时通知受要约人因承诺超过期限不接受该承诺外，该承诺有效。

本案中，甲公司于8月1日以普通信件形式向乙公司发出邀约，在信中明确指定承诺期限为12天，根据《民法典》第四百八十二条的规定，承诺期限从8月1日开始计算，则截止日期为8月12日。甲公司发出的要约经过4天，于8月5日到达乙公司，乙公司立即作出承诺并当日交付邮寄，按照通常情况，乙公司的承诺应当在4天左右(8月9日左右)到达甲公司。也就是说，通常情况下，乙公司的承诺会在甲公司指定的期限内到达甲公司，承诺到达时，双方的合同成立。只不过洪水导致邮政中断，才使乙公司的承诺超过了12天才到达，根据《民法典》第四百八十七条之规定，这种迟到的承诺仍然是有效的，双方之间的合同依然成立。而且甲公司在收到乙公司的承诺后，也并未及时通知乙公司承诺超过期限而不接受。故乙公司的说法符合法律规定。

【风险防范建议】

关于以普通信件形式发送要约时，要约人如何规避相应法律风险，建议如下：

(1)发出要约后，尽量追踪要约函件的送达情况，以便确认要约是否已经到达受要约人。

(2)在要约指定的承诺期即将届满前，尽量与受要约人取得联系，询问其是否接受要约，以排除意外事件、不可抗力等原因导致的承诺延迟到达。

(3)如果确因其他原因致使承诺逾期到达，而本方又不希望合同成立，则应及时通知受要约人，告知对方因承诺超过期限，故不接受该承诺，并保留相应的送达证明。

【法条链接】

《民法典》第四百七十八条　有下列情形之一的，要约失效：

(一)要约被拒绝；

(二)要约被依法撤销；

(三)承诺期限届满，受要约人未作出承诺；

(四)受要约人对要约的内容作出实质性变更。

第四百八十一条　承诺应当在要约确定的期限内到达要约人。

要约没有确定承诺期限的，承诺应当依照下列规定到达：

(一)要约以对话方式作出的，应当即时作出承诺；

(二)要约以非对话方式作出的，承诺应当在合理期限内到达。

第四百八十二条　要约以信件或者电报作出的，承诺期限自信件载明的日期或者电报交发之日开始计算。信件未载明日期的，自投寄该信件的邮戳日期开始计算。要约以电话、传真、电子邮件等快速通讯方式作出的，承诺期限自要约到达受要约人时开始计算。

第四百八十三条　承诺生效时合同成立，但是法律另有规定或者当事人另有约定的除外。

第四百八十六条　受要约人超过承诺期限发出承诺，或者在承诺期限内发出承诺，按照通常情形不能及时到达要约人的，为新要约；但是，要约人及时通知受要约人该承诺有效的除外。

第四百八十七条　受要约人在承诺期限内发出承诺，按照通常情形能够及时到达要约人，但是因其他原因致使承诺到达要约人时超过承诺期限的，除要约人及时通知受要约人因承诺超过期限不接受该承诺外，该承诺有效。

10. 合同抬头与盖章不一致,合同成立吗?

【情景案例】

王某同时担任A公司(畜牧公司)与B公司(种子公司)的大股东兼法定代表人。2021年7月3日,王某到C公司进行考察,拟定制一套牛羊屠宰设备,双方就合同内容协商一致后,王某安排随行的文员当场拟定了一份《屠宰设备制造安装合同》,约定:该设备价款为150万元,制造期限为60天,合同定金30万元,余款120万元交货时一次性付清。合同抬头上的甲、乙双方分别是A公司和C公司,王某在甲方签字处签名,可是由于文员带错了公章,因此合同没有加盖A公司的公章,而是加盖了B公司的公章。对此王某解释说,A公司和B公司都是我的公司,盖了章就行了,而且我们马上付款。C公司遂接受了这一方案。合同签订后,王某当场电话指示A公司的财务按约定给C公司汇款30万元,C公司开具了发票。9月1日,C公司按合同约定将该屠宰设备制造完成,但A公司未能按约定提货。2022年4月17日,C公司以书面形式发函给A公司及王某,要求其接函后7天内带款提货,否则要承担违约责任并赔偿损失。可是此时由于A公司经营方向已经发生了转变,A公司已不需要该设备,因此A公司给C公司发函称:《屠宰设备制造安装合同》的抬头是A公司,盖章的是B公司,因此该合同是不成立的,C公司没有义务履行合同,并以不当得利为由要求C公司返还已支付的30万元定金。双方协商无果后,C公司将A公司与王某诉至法院,要求其按合同约定提货并支付余款120万元及违约金。

请问:C公司能要求王某承担责任吗?

【案例分析】

本案涉及的是法定代表人职务行为,以及合同的形式要件欠缺时合同是否成立的问题。

我国《民法典》第六十一条第二款规定,法定代表人以法人名义从事的民事活动,其法律后果由法人承受。

本案中,王某为A公司和B公司的法定代表人,其以公司名义与C公司磋商、订立合同,并在合同上签名,是履行法定代表人职务的行为,其法律后果应当由法人承受。那么到底应当由A公司还是B公司承受呢?我国《民法典》第四百九十条第一款规定,当事人采用合同书形式订立合同的,自当事人均签名、盖章或者按指印时合同成立。在签名、盖章或者按指印之前,当事人一方已经履行主要义务,对方接受时,该合同成立。本案中,合同上有王某的签名和B公司的公章,从形式上看,似乎是C公司与B公司签订合同,但是磋商合同条款、支付定金的却是A公司,C公司也是向

A 公司开具的定金发票，即实际履行合同的是 A 公司；而且，从经营范围和实际从事的商业内容来看，需要屠宰设备的也是从事畜牧加工业务的 A 公司，而不是从事种子销售业务的 B 公司，B 公司在合同上加盖公章的行为，应当理解为是 B 公司错盖了公章，导致合同上欠缺了 A 公司公章这一形式要件。A 公司已经履行了合同的主要义务（交付定金），而 C 公司接受了定金，并且也按照 A 公司的要求制造加工了机器设备，即 C 公司也履行了合同，故应当认定合同的相对人为 A 公司，且合同已经成立。现在 A 公司拒绝履行合同，显然违反了双方的合同约定，C 公司可以要求 A 公司继续履行合同，支付价款并承担违约责任。但是，王某作为 A 公司的法定代表人，其行为后果应由 A 公司承受，故 C 公司不能要求王某承担责任。

【风险防范建议】

合同主体前后不一致也是实践中常见的情况。由于签字、盖章对合同成立具有重要意义，故当合同抬头与签字、盖章相冲突时，通常会以签字、盖章为准，来确定当事人。而当实际当事人与签字、盖章主体不符时，就很容易产生争议和风险。为了避免出现本案中关联企业混同、互相推诿等情况，订立合同时应注意：

（1）签订合同时，必须要求对方法定代表人或者授权委托人签名。

（2）签订合同时，应仔细核对首部列明的当事人名称与加盖公章/合同专用章的主体名称是否一致，以防笔误或者对方故意“李代桃僵”；不一致的，应尽量要求对方使用正确的公章/合同专用章。

（3）如果形式上的判断与实际情况不符，就需要根据合同实际履行情况来考察合同重要义务的实际履行方，从而确定合同权利义务的承担者，这就需要及时向律师等专业人士寻求帮助了。

【法条链接】

《民法典》第六十一条　依照法律或者法人章程的规定，代表法人从事民事活动的负责人，为法人的法定代表人。

法定代表人以法人名义从事的民事活动，其法律后果由法人承受。

法人章程或者法人权力机构对法定代表人代表权的限制，不得对抗善意相对人。

第六十二条　法定代表人因执行职务造成他人损害的，由法人承担民事责任。法人承担民事责任后，依照法律或者法人章程的规定，可以向有过错的法定代表人追偿。

第四百九十条　当事人采用合同书形式订立合同的，自当事人均签名、盖章或者按指印时合同成立。在签名、盖章或者按指印之前，当事人一方已经履行主要义务，对方接受时，该合同成立。

法律、行政法规规定或者当事人约定合同应当采用书面形式订立，当事人未采用书面形式但是一方已经履行主要义务，对方接受时，该合同成立。

第五百零四条 法人的法定代表人或者非法人组织的负责人超越权限订立的合同，除相对人知道或者应当知道其超越权限外，该代表行为有效，订立的合同对法人或者非法人组织发生效力。

第五百七十九条 当事人一方未支付价款、报酬、租金、利息，或者不履行其他金钱债务的，对方可以请求其支付。

11. 假借订立合同，恶意磋商损害他人利益，要承担缔约过失责任吗？

【情景案例】

冯某是某服装厂创始人，其想将服装厂的库存以比较优惠的价格出售，并在当地报纸刊登广告，载明于8月31日前将工厂所有库存以30万元的价格转让。沈某看到广告遂与冯某进行洽谈并表示签约意愿。由于资金周转需要，此时蒋某也有一批服装库存急于转让，他无意中知道此事后，想让沈某购买自己的库存，于是故意表示愿意购买冯某的库存，并与其进行了长时间的商谈。经过商谈，蒋某与冯某就服装库存的转让达成合作意向，表示蒋某将在8月31日一次性支付30万元，钱物两清，但此前冯某不得将服装库存转与他人。与此同时，蒋某暗地里将自己的服装库存以比冯某更低的价格销售给了沈某。之后，蒋某以出差等借口不再与冯某见面。由于厂房租赁期限将近，冯某不得不以20万元的低价将服装库存卖给他人。冯某后来知道此事非常生气，遂诉至法院，要求蒋某赔偿15万元的经济损失。

请问：冯某的请求能得到法院支持吗？

【案例分析】

本案涉及的是缔约过失责任问题。

我国《民法典》第五百条规定，当事人在订立合同过程中有下列情形之一，造成对方损失的，应当承担赔偿责任：(1)假借订立合同，恶意进行磋商；(2)故意隐瞒与订立合同有关的重要事实或者提供虚假情况；(3)有其他违背诚信原则的行为。其中“假借订立合同，恶意进行磋商”通常需满足以下条件：第一，行为人自始至终没有订立合同的打算；第二，行为人虽然与对方协商合同条款，但并不是为了签订合同，而是故意误导对方，让对方以为有可能达成交易；第三，行为人从事此事的最终目的就是给对方造成损失，包括丧失交易机会的损失或者其他损失。

本案中，蒋某的行为就完全符合上述三个要素，其“假借订立合同，恶意进行磋商”的根本目的就在于争夺冯某的交易机会，应对冯某承担缔约过失责任，赔偿冯某损失。不过由于冯某当初预计的销售价格是30万元，而最终销售价格为20万元，故冯某的损失应为 10 万元,因此冯某要求蒋某赔偿 15 万元,不能全部得到法院的支持。

【风险防范建议】

商场如战场。为了避免遇到本案中冯某这样的情况,建议如下:

(1)在合同的磋商阶段,不宜只限定于一个潜在的合同相对方。

(2)如果对方要求"独家"磋商,则应先签署意向书,将"独家"磋商的期限限定在一个合理范围内。

(3)签署意向书后,尽量收取一定数量的定金,作为立约定金,以保证正式合同的订立。这种方式也有助于当事人甄别对方是否有订立合同的诚意,以避免遇到假借磋商合同"截获"他人的交易机会或者套取他人的商业秘密等情况。

【法条链接】

《民法典》第五百条　当事人在订立合同过程中有下列情形之一,造成对方损失的,应当承担赔偿责任:

(一)假借订立合同,恶意进行磋商;

(二)故意隐瞒与订立合同有关的重要事实或者提供虚假情况;

(三)有其他违背诚信原则的行为。

12. 企业盖章的空白合同被员工擅自使用,企业要担责吗?

【情景案例】

许某是甲公司(医药公司)的采购经理,因业务需要,其手中有多份盖有甲公司合同专用章且采购内容为空白的合同书。8 月 3 日,甲公司安排许某到乙公司(药材公司)购买 1000 斤灵芝,并出具授权委托书,内容为"许某系甲公司员工,受甲公司委托前往贵公司洽谈药材采购事宜"。许某将授权委托书拿给乙公司总经理刘某看后,刘某同意与许某签订合同。洽谈过程中,许某看到乙公司的人参不错,在未向甲公司请示的情况下,直接用另一份空白合同书与乙公司签订了采购 300 支人参的合同。两份合同均约定款到发货。事后甲公司支付了 1000 斤灵芝的货款,但拒绝支付人参的货款,乙公司向甲公司催款时,甲公司不同意支付人参的货款,并要求解除人参购销合同,理由是人参是许某擅自决定购买的,未经甲公司同意。乙公司认为,采购合同上有双方公司的签章,合同是有效的,因此不同意甲公司退货。

请问:乙公司的说法符合我国法律规定吗?

【案例分析】

本案涉及的是空白合同以及授权委托书的效力问题。

我国《民法典》第一百六十一条规定,民事主体可以通过代理人实施民事法律行为。第一百六十二条规定,代理人在代理权限内,以被代理人名义实施的民事法律行为,对被代理人发生效力。第一百六十五条规定,委托代理授权采用书面形式的,授权委托书应当载明代理人的姓名或者名称、代理事项、权限和期限,并由被代理人签名或者盖章。

本案中,甲公司向许某出具了书面的委托书,写明许某是甲公司的员工,授权委托事项为"前往乙公司洽谈药材采购事宜",同时还向许某交付了加盖了甲公司合同专用章的空白采购合同。由于委托书与合同书中均未限定采购药材的品种,以上行为足以使乙公司有理由认为许某有权代理甲公司洽谈任何品种的药材采购事宜,并签订购销合同,代理权限范围包括采购人参。人参购销合同上加盖了甲公司的合同专用章,许某又在合同上以代理人的身份签名,故人参购销合同已经成立,甲公司不能要求解除,乙公司的说法符合我国法律规定。

【风险防范建议】

单位是法人主体,其意思表示必须通过具体的自然人(也就是俗称的经办人、委托代理人)的行为来表达。为了证明委托代理人的身份,同时也为了限定委托代理的权限,单位需要向委托代理人出具委托书。我国《民法典》第一百六十五条规定,委托代理授权采用书面形式的,授权委托书应当载明代理人的姓名或者名称、代理事项、权限和期限,并由被代理人签名或者盖章。如果代理事项、权限和期限等不明确,就很容易出现类似本案这样的争议。为规避相应风险,建议如下:

(1)出具授权委托书时应明确限定代理事项,如本案中,就可以明确为"到贵单位洽谈灵芝采购事宜",而不宜笼统写为"药材采购"。

(2)对于已经加盖了合同专用章、公章等的空白合同必须格外注意妥善保管,因为盖章行为就是法人主体对外进行意思表示的方式,一般而言,加盖单位公章、合同专用章的行为都是单位行为,对单位具有约束力。

(3)尽量不要在内容空白的文书上加盖公章、合同专用章,各类章应由专人保管,且公司应制定用章的规章制度。

(4)合同条款经业务部门、法务部门审核完毕后,再按照用章流程盖章。

【法条链接】

《民法典》第一百六十一条第一款 民事主体可以通过代理人实施民事法律行为。

第一百六十二条 代理人在代理权限内,以被代理人名义实施的民事法律行为,对被代理人发生效力。

第一百六十三条 代理包括委托代理和法定代理。

委托代理人按照被代理人的委托行使代理权。法定代理人依照法律的规定行使代理权。

第一百六十五条　委托代理授权采用书面形式的，授权委托书应当载明代理人的姓名或者名称、代理事项、权限和期限，并由被代理人签名或者盖章。

13. 业务员私刻公章对外订立合同，责任由谁承担？

【情景案例】

A公司是一家大型家电生产企业，吕某系A公司新招聘的业务员，于8月20日入职。9月3日，吕某与B公司签订了一份《灯饰买卖合同》，约定：B公司向A公司采购3000个电饭煲，每个70元，10天内交货，合同价款为21万元，签订合同时支付预付款5万元，余款在交货时一次性付清。签完合同后，B公司按照吕某要求，将预付款支付到吕某的个人账户上。9月4日，吕某向公司提出辞职。由于吕某还没有过试用期，公司当天就批准了吕某的辞职请求。9月13日，B公司致电要求A公司发货时，才知道A公司根本没有与B公司签订任何购销合同。经查证，B公司所持合同加盖的公章是假的，为吕某私刻的。B公司认为，虽然公章是吕某私刻的，但吕某系A公司员工，A公司应当承担相应责任。双方协商无果后，B公司诉至法院，请求判令A公司返还5万元预付款及利息。

请问：B公司的请求能得到法院支持吗？

【案例分析】

本案涉及的是表见代理的问题。

我国《民法典》第一百七十二条规定了表见代理：行为人没有代理权、超越代理权或者代理权终止后，仍然实施代理行为，相对人有理由相信行为人有代理权的，代理行为有效。第一百七十一条第一款规定了无权代理：行为人没有代理权、超越代理权或者代理权终止后，仍然实施代理行为，未经被代理人追认的，对被代理人不发生效力。第一百六十五条规定了授权委托书的内容：委托代理授权采用书面形式的，授权委托书应当载明代理人的姓名或者名称、代理事项、权限和期限，并由被代理人签名或者盖章。

本案中，吕某确实是A公司的员工，其私刻A公司的公章与B公司签订购销合同，并收取B公司的预付款。吕某行为造成的后果是否由A公司来承担，主要取决于吕某的行为是否构成表见代理：只有当B公司“有充分的理由”相信吕某是代表A公司从事购销活动的，吕某的行为才构成表见代理，其签订合同的行为才能约束A公司，否则吕某的行为就是无权代理。对于无权代理行为，被代理人A公司拒绝追认，则该行为对A公司不发生效力，其后果由吕某和B公司自行承担。从现有材料来看，B公司没有核实合同上公章的真实性，也没有要求吕某出示A公司的授权委托书，尤其是还将预付款支付到吕某个人的账户，对于吕某这样不寻常的要求，B公司没有警惕，显然有重大过错，很难说有理由相信吕某代表A公司从事购销活动。故B公司的请求不能得到法院支持。

【风险防范建议】

关于企业采购时，如何规避相应法律风险，建议如下：

(1)在开始洽谈合作之前，先核实对方的身份和授权范围，最简单、直接的方式就是要求其提供合同相对方的授权委托书，必要时还可以通过电话、邮箱，甚至上门拜访等方式进一步核实。

(2)一般来说，谨慎的企业都不会允许员工将公章或者盖有公章的空白合同带出公司，如果遇到这种情况，同样建议通过电话、邮箱、上门拜访等方式向合同相对方核实合作意愿的真实性。

(3)涉及款项支付的，尽量支付到对公账户，而且应当索取发票。

【法条链接】

《民法典》第一百六十一条第一款 民事主体可以通过代理人实施民事法律行为。

第一百六十二条 代理人在代理权限内，以被代理人名义实施的民事法律行为，对被代理人发生效力。

第一百六十三条 代理包括委托代理和法定代理。

委托代理人按照被代理人的委托行使代理权。法定代理人依照法律的规定行使代理权。

第一百六十五条 委托代理授权采用书面形式的，授权委托书应当载明代理人的姓名或者名称、代理事项、权限和期限，并由被代理人签名或者盖章。

第一百七十一条 行为人没有代理权、超越代理权或者代理权终止后，仍然实施代理行为，未经被代理人追认的，对被代理人不发生效力。

相对人可以催告被代理人自收到通知之日起三十日内予以追认。被代理人未作表示的，视为拒绝追认。行为人实施的行为被追认前，善意相对人有撤销的权利。撤销应当以通知的方式作出。

行为人实施的行为未被追认的，善意相对人有权请求行为人履行债务或者就其受到的损害请求行为人赔偿。但是，赔偿的范围不得超过被代理人追认时相对人所能获得的利益。

相对人知道或者应当知道行为人无权代理的，相对人和行为人按照各自的过错承担责任。

第一百七十二条　行为人没有代理权、超越代理权或者代理权终止后，仍然实施代理行为，相对人有理由相信行为人有代理权的，代理行为有效。

14. 不履行“认购书”约定的义务，要承担违约责任吗？

【情景案例】

3月1日，赵某与某房地产公司签订一份《商铺认购书》，约定：赵某向某房地产公司支付意向金10万元订购某小区商业街A02号商铺，该商铺面积为130平方米，价格为每平方米1万元；双方应于3月31日前签订《商铺买卖合同》，否则视为违约，如赵某拒绝签订合同，则已支付的意向金将不予退还；如某房地产公司拒绝签订合同，则双倍返还意向金。签订认购书当日，赵某向某房地产公司支付了10万元意向金。后由于资金周转困难，赵某无法在约定期限内购买上述商铺，于是拒绝签订《商铺买卖合同》。4月1日，赵某以“认购书”并非合同为由，要求某房地产公司退还10万元意向金，但遭到某房地产公司拒绝。某房地产公司认为，认购书也属于合同，违约就要按约定承担违约责任。

请问：某房地产公司的说法符合我国法律规定吗？

【案例分析】

本案涉及的是预约合同的效力问题。

我国《民法典》第四百九十五条规定，当事人约定在将来一定期限内订立合同的认购书、订购书、预订书等，构成预约合同。当事人一方不履行预约合同约定的订立合同义务的，对方可以请求其承担预约合同的违约责任。预约合同是《民法典》合同编新规定的一个制度，在此之前的《合同法》（已失效）并未对预约合同作出规定，但相关司法解释有所涉及。预约合同一般在本约合同订立前使用，“当事人各方为将来订立本约合同而谈判，并最终订立本约合同”。因此，预约合同也是一个独立的合同，只不过合同目的性比较特殊而已。根据《民法典》第四百九十五条第二款的规定，违反预约合同，不履行订立（本约）合同义务的，应当承担预约合同的违约责任。如果预约合同约定了违约责任，则按照该约定处理；如果预约合同没有约定违约责任，则可适用《民法典》合同编第一分编第八章中的违约责任，包括继续履行、采取补救措施、赔偿损失等。

本案中，赵某与某房地产公司签订了《商铺认购书》，约定将于3月31日前签订《商铺买卖合同》，并且约定了逾期未签订的违约责任，预约合同已经成立并生效。赵某由于自身的原因——资金周转困难，而拒绝继续履行预约合同，拒绝与某房地产公司签订《商铺买卖合同》,已经构成违约(违反预约合同之约),应当按照《民法典》第四百九十五条第二款的规定以及双方合同的约定,承担违约责任,赵某不能要求退还交付的意向金。故某房地产公司的说法符合我国法律规定。

【风险防范建议】

预约合同的使用在实践中长期存在,《民法典》合同编明确了其性质和法律后果。为规避相应法律风险,建议如下:

(1)充分认识到预约合同也是合同,考虑清楚后再决定是否签订,不要一时冲动。

(2)如果认为己方有可能不愿意订立本约合同,则应当在预约合同中明确,己方(或任何一方)都有权在某个时点之前要求解除预约合同。

(3)对于有些需要达到某些前置条件,才可作为本约标的的商品或者服务,如不想订立本约,则可考察这些前置条件是否成就,而不要贸然以自身原因拒绝订立本约。如本案中的商铺需要符合预售条件后,开发商才能对外销售并签订《商铺买卖合同》,赵某应当先考察其是否已经符合预售条件。此外,如因不可归责于当事人双方的事由,导致商品房买卖合同未能订立,如双方不能就《商铺买卖合同》的条款达成一致,任何一方都可以拒绝订立本约。

【法条链接】

《民法典》第四百九十五条　当事人约定在将来一定期限内订立合同的认购书、订购书、预订书等,构成预约合同。

当事人一方不履行预约合同约定的订立合同义务的,对方可以请求其承担预约合同的违约责任。

第五百七十七条　当事人一方不履行合同义务或者履行合同义务不符合约定的,应当承担继续履行、采取补救措施或者赔偿损失等违约责任。

第五百八十五条　当事人可以约定一方违约时应当根据违约情况向对方支付一定数额的违约金,也可以约定因违约产生的损失赔偿额的计算方法。

约定的违约金低于造成的损失的,人民法院或者仲裁机构可以根据当事人的请求予以增加;约定的违约金过分高于造成的损失的,人民法院或者仲裁机构可以根据当事人的请求予以适当减少。

当事人就迟延履行约定违约金的,违约方支付违约金后,还应当履行债务。

15. 提供格式条款的一方不合理地限制另一方主要权利，该条款有效吗？

【情景案例】

吴某在某视频网站上开通了黄金VIP年会员。会员有效期内，吴某在使用该VIP会员观看该网站自制热播剧时，发现剧前仍然需要观看“会员专属广告”，须点击“跳过”方可继续观影，并非网站所承诺的“免广告、自动跳过片头广告”的会员特权；同时，会员“热剧抢先看”的特权也被调整为如VIP会员愿意再支付3元/集的费用，则可以提前观看该剧尚未公映的剧集。经再次查看该网站的“VIP会员协议”，吴某发现电子协议内容存在格式条款，该条款内容为：“甲方有权基于自身运营策略变更全部或部分会员权益、适用的用户设备终端。”吴某认为，该条款明显违反公平原则，严重侵害消费者的合法权益，应属无效条款。另外，吴某发现购买VIP会员资格时签订的电子协议内容已经被该网站单方面进行了更改，增加了“付费超前点播”的格式条款，该条款内容为：“关于额外付费的特别说明：当您成功开通VIP会员服务后，您可以观看VIP专享的视频内容，但您理解并同意，除VIP专享内容外仍有少量视频出于版权方等原因需要您额外付费后方可观看。关于前述需要额外付费的服务内容，网站会以显著标注向您作出提示。且这些服务内容在您付费成功后有一定的使用有效期（具体以购买页面说明为准），建议您及时使用，在有效期满后，无论您是否使用完毕所购的服务内容，均不向您退还您已支付的费用且不予进行任何形式的补偿/赔偿。”吴某认为，该格式条款严重侵犯了自身权益，应属无效条款。吴某向法院起诉请求确认上述格式条款无效。

请问：吴某的请求能得到法院支持吗？

【案例分析】

本案涉及的是哪些格式条款无效的问题。

我国《民法典》第四百九十六条第一款规定，格式条款是当事人为了重复使用而预先拟定，并在订立合同时未与对方协商的条款。格式条款在互联网公司中适用得非常广泛。提前制定好格式协议以便重复利用，是互联网公司面向不特定人提供服务所必需的，这也反映了网络服务的高效便捷及模块化特点。但与此同时，此类条款往往或多或少限制了消费者的权利，而消费者只能是“不同意就走开”，即只能被动接受条款或者不得不失去服务。那么这些格式条款是否有效呢？根据《民法典》第四百九十七条的规定，提供格式条款一方排除对方主要权利的，该格式条款无效。法律并不禁止所有的格式条款，但符合第四百九十七条规定三种情形的格式条款无效。

本案中，该网站在与吴某履行“VIP会员协议”过程中，单方变更了合同条款，在热播剧播放过程中提出"付费超前点播"服务,目的是再次收费,显然损害了黄金 VIP 会员的主要权利,故变更后相关条款对吴某不发生效力。需要说明的是,格式条款的无效是法律强制性规定,不允许当事人通过协商一致的方式排除适用。因此,吴某的请求可以得到法院的支持。

【风险防范建议】

对于格式条款的提供方,建议不要在格式条款中约定违反法律规定,侵害国家、集体或其他人的合法权益,损害社会公共利益或者免除义务人的法律责任,加重权利人的责任或者排除权利人的主要权利等法律禁止的内容,以免该条款被认定为无效。

对于被动接受格式条款的一方,建议仔细阅读条款,对其中显失公平的部分要求修改;如确实因格式条款发生争议,则应勇敢地站出来维护自己的合法权益。

【法条链接】

《民法典》第四百九十六条 格式条款是当事人为了重复使用而预先拟定,并在订立合同时未与对方协商的条款。

采用格式条款订立合同的,提供格式条款的一方应当遵循公平原则确定当事人之间的权利和义务,并采取合理的方式提示对方注意免除或者减轻其责任等与对方有重大利害关系的条款,按照对方的要求,对该条款予以说明。提供格式条款的一方未履行提示或者说明义务,致使对方没有注意或者理解与其有重大利害关系的条款的,对方可以主张该条款不成为合同的内容。

第四百九十七条 有下列情形之一的,该格式条款无效:

(一)具有本法第一编第六章第三节和本法第五百零六条规定的无效情形;

(二)提供格式条款一方不合理地免除或者减轻其责任、加重对方责任、限制对方主要权利;

(三)提供格式条款一方排除对方主要权利。

16. 合同磋商过程中知悉了对方的商业秘密,合同没谈成的,知悉方需要保密吗?

【情景案例】

刘某是曾在世界500强公司任职的资深工程师。2021年3月20日,甲公司与刘某磋商签订一份科技开发合同,拟签订合同主要内容为:甲公司给刘某提供相应的技术支持,由刘某按约定自行开发,开发期限为6个月。在磋商期间,甲公司给刘某看了公司具有商业秘密性质的技术资料。之后,由于刘某与甲公司就开发的报酬没有协商好,最终甲公司取消与刘某的合作。刘某认为,由于与甲公司之间的合同没有签订,因此对所掌握的商业秘密无保密义务。之后,刘某到甲公司的竞争对手乙公司担任产品经理一职。在工作过程中,刘某将知悉的甲公司技术应用到工作中去,让乙公司的产品在短期内就领先于甲公司,给甲公司造成不可估量的经济损失。为保护自身合法权益,甲公司将刘某与乙公司诉至法院,要求停止侵权及赔偿经济损失。乙公司在庭审中辩称,其对刘某擅自使用甲公司的技术进行产品研发不知情,因此其无须承担赔偿损失的责任。

请问:甲公司的请求能得到法院支持吗?

【案例分析】

本案涉及的是合同缔结人的保密义务问题。

我国《反不正当竞争法》第九条第四款规定,商业秘密,是指不为公众所知悉、具有商业价值并经权利人采取相应保密措施的技术信息、经营信息等商业信息。《民法典》第五百零一条规定,当事人在订立合同过程中知悉的商业秘密或者其他应当保密的信息,无论合同是否成立,不得泄露或者不正当地使用;泄露、不正当地使用该商业秘密或者信息,造成对方损失的,应当承担赔偿责任。

当事人在磋商过程中为了对双方的合作基础有充分的了解,往往会接触一方或双方的商业秘密,甚至会有些企业故意趁机获取对方的商业秘密。本案中,刘某就是如此;其借之前与甲公司磋商科技开发合同事宜时获取了甲公司的技术和客户信息。因此无论合同是否达成,商业秘密持有方都有必要要求对方不得泄露或者不正当地使用其商业秘密。这不仅是《民法典》的要求,也符合《反不正当竞争法》的规定;如果达到情节严重的程度,行为人还可能承担行政责任甚至刑事责任。因此,本案中,甲公司的请求能得到法院支持。

【风险防范建议】

关于商业秘密的持有方如何防范相应法律风险,建议如下:

(1)与合同相对方开始磋商合同条款前,先签订独立的保密协议,约定将来无论是否合作,双方应当对磋商过程中知悉的商业秘密或者其他应当保密的信息承担保密责任,不得泄露或者不正当地使用这些秘密内容。

(2)合同磋商中,不要为了达成合作、展现实力,而将自己的"家底"和盘托出。

(3)对于商业秘密和其他需要保密的信息,在提供给对方时应当明示为秘密及秘密等级,并采取必要的保密措施。

(4)如果发现合作方、正在洽谈或者曾经洽谈过的拟合作方有侵犯自己商业秘密或者其他应当保密的信息的情况,可以立即向对方发送停止侵权的通知或者律师函,必要时可以向人民法院起诉。

【法条链接】

《反不正当竞争法》第九条 经营者不得实施下列侵犯商业秘密的行为：

……

（三）违反保密义务或者违反权利人有关保守商业秘密的要求，披露、使用或者允许他人使用其所掌握的商业秘密；

……

经营者以外的其他自然人、法人和非法人组织实施前款所列违法行为的，视为侵犯商业秘密。

……

本法所称的商业秘密，是指不为公众所知悉、具有商业价值并经权利人采取相应保密措施的技术信息、经营信息等商业信息。

《民法典》第五百零一条 当事人在订立合同过程中知悉的商业秘密或者其他应当保密的信息，无论合同是否成立，不得泄露或者不正当地使用；泄露、不正当地使用该商业秘密或者信息，造成对方损失的，应当承担赔偿责任。

《刑法》第二百一十九条 有下列侵犯商业秘密行为之一，情节严重的，处三年以下有期徒刑，并处或者单处罚金；情节特别严重的，处三年以上十年以下有期徒刑，并处罚金：

……

（三）违反保密义务或者违反权利人有关保守商业秘密的要求，披露、使用或者允许他人使用其所掌握的商业秘密的。

明知前款所列行为，获取、披露、使用或者允许他人使用该商业秘密的，以侵犯商业秘密论。

本条所称权利人，是指商业秘密的所有人和经商业秘密所有人许可的商业秘密使用人。

第二章
合同的效力

17. 一方拒不履行报批义务导致合同未生效的，另一方有权要求对方按合同约定承担违约责任吗？

【情景案例】

甲公司是一家证券公司，乙公司是甲公司的股东。2021年3月，乙公司拟将其持有的甲公司6%股权转让给丙公司，甲公司的其他股东均无异议。乙公司遂与丙公司签订一份《股权转让合同》，约定：乙公司将甲公司6%的股权转让给丙公司，转让价格为6000万元；丙公司于合同签订后7日内支付预付款1000万元，余款在乙公司办理股权转让审批手续后支付；乙公司在收到预付款后3个月内促使甲公司办理完毕股权转让审批，否则要支付违约金500万元。《股权转让协议》签订后，丙公司按合同约定给乙公司支付了预付款。之后，乙公司一直拖延办理股权转让审批手续；丙公司多次催促，乙公司仍不按约定履行报批义务。无奈之下，丙公司诉至法院，要求解除合同、收回预付款，并要求乙公司支付违约金500万元。乙公司辩称，证券公司股东对外转让5%以上股权须经国务院证券监督管理机构批准，合同才生效，现《股权转让合同》未经报批，因此合同未生效；既然整份合同未生效，那么合同约定的违约条款当然也就没有生效，其不需要按照约定承担违约责任。

请问：乙公司的说法能够得到法院支持吗？

【案例分析】

本案涉及的是法律规定或者当事人约定，需要政府部门批准才生效的合同中，负有报批义务的当事人违反约定是否需要承担违约责任的问题。

我国《民法典》第五百零二条第一款、第二款规定，依法成立的合同，自成立时生效，但是法律另有规定或者当事人另有约定的除外。依照法律、行政法规的规定，合同应当办理批准等手续的，依照其规定。未办理批准等手续影响合同生效的，不影响合同中履行报批等义务条款以及相关条款的效力。应当办理申请批准等手续的当事人未履行义务的,对方可以请求其承担违反该义务的责任。

合同的成立和生效是两个不同的概念,当事人就合同的主要条款达成合意,形成一致的意思表示,合同就成立了;而合同是否生效、是否有效,则是法律对于合同效力进行价值判断和效力评价,体现了国家公权力干预的原则。虽然一般来说,合同成立时就生效,但法律规定了生效条件,或者当事人约定了生效条件的,则需在条件成就时,合同方才生效。

本案中,乙公司与丙公司签订的《股权转让合同》的标的是甲证券公司6%的股权,根据《证券公司监督管理条例》第十四条的规定,任何单位或者个人认购或者受让证券公司的股权后,其持股比例达到证券公司注册资本的5%的,应当事先告知证券公司,由证券公司报国务院证券监督管理机构批准。因此,案涉《股权转让合同》是属于必须经过国家主管部门批准才能生效的合同。现在乙公司没有办理报批手续,导致《股权转让合同》并未生效,因此丙公司不能要求乙公司按照未生效的合同约定履行报批义务。但是乙公司并非完全没有责任,而是应当按照《民法典》第五百零二条第二款的规定,承担合同约定的违约责任。这是因为依据该款规定,在这种情形下合同的违约条款具有独立性,独立于合同而生效。最高人民法院在《全国法院民商事审判工作会议纪要》中也持同样的观点:须经行政机关批准生效的合同,对报批义务及未履行报批义务的违约责任等相关内容作出专门约定的,该约定独立生效。一方因另一方不履行报批义务,请求解除合同并请求其承担合同约定的相应违约责任的,人民法院依法予以支持。因此,乙公司的说法不能得到法院支持。

【风险防范建议】

企业在签订一些交易标的比较特殊的合同时,应当确认法律法规是否要求此类合同的生效必须经过政府部门批准。如果合同属于必须经批准才能生效的,为保证合同相对方按约定办理报批手续,应当在合同中就报批手续的办理约定单独的违约责任,否则很可能只能要求对方承担缔约过失责任而不是违约责任。

【法条链接】

《民法典》第五百零二条　依法成立的合同,自成立时生效,但是法律另有规定或者当事人另有约定的除外。

依照法律、行政法规的规定,合同应当办理批准等手续的,依照其规定。未办理批准等手续影响合同生效的,不影响合同中履行报批等义务条款以及相关条款的效力。应当办理申请批准等手续的当事人未履行义务的,对方可以请求其承担违反该义务的责任。

依照法律、行政法规的规定，合同的变更、转让、解除等情形应当办理批准等手续的，适用前款规定。

《证券公司监督管理条例》第十四条　任何单位或者个人有下列情形之一的，应当事先告知证券公司，由证券公司报国务院证券监督管理机构批准：

（一）认购或者受让证券公司的股权后，其持股比例达到证券公司注册资本的5%；

（二）以持有证券公司股东的股权或者其他方式，实际控制证券公司5%以上的股权。

未经国务院证券监督管理机构批准，任何单位或者个人不得委托他人或者接受他人委托持有或者管理证券公司的股权。证券公司的股东不得违反国家规定，约定不按照出资比例行使表决权。

18. 员工超越委托书的范围签订合同有效吗？

【情景案例】

A公司经营连锁超市，委托其采购员陈某到B公司采购3000千克泰国大米，并向陈某出具了含进货品名与进货数量的授权委托书。陈某到B公司后，B公司销售人员告诉陈某，现在市场上东北大米比较好卖，劝他订购一些东北大米。陈某看货后，认为该批东北大米质优价廉，肯定有利可图，于是现场私自决定订购2000千克东北大米，双方签订了购买泰国大米和东北大米的《购销合同》。之后，B公司按约定时间将3000千克泰国大米与2000千克东北大米发货到A公司，A公司收货时并未提出异议，并将两种大米同时在旗下各超市上架销售；可是东北大米一直滞销，购买的消费者很少。当B公司要求A公司给付货款时，A公司称其只让陈某订购3000千克泰国大米，没有授权他购买其他产品，对多出的2000千克东北大米拒绝付款，并要求B公司将东北大米取走。

请问：陈某超越委托书的范围签订的购销合同对A公司有效吗？

【案例分析】

本案涉及的是无权代理人订立的合同是否对被代理人发生法律效力的问题。

我国《民法典》第五百零三条规定，无权代理人以被代理人的名义订立合同，被代理人已经开始履行合同义务或者接受相对人履行的，视为对合同的追认。第一百七十一条第一款规定，行为人没有代理权、超越代理权或者代理权终止后，仍然实施代理行为，未经被代理人追认的，对被代理人不发生效力。

本案中，陈某超越A公司授予的购买泰国大米的委托代理权限，自行决定购买东北大米，是超越代理权限的行为，本来不应当对被代理人A公司发生法律效力。但是

A 公司不但收了东北大米,而且还将其在旗下超市上架销售,可见,A 公司已经开始履行合同义务,此行为应当视为对合同的追认。故陈某超越委托书的范围签订的购销合同对 A 公司产生效力。

【风险防范建议】

员工超越代理权限对外签订合同的事例时有发生,关于企业如何规避相应风险,建议如下:

(1)出具授权委托书时应明确限定代理事项。

(2)日常的工作培训中,应当向员工尤其是业务人员强调单位的规章制度,明确未经公司授权,不得擅自代表公司或以公司名义对外签订合同、发表言论等。

(3)对于员工已经超越代理权限签订了合同等情况,公司应考虑清楚是否愿意承担该行为的后果,再来决定是否"将错就错"履行该合同。

(4)如果公司认为员工超越委托权限签订的合同对公司不利,公司也应当及时、主动告知合同相对方,以免造成双方损失的扩大。

【法条链接】

《民法典》第一百六十五条　委托代理授权采用书面形式的,授权委托书应当载明代理人的姓名或者名称、代理事项、权限和期限,并由被代理人签名或者盖章。

第一百七十一条　行为人没有代理权、超越代理权或者代理权终止后,仍然实施代理行为,未经被代理人追认的,对被代理人不发生效力。

相对人可以催告被代理人自收到通知之日起三十日内予以追认。被代理人未作表示的,视为拒绝追认。行为人实施的行为被追认前,善意相对人有撤销的权利。撤销应当以通知的方式作出。

行为人实施的行为未被追认的,善意相对人有权请求行为人履行债务或者就其受到的损害请求行为人赔偿。但是,赔偿的范围不得超过被代理人追认时相对人所能获得的利益。

相对人知道或者应当知道行为人无权代理的,相对人和行为人按照各自的过错承担责任。

第一百七十二条　行为人没有代理权、超越代理权或者代理权终止后,仍然实施代理行为,相对人有理由相信行为人有代理权的,代理行为有效。

第五百零三条　无权代理人以被代理人的名义订立合同,被代理人已经开始履行合同义务或者接受相对人履行的,视为对合同的追认。

19. 法定代表人未经股东会同意，在担保合同上签名、盖章，让公司为其本人的债务承担担保责任，担保合同有效吗？

【情景案例】

A 公司由董某、刘某与吴某共同创办，董某是 A 公司的法定代表人兼执行董事，刘某是 A 公司的监事。董某因其他生意需要向 B 银行借款 100 万元，借款期限为 6 个月。由于银行要求提供担保，于是董某利用 A 公司法定代表人的身份，以 A 公司名义与 B 银行签订了《保证合同》，约定由 A 公司对上述借款承担连带保证责任，合同上有 A 公司的公章和董某的签名；董某还伪造了 A 公司同意为董某提供担保的股东会决议。借款到期后，董某未能如约还款。B 银行催告无效后向法院提起诉讼，要求董某归还贷款本息，同时要求 A 公司承担连带保证责任。刘某和吴某认为，董某私自以 A 公司名义对外签订《保证合同》，且相关股东会决议系伪造的，因此该合同无效，A 公司无须承担担保责任。

请问：A 公司与 B 银行签订的《保证合同》有效吗？

【案例分析】

本案涉及的是法定代表人超越权限订立合同是否对法人发生法律效力的问题。

我国《民法典》第五百零四条规定，法人的法定代表人或者非法人组织的负责人超越权限订立的合同，除相对人知道或者应当知道其超越权限外，该代表行为有效，订立的合同对法人或者非法人组织发生效力。法人以及非法人组织都可以在自己的章程等文件中对法定代表人/负责人的权限作出限定，这类文件如果是合同相对方可以合法取得的，如已在登记机关备案且允许公众查询，则合同相对方有义务了解其权限范围。此外，合同相对方更有义务注意法律法规对法定代表人/负责人权利所作出的限制，如《公司法》对公司对外提供担保就做了限制性规定，担保权人有义务知悉。

本案中，B 银行在拟接受 A 公司作董某的担保人时，已经注意到了董某为 A 公司的股东及法定代表人的身份，并且董某提供了 A 公司股东会决议，且所签订的担保合同上有 A 公司的公章和董某签名。至此 B 银行已经尽到了合理的审查义务，其有理由相信为董某担保是 A 公司的真实意思表示，作为 A 公司外部的"人"，B 银行没有义务也不可能进一步鉴别股东会决议上董某、刘某与吴某的签名是否系伪造的。董某超越权限订立担保合同的行为构成表见代表，《保证合同》有效，A 公司应当对董某债务承担连带保证责任。当然 A 公司承担保证责任后可以继续向董某追偿。

【风险防范建议】

关于企业如何规避法定代表人的特殊身份带来的相应法律风险，建议如下：

(1)由于法律推定法人的法定代表人有权对外代表法人从事民事活动,其后果由法人承担,因此企业特别需要在章程等具有对外公示效果的文件中,限定法定代表人的权限范围,如签订合同的金额上限、贷款或提供担保的程序和金额等。如在本案中,A 公司可以在《公司法》的规定之外进一步规定,为法定代表人的债务提供担保,需要全体股东面签的股东会决议方才有效等。

(2)签订重大合同或者与对方法定代表人及其特殊关系人有关的合同前,可以先进行尽职调查,通过查阅对方的章程等文件了解其法定代表人的权限,以免"应知而不知",造成损失。

【法条链接】

《民法典》第六十一条 依照法律或者法人章程的规定,代表法人从事民事活动的负责人,为法人的法定代表人。

法定代表人以法人名义从事的民事活动,其法律后果由法人承受。

法人章程或者法人权力机构对法定代表人代表权的限制,不得对抗善意相对人。

第六十二条 法定代表人因执行职务造成他人损害的,由法人承担民事责任。

法人承担民事责任后,依照法律或者法人章程的规定,可以向有过错的法定代表人追偿。

第一百零五条 非法人组织可以确定一人或者数人代表该组织从事民事活动。

第五百零四条 法人的法定代表人或者非法人组织的负责人超越权限订立的合同,除相对人知道或者应当知道其超越权限外,该代表行为有效,订立的合同对法人或者非法人组织发生效力。

《公司法》第十六条 公司向其他企业投资或者为他人提供担保,依照公司章程的规定,由董事会或者股东会、股东大会决议;公司章程对投资或者担保的总额及单项投资或者担保的数额有限额规定的,不得超过规定的限额。

公司为公司股东或者实际控制人提供担保的,必须经股东会或者股东大会决议。

前款规定的股东或者受前款规定的实际控制人支配的股东,不得参加前款规定事项的表决。该项表决由出席会议的其他股东所持表决权的过半数通过。

20. 企业超越经营范围订立合同有效吗?

【情景案例】

3 月 10 日,甲公司与乙公司签订了一份《汽车配件购销合同》,约定:由甲公司供给乙公司一批进口汽车配件,总价款 200 万元。3 月 28 日,该批汽车配件抵达港口后,甲公司通知乙公司提货,但乙公司以各种理由一直拖延。为避免产生更多的仓储费用，甲公司于4月2日将汽车配件从港口拉回自己的仓库。4月5日，甲公司诉至法院，要求乙公司履行提货义务，支付货款、违约金并赔偿损失。乙公司则主张，其经营范围不含汽车配件销售，购销汽车配件超越了其经营范围，双方签订的合同无效。

请问：乙公司的说法符合我国法律规定吗？

【案例分析】

本案涉及的是企业超越经营范围订立的合同是否有效的问题。

我国《民法典》第五百零五条规定，当事人超越经营范围订立的合同的效力，应当依照该法第一编第六章第三节和第三编的有关规定确定，不得仅以超越经营范围确认合同无效。《民法典》第一编第六章第三节“民事法律行为的效力”中，第一百四十三条规定了同时具备三个条件的民事法律行为有效：(1)行为人具有相应的民事行为能力；(2)意思表示真实；(3)不违反法律、行政法规的强制性规定，不违背公序良俗。

经营范围是国家允许企业生产和经营商品或服务的类别，是企业经营活动的边界，但并不是超越经营范围的行为一定是无效的行为，尤其是随着商事登记制度的改革，企业的经营范围往往是自选且可以随时变更登记的，过于严苛地审查经营行为是否超出经营范围，不利于保障交易安全，不利于促进市场交易和激发市场主体活力。但是法律、行政法规对某些行业或商事主体（如商业银行、保险）有效力性强制规定，或者禁止经营的（如军火买卖），当事人超越这些经营范围订立的合同则因违反法律、行政法规的强制性规定而无效。

本案中，汽车配件并不属于特许经营或者限制交易的商品，从事汽车配件销售也并不需要获得专门的行政许可，因此乙公司的经营范围虽然只有服装销售，但并不违反法律法规的效力强制性规定，故乙公司以超越经营范围为由，主张自己签订的合同无效，不符合我国法律规定。

【风险防范建议】

企业超越经营范围订立合同的情况在实践中时有发生，为避免与合同相对方产生争议，建议如下：

(1)尽量不要超越经营范围订立合同。在签订合同前，可以先通过市场监督部门的官方网站查询了解或者请对方主动提供其经营范围；必要时，请对方先补充经营范围再订立合同。

(2)不确定拟交易的商品或服务是否属于国家特许经营，或者必须只有获得特殊资质的市场主体才能提供的，则应当先向市场监督部门咨询，或者咨询律师等专业人士。

(3)还有一些行业存在不同等级的资质（如建筑领域），签订合同前需充分了解对方的资质等级是否满足合同所需的要求，以免与低等级资质的主体签订了需高等级资质才能订立的合同，导致合同无效。

【法条链接】

《民法典》第一百四十三条 具备下列条件的民事法律行为有效：

（一）行为人具有相应的民事行为能力；

（二）意思表示真实；

（三）不违反法律、行政法规的强制性规定，不违背公序良俗。

第一百五十三条 违反法律、行政法规的强制性规定的民事法律行为无效。但是，该强制性规定不导致该民事法律行为无效的除外。

违背公序良俗的民事法律行为无效。

第五百零五条 当事人超越经营范围订立的合同的效力，应当依照本法第一编第六章第三节和本编的有关规定确定，不得仅以超越经营范围确认合同无效。

21. 合同中造成对方人身伤害的免责条款有效吗?

【情景案例】

甲公司因办公室漏水，在劳务市场上找了没有任何资质的务工人员刘某进行施工。甲公司为了免责，特地与刘某签订一份《工程施工合同》，约定："施工过程中出现的安全问题由刘某自行负责，甲公司不负任何责任。"施工过程中，刘某脚未踩稳，从高梯上摔下来，安全帽脱落，头部摔伤。经检查，刘某颅脑损伤，损伤程度为轻伤八级。刘某与甲公司因赔偿问题发生纠纷。无奈之下，刘某诉至法院，要求甲公司赔偿医疗费等共8万元。甲公司辩称，其与刘某已对安全问题的免责进行约定，因此责任应当由刘某自行承担，与其无关。

请问：甲公司的说法符合我国法律规定吗?

【案例分析】

本案涉及的是合同约定的造成对方人身损害的免责条款是否有效的问题。

根据我国《民法典》第五百零六条的规定，合同中造成对方人身损害的免责条款无效。所谓免责条款，是指当事人在合同中约定的，用以免除或限制一方或双方当事人未来合同责任的条款，它通常是格式条款，但也有非格式条款的情况。并非所有的免责条款都无效，法律允许合同当事人意思自治，允许双方经平等协商，一方取得豁免己方的未来合同责任的权利。但是对于某些合同责任，法律则不允许当事人以意思自治的方式放弃。法律规定造成对方人身损害的条款无效，原因是人的生命权和健康权受到法律的特殊保护，这不仅是民法的基本原则也是宪法的重要内容，因此不能允许一方当事人利用强势地位免除己方对另一方当事人造成人身伤害时应承担的责任；而且这种免责条款一般都是与另一方当事人的真实意思相违背的。

本案中，刘某虽然在含有免责条款的合同上签字，"承诺"风险自担，但这是刘某为了获得劳务报酬，不得不答应的。如果支持甲公司的理由，显然有违公平原则，因此根据《民法典》第五百零六条第(一)项之规定，甲公司的说法不符合法律规定。

【风险防范建议】

企业拟定合同涉及免责条款时，为规避相应法律风险，应注意以下问题：

(1)拟定合同时，不能利用自己的强势地位，增加法律明确规定无效的免责条款。

(2)对于法律法规并不禁止的免责条款，当事人可以依据意思自治的原则在合同中自行约定免责的内容和范围。

(3)对于法律法规并不禁止的免责条款，也必须以明示的方式作出，并建议以加黑、加粗的方式提醒对方注意。以默示的方式作出的免责条款的效力容易被质疑。

【法条链接】

《民法典》第五百零六条 合同中的下列免责条款无效：

(一)造成对方人身损害的；

(二)因故意或者重大过失造成对方财产损失的。

22. 合同签订时，对方公司已被吊销营业执照的，合同有效吗？

【情景案例】

吴某是A公司的法定代表人。A公司因违规经营被工商部门吊销营业执照，但未进行清算。之后，吴某以A公司的名义将原厂房租给B公司，并在《厂房租赁合同》上加盖了A公司的公章。合同约定：租赁期限为10年，第一年租金20万元(不含税)，租金每年上涨5%。合同签订后刚刚履行了半年，B公司就偶然得知A公司的营业执照在签订合同前已被吊销。B公司认为，《厂房租赁合同》是无效合同，于是向吴某提出终止租赁合同；双方因此发生纠纷。

请问：双方签订的《厂房租赁合同》效力如何？

【案例分析】

本案涉及的是法人营业执照被吊销后，是否能继续从事经营活动对外签订合同，以及所签合同是否有效的问题。

根据《民法典》第一百五十三条的规定，违反法律、行政法规的强制性规定的民事法律行为无效。那么法人吊销营业执照后才签订合同，是否违反了法律、行政法规的强制性规定（不包括部门规章、地方性法规、地方性规章以及效力层级更低的一些规定）呢？

我国《民法典》第五十九条规定，法人的民事权利能力和民事行为能力，从法人成立时产生，到法人终止时消灭。第六十八条规定，“有下列原因之一并依法完成清算、注销登记的，法人终止：（一）法人解散……”可见，（以法人解散为例）法人终止需满足两个条件，一是法人解散，二是依法完成清算、注销登记。而只有法人终止后，其民事行为能力（包括从事经营对外签订合同的能力）才消灭。同时，我国《民法典》第六十九条规定，“有下列情形之一的，法人解散：……（四）法人依法被吊销营业执照、登记证书，被责令关闭或者被撤销……”综上所述，法人被依法吊销营业执照的法律后果是法人解散；未经依法清算、注销的，法人终止，进而并不导致法人丧失民事行为能力（但要承担行政责任）。

本案中，A公司虽被吊销营业执照，但其民事行为能力（包括但不限于签订合同的能力）并未丧失，故本案中的《厂房租赁合同》有效。如果B公司认为当初是被A公司误导而签订了合同，则其可以依据《民法典》第一百四十七条之规定（基于重大误解实施的民事法律行为，行为人有权请求人民法院或者仲裁机构予以撤销）向人民法院申请撤销该合同。

【风险防范建议】

企业营业执照被吊销后继续从事市场经营活动订立合同的情况在实践中时有发生，为避免相应争议和风险，建议如下：

（1）虽然这种情况下签订的合同有效，但仍应尽量避免此类情况，以免承担行政责任或出现其他问题（如交易对方不能取得发票）。在签订合同前，可以先通过市场监督部门的官方网站查询了解交易对方有无被吊销营业执照等情况。

（2）签订合同后才发现对方的营业执照早已被吊销的，如决定继续履行合同，应尽快采取补救措施。以本案为例，B公司可以请A公司股东作出承诺，承诺在A公司清算并向股东分配财产后，仍将厂房出租给B公司；如果届时不能出租则由A公司原股东向B公司承担赔偿责任等。

（3）法人被吊销营业执照后，法人的董事、理事等执行机构或者决策机构的成员作为清算义务人，应当及时履行法定义务，组织清算组进行清算，完成注销登记。

【法条链接】

《民法典》第五十九条　法人的民事权利能力和民事行为能力，从法人成立时产生，到法人终止时消灭。

第六十八条 有下列原因之一并依法完成清算、注销登记的，法人终止：

（一）法人解散；

（二）法人被宣告破产；

（三）法律规定的其他原因。

法人终止，法律、行政法规规定须经有关机关批准的，依照其规定。

第六十九条 有下列情形之一的，法人解散：

（一）法人章程规定的存续期间届满或者法人章程规定的其他解散事由出现；

（二）法人的权力机构决议解散；

（三）因法人合并或者分立需要解散；

（四）法人依法被吊销营业执照、登记证书，被责令关闭或者被撤销；

（五）法律规定的其他情形。

第七十条 法人解散的，除合并或者分立的情形外，清算义务人应当及时组成清算组进行清算。

法人的董事、理事等执行机构或者决策机构的成员为清算义务人。法律、行政法规另有规定的，依照其规定。

清算义务人未及时履行清算义务，造成损害的，应当承担民事责任；主管机关或者利害关系人可以申请人民法院指定有关人员组成清算组进行清算。

第一百四十七条 基于重大误解实施的民事法律行为，行为人有权请求人民法院或者仲裁机构予以撤销。

第一百五十三条 违反法律、行政法规的强制性规定的民事法律行为无效。但是，该强制性规定不导致该民事法律行为无效的除外。

违背公序良俗的民事法律行为无效。

第三章

合同的履行

23. 合同履行地点约定不明的，怎么办？

【情景案例】

甲公司为给贵州省某贫困山区村民捐赠一批棉衣，遂与乙公司签订一份《服装购销合同》，约定：甲公司向乙公司购买某款棉衣2000件，价款为20万元；合同签订后，甲公司先预付10万元，收到货物后支付余款。在乙公司将服装备齐后打算送货时，发货人员发现合同并没有明确是将棉衣送到甲公司还是直接送到贵州省某贫困山区。由于甲公司、乙公司办公地址都在广东省，如果乙公司将棉衣送到贵州省，将会大大增加乙公司的运输成本，乙公司遂与甲公司协商，希望将货物送到甲公司，或由甲公司到乙公司提货，但遭到甲公司拒绝，甲公司坚持要求乙公司直接送货到贵州省某贫困山区。

请问：乙公司应当如何履行合同？

【案例分析】

本案涉及的是履行地点约定不明确时，如何确定履行地点的问题。

我国《民法典》第五百一十条规定，合同生效后，当事人就质量、价款或者报酬、履行地点等内容没有约定或者约定不明确的，可以协议补充；不能达成补充协议的，按照合同相关条款或者交易习惯确定。第五百一十一条规定，“当事人就有关合同内容约定不明确，依据前条规定仍不能确定的，适用下列规定：……（三）履行地点不明确，给付货币的，在接受货币一方所在地履行；交付不动产的，在不动产所在地履行；其他标的，在履行义务一方所在地履行……”现实中出于种种原因，有时合同生效后当事人会发现遗漏了一些条款，法律允许当事人以补充协议的方式明确相关内容。如果没能达成补充协议，法律也直接规定了一些重要因素的确定标准，其中履行地点不明确，且未能通过协议（原合同和补充协议）明确的，法律区分了“货币”“不动产”“其他标的”三种情况,分别规定了履行地点。

本案中,甲公司、乙公司购销的棉衣是货币和不动产之外的其他标的,故应当在履行义务一方所在地履行;本案中履行交货义务的一方是乙公司,那么交货地点就是在乙公司所在地。故乙公司应当在其公司所在地履行交货义务。

【风险防范建议】

关于避免合同签订后才发现遗漏合同履行地等重要条款导致争议,建议如下:

(1)对照《民法典》第四百七十条,检查草拟的合同是否具备了列出的所有条款。

(2)万一的确发现遗漏了条款,先与对方当事人协商,签订补充协议加以明确。

(3)合同的草拟是一个专业性很强的工作,如有不慎可能会给当事人造成重大损失,故建议委托专业律师草拟或修改。以本案为例,由于履行地点的约定不明,甲公司需要自费将棉衣运到贵州省,大大增加了甲公司的成本。

【法条链接】

《民法典》第四百七十条　合同的内容由当事人约定,一般包括下列条款:

(一)当事人的姓名或者名称和住所;

(二)标的;

(三)数量;

(四)质量;

(五)价款或者报酬;

(六)履行期限、地点和方式;

(七)违约责任;

(八)解决争议的方法。

当事人可以参照各类合同的示范文本订立合同。

第五百一十条　合同生效后,当事人就质量、价款或者报酬、履行地点等内容没有约定或者约定不明确的,可以协议补充;不能达成补充协议的,按照合同相关条款或者交易习惯确定。

第五百一十一条　当事人就有关合同内容约定不明确,依据前条规定仍不能确定的,适用下列规定:

……

(三)履行地点不明确,给付货币的,在接受货币一方所在地履行;交付不动产的,在不动产所在地履行;其他标的,在履行义务一方所在地履行。

……

24. 订立合同时对产品质量约定不明，如何处理？

【情景案例】

A公司与B公司签订一份《布料买卖合同》，约定：由B公司向A公司供应某金银丝布料，价款为30万元，付款方式为合同签订后支付10万元预付款，余款在交货后3天内一次性支付；布料质量约定以双方确认的样品为准。A公司收货后将货物放入仓库，在使用时才发现布料质量不符合样品要求，于是拒绝支付余款并要求换货或退货。可是由于双方当时未封存样品，双方对产品应符合的质量要求各执一词，产生争议。B公司认为，布料质量符合行业标准，没有任何瑕疵，A公司无权要求退换。双方协商无果，B公司诉至法院，请求判令A公司立即支付余款并赔偿利息损失。

请问：B公司的请求能得到法院支持吗？

【案例分析】

本案涉及的是质量约定不明确时，如何确定质量标准的问题。

我国《民法典》第五百一十条规定，合同生效后，当事人就质量、价款或者报酬、履行地点等内容没有约定或者约定不明确的，可以协议补充；不能达成补充协议的，按照合同相关条款或者交易习惯确定。第五百一十一条规定，“当事人就有关合同内容约定不明确，依据前条规定仍不能确定的，适用下列规定：（一）质量要求不明确的，按照强制性国家标准履行；没有强制性国家标准的，按照推荐性国家标准履行；没有推荐性国家标准的，按照行业标准履行；没有国家标准、行业标准的，按照通常标准或者符合合同目的的特定标准履行……”

本案中，双方本来约定了共同封存样品，以样品品质作为验收的质量标准，但由于双方都没有封存样品，导致本案中无质量标准可比对，现在双方又对质量各执一词，显然属于对质量约定不明确，且未能通过补充协议的方式作出明确，因此只能根据《民法典》第五百一十一条之规定，按照法定的顺序确定质量标准。本案中的布料如没有强制性的国家标准、推荐性的国家标准，则应适用行业标准。既然B公司提供的布料符合行业标准，B公司的请求可以得到法院支持。

【风险防范建议】

关于如何规避商品买卖合同中的质量条款风险，建议如下：

（1）对于标的为标准商品，有技术标准的，合同中应明确适用的技术标准或产品品质；其中，技术标准应明确是国家标准、行业标准、地方标准还是企业标准，产品品质则要明确是国家或行业的强制性标准中的哪一种。

(2)对于标的为非标准商品的,或者以样品成交的合同,双方务必共同封存样品,作为验收标准。

(3)收货时立即进行检验,如果数量太多,也应当随机抽检,并在送货单上注明系抽检。

(4)对于收货当时发现的瑕疵应当立即提出;如果在使用中才发现产品质量问题,也应立即封存尚未开封的剩余产品,通知供应商到场检验。

【法条链接】

《民法典》第四百七十条　合同的内容由当事人约定,一般包括下列条款:

(一)当事人的姓名或者名称和住所;

(二)标的;

(三)数量;

(四)质量;

(五)价款或者报酬;

(六)履行期限、地点和方式;

(七)违约责任;

(八)解决争议的方法。

当事人可以参照各类合同的示范文本订立合同。

第五百一十条　合同生效后,当事人就质量、价款或者报酬、履行地点等内容没有约定或者约定不明确的,可以协议补充;不能达成补充协议的,按照合同相关条款或者交易习惯确定。

第五百一十一条　当事人就有关合同内容约定不明确,依据前条规定仍不能确定的,适用下列规定:

(一)质量要求不明确的,按照强制性国家标准履行;没有强制性国家标准的,按照推荐性国家标准履行;没有推荐性国家标准的,按照行业标准履行;没有国家标准、行业标准的,按照通常标准或者符合合同目的的特定标准履行。

……

25. 网购货物未验货就签收,发现质量问题的,如何处理?

【情景案例】

张某装修房屋,从网上购买了一盏豪华水晶吊灯,卖家A照明公司通过物流发货给张某,并在沟通过程中提醒张某要当面开箱,先验货再签收。吊灯送达时,张某正在忙着跟装修师傅商量安装插座事宜,于是叫快递员把箱子放下就行,没有开箱验货就在快递单上签了名。几天后,张某与电工师傅打开箱子,才发现有几个水晶灯罩破碎了。张某立即联系卖家并提供了照片,但是卖家认为是张某自己没有先验货再签收,导致灯罩破损的责任无法认定,不同意赔偿相关损失。张某一怒之下起诉到某互联网法院,请求卖家赔偿损失。

请问:张某的请求可以得到法院的支持吗?

【案例分析】

本案涉及的是电子合同标的交付时间,以及随之而来的风险承担问题。

电子合同是在网络条件下,通过数据电文、电子邮件等以书面形式签订的明确双方权利义务关系的电子协议。电子形式的买卖合同与传统的纸质形式的买卖合同一样,都涉及标的物的交付时间问题,而标的物的交付又与标的物的风险转移密切相关。根据《民法典》第五百一十二条的规定,通过互联网等信息网络订立的电子合同的标的为交付商品并采用快递物流方式交付的,收货人的签收时间为交付时间。第六百零四条规定,标的物毁损、灭失的风险,在标的物交付之前由出卖人承担,交付之后由买受人承担,但是法律另有规定或者当事人另有约定的除外。

本案中,张某与卖家A照明公司通过互联网订立电子合同约定了豪华水晶灯的买卖事宜,并约定水晶灯由快递物流方式交付。由于双方并未另行约定水晶灯的交付方式与时间,故依照法律规定,收货人张某的签收时间为交付时间;在张某签收之前,水晶灯的在途风险由卖家承担,张某本应在签收前先开箱验货,然而张某放弃验货权利,直接予以签收,应当视为对自己权利的自由处分;自其签收之时起,货物灭失、损坏等风险转移给了其自身;因此,张某在签收几日后才开箱发现水晶灯损坏,其后果应由其自身承担。故张某的请求不能得到法院的支持。

【风险防范建议】

电子商务极大地便利了消费者和商家,电子合同的使用越来越广泛,但是许多新的法律问题也随之而来。为规避相应法律风险,建议如下:

(1)对卖家来说,在介绍商品的页面上,以及与买家的交流文字中,都以明显的方式提醒买家务必先验货再签收。

(2)对买家来说,其应当先验收再签收。如果快递人员一定要求先签收,则应当在签收单上注明相关情况,写明未经验收。签收后应立即打开包装进行表面验收,发现问题立即拍照取证,通过电子商务平台指定的联系渠道与卖家沟通。

【法条链接】

《民法典》第五百一十二条 通过互联网等信息网络订立的电子合同的标的为交

付商品并采用快递物流方式交付的，收货人的签收时间为交付时间。电子合同的标的为提供服务的，生成的电子凭证或者实物凭证中载明的时间为提供服务时间；前述凭证没有载明时间或者载明时间与实际提供服务时间不一致的，以实际提供服务的时间为准。

电子合同的标的物为采用在线传输方式交付的，合同标的物进入对方当事人指定的特定系统且能够检索识别的时间为交付时间。

电子合同当事人对交付商品或者提供服务的方式、时间另有约定的，按照其约定。

第六百零四条　标的物毁损、灭失的风险，在标的物交付之前由出卖人承担，交付之后由买受人承担，但是法律另有规定或者当事人另有约定的除外。

《电子商务法》第二十条　电子商务经营者应当按照承诺或者与消费者约定的方式、时限向消费者交付商品或者服务，并承担商品运输中的风险和责任。但是，消费者另行选择快递物流服务提供者的除外。

26. 合同订立后找他人代为履行，可以吗？

【情景案例】

古某租赁了一间店铺，打算经营快餐外卖生意。因店铺需要装修，古某便通过朋友介绍找到装修师傅金某，让其全程负责店面装修事宜。古某遂与金某签订《店铺装修合同》，约定装修款为10万元，工期为1个月。合同签订后，金某因身体不适需要住院，因此不能按照合同履行义务。为继续履行合同，在未经古某同意的情况下，金某直接让魏某上门负责装修事宜。对此，古某表示不满，因为古某聘请金某装修是因为他的技术好，现不知道魏某装修能否达到预期效果。

请问：金某找魏某代为履行合同的行为对古某有约束力吗？

【案例分析】

本案涉及的是合同权利义务的转让问题。

我国《民法典》第五百五十五条规定，当事人一方经对方同意，可以将自己在合同中的权利和义务一并转让给第三人。因此，通常合同可以由他人代为履行，但是必须事先经过对方同意，转让才能约束对方当事人。

本案中，金某因病住院导致《店铺装修合同》不能履行，本来属于客观原因导致合同不能履行，金某可以要求解除合同或者延期履行，也可以经古某同意后转让给魏某履行。但金某找魏某代为履行合同的行为未经古某同意，故金某与魏某之间关于转让《店铺装修合同》的约定不能对古某产生约束力。

此外，需要特别说明的是，本案中的《店铺装修合同》实际上是约定金某提供劳务的合同,古某正是基于金某的手艺才委托其装修,此类合同的人身属性很强,一般来说属于根据债权性质不得转让的合同。

【风险防范建议】

为规避合同权利义务转让的相应风险,建议如下:

(1)如果不希望合同相对方当事人将合同的权利义务全部或部分转让给他人,建议在签订合同时,就在合同中明确约定不能转让。

(2)如果发现合同相对方未经己方同意,就转让了合同权利义务,建议尽早明确是否同意转让。如果同意转让,建议各方共同签订有关合同转让的确认协议。如果不同意转让,则应书面通知对方。

(3)作为拟转让方或拟受让方,也要主动向合同相对方征求意见,征得对方同意后再进行转让,以免仓促履行合同而被对方拒绝,造成各方损失。

【法条链接】

《民法典》第五百四十五条 债权人可以将债权的全部或者部分转让给第三人,但是有下列情形之一的除外:

(一)根据债权性质不得转让;

(二)按照当事人约定不得转让;

(三)依照法律规定不得转让。

当事人约定非金钱债权不得转让的,不得对抗善意第三人。当事人约定金钱债权不得转让的,不得对抗第三人。

第五百五十五条 当事人一方经对方同意,可以将自己在合同中的权利和义务一并转让给第三人。

27. 客户经营状况恶化,企业可以停止供货吗?

【情景案例】

甲公司与乙服装公司签订一份《服装购销合同》,约定:甲公司向乙服装公司订购5000套西装,分五批半年内交付完毕;价款100万元,付款方式为合同签订后3日内支付10%的货款,余下的90%货款在交齐西装后1个月内一次性付清;如果任何一方违约,向守约方支付10万元违约金。甲公司支付20万元预付款后,乙服装公司按约定陆续给甲公司发货。乙服装公司在给甲公司发了第一批1000套西装后,得知甲公司拖欠银行贷款500万元,银行已向法院起诉,冻结了甲公司的全部资产。乙服装公司找到甲公司,并以甲公司经营状况恶化为由要求解除合同。但甲公司态度强硬,不同意解约。

请问：乙公司可以单方面中止履行或解除合同吗？

【案例分析】

本案涉及的是不安抗辩权的问题。

根据我国《民法典》第五百二十七条的规定，应当先履行债务的当事人，有确切证据证明对方经营状况严重恶化的，可以中止履行。第五百二十八条规定，当事人依据前条规定中止履行的，应当及时通知对方。对方提供适当担保的，应当恢复履行。中止履行后，对方在合理期限内未恢复履行能力且未提供适当担保的，视为以自己的行为表明不履行主要债务，中止履行的一方可以解除合同并可以请求对方承担违约责任。法律设置不安抗辩权的目的在于间接保障债权，使先履行债务的当事人不必"明知有危险还不得不走下去"；其法律结果是暂时中止合同履行，如果对方提供了担保或者恢复了合同履行能力，则行使不安抗辩权的先履行债务当事人应当恢复履行合同。此外，如果先履行债务的当事人错误地以为对方履约能力不足而行使了不安抗辩权，中止履行合同，则应当承担违约责任。

本案中，根据《服装购销合同》的约定，乙服装公司交货在先，是先履行义务的一方当事人，甲公司因拖欠银行贷款已被起诉并被查封了全部资产，属于经营状况严重恶化，此时，乙服装公司如继续按照《服装购销合同》履行交货义务，很可能不但收不到货款，反而连西装都作为甲公司的资产被一并查封。因此，乙服装公司可以在通知甲公司后，中止履行《服装购销合同》，要求甲公司在合理的期限内提供担保或者解决与银行的纠纷，再恢复履行。

【风险防范建议】

市场主体的经营状况并不是一成不变的，激烈的市场竞争中，曾经的"巨无霸"也有可能一夜倒下。关于如何规避合同相对方因经营恶化而产生的风险，建议如下：

（1）时刻关注交易对方的资信情况，尤其是负面消息，关注的渠道包括人民法院公开的裁判文书等。

（2）行使不安抗辩权必须有充分的证据，否则极有可能需要承担违约责任，因此建议在中止履行合同前，先与合同相对方确认该等情形是否存在，并提示对方及时提供担保或消除该等情形。

需要说明的是，如果收到了合同相对方发出的行使不安抗辩权通知，则应当及时与对方联系，消除对方疑虑，或者向对方提供担保。

【法条链接】

《民法典》第五百二十七条　应当先履行债务的当事人,有确切证据证明对方有下列情形之一的,可以中止履行:

(一)经营状况严重恶化;

(二)转移财产、抽逃资金,以逃避债务;

(三)丧失商业信誉;

(四)有丧失或者可能丧失履行债务能力的其他情形。

当事人没有确切证据中止履行的,应当承担违约责任。

第五百二十八条　当事人依据前条规定中止履行的,应当及时通知对方。对方提供适当担保的,应当恢复履行。中止履行后,对方在合理期限内未恢复履行能力且未提供适当担保的,视为以自己的行为表明不履行主要债务,中止履行的一方可以解除合同并可以请求对方承担违约责任。

28.公司的分支机构签订的合同,责任由谁承担?

【情景案例】

位于广州的A公司因承建项目工程需要,让其位于长沙的分公司(以下简称分公司)与B公司签订了一份《水泥购销合同》,约定由分公司向B公司购买水泥,B公司与分公司分别作为甲方与乙方在合同上签章。合同签订后,B公司于5月10日至9月30日陆续给分公司供货,分公司收货后,分多次共向B公司支付了500万元货款,并出具一份欠条,内容为:B公司给分公司供应水泥的货款为800万元,已支付500万元;尚欠的余款300万元于12月31日前支付。欠条加盖了分公司的印章。之后,因分公司未能如期支付余款,B公司遂诉至法院,要求A公司与分公司共同偿还拖欠的水泥货款300万元及利息。

请问:B公司要求A公司与分公司共同偿还的做法可行吗?

【案例分析】

本案涉及的是法人分支机构的民事责任承担问题。

我国《民法典》第七十四条规定,法人可以依法设立分支机构。法律、行政法规规定分支机构应当登记的,依照其规定。分支机构以自己的名义从事民事活动,产生的民事责任由法人承担;也可以先以该分支机构管理的财产承担,不足以承担的,由法人承担。《公司法》第十四条第一款规定,公司可以设立分公司。设立分公司,应当向公司登记机关申请登记,领取营业执照。分公司不具有法人资格,其民事责任由公司承担。故法人的分支机构没有独立的法人地位,其权利义务由法人承担,分支机构也没有独立的财产权,其财产归属于法人,列入法人的资产负债表中。分支机构不能作为独立的被告来承担责任,司法实践中多是分支机构与法人作为共同被告,共同对外承担责任,但分支机构有独立的缔约权,可以独立地对外签订合同。

本案中亦是如此,分公司经A公司依法设立并取得了营业执照,其在对外经营过程中产生的债权债务均由法人承担。此外,分公司对外出具的欠条,是对债务的确认,其效力及于A公司,可视同A公司对债务的确认。故B公司可以将分公司和A公司共同诉至法院,如B公司胜诉,则一般先执行分公司财产,不足的,再执行A公司财产。

【风险防范建议】

关于如何防范分公司相应的法律风险,建议如下:

(1)明确分公司负责人的职权,建立定期轮岗制度、离任审计制度。让分公司各级负责人了解自己在处理公司事务时,哪些事情是可以做的,哪些事情是不可以做的。

(2)建立分公司的财务预算制度,严格履行财务预算,总公司应严格管理分公司的收入支出。

(3)加强分公司的合同管理。总公司拟定分公司常用合同文本模板;非模板化的合同交总公司法务统一审查、审批。

(4)明确总公司对分公司各事务的指挥流程及分公司向总公司的报告流程。

总之,虽说分公司是在总公司之外的区域相对独立的经营主体,但作为总公司经营的一种延伸,其民事责任仍由总公司承担,所以双方不应各自为政,而应建立密切的联络机制,使总公司能对分公司进行有效的操纵,如可规定分公司大额借贷等资金流动,应由总公司批复认可,否则由相应人员承担不利后果。

【法条链接】

《民法典》第七十四条 法人可以依法设立分支机构。法律、行政法规规定分支机构应当登记的,依照其规定。

分支机构以自己的名义从事民事活动,产生的民事责任由法人承担;也可以先以该分支机构管理的财产承担,不足以承担的,由法人承担。

《公司法》第十四条 公司可以设立分公司。设立分公司,应当向公司登记机关申请登记,领取营业执照。分公司不具有法人资格,其民事责任由公司承担。

公司可以设立子公司,子公司具有法人资格,依法独立承担民事责任。

29. 企业已支付了定金，供货商以货物紧俏为由涨价，可以吗？

【情景案例】

7月5日，A公司与B公司签订一份《药材购销合同》，约定：A公司向B公司采购一批价值100万元的药材，乙公司送货上门，交货时间为7月20日之前；付款方式为签订合同当日支付定金20万元，余款于货物验收合格后一次性付清。7月18日，B公司致函A公司，告知药材紧俏，必须提价10%，否则无法履行供货义务。对此，A公司表示非常不满，遂将B公司诉至法院，要求其继续履行合同并赔偿延期发货导致的相应损失。

请问：A公司的请求能得到法院支持吗？

【案例分析】

本案涉及的是情势变更的问题。

我国《民法典》第五百三十三条规定，合同成立后，合同的基础条件发生了当事人在订立合同时无法预见的、不属于商业风险的重大变化，继续履行合同对于当事人一方明显不公平的，受不利影响的当事人可以与对方重新协商；在合理期限内协商不成的，当事人可以请求人民法院或者仲裁机构变更或者解除合同。情势变更，是指合同生效后，因不可归责于合同当事人的原因，发生了客观情况的异常、剧烈变动，使合同的基础发生动摇，若继续按原合同履行会显失公平，因此允许变更合同或解除合同。但是这里的重大变化必须是"不属于商业风险"的重大变化，一般的正常价格变动只是商业风险，只有达到物价飞涨的程度才能考虑是否达到重大变化程度，此外，情势变更的其他事由一般还包括"货币贬值""法律、行政法规修订""自然灾害"等。

本案中，B公司收取了定金后，以"药材紧俏"为由，要求提价10%，否则拒绝交货。药材供应的充足与否属于商业风险，B公司作为专业的药材经营公司，应当在订立合同时就对此类商业风险有充分的预期，而且从订立合同到要求涨价，仅10余天，在此期间并未发生药材价格飞涨等情形，故B公司无理由要求涨价。A公司要求B公司继续履行合同并赔偿延期交货的损失（如有），可以得到法院的支持。

【风险防范建议】

在合同履行过程中，若想以"情势变更"为由变更或解除合同，要注意以下几点：

（1）适用情势变更原则需要很谨慎，必须是在合同已经成立后，发生了订立合同时无法预计的、不属于商业风险的重大变化，并且继续履行对当事人一方明显不公平；上述要点缺一不可。

(2)当事人认为发生了情势变更事由,继续履行合同对己方显失公平后,应当积极主动与对方协商,尽量维持合同关系而只变更合同内容。不能协商一致的,则可以请求法院或仲裁机构变更合同内容;如仍不足以消除双方显失公平的结果,再考虑请求解除合同。

(3)适用情势变更时还需要区分其与不可抗力。一般而言,不可抗力是不能预见、不能避免且不能克服的客观情况。发生不可抗力致使合同目的不能实现的,当事人可以直接要求解除合同。

【法条链接】

《民法典》第一百八十条　因不可抗力不能履行民事义务的,不承担民事责任。法律另有规定的,依照其规定。

不可抗力是不能预见、不能避免且不能克服的客观情况。

第五百三十三条　合同成立后,合同的基础条件发生了当事人在订立合同时无法预见的、不属于商业风险的重大变化,继续履行合同对于当事人一方明显不公平的,受不利影响的当事人可以与对方重新协商;在合理期限内协商不成的,当事人可以请求人民法院或者仲裁机构变更或者解除合同。

人民法院或者仲裁机构应当结合案件的实际情况,根据公平原则变更或者解除合同。

第五百六十三条　有下列情形之一的,当事人可以解除合同:

(一)因不可抗力致使不能实现合同目的;

(二)在履行期限届满前,当事人一方明确表示或者以自己的行为表明不履行主要债务;

(三)当事人一方迟延履行主要债务,经催告后在合理期限内仍未履行;

(四)当事人一方迟延履行债务或者有其他违约行为致使不能实现合同目的;

(五)法律规定的其他情形。

以持续履行的债务为内容的不定期合同,当事人可以随时解除合同,但是应当在合理期限之前通知对方。

30. 长期采购合同履行过程中,当事人对某一特定批次的价格发生争议怎么办?

【情景案例】

乙公司拥有多家连锁超市。2021年1月8日,乙公司与甲公司签订一份《买卖合同》,约定:甲公司为乙公司供应大米,合同期限为3年,价格为10元/千克,每批次按乙公司订单发货,次月结算上月货款;此外,合同还对大米的种类、交货方式、违约责任等进行了详细约定。双方依约履行。6月3日,甲公司与乙公司结算5月货款时,乙公司发现甲公司上月的货价明显高出此前。乙公司提出异议,甲公司回复称5月大米进货价格贵了很多,必须要适当提价,否则会亏本;如果乙公司不同意提价就退回5月交付的大米。甲公司还表示,如果日后进货价下调,还是愿意继续按照《买卖合同》约定的价格供货。而乙公司认为,双方在合同中已约定具体价格,甲公司无权单方面提价,而且5月交付的大米已经销售给顾客了,无法退回。乙公司主张要么按照合同约定价格执行,要么就追究甲公司的违约责任。协商无果后,甲公司诉至法院,要求乙公司按涨价后的价格支付5月大米的货款。另外,在诉讼过程中,由于大米市场价格回落,双方又自愿按照《买卖合同》约定的价格继续购销关系。

请问:甲公司的请求能得到法院支持吗?

【案例分析】

本案涉及的是情势变更的问题。

我国《民法典》第五百三十三条规定,合同成立后,合同的基础条件发生了当事人在订立合同时无法预见的、不属于商业风险的重大变化,继续履行合同对于当事人一方明显不公平的,受不利影响的当事人可以与对方重新协商;在合理期限内协商不成的,当事人可以请求人民法院或者仲裁机构变更或者解除合同。情势变更,是指合同生效后,因不可归责于合同当事人的原因,发生了客观情况的异常、剧烈变动,使合同的基础发生动摇,若继续按原合同履行会显失公平,因此允许变更合同或解除合同。当事人请求适用情势变更原则需要很谨慎,必须是在合同已经成立后,发生了订立合同时无法预计、不属于商业风险的重大变化,且继续履行对当事人一方明显不公平。注意,一般的正常价格变动只是商业风险,只有达到物价飞涨的程度才能考虑是否达到重大变化的程度。

本案中,大米价格在1个月内上涨,之后又回落,属于正常的物价波动,双方订立《买卖合同》的基础并未发生动摇。从实际履行情况看,双方除对该月大米价格有争议外,其他月份并无争议,即使甲公司在某个月出现亏损,但在整个合同期内仍然保有利润,继续履行《买卖合同》对甲公司并不会明显不公平。故甲公司要求5月大米涨价的请求不能得到法院的支持。

【风险防范建议】

(1)订立期限较长的合同时,可以考虑情势变更发生的可能性,预先在合同中作出约定。通常可见的合同版本中一般会包括不可抗力条款,但绝大部分没有包括情势变更条款,当事人可以在合同中自行或聘请专业的律师补充相关条款,减少争议发生的概率。

(2)当事人认为发生了情势变更事由,继续履行合同对己方显失公平后,应当积极主动与对方协商,尽量维持合同关系;不能协商一致的,则可以请求法院或仲裁机构变更合同内容;如仍不足以消除对某一方显失公平的结果,再考虑请求解除合同。

(3)适用情势变更时还需要区分其与不可抗力。一般而言,不可抗力是不能预见、不能避免且不能克服的客观情况。发生不可抗力致使合同目的不能实现的,当事人可以直接要求解除合同。

【法条链接】

《民法典》第一百八十条　因不可抗力不能履行民事义务的,不承担民事责任。法律另有规定的,依照其规定。

不可抗力是不能预见、不能避免且不能克服的客观情况。

第五百三十三条　合同成立后,合同的基础条件发生了当事人在订立合同时无法预见的、不属于商业风险的重大变化,继续履行合同对于当事人一方明显不公平的,受不利影响的当事人可以与对方重新协商;在合理期限内协商不成的,当事人可以请求人民法院或者仲裁机构变更或者解除合同。

人民法院或者仲裁机构应当结合案件的实际情况,根据公平原则变更或者解除合同。

第五百六十三条　有下列情形之一的,当事人可以解除合同:

(一)因不可抗力致使不能实现合同目的;

(二)在履行期限届满前,当事人一方明确表示或者以自己的行为表明不履行主要债务;

(三)当事人一方迟延履行主要债务,经催告后在合理期限内仍未履行;

(四)当事人一方迟延履行债务或者有其他违约行为致使不能实现合同目的;

(五)法律规定的其他情形。

以持续履行的债务为内容的不定期合同,当事人可以随时解除合同,但是应当在合理期限之前通知对方。

31. 合同订立后公司被兼并,合同还需要履行吗?

【情景案例】

A食品厂是一家老牌民营企业,谢某是该厂厂长。3月1日,A食品厂与B公司签订一份《饼干购销合同》,约定:A食品厂给B公司提供10万箱饼干,年底交货,价款为200万元,付款方式为货到付款。3月5日,谢某由于中风不能再经营A食品厂,于是A食品厂被当地的C食品厂收购。A食品厂被收购后,办理了公司注销手续;B公司找到谢某,要求其继续履行原来签订的合同。谢某认为,A食品厂已被兼并且办理了注销手续,已无须履行合同义务。

请问:谢某的说法符合我国法律规定吗?

【案例分析】

本案涉及的合同一方当事人发生合并时合同效力的问题。

我国《民法典》第六十七条第一款规定,法人合并的,其权利和义务由合并后的法人享有和承担。第一百四十三条规定,具备下列条件的民事法律行为有效:(1)行为人具有相应的民事行为能力;(2)意思表示真实;(3)不违反法律、行政法规的强制性规定,不违背公序良俗。

本案中,A食品厂与B公司签订的《饼干购销合同》,是双方真实意思表示,内容不违反法律、行政法规的强制性规定,不违背公序良俗,是合法有效的合同,双方都应遵照履行。A食品厂被C食品厂收购,即C食品厂吸收合并了A食品厂。A食品厂办理了注销登记,C食品厂办理了变更登记,A食品厂的法人资格消灭,其债权和债务均由C食品厂享有和承担,故A食品厂与B公司之间因订立《饼干购销合同》而产生的权利和义务应由C食品厂承担。B公司应当要求C食品厂而不是谢某继续履行《饼干购销合同》。谢某的说法不完全符合法律规定,《饼干购销合同》不是不需要再继续履行,而是应当由C食品厂来继续履行。

此外,需要说明的是,A食品厂被C食品厂吸收合并前,需要通知所有已知债权人,并刊登公告告知未知债权人,而B公司属于已知债权人,A食品厂本就应事先书面通知B公司。

【风险防范建议】

(1)对于拟兼并其他企业的法人来说,必须首先聘请专业机构对被兼并企业进行审计和尽职调查,查清楚被兼并企业的债权债务,切勿盲目购买,以免买入了沉重的“包袱”,追悔莫及。

(2)兼并方和被兼并方都要严格按照法律程序办理包括通知债权人、刊登公告、注销工商登记在内的一系列手续。尤其是被兼并方的股东/投资人,如果由于未及时通知债权人而给其造成损失,有可能会陷入纠纷。

(3)对于债权人而言,得知债务人将被兼并的信息后,应及时申报债权,尤其当被兼并的债务人是小型国有企业时,因债权人未及时申报债权,买受人有可能不承担民事责任,而债务企业又已经被兼并,则债权人的债权将难以实现。

【法条链接】

《民法典》第六十七条　法人合并的，其权利和义务由合并后的法人享有和承担。

法人分立的，其权利和义务由分立后的法人享有连带债权，承担连带债务，但是债权人和债务人另有约定的除外。

第一百四十三条　具备下列条件的民事法律行为有效：

（一）行为人具有相应的民事行为能力；

（二）意思表示真实；

（三）不违反法律、行政法规的强制性规定，不违背公序良俗。

《最高人民法院关于审理与企业改制相关的民事纠纷案件若干问题的规定》第二十八条　出售企业时，参照公司法的有关规定，出卖人公告通知了债权人。企业售出后，债权人就出卖人隐瞒或者遗漏的原企业债务起诉买受人的，如债权人在公告期内申报过该债权，买受人在承担民事责任后，可再行向出卖人追偿。如债权人在公告期内未申报过该债权，则买受人不承担民事责任。人民法院可告知债权人另行起诉出卖人。

第三十三条　企业吸收合并或新设合并后，被兼并企业应当办理而未办理工商注销登记，债权人起诉被兼并企业的，人民法院应当根据企业兼并后的具体情况，告知债权人追加责任主体，并判令责任主体承担民事责任。

32. 可否以对方未开具发票为由拒绝付款？

【情景案例】

2021年1月20日，甲公司与乙公司签订一份《建设工程施工合同》，约定：乙公司将某开发区厂房工程承包给甲公司，工程价款为500万元，首期工程款100万元在进场前支付，第二期工程款200万元在竣工验收合格后支付。工期为半年，开工日期为2021年3月1日。8月10日，厂房按期竣工并经乙公司验收合格。截至8月20日，甲公司仍未收到第二期工程款，催款时，乙公司要求甲公司先开具发票再付款，如果见不到发票就不付款，但遭到甲公司拒绝。甲公司认为，必须先收到款再开具发票。为此，双方产生争议。

请问：乙公司以甲公司未开具发票为由拒绝付款，合法吗？

【案例分析】

本案涉及的是发票使用以及未收到发票是否能行使先履行抗辩权的问题。

我国《发票管理办法》第十九条规定，销售商品、提供服务以及从事其他经营的单位和个人，对外发生经营业务收取款项，收款方应当向付款方开具发票；特殊情况下，由付款方向收款方开具发票。《发票管理办法实施细则》第二十六条规定，填开发票的单位和个人必须在发生经营业务确认营业收入时开具发票。未发生经营业务一律不准开具发票。那么什么是“确认营业收入时”呢？《企业所得税法实施条例》第九条规定，企业应纳税所得额的计算，以权责发生制为原则，属于当期的收入和费用，不论款项是否收付，均作为当期的收入和费用；不属于当期的收入和费用，即使款项已经在当期收付，均不作为当期的收入和费用。本条例和国务院财政、税务主管部门另有规定的除外。

本案中，甲公司和乙公司没有在合同中就发票开具和付款的先后关系做约定。根据前述法律规定，甲公司完成了厂房建筑业务且经乙公司验收合格，已经满足了按合同确定的总金额确认收入的条件。甲公司作为纳税义务人，无论款项是否收付，均应作为当期的收入开具发票。由此可知，甲公司是应履行债务（开具发票）的当事人，故甲公司不能行使先履行抗辩权。那么乙公司可否行使不安抗辩权呢？本案中，甲公司没有证据证明乙公司有符合行使不安抗辩权条件的情形，即经营状况严重恶化；转移财产、抽逃资金，以逃避债务；丧失商业信誉；有丧失或者可能丧失履行债务能力的其他情形。故甲公司也不能行使不安抗辩权。综上所述，乙公司以甲公司未开具发票为由拒绝付款符合法律规定。

【风险防范建议】

“先款后票”还是“先票后款”的争议在实践中经常发生。为了避免争议，建议双方在签订合同时，明确在合同中约定先后顺序。

（1）作为卖方（销售商品、提供服务以及从事其他经营的单位和个人），为了避免开具发票后迟迟收不到款项，建议尽量约定“收到款项××日后，开具等额发票”。

（2）作为买方（支付款项一方），为了避免付款后迟迟收不到发票，建议尽量约定“收到发票××日后付款，如果对方不开具发票，己方不承担延期付款的违约责任，且相应的服务或货物供应不得中断”。

【法条链接】

《民法典》第五百二十六条　当事人互负债务，有先后履行顺序，应当先履行债务一方未履行的，后履行一方有权拒绝其履行请求。先履行一方履行债务不符合约定的，后履行一方有权拒绝其相应的履行请求。

第五百二十七条　应当先履行债务的当事人，有确切证据证明对方有下列情形之一的，可以中止履行：

（一）经营状况严重恶化；

（二）转移财产、抽逃资金，以逃避债务；

（三）丧失商业信誉；

（四）有丧失或者可能丧失履行债务能力的其他情形。

当事人没有确切证据中止履行的，应当承担违约责任。

《发票管理办法》第十九条　销售商品、提供服务以及从事其他经营活动的单位和个人，对外发生经营业务收取款项，收款方应当向付款方开具发票；特殊情况下，由付款方向收款方开具发票。

《发票管理办法实施细则》第二十六条　填开发票的单位和个人必须在发生经营业务确认营业收入时开具发票。未发生经营业务一律不准开具发票。

《企业所得税法实施条例》第九条　企业应纳税所得额的计算，以权责发生制为原则，属于当期的收入和费用，不论款项是否收付，均作为当期的收入和费用；不属于当期的收入和费用，即使款项已经在当期收付，均不作为当期的收入和费用。本条例和国务院财政、税务主管部门另有规定的除外。

33. 公司是否可以对方拖欠货款为由拒绝履行下一批发货义务？

【情景案例】

A公司销售产品，几年来一直为B公司供货；按照惯例，B公司收货后1个月内付款。2021年4月1日，由于双方的供货量增加，B公司与A公司签订《床垫供货合同》，约定：第一批床垫于2021年5月30日前交货，第二批床垫于7月31日前交货，但双方未约定付款时间。7月31日，B公司催促A公司继续交付第二批货，但A公司以第一批货还有20万元货款未付为由拒绝供货。双方多次协商无果，B公司遂诉至法院，要求A公司按合同约定履行发货义务。

请问：B公司的请求能得到法院支持吗？

【案例分析】

本案涉及的是交易习惯的认定和先履行抗辩权的问题。

我国《民法典》第五百一十条规定，合同生效后，当事人就质量、价款或者报酬、履行地点等内容没有约定或者约定不明确的，可以协议补充；不能达成补充协议的，按照合同相关条款或者交易习惯确定。

本案中，A公司与B公司长期持续交易，交易的方式都是B公司收货后1个月内付款。双方于4月1日签订的《床垫购货合同》中没有就付款期限进行约定，且双方又未能就此达成补充协议，那么就只能按照交易习惯确定，即B公司收货后1个月内付款。又由于B公司迟至7月31日仍未支付5月的货款，故就第二批货而言，B公司是先履行义务人。《民法典》第五百二十六条规定，当事人互负债务，有先后履行顺序，应当先履行债务一方未履行的，后履行一方有权拒绝其履行请求。先履行一方履行债务不符合约定的，后履行一方有权拒绝其相应的履行请求。因为 B 公司作为先履行义务人尚未履行其付款义务，A 公司作为后履行一方，有权拒绝 B 公司提出的交付第二批床垫的请求。故 B 公司的请求不能得到法院支持。

【风险防范建议】

(1)《民法典》第四百七十条规定了合同内容一般应包括的条款，如价款或者报酬、履行期限、地点和方式等。在订立合同时应尽量照此约定完善，以免约定不完善导致争议发生。

(2)注意保存交易习惯的相关证据，以作为合同约定不完善时参照执行的依据或者司法裁判时的依据。

(3)作为后履行义务人，当对方履行义务期满而未履行时，应主动善意地提示对方履行，并表明等待对方履行后，己方才会履行的立场。

【法条链接】

《民法典》第四百七十条　合同的内容由当事人约定，一般包括下列条款：

(一)当事人的姓名或者名称和住所；

(二)标的；

(三)数量；

(四)质量；

(五)价款或者报酬；

(六)履行期限、地点和方式；

(七)违约责任；

(八)解决争议的方法。

当事人可以参照各类合同的示范文本订立合同。

第五百一十条　合同生效后，当事人就质量、价款或者报酬、履行地点等内容没有约定或者约定不明确的，可以协议补充；不能达成补充协议的，按照合同相关条款或者交易习惯确定。

第五百二十六条　当事人互负债务，有先后履行顺序，应当先履行债务一方未履行的，后履行一方有权拒绝其履行请求。先履行一方履行债务不符合约定的，后履行一方有权拒绝其相应的履行请求。

34. 货物在运输途中损毁，风险由谁承担？

【情景案例】

2021年6月1日，甲公司派采购人员刘某到乙公司购买一批灯饰，双方签订了《购销合同》，合同中“交货地点”一栏为空白。刘某选好灯饰的款式、数量之后，乙公司开始打包货物。因当天要下大雨，刘某当即支付全部货款8万元，留下收货人详细地址后匆匆离去。乙公司打包完毕后，叫来丙物流公司上门收货。丙物流公司在填托运单时，未注明货主姓名，未注明货物价值，但注明货物不保价，托运费800元由收货人甲公司提货时支付；如货物在运输过程中毁损灭失，丙物流公司按照运费的3倍进行赔偿。6月10日，甲公司接到了乙公司的电话，声称物流公司在运输途中因发生交通事故该批货物已全部损毁。甲公司、乙公司因货物损毁的赔偿问题产生了争议。经多次协商无果后，甲公司将乙公司、丙物流公司诉至法院，要求其赔偿8万元货款损失。在审理过程中，乙公司提出，自己已经将灯饰交付丙物流公司，丙物流公司在托运过程中毁损货物，自己并无过错，甲公司应当向丙物流公司索赔。丙物流公司则提出，丢失货物未购买保险，只能按照运单上载明的条款即按照运费的3倍进行赔偿。

请问：甲公司的请求能得到法院支持吗？

【案例分析】

本案涉及的是履行地点的认定及买卖合同中标的物毁损的风险承担问题。

我国《民法典》第六百零四条规定，标的物毁损、灭失的风险，在标的物交付之前由出卖人承担，交付之后由买受人承担，但是法律另有规定或者当事人另有约定的除外。第五百一十一条规定，“当事人就有关合同内容约定不明确，依据前条规定仍不能确定的，适用下列规定：……（三）履行地点不明确，给付货币的，在接受货币一方所在地履行；交付不动产的，在不动产所在地履行；其他标的，在履行义务一方所在地履行……”本案中，如何认定交货地点是关键。如果认定“交货地点”一栏空白的含义是“双方约定交货地点不明确”，则因合同标的是灯饰，属于货币、不动产之外的其他标的，而乙公司负有交付灯饰的义务，故合同履行地在履行义务一方所在地即乙公司所在地。乙公司已经将货物交给承运人，已经履行完毕交货义务，至于交付后损毁、灭失的风险则由买受人（甲方）承担，相应的责任也只由甲公司和丙物流公司分担。

如果考虑到虽然“交货地点”一栏空白，但甲公司留下了详细的收货地址，且乙公司并未拒绝，因而视为双方明确了交货地点为甲公司所留地址，则不应适用《民法典》第五百一十一条之规定；同时，根据《民法典》第六百零四条之规定，标的物毁损、灭失的风险在货物交付之前由出卖人(乙方)承担,乙公司未能将灯饰交到甲公司指定地址,乙公司应当退回全部货款8万元。至于乙公司与丙物流公司之间的货物运输合同纠纷,应另案处理。

笔者认为,应理解为明确了交货地点,甲公司要求乙公司赔偿损失的请求可以得到法院支持。

【风险防范建议】

合同履行地点是合同尤其是买卖合同的主要甚至是必备条款,合同履行地既关系管辖法院的选择,也关系实体权利义务的承担。关于如何规避相应法律风险,建议如下:

(1)作为卖方,为了尽早地将货物在途毁损、灭失的风险转移出去,尽量约定合同履行地为己方所在地,即交给承运人就完成了交付义务。

(2)作为买方,为了尽量免于承担货物在途毁损、灭失的风险,尽量约定合同履行地为己方或己方指定的第三方,即只有收到承运人交付的完好的货物,合同才履行完毕。

【法条链接】

《民法典》第五百一十一条 当事人就有关合同内容约定不明确,依据前条规定仍不能确定的,适用下列规定:

(一)质量要求不明确的,按照强制性国家标准履行;没有强制性国家标准的,按照推荐性国家标准履行;没有推荐性国家标准的,按照行业标准履行;没有国家标准、行业标准的,按照通常标准或者符合合同目的的特定标准履行。

(二)价款或者报酬不明确的,按照订立合同时履行地的市场价格履行;依法应当执行政府定价或者政府指导价的,依照规定履行。

(三)履行地点不明确,给付货币的,在接受货币一方所在地履行;交付不动产的,在不动产所在地履行;其他标的,在履行义务一方所在地履行。

(四)履行期限不明确的,债务人可以随时履行,债权人也可以随时请求履行,但是应当给对方必要的准备时间。

(五)履行方式不明确的,按照有利于实现合同目的的方式履行。

(六)履行费用的负担不明确的,由履行义务一方负担;因债权人原因增加的履行费用,由债权人负担。

第六百零四条 标的物毁损、灭失的风险,在标的物交付之前由出卖人承担,交付之后由买受人承担,但是法律另有规定或者当事人另有约定的除外。

第八百三十二条 承运人对运输过程中货物的毁损、灭失承担赔偿责任。但是,承运人证明货物的毁损、灭失是因不可抗力、货物本身的自然性质或者合理损耗以及托运人、收货人的过错造成的，不承担赔偿责任。

第八百三十三条　货物的毁损、灭失的赔偿额，当事人有约定的，按照其约定；没有约定或者约定不明确，依据本法第五百一十条的规定仍不能确定的，按照交付或者应当交付时货物到达地的市场价格计算。法律、行政法规对赔偿额的计算方法和赔偿限额另有规定的，依照其规定。

35. 软件开发合同履行过程中，因委托方擅自变更和增加功能需求导致不能按期完工，如何处理？

【情景案例】

2021 年 1 月 10 日，A 公司与 B 公司签订一份《软件定制开发合同》，约定：软件开发项目总价为 80 万元，合同预付款为 40 万元，B 公司须在 2021 年 6 月 30 日前交付 A 公司财务信息管理系统软件，否则要给 A 公司支付 15 万元违约金。在开发过程中，A 公司不断变更和增加软件功能需求，导致工作量大增，B 公司因此延误了开发进度，未能在合同约定期间内交付整个系统模块软件。为此，A 公司诉至法院，要求法院判令 B 公司退还软件开发项目预付款 40 万元并支付违约金 15 万元。B 公司在庭审中辩称：开发进度的延误主要是 A 公司不断变更和增加功能需求导致的，因此不同意 A 公司的诉求。

请问：A 公司、B 公司应分别如何承担合同下的违约责任？

【案例分析】

本案涉及的是双方违约时的责任承担问题。

我国《民法典》第五百九十二条规定，当事人都违反合同的，应当各自承担相应的责任。当事人一方违约造成对方损失，对方对损失的发生有过错的，可以减少相应的损失赔偿额。

本案中，A 公司在《软件定制开发合同》约定之外，不断变更和增加软件功能需求，导致工作量大增，并进而延误了开发进度，B 公司明知 A 公司修改了需求，但没有在合同履行过程中要求与 A 公司重新协商履行合同的期限，因此未能在合同约定期间内交付整个系统模块软件。造成本案合同延期履行双方都有责任，根据《民法典》第五百九十二条的规定，双方应当各自承担相应的责任：B 公司应承担其延期交付给 A 公司造成的损失，但 A 公司对损失的发生有过错，故 B 公司可以要求减少相应的损失赔偿额。

【风险防范建议】

合同履行过程中,双方均在一定程度上违约的情况时有发生。为规避相应风险,建议如下:

(1)当合同相对方出现违约行为时,应以书面、邮件、即时通信工具等方式确认对方的违约事实,固定证据。

(2)如果购买服务或产品的一方反复修改需求,导致合同不能在原定期限内履行完毕,则应当及时与对方协商延长合同期限,或变更合同条款。

(3)己方需要变更合同需求时,也应本着公平原则、诚信原则,合理与对方协商变更合同内容,尽量促进双方互惠互利地解决问题。

【法条链接】

《民法典》第五百七十七条 当事人一方不履行合同义务或者履行合同义务不符合约定的,应当承担继续履行、采取补救措施或者赔偿损失等违约责任。

第五百九十二条 当事人都违反合同的,应当各自承担相应的责任。

当事人一方违约造成对方损失,对方对损失的发生有过错的,可以减少相应的损失赔偿额。

第四章
合同的保全

36. 债务人怠于行使到期债权给债权人造成损害的,怎么办?

【情景案例】

张某与孔某是大学同学,两人关系甚好。因资金周转需要,孔某向张某借款100万元,并约定按月利率1%支付利息,借款期限为1年,期满利随本清。期限届满后,孔某以资金链紧张为由要求延期还款。张某偶然得知,A公司尚欠孔某120万元且已经到期,而孔某没有向A公司索要欠款,经张某催促,孔某不但不积极向A公司主张要求还款,反而与A公司签订了一份延期还款的协议,将还款期限延长至5年后。为追回欠款,张某向法院起诉A公司,要求A公司代孔某直接向张某偿还债务。A公司在庭审中辩称:其欠孔某的债务与张某无关,故不具有原告资格,而且孔某与我司已经达成了延期还款的补充协议,请求法院驳回张某的诉讼请求。

请问:张某的请求能得到法院支持吗?

【案例分析】

本案涉及的是债权人代位权和撤销权问题。

我国《民法典》第五百三十五条第一款规定,因债务人怠于行使其债权或者与该债权有关的从权利,影响债权人的到期债权实现的,债权人可以向人民法院请求以自己的名义代位行使债务人对相对人的权利,但是该权利专属于债务人自身的除外。第五百三十八条规定,债务人以放弃其债权、放弃债权担保、无偿转让财产等方式无偿处分财产权益,或者恶意延长其到期债权的履行期限,影响债权人的债权实现的,债权人可以请求人民法院撤销债务人的行为。理论上债务人应当以其全部"资产"作为债务清偿的保证,这里的"资产"也包括对外债权。债务人的恶意或懈怠使债务人对外债权不当减少,显然会损害债权人的债权,因此赋予债权人代位权,允许债权人以自己的名义代替债务人,向债务人的债务人要求履行义务。

本案中，孔某对A公司的债权已到期，孔某本应积极向A公司主张还款，但孔某为了逃废对张某的债务，故意与A公司串通，将已到期的债权延期到5年后，根据《民法典》第五百三十八条之规定，债务人恶意延长到期债权的履行期限，影响债权人（张某）的债权实现，故张某可以请求人民法院撤销债务人（孔某）的行为，向人民法院请求以张某的名义代位行使孔某对A公司的权利。不过需要注意的是，张某只能够在自己债权（100万元的本金及其利息）的范围内主张代位权和撤销权。综上所述，张某的请求可以得到法院的支持。

【风险防范建议】

(1)债权成立时，债权人应尽量要求债务人提供抵押或其他担保。

(2)当债务人没有清偿能力、名下没有资产时，债权人可以尝试寻找债务人有无对外债权。

(3)如果发现债务人存在恶意逃废债务的情况，如放弃债权、放弃债权担保、无偿或明显低价转让财产、恶意延长其到期债权的履行期限等，债权人应当及时主张代位权，直接以自己的名义向人民法院起诉次债务人。

(4)适用债权人的代位权时也应当注意，并非任何情况下债权人都可以行使代位权。行使代位权必须同时满足以下条件：①债务人对次债务人享有合法债权。②债务人恶意不行使或怠于行使其债权。③债权人的债权因此受到损害。④债务人的权利不是专属于债务人自身的权利。

【法条链接】

《民法典》第五百三十五条　因债务人怠于行使其债权或者与该债权有关的从权利，影响债权人的到期债权实现的，债权人可以向人民法院请求以自己的名义代位行使债务人对相对人的权利，但是该权利专属于债务人自身的除外。

代位权的行使范围以债权人的到期债权为限。债权人行使代位权的必要费用，由债务人负担。

相对人对债务人的抗辩，可以向债权人主张。

第五百三十七条　人民法院认定代位权成立的，由债务人的相对人向债权人履行义务，债权人接受履行后，债权人与债务人、债务人与相对人之间相应的权利义务终止。债务人对相对人的债权或者与该债权有关的从权利被采取保全、执行措施，或者债务人破产的，依照相关法律的规定处理。

第五百三十八条　债务人以放弃其债权、放弃债权担保、无偿转让财产等方式无偿处分财产权益，或者恶意延长其到期债权的履行期限，影响债权人的债权实现的，债权人可以请求人民法院撤销债务人的行为。

第五百四十条　撤销权的行使范围以债权人的债权为限。债权人行使撤销权的必要费用,由债务人负担。

37. 债务人低价转让财产给债权人造成损害的,如何维权?

【情景案例】

曹某开了一家装修公司,由于资金不足,向好友严某借款100万元,并约定半年后偿还。后来因经营不善,装修公司倒闭了。借款到期后,严某要求曹某还钱,曹某声称生意亏损暂时无法还钱,希望能延期半年还款,但遭到严某的拒绝。随后,严某着手准备起诉曹某。在此过程中,严某从朋友那里听说,曹某前两天将市场价值300万元的房屋以50万元过户给其小舅子。后严某经调查得知,曹某除欠他100万元外,还拖欠工人工资与材料供应商货款共计300多万元。

请问:严某可以如何维权?

【案例分析】

本案涉及的是债权人在债务人低价转让财产、高价受让财产等情形下的撤销权问题。

我国《民法典》第五百三十五条第一款规定,因债务人怠于行使其债权或者与该债权有关的从权利,影响债权人的到期债权实现的,债权人可以向人民法院请求以自己的名义代位行使债务人对相对人的权利,但是该权利专属于债务人自身的除外。第五百三十九条规定,债务人以明显不合理的低价转让财产、以明显不合理的高价受让他人财产或者为他人的债务提供担保,影响债权人的债权实现,债务人的相对人知道或者应当知道该情形的,债权人可以请求人民法院撤销债务人的行为。

债务人应当以其全部资产作为债务清偿的保证;这里的全部资产当然包括债务人所有的房屋。本案中,曹某为了制造出无财产可供偿债的局面,将价值300万元的房屋以50万元的低价转让给他人,而受让人是曹某的小舅子,其特殊身份让人有理由认定其知道或应当知道曹某的行为目的,故严某可以依据《民法典》第五百三十九条之规定,向人民法院申请撤销曹某转让房屋的行为。不过同样需要注意的是,严某只能够在自己债权(100万元的本金及其利息)的范围内主张代位权和撤销权。需要提醒的是,严某应当及时起诉并对涉案房屋进行财产保全,以便充分维护自身的合法权益。

【风险防范建议】

现实中债务人逃废债务的手段很多,相对于直接放弃债权、无偿处分财产的手段，更常见的是低价转让财产、高价受让财产等。为规避相应风险，建议如下：

(1)借款时尽量了解债务人的主要资产情况，尤其是不动产的信息。

(2)即使不能在债权成立时就要求债务人为债权提供抵押或其他担保，也要在债权出现逾期时，要求债务人作出还款计划和提供担保。

(3)发现债务人以明显不合理的低价（通常指低于市场价 70% 的为明显不合理低价）转让财产，或以明显不合理的高价（通常指高于市场价 70% 的为明显不合理高价）收购财产，以及为他人的其他债务提供担保时，应及时起诉，要求撤销债务人的行为。

(4)起诉时尽量申请查封涉案财物，以免其财产被再次处分，被善意第三人取得，使撤销权无法行使。

(5)需要注意的是，债务人的相对人须有主观恶意，即知道或应当知道价格明显不合理，甚至知道或应当知道债务人此行为的目的。

【法条链接】

《民法典》第五百三十五条 因债务人怠于行使其债权或者与该债权有关的从权利，影响债权人的到期债权实现的，债权人可以向人民法院请求以自己的名义代位行使债务人对相对人的权利，但是该权利专属于债务人自身的除外。

代位权的行使范围以债权人的到期债权为限。债权人行使代位权的必要费用，由债务人负担。

相对人对债务人的抗辩，可以向债权人主张。

第五百三十七条 人民法院认定代位权成立的，由债务人的相对人向债权人履行义务，债权人接受履行后，债权人与债务人、债务人与相对人之间相应的权利义务终止。债务人对相对人的债权或者与该债权有关的从权利被采取保全、执行措施，或者债务人破产的，依照相关法律的规定处理。

第五百三十八条 债务人以放弃其债权、放弃债权担保、无偿转让财产等方式无偿处分财产权益，或者恶意延长其到期债权的履行期限，影响债权人的债权实现的，债权人可以请求人民法院撤销债务人的行为。

第五百三十九条 债务人以明显不合理的低价转让财产、以明显不合理的高价受让他人财产或者为他人的债务提供担保，影响债权人的债权实现，债务人的相对人知道或者应当知道该情形的，债权人可以请求人民法院撤销债务人的行为。

第五百四十条 撤销权的行使范围以债权人的债权为限。债权人行使撤销权的必要费用，由债务人负担。

38. 撤销权有期限吗?

【情景案例】

甲公司主业为轮胎生产制造。为扩大生产规模,甲公司向乙公司法定代表人张某借款800万元,借款期限为1年,年利率为12%。借款期限到期后,甲公司以资金暂时周转困难为由未能还款。张某考虑到甲公司是乙公司的大客户,于是没有催甲公司还款。又过了半年,甲公司将其市场价值1000万元的厂房以100万元低价转让给丙公司。10天后张某得知了此事,但是考虑到甲公司还在正常经营,于是没有主张撤销权。又过了1年多,甲公司经营出现严重困难,已资不抵债。张某多次催收无果后,遂将甲公司起诉至法院,并要求撤销甲公司将其旧厂房低价转让给丙公司的行为。

请问:张某的请求能得到法院支持吗?

【案例分析】

本案涉及的是债权人撤销权的除斥期间问题。

我国《民法典》第五百四十一条规定,撤销权自债权人知道或者应当知道撤销事由之日起1年内行使。自债务人的行为发生之日起5年内没有行使撤销权的,该撤销权消灭。即债权人撤销权的除斥期间为1年,自债权人知道或者应当知道之日起计算;但是假如债权人是过了5年才知道的,那么即使债权人知道后立即行使撤销权,法律也不支持了。

那么什么是除斥期间呢?民法中所说的除斥期间,是指法律规定的某种民事权利有效存续的期间,权利人在法律规定的期限内不行使其权利,其权利即被除斥,或者说权利就消灭了。通俗地说,就是权利"过期作废"的期限。法律规定债权人撤销权有除斥期间的原因在于,债权人撤销权的行使会破坏原有的交易(在本案中是指甲公司转让房产给丙公司的交易)的安全稳定性,因此不宜使债权人太长时间地拥有该等权利。《民法典》第五百三十九条规定,债务人以明显不合理的低价转让财产、以明显不合理的高价受让他人财产或者为他人的债务提供担保,影响债权人的债权实现,债务人的相对人知道或者应当知道该情形的,债权人可以请求人民法院撤销债务人的行为。

本案中,甲公司在拖欠张某巨额债务后,将价值1000万元的厂房以100万元转让给丙公司,显然是以明显不合理的低价转让财产的行为,张某本可依据《民法典》第五百三十九条之规定要求撤销甲公司的转让行为,即张某可以行使债权人的撤销权,但张某却是在得知甲公司的转让行为1年多之后才主张撤销的。根据《民法典》第五百四十一条之规定，显然张某已不能行使撤销权。故张某的请求不能得到法院的支持。

我们再假设，如果张某在得知甲公司的转让行为后，既不想得罪甲公司，又不想丧失撤销权，那么张某可以通过向甲公司作出反对的意思表示来达到撤销权"时效"中断的效果吗？答案仍然是不可以。因为除斥期间与诉讼时效不同，不存在中止、中断、延长的事由。

【风险防范建议】

关于债权人如何规避相应风险，建议如下：

(1)发现债务人逾期履行债务，且实施了种种逃废债务的行为，如放弃债权、无偿处分财产、低价转让财产、高价受让财产等，可能影响其偿债能力时，应当及时要求债务人清偿债务或者为债务提供担保。

(2)如果债务人拖延履行且不提供担保，则应当立即向人民法院起诉行使撤销权，最迟也不应当超过 1 年的时间。

(3)时刻关注债务人的财务状况和资产状况，必要时委托专业机构如信用评级单位、律师事务所等进行调查，了解债务人是否有前述逃废债务的事由，以免该等事由发生 5 年后才知道，就为时已晚了。

(4)千万不要以为撤销权的行使期间可以中止、中断或延长。

【法条链接】

《民法典》第五百三十九条　债务人以明显不合理的低价转让财产、以明显不合理的高价受让他人财产或者为他人的债务提供担保，影响债权人的债权实现，债务人的相对人知道或者应当知道该情形的，债权人可以请求人民法院撤销债务人的行为。

第五百四十一条　撤销权自债权人知道或者应当知道撤销事由之日起一年内行使。自债务人的行为发生之日起五年内没有行使撤销权的，该撤销权消灭。

第五章
合同的变更与转让

39. 合同成立后，当事人可以随意变更合同内容吗？

【情景案例】

2021年7月10日，甲公司与乙公司签订一份《锂电池购销合同》，约定：甲公司向乙公司订购价值100万元的A型号锂电池，乙公司10天内交货，货到付款。7月19日，未经甲公司同意，乙公司擅自将B型号锂电池送到甲公司。由于甲公司只需要A型号锂电池，如果接受B型号锂电池会使公司的利益受损，因此拒绝收货。乙公司认为，合同签订后A型号锂电池价格开始猛涨，如果按照合同约定交付A型号锂电池会让公司亏损。协商无果后，甲公司将乙公司起诉至法院，要求其按合同约定继续履行合同。

请问：甲公司的请求能得到法院支持吗？

【案例分析】

本案涉及的是合同成立后，是否可以随意变更合同内容的问题。

我国《民法典》第五百四十三条规定，当事人协商一致，可以变更合同。第五百四十四条规定，当事人对合同变更的内容约定不明确的，推定为未变更。

本案中，甲乙两公司签订的《锂电池购销合同》已经明确了购销的标的物为A型号锂电池。乙公司未与甲公司商量，就自作主张更换为B型号锂电池，实际上是未经当事人协商一致的，故不能变更合同。而且即使乙公司曾在送货前告知过甲公司，只要甲公司未明确表示同意，都将推定为未变更合同。至于乙公司变更标的物的理由也是难以得到支持的，因为乙公司作为专业的生产商，应对市场价格波动有较高的风险防范意识，仅仅因为A型号锂电池价格上涨，就要求变更为其他型号，变更的理由并不充分。根据《民法典》第五百七十七条之规定，当事人一方不履行合同义务或者履行合同义务不符合约定的，应当承担继续履行、采取补救措施或者赔偿损失等违约责任。因此,甲公司的请求可以得到法院支持。

【风险防范建议】

合同履行过程中由于主观、客观的原因,一方当事人希望变更合同内容的情况时有发生。一方面,在未取得合同其他当事方明确同意的前提下,己方应当本着诚实信用原则,严格地按照合同约定内容履行;另一方面,如果确实需要变更合同内容,则应主动坦诚地与对方协商,取得对方的理解。

此外,市场上的商业风险无处不在,价格波动经常发生,作为市场主体应当对此有清醒的认识,并做好风险防范措施。

【法条链接】

《民法典》第五百四十三条 当事人协商一致,可以变更合同。

第五百四十四条 当事人对合同变更的内容约定不明确的,推定为未变更。

第五百七十七条 当事人一方不履行合同义务或者履行合同义务不符合约定的,应当承担继续履行、采取补救措施或者赔偿损失等违约责任。

40. 债权人可以将合同部分权利转让给第三方吗?

【情景案例】

2021年6月1日,A建筑公司与B钢材公司签订一份《钢材购销合同》,约定:B钢材公司于2021年6月30日前向A建筑公司供应100吨钢材,价格为4000元/吨,总价款为40万元;付款方式为合同签订后3天内一次性支付所有货款。6月3日,A建筑公司按约定向B钢材公司支付全部货款。截至6月20日,B钢材公司共向A建筑公司交付80吨钢材。C建筑公司系A建筑公司的战略合作伙伴,由于C建筑公司为赶工程急需20吨钢材,于是A建筑公司通知B钢材公司将20吨钢材的收货权转让给C建筑公司。对此,B钢材公司不知道如何是好。

请问:A建筑公司可以将20吨钢材的收货权转让给C建筑公司吗?

【案例分析】

本案涉及的是合同履行过程中的债权转让问题。

我国《民法典》第五百四十五条规定,债权人可以将债权的全部或者部分转让给第三人,但是有下列情形之一的除外:(1)根据债权性质不得转让;(2)按照当事人约定不得转让;(3)依照法律规定不得转让。当事人约定非金钱债权不得转让的,不得对抗善意第三人。当事人约定金钱债权不得转让的,不得对抗第三人。第五百四十六条第一款规定,债权人转让债权,未通知债务人的,该转让对债务人不发生效力。

本案中,A 建筑公司已经按照《钢材购销合同》的约定支付了全部货款,A 建筑公司的合同义务已经履行,单纯享有合同权利即钢材的收货权。被转让的部分债权(20吨钢材收货权)在性质上并非不得转让,双方的《钢材购销合同》也未约定不得转让,法律更不禁止转让,故 A 建筑公司可以将其转让给 C 建筑公司。此外,A 建筑公司将转让收货权的决定通知了 B 钢材公司(债务人),就对 B 钢材公司发生了法律效力,B 钢材公司应当配合债权人(A 建筑公司)的转让通知。综上所述,A 建筑公司可以将 20 吨钢材的收货权转让给 C 建筑公司。

【风险防范建议】

债权转让也是合同履行中经常发生的事,尤其是在“三角债”中。为规避相应风险,建议如下:

(1)转让方应当及时将转让通知发至债务人,否则转让不生效。

(2)除债务人同意的情况外,转让是不可撤销的,因此转让方作出转让决定时应当慎重,切勿轻率发出转让通知。

(3)债务人接到债权转让通知后,应当审慎地与债权人核实;确认是债权人的真实意思表示后,应当及时、全面地向债权受让人履行合同义务。

【法条链接】

《民法典》第五百四十五条 债权人可以将债权的全部或者部分转让给第三人,但是有下列情形之一的除外:

(一)根据债权性质不得转让;

(二)按照当事人约定不得转让;

(三)依照法律规定不得转让。

当事人约定非金钱债权不得转让的,不得对抗善意第三人。当事人约定金钱债权不得转让的,不得对抗第三人。

第五百四十六条 债权人转让债权,未通知债务人的,该转让对债务人不发生效力。

债权转让的通知不得撤销,但是经受让人同意的除外。

第五百五十六条 合同的权利和义务一并转让的,适用债权转让、债务转移的有关规定。

41. 债务转让需要经债权人同意吗?

【情景案例】

邹某是某建筑工程公司董事长。因资金周转需要,邹某于2021年1月12日与苏某签订一份《借款合同》,约定:苏某向邹某出借人民币300万元,借款期限为半年,年利率为10%。截至8月20日,邹某陆续向苏某还了200万借款,尚余100万元及利息未能清偿。由于甲公司尚欠邹某300万元到期工程款未支付,邹某与甲公司签订一份书面协议,约定由甲公司代邹某偿还其欠苏某的100万元及利息。当邹某通知苏某余款100万元及利息将由甲公司偿还后,苏某表示强烈反对。苏某认为,邹某未经其同意,私下将其债务转让给第三方的行为无效。

请问:苏某的说法符合我国法律规定吗?

【案例分析】

本案涉及的是债务转移的问题。

我国《民法典》第五百五十一条规定,债务人将债务的全部或者部分转移给第三人的,应当经债权人同意。债务人或者第三人可以催告债权人在合理期限内予以同意,债权人未作表示的,视为不同意。由于每个主体的偿债能力不同,为了防止债务人随意将债务转移给履行能力更弱的第三人,客观上损害债权人的利益,使债权人的债权无法实现,债务的转移需要取得债权人的同意方可,这一点与债权的转让完全不同。

本案中,债务人邹某将其个人对苏某的债务转移给自己的债务人甲公司,而甲公司又未立即实际偿还借款给苏某,苏某完全可以拒绝。此外,即使邹某将债务转移的决定通知了苏某,只要苏某没有明确表示同意,也将视为苏某不同意债务转移,仍应当由邹某亲自履行对苏某的债务。综上所述,苏某的说法符合我国法律规定。

【风险防范建议】

关于如何规避债务转移的相应风险,建议如下:

(1)债务人转移债务时必须征得债权人的同意。建议债务人以书面方式征求债权人的意见,并请债权人明确回复,以便固定债权人的意思表示。

(2)只有债权人明确表示了同意,才能产生债务转移的效果,不能因债权人默不作声,就以为债权人“默许”了。建议第三人在取得债权人明确同意后,再向债权人履行债务,以免错误履行。

(3)债权人收到债务人转移债务的请求后,应当综合考虑拟受让债务的第三人的偿债能力和偿债意愿,如果其能力弱于债务人,建议债权人明确表示反对,或者要求该第三人以“债的加入”的方式加入进来,而不是直接替代债务人成为新的债务人。

【法条链接】

《民法典》第五百五十一条 债务人将债务的全部或者部分转移给第三人的,应当经债权人同意。

债务人或者第三人可以催告债权人在合理期限内予以同意,债权人未作表示的,视为不同意。

第五百五十二条 第三人与债务人约定加入债务并通知债权人,或者第三人向债权人表示愿意加入债务,债权人未在合理期限内明确拒绝的,债权人可以请求第三人在其愿意承担的债务范围内和债务人承担连带债务。

42. 合同签订后,当事人可以将合同权利义务一并转让给第三人吗?

【情景案例】

甲公司是一家灯具生产商。2021 年 3 月 8 日,甲公司与乙公司签订一份《灯具买卖合同》,约定:乙公司向甲公司购买 1 万件欧式吸顶灯,单价为 300 元,合同总价款为 300 万元;甲公司 1 个月内交货,货到付款。3 月 15 日,由于甲公司的货款不能及时回收,其无法采购原材料履行合同,因此想将合同权利义务转让给战略合作伙伴丙公司。甲公司与丙公司商议后,丙公司表示愿意承接此订单。但是,乙公司得知此消息后,表示不同意将订单转让给其他第三方公司。

请问:未经乙公司同意,甲公司可以将合同权利义务一并转让给丙公司吗?

【案例分析】

本案涉及的是合同权利义务一并转让的问题。

我国《民法典》第五百五十五条规定,当事人一方经对方同意,可以将自己在合同中的权利和义务一并转让给第三人。第五百五十六条规定,合同的权利和义务一并转让的,适用债权转让、债务转移的有关规定。那么债权转让、债务转移的规定又是什么呢?根据《民法典》第五百四十五条之规定,除某些不得转让的特殊情况外,债权人可以将债权的全部或者部分转让给第三人。而第五百五十一条则规定了债务的转移,即债务人将债务的全部或者部分转移给第三人的,应当经债权人同意。结合以上规定,在债权债务同时转让的情况下,为了保证第三人(受让人)履行合同义务的能力被债权人“认可”,且债权债务转让不损害债权人的合同利益,事实上还是需要征得债权人的同意的。

本案中,虽然甲公司(转让人)与丙公司(受让人)协商一致同意转让债权债务,但由于未征得乙公司的同意,因此转让不能生效。综上所述,未经乙公司同意,甲公司不能将合同权利义务一并转让给丙公司。

【风险防范建议】

合同的权利和义务可以一并转让,而且这也是转让中最常见的一种方式,因为大部分合同中,当事人都是互负权利和义务的。为规避相应法律风险,建议如下:

(1)为了清晰起见,合同权利义务的转让尽量采取签订三方书面协议的方式进行,由转让方、受让方和原合同相对方三方共同签订书面协议。

(2)有些合同的权利义务是不能转让的,如抚养请求权、委托人对于代理人的债权等,此类债权即使签订了转让合同也是无效的。

(3)受让人受让债权债务后,转让人退出原合同关系,由受让人与原合同相对方继续履行原合同。

【法条链接】

《民法典》第五百四十五条 债权人可以将债权的全部或者部分转让给第三人,但是有下列情形之一的除外:

(一)根据债权性质不得转让;

(二)按照当事人约定不得转让;

(三)依照法律规定不得转让。

当事人约定非金钱债权不得转让的,不得对抗善意第三人。当事人约定金钱债权不得转让的,不得对抗第三人。

第五百四十六条 债权人转让债权,未通知债务人的,该转让对债务人不发生效力。

债权转让的通知不得撤销,但是经受让人同意的除外。

第五百五十一条 债务人将债务的全部或者部分转移给第三人的,应当经债权人同意。

债务人或者第三人可以催告债权人在合理期限内予以同意,债权人未作表示的,视为不同意。

第五百五十五条 当事人一方经对方同意,可以将自己在合同中的权利和义务一并转让给第三人。

第五百五十六条 合同的权利和义务一并转让的,适用债权转让、债务转移的有关规定。

43. 债务人对债权人享有到期债权，债务人可向受让人主张抵销吗？

【情景案例】

A公司是一家从事家具生产的企业。2021年3月1日，A公司因资金周转需要向B公司借款50万元，约定借款期限为3个月。5月1日，B公司向A家具公司购买一批家具，价款为20万元，承诺在1个月内支付货款。6月2日，B公司发函通知A公司已经将50万元债权转让给C公司，让A公司直接向C公司还款即可。6月10日，C公司要求A公司还款50万元，对此，A公司表示反对。A公司认为，B公司尚欠其20万元到期货款未付，因此只同意偿还30万元。

请问：A公司的说法符合我国法律规定吗？

【案例分析】

本案涉及的是债权转让时债务人的抗辩权和抵销权问题。

我国《民法典》第五百六十八条规定，当事人互负债务，该债务的标的物种类、品质相同的，任何一方可以将自己的债务与对方的到期债务抵销。本案中，A公司与B公司互负债务，且双方的债务标的物都是货币。此外，A公司对于B公司的货款债权到期日为6月1日，B公司对于A公司借款债权的到期日同为6月1日，故A公司可以主张抵销B公司的部分债权。

我国《民法典》第五百四十八条规定，债务人接到债权转让通知后，债务人对让与人的抗辩，可以向受让人主张。C公司（受让人）受让了B公司（转让人）转让的借款债权，A公司作为债务人，在接到债权转让通知后，可以向C公司主张其对B公司的抗辩。

综上所述，A公司的说法符合我国法律规定。

【风险防范建议】

本案中，正好A公司、B公司之间的互负债务同时到期，故A公司可以主张（部分）抵销；如果A公司的债权后到期，而B公司债权先到期，则A公司就未必能够主张抵销了。为了防止B公司一方面拖延支付货款，另一方面抢先将其对A公司债权转让给第三方C公司，使A公司两边损失，建议如下：

（1）A公司在接到债权人B公司的订单时，就在买卖合同中约定货款的支付期限应等于或短于前债务的还款期限，同时约定如果B公司逾期支付货款，A公司有权从应付B公司的任何款项中抵扣。

（2）对C公司来说，如果债权的受让是有偿的，应当注意在债权受让合同中约定转让人(B公司)对所转让的债权承担无瑕疵保证责任,以免受让债权后发生被债务人要求抵销的情况。

【法条链接】

《民法典》第五百四十八条 债务人接到债权转让通知后,债务人对让与人的抗辩,可以向受让人主张。

第五百四十九条 有下列情形之一的,债务人可以向受让人主张抵销:

(一)债务人接到债权转让通知时,债务人对让与人享有债权,且债务人的债权先于转让的债权到期或者同时到期;

(二)债务人的债权与转让的债权是基于同一合同产生。

第五百五十七条 有下列情形之一的,债权债务终止:

(一)债务已经履行;

(二)债务相互抵销;

(三)债务人依法将标的物提存;

(四)债权人免除债务;

(五)债权债务同归于一人;

(六)法律规定或者当事人约定终止的其他情形。

合同解除的,该合同的权利义务关系终止。

第五百六十八条 当事人互负债务,该债务的标的物种类、品质相同的,任何一方可以将自己的债务与对方的到期债务抵销;但是,根据债务性质、按照当事人约定或者依照法律规定不得抵销的除外。

当事人主张抵销的,应当通知对方。通知自到达对方时生效。抵销不得附条件或者附期限。

第六章
合同的终止

44. 一方迟延履行合同，经催告后在合理期限内仍未履行的，另一方可解除合同吗？

【情景案例】

2021年7月8日，彭某与某汽车销售公司签订一份《汽车销售合同》，约定：彭某向某汽车销售公司购买进口宝马汽车一辆，汽车价款为35万元；付款方式为合同签订后，彭某支付定金5万元，余款在收车时一次性支付；某汽车销售公司应当在2021年7月31日前交付汽车。由于汽车库存紧张，某汽车销售公司无法在合同约定期限内交付车辆。8月3日，彭某书面催告某汽车公司，要求其在8月20日前交付车辆，否则要解除合同并追究其违约责任。直至8月20日，某汽车销售公司仍然不能交付车辆。为此，彭某遂诉至法院，要求解除《汽车销售合同》，同时要求某汽车销售公司双倍返还已付定金共10万元。

请问：彭某的请求能得到法院支持吗？

【案例分析】

本案涉及的是合同的法定解除及解除程序问题。

根据我国《民法典》第五百六十三条的规定，当事人一方迟延履行主要债务，经催告后在合理期限内仍未履行的，当事人可以解除合同。第五百六十五条第一款规定，当事人一方依法主张解除合同的，应当通知对方。合同自通知到达对方时解除；通知载明债务人在一定期限内不履行债务则合同自动解除，债务人在该期限内未履行债务的，合同自通知载明的期限届满时解除。对方对解除合同有异议的，任何一方当事人均可以请求人民法院或者仲裁机构确认解除行为的效力。

本案中，彭某与某汽车销售公司签订的《汽车销售合同》约定了车辆交付的具体时间为7月31日前，以及定金金额5万元等内容，某汽车销售公司的主要合同义务就是按时交付汽车，而其未能按时交付，属于迟延履行主要债务。彭某书面催告某汽车销售公司，并将期限延至8月20日，但某汽车销售公司仍然未能交付，因此符合《民法典》第五百六十三条规定的法定解除条件。同时《民法典》第五百六十五条规定，当事人一方依法主张解除合同的，应当通知对方。合同自通知到达对方时解除；通知载明债务人在一定期限内不履行债务则合同自动解除，债务人在该期限内未履行债务的，合同自通知载明的期限届满时解除。本案中，彭某采取了书面通知某汽车销售公司的方式解除合同，通知中载明若其截至8月20日仍未能履行合同，则合同解除，而某汽车销售公司又确实未能在该日期交付汽车，故合同于8月20日解除。

此外，我国《民法典》第五百八十七条规定，债务人履行债务的，定金应当抵作价款或者收回。给付定金的一方不履行债务或者履行债务不符合约定，致使不能实现合同目的的，无权请求返还定金；收受定金的一方不履行债务或者履行债务不符合约定，致使不能实现合同目的的，应当双倍返还定金。本案中，某汽车销售公司收取定金5万元后，延迟交付车辆致使彭某的合同目的不能实现，应当双倍返还定金即返还10万元给彭某。

综上所述，彭某的请求可以得到法院支持。

【风险防范建议】

有时候当合同目的不能实现或对方的违约严重到一定程度时，解除合同是当事人“止损”的必然选择。然而提出解除合同需要非常慎重，如果提出不当，反而会造成己方违法解除合同的被动局面。为此，建议如下：

(1)在签订合同时尽量依实际情况约定合同解除的条件。

(2)自行约定合同解除条件时应尽量细化，根据实际情况“量身定做”，过于笼统的约定将导致当事人难以作出清晰的评估和预判。

(3)发生了法定或者约定解除的事由，且己方决定解除合同的，应当书面向对方发出解除合同通知书，清晰明确地表达解除合同的要求，并应当确保通知书的送达。采用邮寄送达的，应保留送达的妥投证明。

【法条链接】

《民法典》第五百六十三条 有下列情形之一的，当事人可以解除合同：

(一)因不可抗力致使不能实现合同目的；

(二)在履行期限届满前，当事人一方明确表示或者以自己的行为表明不履行主要债务；

(三)当事人一方迟延履行主要债务，经催告后在合理期限内仍未履行；

(四)当事人一方迟延履行债务或者有其他违约行为致使不能实现合同目的；

（五）法律规定的其他情形。

以持续履行的债务为内容的不定期合同，当事人可以随时解除合同，但是应当在合理期限之前通知对方。

第五百六十四条　法律规定或者当事人约定解除权行使期限，期限届满当事人不行使的，该权利消灭。

法律没有规定或者当事人没有约定解除权行使期限，自解除权人知道或者应当知道解除事由之日起一年内不行使，或者经对方催告后在合理期限内不行使的，该权利消灭。

第五百六十五条　当事人一方依法主张解除合同的，应当通知对方。合同自通知到达对方时解除；通知载明债务人在一定期限内不履行债务则合同自动解除，债务人在该期限内未履行债务的，合同自通知载明的期限届满时解除。对方对解除合同有异议的，任何一方当事人均可以请求人民法院或者仲裁机构确认解除行为的效力。

当事人一方未通知对方，直接以提起诉讼或者申请仲裁的方式依法主张解除合同，人民法院或者仲裁机构确认该主张的，合同自起诉状副本或者仲裁申请书副本送达对方时解除。

第五百八十七条　债务人履行债务的，定金应当抵作价款或者收回。给付定金的一方不履行债务或者履行债务不符合约定，致使不能实现合同目的的，无权请求返还定金；收受定金的一方不履行债务或者履行债务不符合约定，致使不能实现合同目的的，应当双倍返还定金。

45. 在合同履行期届满前，一方明确不履行主要债务的，另一方可以解除合同吗？

【情景案例】

2021年1月与4月，乙公司共计向甲公司订购汽车配件80万元，约定货到付款。甲公司依约将汽车配件送至乙公司后，乙公司每次都签收，但并未依约支付全部货款。后经双方结算确认，截至4月30日，乙公司尚欠甲公司货款60万元未付。后双方签订《货款分期支付协议》。协议中，乙公司承诺分三期支付所欠货款，具体约定时间是：2021年5月至7月，每月10日前支付20万元。但协议签订后乙公司仍未履行，5月承诺的20万元分文未付；到6月20日，乙公司仍未履行，且明确表示公司资金周转困难，货款在短期内都不可能偿还。无奈之下，甲公司诉至法院，要求乙公司支付剩余全部货款60万元。

请问：甲公司的请求能得到法院支持吗？

【案例分析】

本案涉及的是合同的解除条件问题。

根据我国《民法典》第五百六十三条的规定，在履行期限届满前，当事人一方明确表示或者以自己的行为表明不履行主要债务的，当事人可以解除合同。

本案中，乙公司未能按照订购配件时的合意，及时全面向甲公司付款，已属违约。之后，甲乙两公司签订了《货款分期支付协议》。在《货款分期支付协议》中乙公司的主要义务就是按照三期支付欠款，而乙公司仍然未能按照约定履行付款义务，之后还明确表示将不再履行，因此，虽然《货款分期支付协议》约定的最后一期履行期限尚未届满，但由于乙公司已明确表示不履行主要债务，甲公司可以要求解除《货款分期支付协议》，进而要求乙公司按照原先在购销关系中达成的付款条件（货到付款）执行，立即支付剩余全部货款60万元。综上所述，甲公司的请求可以得到法院支持。

【风险防范建议】

（1）签订合同后，当事人应当诚实、全面、主动履行合同，尤其是合同的主要义务。

（2）发现对方违反了合同的主要义务时，己方应当及时固定证据；如果不能确认对方是否“以自己的行为表明不履行主要债务”，可以咨询律师等专业人士，或者采取书面催告对方的方式。确定后再及时决定是否用解除合同的方式“止损”。

（3）如果决定解除合同，应当以书面通知的形式，清晰、明确地通知违约方解除合同。

（4）在签订合同时尽量明确约定合同解除的条件。

【法条链接】

《民法典》第五百六十三条 有下列情形之一的，当事人可以解除合同：

（一）因不可抗力致使不能实现合同目的；

（二）在履行期限届满前，当事人一方明确表示或者以自己的行为表明不履行主要债务；

（三）当事人一方迟延履行主要债务，经催告后在合理期限内仍未履行；

（四）当事人一方迟延履行债务或者有其他违约行为致使不能实现合同目的；

（五）法律规定的其他情形。

以持续履行的债务为内容的不定期合同，当事人可以随时解除合同，但是应当在合理期限之前通知对方。

46. 一方以快递方式邮寄解除合同通知，对方收到通知后合同自动解除吗？

【情景案例】

2021年3月1日，A公司向B公司订购500件T恤，T恤上加印A公司的名称，用于4月5日员工和家属集体团建活动。合同约定交货时间为2021年3月31日之前。直至3月28日，A公司仍未收到货品；其间A公司曾多次电话催促，B公司一直以各种理由拖延。结果A公司只得使用普通白T恤完成了此次团建活动。4月6日，A公司以快递方式向B公司邮寄《解除合同通知》，内容为："鉴于你公司一再延误交付，致使我公司在4月5日的活动中未能使用所定购的T恤，我公司通知你公司本函送达之日解除合同，并保留索赔的权利。"B公司于4月10日收到通知。B公司认为，之前由于订单太多没来得及生产A公司订购的产品，现产品已在生产中，很快可完成；另外T恤是个性化定制产品，解除合同会给自己造成损失，因此不同意解除合同。A公司则称，双方约定的送货期已过，在B公司收到解除合同通知后合同自动解除。双方因此发生纠纷。

请问：A公司的说法符合我国法律规定吗？

【案例分析】

本案涉及的是合同目的不能实现时是否能够解除合同，以及是否可以邮寄送达方式通知解除合同的问题。

我国《民法典》第五百六十三条规定，"有下列情形之一的，当事人可以解除合同：……（三）当事人一方迟延履行主要债务，经催告后在合理期限内仍未履行；（四）当事人一方迟延履行债务或者有其他违约行为致使不能实现合同目的……"

本案中，A公司订购标有公司名称的T恤是为了用于4月5日的公司团建活动，而B公司没有在合同约定交货时间3月31日之前交付，甚至4月5日活动已经结束了都还没有交付，显然即使B公司事后交付T恤，也已经使A公司的合同目的不能实现，因此A公司有权解除合同。而B公司的主张没有法律依据，B公司的损失是其自身违约，延期履行合同造成的，相关损失应由其自行承担。

此外，根据《民法典》第五百六十五条的规定，当事人一方依法主张解除合同的，应当通知对方。合同自通知到达对方时解除；通知载明债务人在一定期限内不履行债务则合同自动解除，债务人在该期限内未履行债务的，合同自通知载明的期限届满时解除。对方对解除合同有异议的，任何一方当事人均可以请求人民法院或者仲裁机构确认解除行为的效力。本案中，A公司依法主张解除合同，采取了书面通知的方式，双方之间的合同自A公司解除通知到达B公司时解除。B公司如果不同意解除合同,则可以请求人民法院或者仲裁机构对于合同是否解除进行确认。

综上所述,A 公司的说法符合我国法律规定。

【风险防范建议】

当事人因对方违约而决定解除合同时,需要正确选择解除合同的程序,如果程序不当,反而会造成己方违法解除合同的被动局面。为此建议如下:

(1)如果合同中约定了解除方式,应当严格按照合同约定的解除权行使期限、解除的方式和程序进行。

(2)如果合同中没有约定解除方式,则应当按照法定方式进行,即在知道或者应当知道解除事由之日起 1 年内行使。

(3)解除合同应当通知对方;为了固定证据,最好采取书面的方式通知对方解除。书面通知中应当清晰明确地表达解除合同的要求,并应当确保送达。采用邮寄方式送达的,应保留送达的妥投证明。

(4)当事人也可以直接以提起诉讼或者申请仲裁的方式,依法主张解除合同。采取这种方式时,合同自起诉状副本或者仲裁申请书副本送达对方时解除。

(5)收到解除通知的一方如果不想解除合同,应当及时向人民法院或者仲裁机构请求确认合同是否解除。

【法条链接】

《民法典》第五百六十三条　有下列情形之一的,当事人可以解除合同:

(一)因不可抗力致使不能实现合同目的;

(二)在履行期限届满前,当事人一方明确表示或者以自己的行为表明不履行主要债务;

(三)当事人一方迟延履行主要债务,经催告后在合理期限内仍未履行;

(四)当事人一方迟延履行债务或者有其他违约行为致使不能实现合同目的;

(五)法律规定的其他情形。

以持续履行的债务为内容的不定期合同,当事人可以随时解除合同,但是应当在合理期限之前通知对方。

第五百六十四条　法律规定或者当事人约定解除权行使期限,期限届满当事人不行使的,该权利消灭。

法律没有规定或者当事人没有约定解除权行使期限,自解除权人知道或者应当知道解除事由之日起一年内不行使,或者经对方催告后在合理期限内不行使的,该权利消灭。

第五百六十五条　当事人一方依法主张解除合同的,应当通知对方。合同自通知到达对方时解除；通知载明债务人在一定期限内不履行债务则合同自动解除，债务人在该期限内未履行债务的，合同自通知载明的期限届满时解除。对方对解除合同有异议的，任何一方当事人均可以请求人民法院或者仲裁机构确认解除行为的效力。

当事人一方未通知对方，直接以提起诉讼或者申请仲裁的方式依法主张解除合同，人民法院或者仲裁机构确认该主张的，合同自起诉状副本或者仲裁申请书副本送达对方时解除。

47. 非违约方可以要求违约方赔偿合同解除后的预期可得利益损失吗？

【情景案例】

2021 年 6 月 10 日，A 公司与 B 公司签订《写字楼中央空调安装合同》，约定：A 公司向 B 公司旗下某写字楼全程提供中央空调安装服务，合同价款为 800 万元；付款方式为合同签订后 10 天内支付预付款 300 万元，余款在工程验收后 3 天内支付。由于 B 公司没有按约定支付预付款，也未通知 A 公司进场施工，故 A 公司于 6 月 22 日发函给 B 公司，要求 B 公司尽快支付预付款，履行合同义务，并告知其为履行合同，已经开展采购原材料和相关配件的工作。6 月 28 日，A 公司得知 B 公司已另行委托 C 公司开始施工，于是委托律师给 B 公司发律师函，明确 B 公司不愿履行合同，且 B 公司已将工程委托 C 公司开始施工，因此要求协商解决违约赔偿事宜。由于 B 公司对 A 公司发出的律师函不予理睬，故 A 公司诉至法院，要求判决解除双方所签订合同，并要求 B 公司赔偿 A 公司直接经济损失 30 万元以及预期可得利益损失 70 万元。

请问：A 公司可以要求 B 公司赔偿预期可得利益吗？

【案例分析】

本案涉及的是合同解除后可否要求赔偿预期可得利益损失的问题。

我国《民法典》第五百八十四条规定，当事人一方不履行合同义务或者履行合同义务不符合约定，造成对方损失的，损失赔偿额应当相当于因违约所造成的损失，包括合同履行后可以获得的利益；但是，不得超过违约一方订立合同时预见到或者应当预见到的因违约可能造成的损失。预期可得利益，是指合同在全面履行后，当事人可以实现的利润和其他利益。可得利益是一种可期待的利益，在合同生效后即依法产生并受合同保护，合同解除并不导致合同自始不存在，也不消灭履行合同的目的，因此非违约方可要求获得对预期可得利益损失的赔偿。

本案中，B 公司不但迟延履行合同，而且私下委托了 C 公司进场施工，A 公司与 B 公司之间的《写字楼中央空调安装合同》客观上已经不能履行，故 A 公司可以要求解除合同并要求 B 公司赔偿预期可得利益损失。关于预期可得利益数额的确定，司法实践中通常采取三种计算方法：一是按双方约定决定；二是按行业平均利润率计算；三是由裁判机关酌定。

【风险防范建议】

(1)司法实践中，解除合同时要求预期可得利益的损害赔偿，首先要求该损失有可预见性，即以违约方在订立合同时预见或应该预见因违约而造成的损失为限，因此应当提出适当的金额，而不要漫天要价。

(2)为了增加获得赔偿的确定性，当事人应尽量在合同中约定足以覆盖预期可得利益损失的违约金。

【法条链接】

《民法典》第五百八十四条 当事人一方不履行合同义务或者履行合同义务不符合约定，造成对方损失的，损失赔偿额应当相当于因违约所造成的损失，包括合同履行后可以获得的利益；但是，不得超过违约一方订立合同时预见到或者应当预见到的因违约可能造成的损失。

48. 未及时行使合同解除权的权利人是否无权主张解除合同？

【情景案例】

2021年1月1日，甲公司与某村委会签订《租赁合同》，约定：某村委会将该村面积为20亩的旧厂房出租给甲公司，租金为每年3万元，租赁期限为20年，每年上涨5%。另约定，甲公司若在租赁期间内未经某村委会同意擅自拆除、毁坏承租物，某村委会有权解除合同，要求其照价赔偿。2021年3月，甲公司因建设新厂房的需要，未经某村委会同意便擅自拆除了旧厂房的卫生间。拆除过程中某村委会没有提出异议，更没有向甲公司送达任何解除合同的书面通知。新厂房建成后，某村委会照常收取甲公司的租金。直至2022年6月，某村委会认为租金太低，遂诉至法院，要求判令解除双方签订的《租赁合同》并要求甲公司重建擅自拆除的卫生间或按重建的价格赔偿。甲公司辩称，合同解除权行使期间是1年，某村委会无权解除双方所签订的《租赁合同》。

请问：甲公司的说法符合我国法律规定吗？

【案例分析】

本案涉及的是合同解除权行使期限问题。

我国《民法典》第五百六十四条规定，法律规定或者当事人约定解除权行使期限，期限届满当事人不行使的,该权利消灭。法律没有规定或者当事人没有约定解除权行使期限,自解除权人知道或者应当知道解除事由之日起1年内不行使,或者经对方催告后在合理期限内不行使的,该权利消灭。

本案中,根据双方签订的《租赁合同》,甲公司擅自拆除旧厂房的卫生间本已导致解除条件成就,某村委会有权要求解除《租赁合同》并要求恢复原状(重建被拆除的卫生间)或是按重建的价格予以金钱赔偿。但是《租赁合同》并没有约定解除权的行使期限,因此只能够适用法定的解除权期限。某村委会在知道卫生间被拆除时并没有阻止,之后在超过1年的时间里都没有提出异议,更没有因此要求解除《租赁合同》,显然已经远远超过了法定1年的期限,因此2022年6月某村委会的解除权已经消灭。甲公司的说法符合我国法律规定。

【风险防范建议】

(1)解除权期限是除斥期间,不因任何事由而中止、中断或者延长。因此当事人必须注意,一定要在合同约定或者法定的期限内行使,以免"过期无效"。

(2)由于法定的解除权期限是固定的,如果当事人希望设置更长或更短的期限,则应当在合同中明确约定解除权的期限。

(3)还有一种特殊情况,即一方当事人可以催告享有解除权的对方当事人决定是否要行使解除权,而享有解除权的当事人在催告后的合理期限内不行使的,解除权消灭,合同关系继续履行。但关于什么是合理期限,需要根据具体案情由裁判机关酌定。因此为了防止不确定性,还是建议双方在合同中明确约定解除权行使期限。

【法条链接】

《民法典》第一百九十九条 法律规定或者当事人约定的撤销权、解除权等权利的存续期间,除法律另有规定外,自权利人知道或者应当知道权利产生之日起计算,不适用有关诉讼时效中止、中断和延长的规定。存续期间届满,撤销权、解除权等权利消灭。

第五百六十四条 法律规定或者当事人约定解除权行使期限,期限届满当事人不行使的,该权利消灭。

法律没有规定或者当事人没有约定解除权行使期限,自解除权人知道或者应当知道解除事由之日起一年内不行使,或者经对方催告后在合理期限内不行使的,该权利消灭。

49. 当事人互负的到期债务可以互相抵销吗?

【情景案例】

2021年6月10日,甲公司向乙公司订购10台苹果电脑,价款为10万元;付款方式为合同签订后支付预付款5万元,余款在送货后10天内支付。6月20日,乙公司总经理范某为甲公司安装电脑期间,看中了甲公司生产的一套价值3万元的家具,于是当场作出购买决定。6月23日,甲公司将家具送到乙公司,但乙公司未支付货款。6月30日,甲公司通知乙公司,已经将2万元转至乙公司银行账户,还有3万元电脑货款以乙公司欠甲公司的3万元家具货款抵销。

请问:甲公司单方面提出抵销的行为合法吗?

【案例分析】

本案涉及的是债务法定抵销的问题。

我国《民法典》第五百六十八条规定,当事人互负债务,该债务的标的物种类、品质相同的,任何一方可以将自己的债务与对方的到期债务抵销;但是,根据债务性质、按照当事人约定或者依照法律规定不得抵销的除外。当事人主张抵销的,应当通知对方。通知自到达对方时生效。抵销不得附条件或者附期限。由此可知,同时满足以下四个条件的债务才可以抵销:一是当事人互负债务;二是债务均已到期;三是债务的种类、品质相同;四是法律没有相反的规定且当事人没有相反的约定。

本案中,甲公司与乙公司互负的到期债务的标的物都是货币(货款),显然种类相同,也不存在品质的差别。此外,乙公司购买了家具,但双方未约定付款期限,甲公司可要求一手交钱一手交货,或是在合理的期限内要求乙公司付款。鉴于甲公司支付电脑款的期限为货到后10天内,故6月30日可视为双方的债务都已经到期。且甲公司和乙公司都没有在各自的买卖合同中约定不得抵销,因此任何一方都可以要求将自己的债务与对方的债务抵销。故甲公司单方面提出抵销的行为是符合法律规定的。

【风险防范建议】

(1)同时满足前文所述四个条件的债务可以互相抵销,如果当事人出于某种原因并不希望自己的债权被抵销,一定要在合同中进行明确约定。

(2)并非所有的债务都可以抵销,例如,企业停工停产期间发给劳动者的生活补助费,不能与劳动者欠企业的借款抵销,这是为了保障劳动者的基本生存。

(3)破产企业的债权人对破产企业的债务不能抵销,因为破产债权应依法平均分配给债权人,如果允许抵销,则相当于该债权人获得了全额清偿,其效果违背了破产债权公平受偿的原则。

【法条链接】

《民法典》第五百六十八条　当事人互负债务,该债务的标的物种类、品质相同的,任何一方可以将自己的债务与对方的到期债务抵销;但是,根据债务性质、按照当事人约定或者依照法律规定不得抵销的除外。

当事人主张抵销的,应当通知对方。通知自到达对方时生效。抵销不得附条件或者附期限。

第五百七十六条　债权和债务同归于一人的,债权债务终止,但是损害第三人利益的除外。

50.债权人免除债务人部分债务后,可以反悔吗?

【情景案例】

甲公司是一家从事皮鞋生产的企业,乙公司是一家专门从事皮鞋进出口的贸易公司。两公司合作十余年,关系甚好。2020年12月,乙公司由于被丙公司拖欠1000万元货款,因此无法按约定给甲公司支付100万元货款。为尽快回收货款,甲公司于2021年1月与乙公司签订《还款协议》,约定:乙公司欠甲公司货款100万元,考虑到乙公司资金周转困难,如果乙公司能在2021年3月31日前归还货款,甲公司自愿减让30万元,即乙公司向甲公司还款70万元即可。乙公司后于3月20日按约定向甲公司归还了70万元货款,甲公司出具了收据。4月30日,甲公司得知乙公司收回丙公司的1000万元货款,于是要求乙公司返还已免除的30万元货款,但遭到乙公司拒绝。无奈之下,甲公司诉至法院,以乙公司资金充裕为由要求其返还30万元货款。

请问:甲公司的请求能得到法院支持吗?

【案例分析】

本案涉及的是债务免除的问题。

我国《民法典》第五百七十五条规定,债权人免除债务人部分或者全部债务的,债权债务部分或者全部终止,但是债务人在合理期限内拒绝的除外。债务免除实质上是债权人对自己权利的处分,只要不损害第三人的利益法律都不禁止;但是,如果债权人免除债务是为了逃废自己的债务,那么法律就不允许了。债务免除是单方行为,即只要债权人向债务人作出意思表示就产生了债务消灭的效果。同时债务免除的意思表示一经作出亦不得撤销。

本案中，甲公司为了促使乙公司主动履行到期债务，自愿作出附期限免除部分债务的意思表示，且已向乙公司作出，乙公司在该期限前履行了剩余的债务，则该债务免除就已经生效，甲公司不得撤销。故甲公司的请求不能得到法院的支持。

【风险防范建议】

(1)当债权人作出了债务(全部或部分)免除的意思表示后，债务人应当将债权人的意思表示固定下来，以免债权人反悔，尤其是债权人的减免是为了促使债务人履行某些义务的时候。

(2)为了促使债务人主动履行债务，债权人可以附条件或附期限作出某些债务减免的意思表示。由于债务免除的意思表示一经作出不可撤销，因此所附的条件或期限一定要清晰明确，以免债务人并未达到该条件却要求客观上获得减免债务的利益。

债务减免不能损害债权人的债权人等第三方的利益，否则该第三方可以行使撤销权。

【法条链接】

《民法典》第五百三十八条　债务人以放弃其债权、放弃债权担保、无偿转让财产等方式无偿处分财产权益，或者恶意延长其到期债权的履行期限，影响债权人的债权实现的，债权人可以请求人民法院撤销债务人的行为。

第五百四十条　撤销权的行使范围以债权人的债权为限。债权人行使撤销权的必要费用，由债务人负担。

第五百七十五条　债权人免除债务人部分或者全部债务的，债权债务部分或者全部终止，但是债务人在合理期限内拒绝的除外。

第七章
合同的担保

51. 多个担保物权并存，债权人如何主张权利？

【情景案例】

鲁某系甲公司大股东，2021 年 1 月 9 日，某银行与甲公司、鲁某签订了一份《贷款合同》，约定：某银行向甲公司发放贷款 300 万元，按月共分 36 期偿还。甲公司以其名下一处价值 100 万元的房产为上述贷款提供抵押担保，并在房管登记部门办理了抵押登记手续；鲁某对上述贷款提供连带保证责任。合同签订后，某银行按约定给甲公司发放贷款 300 万元。在甲公司收到贷款后，其投资项目失败；其在偿还了部分借款本息后，未再按时还款。某银行催收无果，遂将甲公司、鲁某诉至法院，要求甲公司与鲁某对上述欠款承担连带责任。鲁某辩称，借款人是甲公司，某银行应先对甲公司的房屋行使担保物权，对不足部分才能要求自己承担连带责任。

请问：鲁某的说法符合我国法律规定吗？

【案例分析】

本案涉及的是既有物的担保又有人的担保时，债权人实现担保物权的顺序问题。

我国《民法典》第三百九十二条规定，被担保的债权既有物的担保又有人的担保的，债务人不履行到期债务或者发生当事人约定的实现担保物权的情形，债权人应当按照约定实现债权；没有约定或者约定不明确，债务人自己提供物的担保的，债权人应当先就该物的担保实现债权；第三人提供物的担保的，债权人可以就物的担保实现债权，也可以请求保证人承担保证责任。提供担保的第三人承担担保责任后，有权向债务人追偿。

债务的担保类型既可以是物的担保，也可以是人的担保，还可以两者兼有。那么实现担保物权的顺序是什么呢？如果当事人有约定，则从其约定；如果没有约定，则根据担保物的所有权来确定，即如果担保物由债务人自己提供，则债权人应当首先就该担保物行使担保物权,未能足额实现债权时,再请求保证人承担保证责任。但是如果担保物由债务人之外的第三人提供,则债权人享有选择权,既可以首先请求以物的担保来实现债权,也可以首先请求以人的担保来实现债权。

本案中,甲公司贷款金额为300万元,甲公司以自有的价值100万元的房产作为担保,属于债务人自己提供物的担保,因此,债权人某银行应当首先就该房产的担保实现债权,对不足部分(200万元),可以继续请求保证人鲁某承担保证责任。当然鲁某承担了保证责任后,还可以向甲公司追偿。综上所述,鲁某的说法符合我国法律规定。

【风险防范建议】

(1)对于债权人来说,债权的担保越充分越安全。因此,应当尽量要求债务人充分提供担保。

(2)债权人根据担保物的变现难易程度,可以对实现债权的顺序进行约定。一般来说,如担保物保值或容易变现,则约定物的担保优先对债权人较为有利。例如,约定担保物为一线城市市中心的住宅,若债权无法实现,可以把房子变现,偿还债权的速度比较快;反之,如果担保物难以变现(如某种专用设备)且由债务人自己提供,则建议约定人的担保优先。

(3)对于以物作抵押担保的,无论是动产还是不动产,都建议办理抵押登记。其中,以建筑物和其他土地附着物、建设用地使用权、海域使用权、在建工程抵押的,抵押权自登记时设立;以动产抵押的,抵押权自双方抵押合同生效时设立,但是如果没有办理登记,则不能对抗善意第三人。

【法条链接】

《民法典》第三百九十二条　被担保的债权既有物的担保又有人的担保的,债务人不履行到期债务或者发生当事人约定的实现担保物权的情形,债权人应当按照约定实现债权;没有约定或者约定不明确,债务人自己提供物的担保的,债权人应当先就该物的担保实现债权;第三人提供物的担保的,债权人可以就物的担保实现债权,也可以请求保证人承担保证责任。提供担保的第三人承担担保责任后,有权向债务人追偿。

第六百八十一条　保证合同是为保障债权的实现,保证人和债权人约定,当债务人不履行到期债务或者发生当事人约定的情形时,保证人履行债务或者承担责任的合同。

52. 以房产作担保借款但没有办理登记，抵押权成立吗？

【情景案例】

2021 年 1 月 15 日，某公司与柳某签订一份《借款合同》，约定：某公司向柳某借款 80 万元，借款期限为半年，年利率为 10%。为保证某公司能按时还款，柳某要求某公司提供担保。为此，某公司总经理史某以他自己所有的一套价值 100 万元的房产作为抵押物给这笔借款担保。《抵押合同》签订后，双方还到公证处办理了公证。5 月 20 日，史某将这套房屋以 105 万元出售给不知情的唐某，双方办理了过户手续。8 月 15 日，因某公司无力偿还借款，柳某遂将史某诉至法院，请求拍卖史某的房屋来还款。史某辩称，双方虽然签订《抵押合同》，但由于房屋抵押没有办理登记，因此房屋的抵押权未成立，现房屋已出售给他人，自己不需要承担担保责任。

请问：史某的说法符合我国法律规定吗？

【案例分析】

本案涉及的是在不动产抵押中办理与未办理抵押登记的不同后果，以及抵押权是否设立的问题。

根据我国《民法典》第三百九十五条的规定，“债务人或者第三人有权处分的下列财产可以抵押：(一)建筑物和其他土地附着物……”史某用其所有的房产提供抵押担保，但未办理抵押登记。《民法典》第四百零二条规定，以该法第三百九十五条第一款第(一)项至第(三)项规定的财产或者第(五)项规定的正在建造的建筑物抵押的，应当办理抵押登记。抵押权自登记时设立。

本案中，史某与柳某虽然签订了《抵押合同》，但是由于房屋未办理抵押登记，因此房屋的抵押权并未设立，柳某对史某抵押的房产不享有抵押权。但因欠缺登记而导致抵押权不能设立的，并不影响抵押合同的生效。史某与柳某签订的《抵押合同》依然有效，柳某仍可以依据有效的《抵押合同》向抵押合同债务人史某主张合同权利。综上所述，史某的说法不符合我国法律规定。

【风险防范建议】

根据我国《民法典》的规定，在不动产抵押中，若未办理抵押登记，抵押权未设立。但因欠缺登记导致抵押权不能设立的，不影响抵押合同的生效，所以即使抵押权没有设立，抵押合同依然有效。但是在债权合同中，涉及不动产抵押担保的，一定要办理抵押登记，否则债权人就无法就抵押房产优先受偿，即无法对抗办理了抵押权登记的第三人，而一旦不动产被第三人善意取得，债权人亦难以实现优先受偿。

【法条链接】

《民法典》第三百九十五条 债务人或者第三人有权处分的下列财产可以抵押：

（一）建筑物和其他土地附着物；

（二）建设用地使用权；

（三）海域使用权；

（四）生产设备、原材料、半成品、产品；

（五）正在建造的建筑物、船舶、航空器；

（六）交通运输工具；

（七）法律、行政法规未禁止抵押的其他财产。

抵押人可以将前款所列财产一并抵押。

第四百零二条 以本法第三百九十五条第一款第一项至第三项规定的财产或者第五项规定的正在建造的建筑物抵押的，应当办理抵押登记。抵押权自登记时设立。

53. 企业的分支机构未经授权提供担保的有效吗？

【情景案例】

A公司是B公司广州分公司的客户，双方合作甚久。2021年1月6日，A公司向薛某借款，B公司广州分公司愿意提供担保。三方签订了一份《借款合同》，约定：A公司向薛某借款100万元，借款用于公司资金周转，借款期限为半年，年利率为8%，B公司广州分公司为借款提供担保。B公司广州分公司作为保证人在合同上加盖了公章。借款到期后，A公司因经营不善无力偿还。为此，薛某向B公司催款，但得到的答复是：由于B公司广州分公司未经总部书面授权同意担保，其担保是无效的，因此不同意承担担保责任。薛某听闻又惊又怒，认为B公司广州分公司违反内部程序与自己无关，自己特意确认B公司广州分公司盖章已经尽到了注意义务，并不知道而且也不应当知道B公司广州分公司对外提供担保未经B公司决议程序。

请问：薛某能请求B公司广州分公司承担担保责任吗？

【案例分析】

本案涉及的是企业分支机构的担保效力问题。

根据《最高人民法院关于适用〈中华人民共和国民法典〉有关担保制度的解释》第十一条的规定，公司的分支机构未经公司股东（大）会或者董事会决议以自己的名义对外提供担保，相对人请求公司或者其分支机构承担担保责任的，人民法院不予支持，但是相对人不知道且不应当知道分支机构对外提供担保未经公司决议程序的除外。

本案中,薛某能否请求 B 公司广州分公司承担担保责任主要在于其是否不知道且不应当知道 B 公司广州分公司对外提供担保是未经 B 公司决议程序的。

【风险防范建议】

在审查分支机构对外签订的担保合同效力时,需审查分支机构行为是否经过公司决议程序。如经过公司决议程序,担保合同对公司发生效力,公司承担担保责任;如未经公司决议程序,债权人也非善意的,那么担保对公司不发生效力。但公司并非不承担任何责任,具体还要结合双方过错,最终判定公司是否需要承担补充赔偿责任。

因此在让公司的分支机构提供担保时,要注意留存证据证明已对其公司决议进行了合理审查,足以证明债权人是善意方。但也要注意,如果公司有证据证明,相对人知道或者应当知道决议是伪造、变造的,担保依然对公司不生效。

【法条链接】

《最高人民法院关于适用〈中华人民共和国民法典〉有关担保制度的解释》第十一条　公司的分支机构未经公司股东(大)会或者董事会决议以自己的名义对外提供担保,相对人请求公司或者其分支机构承担担保责任的,人民法院不予支持,但是相对人不知道且不应当知道分支机构对外提供担保未经公司决议程序的除外。

金融机构的分支机构在其营业执照记载的经营范围内开立保函,或者经有权从事担保业务的上级机构授权开立保函,金融机构或者其分支机构以违反公司法关于公司对外担保决议程序的规定为由主张不承担担保责任的,人民法院不予支持。金融机构的分支机构未经金融机构授权提供保函之外的担保,金融机构或者其分支机构主张不承担担保责任的,人民法院应予支持,但是相对人不知道且不应当知道分支机构对外提供担保未经金融机构授权的除外。

担保公司的分支机构未经担保公司授权对外提供担保,担保公司或者其分支机构主张不承担担保责任的,人民法院应予支持,但是相对人不知道且不应当知道分支机构对外提供担保未经担保公司授权的除外。

公司的分支机构对外提供担保,相对人非善意,请求公司承担赔偿责任的,参照本解释第十七条的有关规定处理。

第十七条　主合同有效而第三人提供的担保合同无效,人民法院应当区分不同情形确定担保人的赔偿责任:

(一)债权人与担保人均有过错的,担保人承担的赔偿责任不应超过债务人不能清偿部分的二分之一;

(二)担保人有过错而债权人无过错的,担保人对债务人不能清偿的部分承担赔偿责任;

(三)债权人有过错而担保人无过错的,担保人不承担赔偿责任。

主合同无效导致第三人提供的担保合同无效,担保人无过错的,不承担赔偿责任;担保人有过错的,其承担的赔偿责任不应超过债务人不能清偿部分的三分之一。

54. 法定代表人对公司债务承担连带责任的保证条款有效吗?

【情景案例】

A公司是一家家电生产企业。B公司是一家百货公司,汤某是法定代表人。2021年3月1日,A公司与B公司签订一份《冰箱购销合同》,因是首次合作,A公司要求汤某在合同中增加一个条款,内容为:B公司法定代表人汤某对B公司的债务承担连带责任。汤某最后在合同公司盖章处签字。7月1日,B公司因拖欠货款30万元被A公司起诉,A公司同时要求汤某承担连带责任。汤某收到法院传票后,得知自己名下的一套房屋已被法院查封。汤某认为,其虽然是B公司的法定代表人,但其不是合同的乙方,责任应当由B公司承担,与其个人无关。

请问:汤某对公司债务承担连带责任的保证条款有效吗?

【案例分析】

本案涉及的是法定代表人是否应按照合同约定对公司债务承担连带责任的问题。

我国《公司法》第三条规定,公司是企业法人,有独立的法人财产,享有法人财产权。公司以其全部财产对公司的债务承担责任。有限责任公司的股东以其认缴的出资额为限对公司承担责任;股份有限公司的股东以其认购的股份为限对公司承担责任。实践中,许多人开始注意在合同中添加法定代表人对公司债务承担连带责任条款以维护自身利益。

本案中,汤某在已知合同中已增加其承担连带责任的保证条款的前提下,仍在公司签章栏签字,且汤某未明确表示该签字效力仅及于公司,从诚实信用原则出发,应认定汤某的签字既代表B公司,也代表法定代表人个人对合同权利义务的确认。综上所述,汤某对公司债务承担连带责任的保证条款是有效的。

【风险防范建议】

法定代表人在签署相关协议或文件时,应仔细审核条款内容,明确自己是以何种身份签署的。

实务中,企业在资金周转不过来时,往往要向银行或其他个人借款。此时,债权人往往要求企业提供担保。当企业无财产或财产不足以提供担保时,法定代表人或大股东要慎重以个人名义为公司作担保,否则一旦公司无法承担还款义务,法定代表人要在其保证责任范围内替公司向债权人偿还债务,保证担保的范围包括主债权及利息、违约金、损害赔偿金和实现债权的费用。保证合同另有约定的,按照约定。当事人对保证担保的范围没有约定或者约定不明确的,保证人应当对全部债务承担责任。

【法条链接】

《公司法》第三条 公司是企业法人,有独立的法人财产,享有法人财产权。公司以其全部财产对公司的债务承担责任。有限责任公司的股东以其认缴的出资额为限对公司承担责任;股份有限公司的股东以其认购的股份为限对公司承担责任。

《最高人民法院关于适用〈中华人民共和国民法典〉有关担保制度的解释》第七条 公司的法定代表人违反公司法关于公司对外担保决议程序的规定,超越权限代表公司与相对人订立担保合同,人民法院应当依照民法典第六十一条和第五百零四条等规定处理:

(一)相对人善意的,担保合同对公司发生效力;相对人请求公司承担担保责任的,人民法院应予支持。

(二)相对人非善意的,担保合同对公司不发生效力;相对人请求公司承担赔偿责任的,参照适用本解释第十七条的有关规定。

法定代表人超越权限提供担保造成公司损失,公司请求法定代表人承担赔偿责任的,人民法院应予支持。

第一款所称善意,是指相对人在订立担保合同时不知道且不应当知道法定代表人超越权限。相对人有证据证明已对公司决议进行了合理审查,人民法院应当认定其构成善意,但是公司有证据证明相对人知道或者应当知道决议系伪造、变造的除外。

55. 股东为企业担保,其配偶是否要承担担保责任?

【情景案例】

A公司由刘某与李某共同创办,刘某占有公司51%的股权,李某占有公司49%的股权。2021年3月10日,A公司与B小额贷款公司签订一份《借款合同》,约定:A公司向B小额贷款公司借款100万元,借款期限为4个月,刘某以个人名义提供担保。7月20日,刘某与妻子傅某协议离婚,约定双方的所有对外债务均由刘某承担,与傅某无关。8月1日,由于A公司逾期还款,B小额贷款公司向法院提起诉讼,要求 A 公司归还借款，刘某及傅某承担连带清偿责任。

请问：傅某需要承担担保责任吗？

【案例分析】

本案涉及的是股东为企业担保，配偶是否要承担担保责任的问题。

我国《民法典》第一千零六十四条规定，夫妻双方共同签名或者夫妻一方事后追认等共同意思表示所负的债务，以及夫妻一方在婚姻关系存续期间以个人名义为家庭日常生活需要所负的债务，属于夫妻共同债务。夫妻一方在婚姻关系存续期间以个人名义超出家庭日常生活需要所负的债务，不属夫妻共同债务；但是，债权人能够证明该债务用于夫妻共同生活、共同生产经营或者基于夫妻双方共同意思表示的除外。

本案中，傅某并未追认刘某提供担保的行为，且这笔债务是 A 公司的债务，并不是刘某在婚姻关系存续期间以个人名义为家庭日常生活负担的债务，也并非用于夫妻共同生活或共同经营。因此，刘某的债务并不属于夫妻共同债务。综上所述，傅某并不需要承担担保责任。

【风险防范建议】

夫妻共同生产经营，主要是指夫妻双方共同决定生产经营事项，或者虽由一方决定但另一方进行了授权的情况。要判断生产经营活动是否属于夫妻共同生产经营，要根据经营活动的性质以及夫妻双方在其中的地位和作用等综合判断。

如果夫妻中的一方投资设立了公司，另一方尽量不要在此公司担任执行董事、高管或者监事的职位。此外，最好不要设立“一人有限公司”，还要避免夫妻共同财产、家庭日常生活支出等与公司财产发生混同；以上情况均有可能造成以夫妻双方的个人资产对公司的债务承担连带责任的后果。

【法条链接】

《民法典》第一千零六十四条　夫妻双方共同签名或者夫妻一方事后追认等共同意思表示所负的债务，以及夫妻一方在婚姻关系存续期间以个人名义为家庭日常生活需要所负的债务，属于夫妻共同债务。夫妻一方在婚姻关系存续期间以个人名义超出家庭日常生活需要所负的债务，不属于夫妻共同债务；但是，债权人能够证明该债务用于夫妻共同生活、共同生产经营或者基于夫妻双方共同意思表示的除外。

第八章
违约责任

56. 违约金上限是合同金额的30%吗?

【情景案例】

2021年3月8日,甲公司与乙公司签订一份《电动牙刷购销合同》,约定:甲公司出售给乙公司5000个电动牙刷,单价为60元/个,总价款为30万元;交货时间为2021年3月15日前;付款方式为乙公司于合同签订后3天内支付预付款9万元,余款在2021年4月30日前付清,如乙公司不能按时付清款项,要支付10万元违约金。3月10日,乙公司按约定支付预付款9万元;3月13日,甲公司按约定给乙公司发货。直至5月10日,甲公司仍未收到全部货款,遂将乙公司起诉到法院,要求其支付余款21万元及违约金10万元。乙公司辩称,法律规定违约金最多不超过合同总价款的30%。

请问:乙公司的说法符合我国法律规定吗?

【案例分析】

本案涉及的是违约金上限的问题。

我国《民法典》第五百八十五条规定,当事人可以约定一方违约时应当根据违约情况向对方支付一定数额的违约金,也可以约定因违约产生的损失赔偿额的计算方法。约定的违约金低于造成的损失的,人民法院或者仲裁机构可以根据当事人的请求予以增加;约定的违约金过分高于造成的损失的,人民法院或者仲裁机构可以根据当事人的请求予以适当减少。当事人就迟延履行约定违约金的,违约方支付违约金后,还应当履行债务。

司法实践中,违约金超过一方实际损失的30%,一般可以认定为过分高于造成的损失而可以要求予以调整,但此处30%的计算基数是“实际损失”,而不是“合同标的金额”,这一点在实务中很多人会理解错。人民法院通常是以实际损失为基础,兼顾合同的约定情况、履行情况、当事人过错，根据公平原则和诚实信用原则作出认定的。综上所述，乙公司的说法不符合我国法律的规定。

【风险防范建议】

在合同中约定违约责任时，关于如何规避相应风险，建议如下：

（1）合同中应该明确约定违约行为导致的实际损失的范围和数量。很多情况下，实际损失是难以计算和确定的，如违约行为导致相对方花费的时间、精力、机会成本等是无法简单用金钱来衡量的。既然实际损失的范围和数量往往是难以确定的，那么我们就更应该事先约定明确，以避免不必要的争议。

（2）确保约定违约金不会明显超过上述实际损失的30%。违约金明显超过实际损失的30%的，视为“过分高于造成的实际损失”，人民法院裁判时可以适当减少。因此，签订合同时可以对照上述实际损失，衡量一下，以确保约定违约金不会明显超过上述实际损失的30%。

【法条链接】

《民法典》第五百八十五条 当事人可以约定一方违约时应当根据违约情况向对方支付一定数额的违约金，也可以约定因违约产生的损失赔偿额的计算方法。约定的违约金低于造成的损失的，人民法院或者仲裁机构可以根据当事人的请求予以增加；约定的违约金过分高于造成的损失的，人民法院或者仲裁机构可以根据当事人的请求予以适当减少。当事人就迟延履行约定违约金的，违约方支付违约金后，还应当履行债务。

《最高人民法院关于审理商品房买卖合同纠纷案件适用法律若干问题的解释》第十二条 当事人以约定的违约金过高为由请求减少的，应当以违约金超过造成的损失30%为标准适当减少；当事人以约定的违约金低于造成的损失为由请求增加的，应当以违约造成的损失确定违约金数额。

57. 合同约定违约方支付律师费，有效吗？

【情景案例】

2021年2月1日，A公司因资金周转需要向某银行借款100万元，借款期限为6个月，并由B担保公司提供担保。A公司与B担保公司签订一份合同，约定：如果一方有违约行为，另一方聘请律师的费用由违约方承担。贷款到期后，A公司未能如期偿还到期债务，B担保公司向某银行代偿了A公司所欠贷款本息共106万元。8月28日，因催款无果，B担保公司遂诉至法院，要求A公司支付其代偿的106万元，并赔偿其聘请律师所花费用1.5万元。

请问:B担保公司关于律师费的诉讼请求,可以得到法院支持吗?

【案例分析】

本案涉及的是合同中律师费承担条款的问题。

我国《民法典》第五百八十四条规定:当事人一方不履行合同义务或者履行合同义务不符合约定,造成对方损失的,损失赔偿额应当相当于因违约所造成的损失,包括合同履行后可以获得的利益;但是,不得超过违约一方订立合同时预见到或者应当预见到的因违约可能造成的损失。

本案的焦点在于B担保公司作为合同守约方聘请律师提供专业法律服务而支出的合理费用,是否属于"违约方违约给守约方造成的损失"。司法实践中,法院一般不支持对律师费的赔偿,除非双方在合同中明确约定;仲裁一般会支持,具体以各仲裁机构的仲裁规则为准。本案中,A公司与B担保公司在合同中明确约定了"如果一方有违约行为,另一方聘请律师的费用由违约方承担",故B担保公司关于律师费的诉讼请求可以得到法院支持。

【风险防范建议】

在双方商务往来中,守约方通过聘请律师维护自己的权益的,如果要想让违约方支付律师费,应当注意以下事项:

(1)在前期双方签订的合同中明确约定律师费的承担问题。

(2)留存好交付律师费的凭证和依据,主要是委托代理协议和发票等资料,而且律师费必须按照各省律协的收费标准来执行,不能突破最高限制。

(3)注意各地区司法实践的差异,如有必要,在拟定合同时可以聘请律师把关,避免后续发生纠纷时承担于己不利的诉讼结果。

【法条链接】

《民法典》第五百八十四条　当事人一方不履行合同义务或者履行合同义务不符合约定,造成对方损失的,损失赔偿额应当相当于因违约所造成的损失,包括合同履行后可以获得的利益;但是,不得超过违约一方订立合同时预见到或者应当预见到的因违约可能造成的损失。

58. 合同没有约定违约责任，对方违约的，如何处理？

【情景案例】

甲公司是一家进出口贸易公司，主要经营服装出口业务。2021年3月6日，甲公司与乙服装公司签订一份《买卖合同》，约定：由乙服装公司为甲公司供应1万条女装牛仔裤，合同总价款为60万元（预付款10万元），送货时间为2021年3月20日前。合同中没有约定违约责任。合同签订后，甲公司按约定履行付款义务。直至3月21日，乙服装公司还没有供货。乙服装公司没有按时供货，导致甲公司不能按期给国外客户交货，给甲公司共造成了20万元的经济损失。

请问：合同没有约定违约责任，甲公司可以如何维权？

【案例分析】

本案涉及的是合同没有约定违约责任，守约方应如何维权的问题。

我国《民法典》第五百八十二条规定，履行不符合约定的，应当按照当事人的约定承担违约责任。对违约责任没有约定或者约定不明确，依据该法第五百一十条的规定仍不能确定的，受损害方根据标的的性质以及损失的大小，可以合理选择请求对方承担修理、重作、更换、退货、减少价款或者报酬等违约责任。由此可见，对于乙服装公司的违约行为，虽然合同中没有约定违约责任，但根据我国法律规定，甲公司仍可以向乙服装公司追究违约责任，这也是为了维护市场交易的稳定。《民法典》第五百八十四条规定，当事人一方不履行合同义务或者履行合同义务不符合约定，造成对方损失的，损失赔偿额应当相当于因违约所造成的损失，包括合同履行后可以获得的利益；但是，不得超过违约一方订立合同时预见到或者应当预见到的因违约可能造成的损失。由此可见，对于乙服装公司的违约行为，甲公司可以要求其赔偿损失。

本案中，关于甲公司是否能直接要求赔偿20万元的经济损失，还需要看乙服装公司在签订《买卖合同》时能否预见该笔损失。如果能够预见该笔损失，甲公司可以要求乙服装公司赔偿；反之，如果不能预见该笔损失，则不能要求赔偿。另外，甲公司可以要求乙服装公司返还预付款10万元。

【风险防范建议】

在签订合同时，为能够顺利追究违约方的违约责任，建议如下：

（1）在合同中约定专门的违约责任条款，合同的主要内容可以概括为合同各方的权利、义务以及违反这些义务应承担的责任。拟定合同的违约责任条款时，要根据基础交易的具体情况拟定，不能一味地复制粘贴。书面合同都是经过双方当事人同意并签名确认的，合同中的违约条款能够帮助当事人在争议发生时迅速辨别违约方及其违约责任，减轻守约方的举证责任，也能更好地约束双方当事人履行合同。

（2）违约责任的约定，最好不要写“依法承担违约责任”“依法承担赔偿责任”等，如此约定会增加守约方的举证责任，增加其维权难度。建议明确约定守约方维权的程序、违约金的数额或计算方法；最简便明了的方式就是直接约定违约方支付违约金××元。

【法条链接】

《民法典》第五百八十二条　履行不符合约定的，应当按照当事人的约定承担违约责任。对违约责任没有约定或者约定不明确，依据本法第五百一十条的规定仍不能确定的，受损害方根据标的的性质以及损失的大小，可以合理选择请求对方承担修理、重作、更换、退货、减少价款或者报酬等违约责任。

第五百八十四条　当事人一方不履行合同义务或者履行合同义务不符合约定，造成对方损失的，损失赔偿额应当相当于因违约所造成的损失，包括合同履行后可以获得的利益；但是，不得超过违约一方订立合同时预见到或者应当预见到的因违约可能造成的损失。

59. 当事人主张解除合同的，可同时主张违约责任吗？

【情景案例】

A公司成立于2016年，专注于砂糖橘种植。2021年1月20日，A公司与B贸易公司签订一份《购销合同》，约定：A公司给B贸易公司供应5万斤砂糖橘，于2021年1月28日前交付，货到付款。合同签订后，A公司马上组织砂糖橘采摘工作。1月27日，A公司将备好的砂糖橘送到B贸易公司时，B贸易公司以砂糖橘销路不畅为由，只接收了3万斤砂糖橘。由于市场行情不好，A公司剩余的砂糖橘因无法找到买家全部损毁。为此，A公司遂诉至法院，要求解除与B贸易公司的合同并要求其承担违约责任。

请问：A公司的请求能得到法院支持吗？

【案例分析】

本案涉及的是合同解除后，能否要求对方承担违约责任的问题。

我国《民法典》第五百六十六条第二款规定，合同因违约解除的，解除权人可以请求违约方承担违约责任，但是当事人另有约定的除外。本款适用的是因违约而解除合同。

本案中,B 贸易公司以砂糖橘现在销路不畅为由,并没有按照《购销合同》的约定接受 5 万斤砂糖橘,显然构成了违约。A 公司因 B 贸易公司违约提出解除合同。《购销合同》因违约而解除后,A 公司作为解除权人,可以请求 B 贸易公司承担退货、赔偿损失等违约责任。综上所述,A 公司的请求能得到法院的支持。

【风险防范建议】

关于合同守约方在解除合同时,如何主张违约责任,建议如下:

(1)如果合同中有约定违约金数额或违约责任的计算方法,按合同约定主张即可。

(2)如果合同中没有约定违约金数额或违约责任的计算方法,根据“谁主张,谁举证”的原则,在起诉前计算好损失金额,并做好相关原始证据保全工作。

(3)另外,根据《最高人民法院关于审理买卖合同纠纷案件适用法律问题的解释》第十八条第四款的规定,买卖合同没有约定逾期付款违约金或者该违约金的计算方法,出卖人以买受人违约为由主张赔偿逾期付款损失,违约行为发生在 2019 年 8 月 19 日之前的,人民法院可以中国人民银行同期同类人民币贷款基准利率为基础,参照逾期罚息利率标准计算;违约行为发生在 2019 年 8 月 20 日之后的,人民法院可以违约行为发生时中国人民银行授权全国银行间同业拆借中心公布的一年期贷款市场报价利率(LPR)标准为基础,加计 30% ~50% 计算逾期付款损失。

【法条链接】

《民法典》第五百六十三条 有下列情形之一的,当事人可以解除合同:

(一)因不可抗力致使不能实现合同目的;

(二)在履行期限届满前,当事人一方明确表示或者以自己的行为表明不履行主要债务;

(三)当事人一方迟延履行主要债务,经催告后在合理期限内仍未履行;

(四)当事人一方迟延履行债务或者有其他违约行为致使不能实现合同目的;

(五)法律规定的其他情形。

以持续履行的债务为内容的不定期合同,当事人可以随时解除合同,但是应当在合理期限之前通知对方。

第五百六十六条 合同解除后,尚未履行的,终止履行;已经履行的,根据履行情况和合同性质,当事人可以请求恢复原状或者采取其他补救措施,并有权请求赔偿损失。

合同因违约解除的,解除权人可以请求违约方承担违约责任,但是当事人另有约定的除外。

主合同解除后,担保人对债务人应当承担的民事责任仍应当承担担保责任,但是担保合同另有约定的除外。

60. 定金与订金有什么区别?

【情景案例】

甲公司成立于2017年1月,是一家职业装定制公司。2021年1月9日11时,俞某与甲公司签订一份《西装定制协议》,约定:甲公司为俞某定制西装一件,价款为2万元;付款方式为俞某合同签订后支付订金3000元,余款在交付西装时一次性支付。袁某是俞某的妻子,1月9日14时,袁某得知俞某花2万元定制一件衣服后,十分生气,要求俞某马上退掉并取回订金。当俞某要求甲公司返还3000元订金时,遭到甲公司的拒绝。甲公司认为,订金具有担保合同实现的作用,如果俞某取消定制西装,订金是不能返还的;这既是法律规定也是行规。

请问:俞某可以要求甲公司返还订金吗?

【案例分析】

本案涉及的是定金和订金的区别问题。

根据我国《民法典》第五百八十六条的规定,当事人可以约定一方向对方给付定金作为债权的担保。定金合同自实际交付定金时成立。定金的数额由当事人约定;但是,不得超过主合同标的额的20%,超过部分不产生定金的效力。实际交付的定金数额多于或者少于约定数额的,视为变更约定的定金数额。第五百八十七条规定,债务人履行债务的,定金应当抵作价款或者收回。给付定金的一方不履行债务或者履行债务不符合约定,致使不能实现合同目的的,无权请求返还定金;收受定金的一方不履行债务或者履行债务不符合约定,致使不能实现合同目的的,应当双倍返还定金。

而严格来讲,订金并非法律概念,它只是一个不具有担保功能的交易习惯用语。一般来讲,订金视为预付款,交易成功的时候,订金直接充当货款,交易失败的时候,订金应当全额返还。

本案中,俞某支付的3000元是订金,不是定金,故俞某可以要求甲公司返还。

【风险防范建议】

在合同中约定"定金条款"时,应当注意以下事项:

(1)审查合同的效力,若签订的合同本身无效,合同中的定金条款也会随之丧失法律效力。

(2)在合同中约定清楚,在定金合同签订之日起一定期限内交付定金,并约定交付定金的方式,如是现金支付还是银行转账。因定金合同自实际交付定金时成立,故要及时督促当事人按合同约定交付定金。

【法条链接】

《民法典》第五百八十六条 当事人可以约定一方向对方给付定金作为债权的担保。定金合同自实际交付定金时成立。

定金的数额由当事人约定;但是,不得超过主合同标的额的百分之二十,超过部分不产生定金的效力。实际交付的定金数额多于或者少于约定数额的,视为变更约定的定金数额。

第五百八十七条 债务人履行债务的,定金应当抵作价款或者收回。给付定金的一方不履行债务或者履行债务不符合约定,致使不能实现合同目的的,无权请求返还定金;收受定金的一方不履行债务或者履行债务不符合约定,致使不能实现合同目的的,应当双倍返还定金。

61. 可以要求违约方同时支付定金和违约金吗?

【情景案例】

2021年4月10日,甲公司与乙公司签订一份《工作服购销合同》,约定:甲公司向乙公司定制3000套工作服,交付日期为2021年4月30日;付款方式为合同签约后3天内甲公司支付定金1万元,余款在交货时一次性付清;如果任何一方违约,则另一方支付违约金5000元。4月12日,甲公司按约定向乙公司支付定金1万元。4月23日,乙公司通知甲公司,因工厂临时决定搬迁,不能按约定交货,并称会按约定给甲公司支付违约金。

请问:甲公司可要求乙公司同时支付双倍定金和5000元违约金吗?

【案例分析】

本案涉及的是定金和违约金之间适用关系的问题。

我国《民法典》第五百八十八条规定,当事人既约定违约金,又约定定金的,一方违约时,对方可以选择适用违约金或者定金条款。由于定金和违约金都是合同预先约定的、在一方违约的情形下应向对方作出的补偿性给付,二者均以金钱为主要给付内容,皆对合同履行起到一定的保障作用,所以当事人既约定违约金,又约定定金的,守约方仅能够选择适用违约金或者定金条款。

本案中,甲公司与乙公司在《工作服购销合同》中约定了定金和违约金两种方式,现因乙公司不能按约定交货而违约,甲公司作为守约方可以选择让乙公司双倍返还定金,或者让其支付违约金5000元。综上所述,甲公司不能要求乙公司同时支付双倍定金和5000元违约金。

【风险防范建议】

当合同同时约定违约金和定金条款时,守约方产生选择权,可以选择适用违约金或者定金条款,请求违约方承担这两种责任中的一种,即或者是给付违约金,或者是执行定金条款,而不能要求对方都承担。

如果守约方选择适用定金条款,而约定的定金不足以弥补违约方违约给守约方造成的损失,守约方可以请求违约方赔偿超过定金数额的损失。

【法条链接】

《民法典》第五百八十八条 当事人既约定违约金,又约定定金的,一方违约时,对方可以选择适用违约金或者定金条款。

定金不足以弥补一方违约造成的损失的,对方可以请求赔偿超过定金数额的损失。

62. 当事人一方因第三人原因造成违约的,由谁承担违约责任?

【情景案例】

2020年3月1日,方某与某房地产公司签订一份《商品房买卖合同》,约定:方某购买某房地产公司开发的商品房一套,总价款为80万元,某房地产公司应在2021年7月31日前将商品房交付方某,且保证水电在交房时能正常使用,如未达到使用条件,某房地产公司按日向方某支付已付房款3‰的违约金。合同签订后,方某一次性支付了全部房款。2021年6月20日,方某办理了房屋交接手续。收房后,方某发现电表箱为空,电表未分户到位,遂将某房地产公司诉至法院,要求其提供永久性正式用电,并支付逾期提供正常用电违约金。某房地产公司辩称,其并非主观上故意不提供配电设施,该情况是由某配电工程公司违约所致的,故其不应承担违约责任。

请问:某房地产公司需要对方某承担违约责任吗?

【案例分析】

本案涉及的是因第三人原因造成违约的责任承担问题。

我国《民法典》第五百九十三条规定,当事人一方因第三人的原因造成违约的,应当依法向对方承担违约责任。当事人一方和第三人之间的纠纷,依照法律规定或者按照约定处理。由此可见,当事人一方因第三人原因造成违约的,应当依法向对方承担违约责任,这体现了合同相对性原则,即合同效力仅及于合同当事人,在一方当事人因第三人原因违约时,因该第三人并非合同当事人,相对方不能要求该第三人承担违约责任,而只能追究违约方的责任。

本案中,《商品房买卖合同》是方某与某房地产公司签订的,因而当某房地产公司违约时,方某可以要求合同相对方即某房地产公司承担违约责任。而某房地产公司可以另行追究某配电工程公司的违约责任,但不能因此不承担对方某的违约责任。综上所述,某房地产公司需要对方某承担违约责任。

【风险防范建议】

法律有规定因第三人原因造成违约,由第三人直接承担责任的情形。例如,《消费者权益保护法》第四十条第二款规定:消费者或者其他受害人因商品缺陷造成人身、财产损害的,可以向销售者要求赔偿,也可以向生产者要求赔偿。属于生产者责任的,销售者赔偿后,有权向生产者追偿。属于销售者责任的,生产者赔偿后,有权向销售者追偿。有的司法解释对第三人的范围也进行了限制。例如,《最高人民法院关于审理旅游纠纷案件适用法律若干问题的规定》第七条第二款规定:因第三人的行为造成旅游者人身损害、财产损失,由第三人承担责任;旅游经营者、旅游辅助服务者未尽安全保障义务,旅游者请求其承担相应补充责任的,人民法院应予支持。

【法条链接】

《民法典》第五百九十三条　当事人一方因第三人的原因造成违约的,应当依法向对方承担违约责任。当事人一方和第三人之间的纠纷,依照法律规定或者按照约定处理。

63. 一方因合同内容被行政处罚的,能否通过主张违约责任对另一方进行追偿?

【情景案例】

2021年3月1日,甲超市与乙公司签订一份《购销合同》,约定:甲超市向乙公司订购1000箱菠菜面,价款为2万元,货到付款;乙公司保证所提供产品质量合格,如果因产品质量问题给甲超市造成损失,乙公司要承担相应违约责任。5月5日,乙公司按约定向甲超市交货,甲超市也按约定向乙公司支付货款。5月10日,某市场监督管理局对甲超市的10个产品进行抽样检查,经相关部门鉴定,乙公司提供的菠菜面不符合有关标准,属不合格食品。5月18日,某市场监督管理局将检测报告送达甲超市,并对甲超市作出罚款2万元的行政处罚。甲超市在缴纳罚款后,要求乙公司赔偿罚款损失,但遭到乙公司拒绝。协商无果后,甲超市将乙公司诉至法院,要求其赔偿2万元的行政处罚损失。

请问:甲超市的请求能得到法院支持吗?

【案例分析】

本案涉及的是行政处罚能否通过合同转嫁给第三方的问题。

我国《民法典》第五百七十七条规定,当事人一方不履行合同义务或者履行合同义务不符合约定的,应当承担继续履行、采取补救措施或者赔偿损失等违约责任。第五百八十三条规定,当事人一方不履行合同义务或者履行合同义务不符合约定的,在履行义务或者采取补救措施后,对方还有其他损失的,应当赔偿损失。行政处罚包括财产类型的处罚以及人身属性的处罚,如行政拘留、限制经营等。财产类型的处罚可以通过合同转移给第三方,但具有人身属性的处罚则无法通过合同转移给第三方。

本案中,因乙公司提供的菠菜面属不合格食品,导致甲超市被市场监督管理局罚款2万元,此处的金钱处罚应属于法律规定的损失。乙公司应为甲超市的损失承担违约责任。因此,甲超市的请求能得到法院的支持。

【风险防范建议】

《食品安全法》第五十三条第一款规定,食品经营者采购食品,应当查验供货者的许可证和食品出厂检验合格证或者其他合格证明。第一百三十六条规定,食品经营者履行了本法规定的进货查验等义务,有充分证据证明其不知道所采购的食品不符合食品安全标准,并能如实说明其进货来源的,可以免予处罚,但应当依法没收其不符合食品安全标准的食品;造成人身、财产或者其他损害的,依法承担赔偿责任。

按照法律规定,进货查验是食品经营者应履行的法定义务。切实履行进货查验义务不仅能维护自身合法权益,免受行政处罚,也有利于监管部门追本溯源,规范市场秩序,打击制售伪劣产品的违法行为,维护食品安全。

【法条链接】

《民法典》第五百七十七条 当事人一方不履行合同义务或者履行合同义务不符合约定的,应当承担继续履行、采取补救措施或者赔偿损失等违约责任。

第五百八十三条 当事人一方不履行合同义务或者履行合同义务不符合约定的,在履行义务或者采取补救措施后,对方还有其他损失的,应当赔偿损失。

《食品安全法》第五十三条 食品经营者采购食品,应当查验供货者的许可证和食品出厂检验合格证或者其他合格证明(以下称合格证明文件)。

食品经营企业应当建立食品进货查验记录制度，如实记录食品的名称、规格、数量、生产日期或者生产批号、保质期、进货日期以及供货者名称、地址、联系方式等内容，并保存相关凭证。记录和凭证保存期限应当符合本法第五十条第二款的规定。

实行统一配送经营方式的食品经营企业，可以由企业总部统一查验供货者的许可证和食品合格证明文件，进行食品进货查验记录。

从事食品批发业务的经营企业应当建立食品销售记录制度，如实记录批发食品的名称、规格、数量、生产日期或者生产批号、保质期、销售日期以及购货者名称、地址、联系方式等内容，并保存相关凭证。记录和凭证保存期限应当符合本法第五十条第二款的规定。

第一百三十六条 食品经营者履行了本法规定的进货查验等义务，有充分证据证明其不知道所采购的食品不符合食品安全标准，并能如实说明其进货来源的，可以免予处罚，但应当依法没收其不符合食品安全标准的食品；造成人身、财产或者其他损害的，依法承担赔偿责任。

64. 一方违约，另一方没有采取措施致使损失扩大的，责任如何分担？

【情景案例】

2021年4月3日，A公司与B公司签订一份《苹果购销合同》。合同约定：A公司向B公司购买苹果30吨，交货时间为2021年4月20日，交货方式为送货上门，合同价款为9万元，货到付款。4月20日上午，B公司安排司机将30吨苹果从冷库提出送货，但其在中午接到A公司发来的传真，要求延迟7天提货。B公司考虑到苹果已从冷库提出，若再运回冷库既费工费时，也会加速苹果变质，所以不同意对方的要求，并立即电话通知对方不同意延期交货。但A公司接到电话后不予理睬，直到4月27日才通知B公司发货。在这7天中，B公司明知气温高会使苹果变质，也不采取有效措施，以致30%的苹果腐烂，损失2.7万元。A公司在验货时发现腐烂的苹果，拒绝收货。但B公司认为，苹果的变质是A公司逾期提货导致的，损失应当由A公司承担。双方由此发生纠纷。

请问：对于苹果腐烂的相关责任应当由谁承担？

【案例分析】

本案涉及的是非违约方防止损失扩大义务的问题。

我国《民法典》第五百九十一条规定，当事人一方违约后，对方应当采取适当措施防止损失的扩大；没有采取适当措施致使损失扩大的，不得就扩大的损失请求赔偿。当事人因防止损失扩大而支出的合理费用，由违约方负担。

本案中,A 公司在没有取得 B 公司同意的情况下逾期提货,属违约行为。虽然债务人违约,但债权人不能无动于衷且任凭损失的扩大,而是应当积极采取适当的措施防止损失的扩大,这样有助于激励债权人采取措施减少损失,有助于增进整体效益。B 公司在 A 公司违约的情况下,明知气温高会使苹果变质,其没有及时采取有效措施避免或减少损失,而是放任苹果腐烂,最后导致 30% 的苹果腐烂,明显违反了《民法典》的规定。综上所述,苹果的损失应当由 A 公司和 B 公司合理分担,同时 A 公司还应支付剩余货款,不能拒收全部货物。

【风险防范建议】

在一方违约的情况下,为规避相应法律风险,守约方应当注意以下事项:

(1)不能有"对方违约,则一切责任由对方承担"的想法。正确的做法是,在对方违约的情况下,采取适当措施防止损失进一步扩大,否则若损失扩大,守约方也要承担一定的责任。

(2)对于防止损失扩大而支出的费用,要保存好相关票据、证据以及与违约方沟通的记录,以便向违约方主张因防止损失扩大而支出的合理费用。

【法条链接】

《民法典》第五百九十一条 当事人一方违约后,对方应当采取适当措施防止损失的扩大;没有采取适当措施致使损失扩大的,不得就扩大的损失请求赔偿。当事人因防止损失扩大而支出的合理费用,由违约方负担。

65. 合同违约责任与侵权责任竞合,如何起诉维权?

【情景案例】

乙公司是一家管理培训公司,成立于 2017 年。2021 年 1 月 5 日,甲出版社与乙公司签订一份《出版合同》,约定:甲出版社取得乙公司所写著作《企业 × × 管理之道》的专有出版权与发行权。本书出版后十分畅销。8 月 20 日,甲出版社工作人员罗某在参加乙公司管理培训班时,在乙公司销售人员毕某的推荐下,无意中购买了一本盗版的《企业 × × 管理之道》。之后,罗某让毕某出具购书收据并对本书做了公证。经调查,乙公司私下印刷并销售了 5 万册盗版图书,给甲出版社造成了巨大经济损失。

请问:甲出版社可以如何维权?

【案例分析】

本案涉及的是合同违约责任与侵权责任竞合的问题。

违约责任和侵权责任的竞合，是指在合同履行过程中，一方的行为既违反《民法典》合同编的规定或合同约定，应当承担违约责任，同时又具备侵权责任的构成要件，应当承担侵权责任。我国《民法典》第一百八十六条规定，因当事人一方的违约行为，损害对方人身权益、财产权益的，受损害方有权选择请求其承担违约责任或者侵权责任。由此可见，违约责任和侵权责任竞合要求行为人之间存在合法有效的合同法律关系，且合同一方的行为同时符合违约责任的构成要件和侵权责任的构成要件。

本案中，乙公司私下印刷并销售5万册盗版图书的行为已违反了其与甲出版社签订的《出版合同》，同时侵害了甲出版社的财产权益。综上所述，甲出版社有权选择向乙公司主张违约责任或者侵权责任来进行维权。

【风险防范建议】

违约责任与侵权责任竞合的情形一般发生在有偿合同关系中，合同一方当事人既违反合同义务同时又构成侵权，另一方当事人只选择其中一种法律关系进行主张。两种法律关系案由不同，选择不同案由，案件审理结果会有差异。

针对违约责任与侵权责任竞合的情形，当事人在选择救济方案时可以先从以下两方面进行考虑：

(1)诉讼时效。合同违约的诉讼时效一般为3年，法律有特别规定的依照其规定。一旦超过诉讼时效无法提起侵权之诉，可以考虑提起合同违约之诉。

(2)管辖法院。合同违约之诉由被告住所地或合同履行地或合同约定的法院管辖，但不得违反级别管辖与专属管辖。因侵权损害提起的侵权之诉由被告住所地或侵权行为地(包括侵权行为实施地及侵权结果发生地)法院管辖。

对于一些比较复杂的纠纷，如果当事人无法作出判断，建议咨询专业律师。

【法条链接】

《民法典》第一百八十六条 因当事人一方的违约行为，损害对方人身权益、财产权益的，受损害方有权选择请求其承担违约责任或者侵权责任。

66. 约定违约金低于实际损失的，非违约方可以要求增加违约金吗？

【情景案例】

2021 年 5 月 9 日，A 公司与 B 皮鞋厂签订一份《皮鞋加工合同》，约定：A 公司委托 B 皮鞋厂加工 1 万双皮鞋，价款为 30 万元，交货日期为 2021 年 5 月 20 日前；一方违约的，要向对方支付 3 万元违约金。后来，由于 B 皮鞋厂不能按时交货，给 A 公司造成了实际经济损失 5 万元。为此，双方对于赔偿问题发生争议。B 皮鞋厂只答应按约定赔偿 3 万元违约金，但 A 公司要求按实际损失把违约金增加至 5 万元。协商无果后，A 公司起诉到法院，要求 B 皮鞋厂支付违约金 5 万元。

请问：A 公司的请求能得到法院支持吗？

【案例分析】

本案涉及的是约定违约金低于实际损失的问题。

根据我国《民法典》第五百八十五条第二款的规定，约定的违约金低于造成的损失的，人民法院或者仲裁机构可以根据当事人的请求予以增加。此处的"损失"应当包括实际损失和可得利益损失。

本案中，B 皮鞋厂不能按时交货，给 A 公司造成了实际经济损失 5 万元。双方之前签订的合同约定的违约金是 3 万元，低于实际损失 5 万元。A 公司起诉到法院要求增加违约金数额，人民法院"可以"增加，但并非"应当"增加。综上所述，A 公司直接要求增加违约金的请求不一定能得到法院的支持。这种情况下，律师通常会建议 A 公司在起诉时要求 B 皮鞋厂支付违约金 3 万元，并赔偿损失 2 万元。

【风险防范建议】

（1）合同中应当明确约定违约行为导致的损失高于约定违约金时，按照实际损失赔偿。

（2）应确保约定违约金不会过高。至于何为"过高"，《最高人民法院关于审理商品房买卖合同纠纷案件适用法律若干问题的解释》第十二条规定，当事人以约定的违约金过高为由请求减少的，应当以违约金超过造成的损失 30% 为标准适当减少。比如，损失为 100 万元时，约定的违约金数额若大于 130 万元，则应适当减少。

（3）建议在合同中对违约金条款作出特别说明。

【法条链接】

《民法典》第五百八十五条 当事人可以约定一方违约时应当根据违约情况向对

方支付一定数额的违约金,也可以约定因违约产生的损失赔偿额的计算方法。

约定的违约金低于造成的损失的,人民法院或者仲裁机构可以根据当事人的请求予以增加;约定的违约金过分高于造成的损失的,人民法院或者仲裁机构可以根据当事人的请求予以适当减少。

当事人就迟延履行约定违约金的,违约方支付违约金后,还应当履行债务。

《最高人民法院关于审理商品房买卖合同纠纷案件适用法律若干问题的解释》第十二条 当事人以约定的违约金过高为由请求减少的,应当以违约金超过造成的损失30%为标准适当减少;当事人以约定的违约金低于造成的损失为由请求增加的,应当以违约造成的损失确定违约金数额。

第九章
买卖合同

67. 未签订买卖合同，送货单能否证明买卖合同关系成立?

【情景案例】

甲公司成立于2015年1月，专注于木筷子生产。2021年3月1日，甲公司与乙公司达成长期合作协议，约定由甲公司每月给乙公司供应1000双木筷子，乙公司于每月底结算货款。由于公章不在公司，乙公司要求10天后签订合同，但后来双方均未提起，也就一直没有签订书面合同。履行合同前3个月，乙公司都能如期支付货款，但截至同年7月15日，乙公司还没有结算同年6月的货款50万元。甲公司催款，乙公司却称双方之间没有签订书面合同，以不存在买卖关系为由拒绝付款。甲公司持有乙公司工作人员签字的送货单。双方协商无果后，甲公司诉至法院，要求乙公司支付6月的货款50万元。

请问：甲公司的请求能得到法院支持吗?

【案例分析】

本案涉及的是买卖合同纠纷中送货单的证明效力问题。

根据《最高人民法院关于审理买卖合同纠纷案件适用法律问题的解释》第一条的规定，当事人之间没有书面合同，一方以送货单、收货单、结算单、发票等主张存在买卖合同关系的，人民法院应当结合当事人之间的交易方式、交易习惯以及其他相关证据，对买卖合同是否成立作出认定。

根据上述司法解释，一般情况下，送货单只是买卖合同成立或生效的间接证据，能证明货物交付及合同履行的事实，并不足以独立证明双方之间的买卖合同法律关系。若要证明双方存在直接的买卖合同关系或买卖合同成立，还须结合其他证据综合认定。

本案中，甲公司与乙公司之间虽未签订书面买卖合同，但甲公司多次向乙公司供应木筷子，双方也有货款结算凭据，且甲公司据以主张权利的送货凭证中均有乙公司工作人员的签字确认，结合乙公司已经支付前3个月货款的行为，足以证明乙公司实际收取了甲公司交付的货物以及其对双方存在买卖关系事实的认可。如果甲公司持有的乙公司工作人员签名确认的送货单中准确记载了货物的品类、数量、价格等信息，甲公司主张乙公司支付拖欠货款的诉求能获得法院支持。

【风险防范建议】

实践中，因便捷交易、长期合作等原因，不签订书面买卖合同直接供货的情况大量存在，在未签订买卖合同的情况下，出卖人仅凭送货单证明买卖关系存续的风险较大。为降低交易风险，应注意以下几点：

（1）出卖人要增强风险意识，制作、填写送货单要规范，送货时注意对签收人身份、授权进行审查。企业作为收货方的情况下，应要求其在送货单上加盖企业备案印章。

（2）保存债权凭证，如对账确认函、债权确认书等。一般情况下，一方以债权凭证来证明双方买卖合同关系，另一方又没有相反证据推翻的，可以认定双方存在买卖合同关系。

（3）送货单上务必清晰记载货物的名称、型号、规格、单价、数量、质量等级、交易标的物的具体属性等内容，特别是双方没有书面合同的情况下，送货单上的单价将会成为认定价格的直接证据。

（4）必要时应当要求相关单位签订书面买卖合同，并在合同中约定收货人，列明收货人姓名，并提供收货企业的授权书和本人的签名式样。

【法条链接】

《最高人民法院关于审理买卖合同纠纷案件适用法律问题的解释》第一条 当事人之间没有书面合同，一方以送货单、收货单、结算单、发票等主张存在买卖合同关系的，人民法院应当结合当事人之间的交易方式、交易习惯以及其他相关证据，对买卖合同是否成立作出认定。

对账确认函、债权确认书等函件、凭证没有记载债权人名称，买卖合同当事人一方以此证明存在买卖合同关系的，人民法院应予支持，但有相反证据足以推翻的除外。

68. 买方不按时提货导致货物损毁的，责任由谁承担？

【情景案例】

2021年6月3日，A公司与B公司签订一份《皮鞋买卖合同》，约定：B公司向A

公司订购2000双皮鞋,货到付款;A公司要在2021年6月中旬将货物运到指定的目的地。6月15日,A公司按约定将货物运到目的地,但B公司以仓库暂时放不下货物为由,直至6月21日都没有提货。无奈之下,A公司于6月22日早上租了一个仓库放置货物。当天晚上,由于所租仓库发生火灾,所有皮鞋都被烧毁。关于货物烧毁的责任承担问题,双方发生争议。B公司认为,皮鞋在他们收货前就已烧毁,责任应当由A公司承担;A公司认为,皮鞋烧毁是B公司不按时收货导致的,责任应当由B公司承担。

请问:A公司的说法符合我国法律规定吗?

【案例分析】

本案涉及的是买卖合同中标的物毁损、灭失的风险承担问题。

根据《民法典》第六百零四条、第六百零五条的规定,标的物毁损、灭失的风险,在标的物交付之前由出卖人承担,交付之后由买受人承担,但是法律另有规定或者当事人另有约定的除外。因买受人的原因致使标的物未按照约定的期限交付的,买受人应当自违反约定时起承担标的物毁损、灭失的风险。

根据前述法律规定,我国《民法典》关于买卖合同标的物风险承担采用的是"交付转移风险原则",即以标的物的交付为风险转移的时间节点,在标的物交付给买受人之前风险由出卖人承担,交付之后由买受人承担,而不论标的物所有权是否转移。但因买受人原因致使标的物不能按照约定的期限交付的,买受人应当自约定之日起承担标的物毁损、灭失的风险。

本案中,A公司与B公司约定的交付方式为A公司在2021年6月中旬将货运到指定目的地。A公司于6月15日按照买卖合同约定的义务将货物运送至指定目的地,但B公司迟延受领货物,即因B公司的原因致使货物不能按照约定期限交付,货物毁损、灭失的风险已于2021年6月15日起转移给B公司,故该货物毁损、灭失的风险应由B公司承担。因此,A公司的说法符合我国法律规定。

【风险防范建议】

作为买卖合同的买方,为了避免因迟延收货承担货物毁损、灭失的风险,可以做好以下几点:

(1)在合同中明确约定货物风险转移时间和交付方式。根据我国《民法典》第六百零四条,货物风险承担采用的是"交付转移风险原则",但法律允许合同相对人对风险转移规则进行另行约定。

(2)在签订买卖合同时,应对交付地、交付时间、交付方式进行明确约定,避免使用含义模糊的文字表述,产生理解分歧。

(3)出现可能无法按时收货的情形时,应提前通知卖方,协商变更送货时间。

【法条链接】

《民法典》第六百零四条 标的物毁损、灭失的风险,在标的物交付之前由出卖人承担,交付之后由买受人承担,但是法律另有规定或者当事人另有约定的除外。

第六百零五条 因买受人的原因致使标的物未按照约定的期限交付的,买受人应当自违反约定时起承担标的物毁损、灭失的风险。

69. 购买已抵押的物品,第三方主张抵押权的,怎么办?

【情景案例】

甲印刷厂成立于2018年3月1日,由张某与刘某共同创办。2021年3月15日,张某听到乙印刷厂由于效益不好要出售部分机器设备的消息后,马上与刘某前往乙印刷厂实地考察。经过挑选,甲印刷厂最终购买了一台二手的海德堡印刷机。6月10日,丙公司给甲印刷厂发了一份律师函,内容为:"乙印刷厂于2021年1月3日向我司借款60万元,已将贵厂所购的海德堡印刷机抵押给我司,并办理了抵押登记;我司现对该印刷机主张抵押权,请贵司收函后尽快将印刷机返还给乙印刷厂。"甲印刷厂回函称:"印刷机是我厂花钱购买的,乙印刷厂并未告知机器设备存在抵押情况,因此请贵司找乙印刷厂赔偿损失。"协商无果后,丙公司将甲印刷厂诉至法院,要求其在抵押物价值范围内清偿乙印刷厂债务或者返还抵押物。

请问:丙公司的请求能得到法院支持吗?

【案例分析】

本案涉及的是一般抵押动产未经抵押权人同意转让的法律效力问题。

根据《民法典》第四百零六条,抵押期间,抵押人可以转让抵押财产。当事人另有约定的,按照其约定。抵押财产转让的,抵押权不受影响。抵押人转让抵押财产的,应当及时通知抵押权人。抵押权人能够证明抵押财产转让可能损害抵押权的,可以请求抵押人将转让所得的价款向抵押权人提前清偿债务或者提存。转让的价款超过债权数额的部分归抵押人所有,不足部分由债务人清偿。又根据《最高人民法院关于适用〈中华人民共和国民法典〉有关担保制度的解释》第五十六条,买受人在出卖人正常经营活动中通过支付合理对价取得已被设立担保物权的出卖人的生产设备,担保物权人可以请求就该动产优先受偿。

本案中,乙印刷厂于2021年1月3日将其所有的海德堡印刷机抵押给丙公司用于担保借款,并在行政部门办理了抵押登记。甲印刷厂于2021年3月15日购买了该印刷机并完成了交付。首先,案例中的海德堡印刷机属于一般动产,在丙公司未就乙印刷厂的海德堡印刷机办理一般动产抵押登记后不得转让作出明确约定之情形下,乙印刷厂可以对外转让一般抵押动产,乙印刷厂转让海德堡印刷机属于有权处分,不以抵押权人丙公司同意为生效要件。其次,由于丙公司的抵押权已登记,已经登记的抵押权原则上可以对抗买受人,即使买受人甲印刷厂已经取得已抵押海德堡印刷机的所有权,丙公司仍然可以根据抵押权的追及效力,对甲印刷厂受让的海德堡印刷机主张行使抵押权。丙公司可以在一般抵押动产财产拍卖所得价款范围内实现债权优先受偿。甲印刷厂不得以其已向乙印刷厂支付了合理对价抗辩丙公司行使抵押权的诉讼请求。因此,丙公司的诉讼请求可以得到法院的支持。

另外,甲印刷厂作为受让人可在代乙印刷厂清偿全部债务后使抵押权消灭,并在清偿全部债务后向乙印刷厂追偿相应的损失并要求其承担违约责任。

【风险防范建议】

基于一般动产抵押权追及于抵押物的转让的基本规则,受让人不得基于已支付合理价款对抗一般动产抵押权人的抵押权,因此买受人在取得抵押物前,为了降低交易风险,应注意以下几点:

(1)必须在交易前调查清楚交易的动产上是否设定抵押权,一般动产(不包括车辆、船舶、航空器等)抵押权自抵押合同生效时设立,一般动产抵押权的设立无须登记亦无须交付,但未经登记的不得对抗善意第三人。如交易标的已设定抵押权,则必须了解抵押担保债权的情况,包括主债权、利息、履行状况、违约责任等,以准确评估抵押风险及责任范围。

(2)如果交易动产上设定抵押权,买受人应取得抵押权人的书面确认,明确抵押担保债权金额(包括利息、违约金、费用等),在交易价款中预先扣除抵押债权金额,或在交易中对抵押债权的清偿作出安排。

(3)如果经过调查确定交易动产无抵押登记,可以在交易合同中以单独条款列明或要求卖方出具书面的无抵押承诺,同时在交易中尽快转移动产占有并取得动产所有权。

【法条链接】

《民法典》第四百零三条　以动产抵押的,抵押权自抵押合同生效时设立;未经登记,不得对抗善意第三人。

第四百零六条　抵押期间,抵押人可以转让抵押财产。当事人另有约定的,按照其约定。抵押财产转让的,抵押权不受影响。

抵押人转让抵押财产的,应当及时通知抵押权人。抵押权人能够证明抵押财产转让可能损害抵押权的，可以请求抵押人将转让所得的价款向抵押权人提前清偿债务或者提存。转让的价款超过债权数额的部分归抵押人所有，不足部分由债务人清偿。

《最高人民法院关于适用〈中华人民共和国民法典〉有关担保制度的解释》第五十六条 买受人在出卖人正常经营活动中通过支付合理对价取得已被设立担保物权的动产，担保物权人请求就该动产优先受偿的，人民法院不予支持，但是有下列情形之一的除外：

（一）购买商品的数量明显超过一般买受人；

（二）购买出卖人的生产设备；

（三）订立买卖合同的目的在于担保出卖人或者第三人履行债务；

（四）买受人与出卖人存在直接或者间接的控制关系；

（五）买受人应当查询抵押登记而未查询的其他情形。

前款所称出卖人正常经营活动，是指出卖人的经营活动属于其营业执照明确记载的经营范围，且出卖人持续销售同类商品。前款所称担保物权人，是指已经办理登记的抵押权人、所有权保留买卖的出卖人、融资租赁合同的出租人。

70. 无权代理人签订的买卖合同是否有效？

【情景案例】

A公司是一家生产空调、冰箱的家电企业，张某是A公司的销售代表，因公司管理疏忽，张某手上持有两份盖公司印章的空白合同。2021年6月8日，张某到B超市联系业务，见B超市急需500台某品牌冰箱，于是未经公司授权，就擅自以A公司名义与B超市签订一份《冰箱购销合同》，约定：A公司须于6月13日前将500台某品牌冰箱送到B超市，否则要支付违约金10万元；合同签订后，B超市先支付预付款25万元，余款于收货后一次性付清。6月9日，B超市将10万元预付款转账给了A公司。由于当时市场上该品牌冰箱非常抢手，A公司因订单太多不可能在6月13日前给B超市供货，因此发函通知B超市，内容为："张某未经授权就与贵司签订合同，是无权代理，合同是无效的，我司将退还25万元。"

请问：张某代A公司与B超市签订的合同有效吗？

【案例分析】

本案涉及的是表见代理的效力法律问题。

根据《民法典》第一百七十二条的规定，行为人没有代理权、超越代理权或者代理权终止后，仍然实施代理行为，相对人有理由相信行为人有代理权的，代理行为有效。《最高人民法院关于当前形势下审理民商事合同纠纷案件若干问题的指导意见》（以下简称《意见》）第 13 条规定，“合同法第四十九条①规定的表见代理制度不仅要求代理人的无权代理行为在客观上形成具有代理权的表象，而且要求相对人在主观上善意且无过失地相信行为人有代理权”。

表见代理本属于无权代理，但因本人与无权代理人之间的关系具有外表授权的特征，致使相对人有理由相信行为人有代理权而与其进行民事法律行为。法律为保护善意相对人的利益，从维护交易安全、促进交易的角度出发，将其视为有权代理。

本案中，张某是 A 公司的销售代表，有权代表 A 公司签订买卖合同。张某未经 A 公司授权，擅自以 A 公司名义与 B 超市签订《冰箱购销合同》的行为显然属于无权代理，因此判断本案张某的无权代理行为是否构成表见代理的关键在于其是否符合《意见》第 13 条的规定，即 B 超市是否同时具备“无权代理行为在客观上形成具有代理权的表象”和“相对人在主观上善意且无过失地相信行为人有代理权”这两个要件。根据张某的职位类型、职权范围以及双方订立的《冰箱购销合同》上盖有 A 公司公章的事实，可以认定相对人 B 超市已经尽到了其可能尽到的注意义务，主观上善意无过失，其有理由相信张某有代理权，张某的行为构成表见代理，被代理人 A 公司应对此交易承担法律责任。因此，张某代 A 公司与 B 超市签订的合同有效。

【风险防范建议】

在民商事活动中，由于商事交易的复杂性，当事人可能遇到代理人并无被代理人真实合法的授权而从事交易活动的情况，为防范无权代理给自身造成损失，在交易过程中应注意以下几点：

（1）与对方公司的代理人进行接洽时，首先应谨慎审查对方的授权委托书，明确代理权限和期限、授权事项与实际交易是否相符等，以免造成不必要的损失。被代理人是自然人的，可以与被代理人本人进行核实；被代理人是法人的，可以与其法定代表人或者主要负责人进行核实。

（2）如在双方签订合同后，一方发现对方代理人没有代理权、超越代理权或者是代理权终止后仍实施代理行为，应及时行使催告权或撤销权挽回损失。若行使催告权，权利人应当催告被代理人自收到通知之日起 30 日内予以追认，被代理人未作表示的，视为拒绝追认。无权代理被追认前，善意相对人也可以行使撤销权，进而使无权代理行为对其本身不发生效力。

（3）还需要注意的是，即便被代理人没有明确表示追认，如果作为被代理人的企业，对于无权代理人以被代理人的名义订立的合同，已经开始履行合同义务或者接受

---

① 《民法典》生效后，《合同法》（已失效）第四十九条的内容已经相应被《民法典》第一百七十二条吸收。

相对人履行，在法律上也属于被代理人对合同的追认。

【法条链接】

《民法典》第一百七十一条 行为人没有代理权、超越代理权或者代理权终止后，仍然实施代理行为，未经被代理人追认的，对被代理人不发生效力。

相对人可以催告被代理人自收到通知之日起三十日内予以追认。被代理人未作表示的，视为拒绝追认。行为人实施的行为被追认前，善意相对人有撤销的权利。撤销应当以通知的方式作出。

行为人实施的行为未被追认的，善意相对人有权请求行为人履行债务或者就其受到的损害请求行为人赔偿。但是，赔偿的范围不得超过被代理人追认时相对人所能获得的利益。

相对人知道或者应当知道行为人无权代理的，相对人和行为人按照各自的过错承担责任。

第一百七十二条 行为人没有代理权、超越代理权或者代理权终止后，仍然实施代理行为，相对人有理由相信行为人有代理权的，代理行为有效。

《最高人民法院关于当前形势下审理民商事合同纠纷案件若干问题的指导意见》

13、合同法第四十九条规定的表见代理制度不仅要求代理人的无权代理行为在客观上形成具有代理权的表象，而且要求相对人在主观上善意且无过失地相信行为人有代理权。合同相对人主张构成表见代理的，应当承担举证责任，不仅应当举证证明代理行为存在诸如合同书、公章、印鉴等有权代理的客观表象形式要素，而且应当证明其善意且无过失地相信行为人具有代理权。

14、人民法院在判断合同相对人主观上是否属于善意且无过失时，应当结合合同缔结与履行过程中的各种因素综合判断合同相对人是否尽到合理注意义务，此外还要考虑合同的缔结时间、以谁的名义签字、是否盖有相关印章及印章真伪、标的物的交付方式与地点、购买的材料、租赁的器材、所借款项的用途、建筑单位是否知道项目经理的行为、是否参与合同履行等各种因素，作出综合分析判断。

71. 买卖双方约定的“假一罚十”条款有效吗？

【情景案例】

2021年5月10日，康某与甲公司签订了一份《红木家具买卖合同》，约定：康某购买甲公司生产的材质为黄花梨的餐桌一张，价款为3万元；甲公司承诺餐桌材质为黄花梨，真材实料，假一罚十。8月20日，康某在学习了相关红木知识后，对餐桌的材质产生了怀疑，遂于8月28日将所购买餐桌送至某家具质量监督检验站进行材质种类鉴定，鉴定结论为："该家具不符合黄花梨木类必备条件。"康某十分生气，遂将甲公司诉至法院，要求其按合同约定的"假一罚十"承诺赔偿30万元。甲公司在庭审中辩称，尽管其作出"假一罚十"的承诺，但"罚十"明显是显失公平的，因此不同意赔偿30万元，只同意退货或换货。

请问：康某与甲公司约定的"假一罚十"条款有效吗？

【案例分析】

本案涉及的是买卖合同中卖方"假一罚十"的承诺是否具有法律效力的问题。

根据《民法典》第一百一十九条和第五百零九条，依法成立的合同，对当事人具有法律约束力。当事人应当按照约定全面履行自己的义务。

本案中，甲公司在签订《红木家具买卖合同》时，承诺出售的餐桌材质为黄花梨，假一罚十，这是其真实的意思表示，根据《民法典》的相关规定以及民法中的意思自治原则，民事主体在不违反法律、行政法规、公序良俗的前提下，可以任意处分自己的财产或权利，并受到法律的承认和保护。甲公司承诺"假一罚十"，为自己设定义务，属于甲公司与康某之间买卖合同中带惩罚性质的违约赔偿条款。因此，康某与甲公司约定的"假一罚十"条款有效。

【风险防范建议】

签订买卖合同时，经常会出现双方对质量标准约定不明确、不详尽的情况。一旦质量标准约定不明，倘若产品出现问题，买方的维权难度将大大增加。为了避免此现象的出现，在实践中，买方签订买卖合同时应注意以下几点：

(1)应当明确约定产品适用的质量标准。产品的质量标准包括国家标准、行业标准以及当事人约定的标准。

(2)应当明确约定产品的验收条款。验收条款主要包括验收标准、验收地点和验收流程。验收地点应当明确约定是在交货方所在地、收货方所在地或者买方指定的地点。约定验收流程的主要意义在于确定何时卖方才完成交付，因为一般来说交付之后货物毁损、灭失的风险将转移给买方。当事人若未就验收流程进行约定，那么发生纠纷时买方维权成本将大大增加。

(3)注重收验货时效，收货后及时检验并第一时间通知卖方。就买方而言，发现货物质量问题必须尽早通知卖方，并要求卖方采取补救措施。

(4)当卖方确认存在质量问题时，买方必须与其签订有关协议。协议应载明存在的质量问题、责任及价格变更等内容。买方在签订协议前不得使用标的物。

(5)约定有质量异议时交由第三方鉴定的条款。可以预先在买卖合同中明确约定，在质量问题的责任分担存在异议的情况下，由双方事先认定的第三方机构进行质量检测和鉴定。

【法条链接】

《民法典》第一百一十九条 依法成立的合同，对当事人具有法律约束力。

第五百零九条 当事人应当按照约定全面履行自己的义务。

当事人应当遵循诚信原则，根据合同的性质、目的和交易习惯履行通知、协助、保密等义务。

当事人在履行合同过程中，应当避免浪费资源、污染环境和破坏生态。

第五百一十条 合同生效后，当事人就质量、价款或者报酬、履行地点等内容没有约定或者约定不明确的，可以协议补充；不能达成补充协议的，按照合同相关条款或者交易习惯确定。

第五百一十一条 当事人就有关合同内容约定不明确，依据前条规定仍不能确定的，适用下列规定：

（一）质量要求不明确的，按照强制性国家标准履行；没有强制性国家标准的，按照推荐性国家标准履行；没有推荐性国家标准的，按照行业标准履行；没有国家标准、行业标准的，按照通常标准或者符合合同目的的特定标准履行。

……

第六百一十五条 出卖人应当按照约定的质量要求交付标的物。出卖人提供有关标的物质量说明的，交付的标的物应当符合该说明的质量要求。

第六百一十六条 当事人对标的物的质量要求没有约定或者约定不明确，依据本法第五百一十条的规定仍不能确定的，适用本法第五百一十一条第一项的规定。

第六百一十七条 出卖人交付的标的物不符合质量要求的，买受人可以依据本法第五百八十二条至第五百八十四条的规定请求承担违约责任。

72. 买受人对标的物质量有异议的，应当在什么时候提出？

【情景案例】

2021年6月12日，A公司与B公司签订一份《汽车配件买卖合同》，约定由A公司向B公司提供汽车配件。合同还约定了质量验收标准、交货时间、交货地点、结算方式、运输方式等内容，其中质量异议期限内容为："检查时间为交货之日起5天内。如B公司对汽车配件质量和数量有异议，在检查期间内书面通知A公司，经确定质量或数量有问题后，A公司将包换；逾期视为质量合格。"付款方式为：B公司收货后7日内一次性付款。6月15日，A公司按约定向B公司履行了交货义务，但B公司直至6月23日还没有支付货款。经多次催款，B公司以各种理由推脱。8月20日，A

公司诉至法院,要求B公司支付货款及利息。B公司则以A公司提供的汽车配件存在质量问题为由提起反诉,要求全部退货。在诉讼过程中,相关质量检测机构经抽样检测,认定部分批次货物质量不合格。

请问:A公司的请求能得到法院支持吗?

【案例分析】

本案涉及的是买卖合同中检验期限约定过短的法律后果。

根据《民法典》第六百二十条、第六百二十一条、第六百二十二条的规定,当事人约定检验期限的,买受人应当在检验期限内将标的物的数量或者质量不符合约定的情形通知出卖人。买受人怠于通知的,视为标的物的数量或者质量符合约定。但当事人约定的检验期限过短,根据标的物的性质和交易习惯,买受人在检验期限内难以完成全面检验的,该期限仅视为买受人对标的物的外观瑕疵提出异议的期限。

本案中,A公司向B公司供应汽车配件,双方在买卖合同中约定质量异议期限为收货后5天内,付款期限为收货后7天内。如B公司对汽车配件质量和数量有异议,应当在约定的收货后5天内书面通知A公司。2021年6月15日,A公司按约定向B公司履行了交货义务,B公司在收货后5天内并未按照约定向A公司书面提出质量异议,因A公司、B公司约定的5天质量异议期过短,根据一般交易常识,B公司在该异议期限内很难对汽车配件完成全面检验,该5天期限应视为B公司对标的物汽车配件的外观瑕疵提出异议的期限。双方因货款纠纷诉至法院后,检测机构经检测鉴定,认定A公司供应的汽车配件确实存在质量问题,法院应支持B公司提出的质量异议抗辩。因此,A公司的请求不能完全得到支持,A公司应当承担对不合格产品的更换、维修责任或扣减相应款项的责任。

【风险防范建议】

买卖合同中,买受人在收货后应注意以下几点,以规避后续因质量问题产生的纠纷:

(1)收货后及时检验。收货检验是买受人在收到货物时需要做的第一件事。买受人在收到货物后,应及时对货物进行检验,如不具备检验能力,可以委托双方均同意的第三方代为检验。

(2)及时收集、保全证据。当发现产品的质量瑕疵或者疑似质量瑕疵,应立即拍照取证;对于价值较大的货物,可委托公证机关进行证据保全并封存货物,以待双方共同委托或者由法院委托第三方检测机构检测。

(3)及时止损并通知供货方。发现质量瑕疵后,应及时停止使用质量问题产品,并将发现的质量瑕疵的具体情况及已经作出的初步取证情况通知供货方。为了确保通知的有效性及明确性,以便将来可以作为证据使用,建议通过邮政特快专递方式送达并保留签收回单,如涉及的货品较为重要,则建议采用公证邮寄或者通过发送律师函的方式送达通知。

(4)及时索赔。如果货品质量瑕疵导致了买受人的损失,建议尽快向出卖人索赔。这样一方面可以通过拒付剩余货款等方式敦促出卖人及时采取合理措施对买受人进行补偿;另一方面,由于受送货距离限制,发现质量瑕疵的时间较短,可采取有效措施防止损失扩大,这样也便于收集诉讼中需要的各项证据,从而为买受人索赔成功打下坚实的基础。

【法条链接】

《民法典》第六百二十条 买受人收到标的物时应当在约定的检验期限内检验。没有约定检验期限的,应当及时检验。

第六百二十一条 当事人约定检验期限的,买受人应当在检验期限内将标的物的数量或者质量不符合约定的情形通知出卖人。买受人怠于通知的,视为标的物的数量或者质量符合约定。

当事人没有约定检验期限的,买受人应当在发现或者应当发现标的物的数量或者质量不符合约定的合理期限内通知出卖人。买受人在合理期限内未通知或者自收到标的物之日起二年内未通知出卖人的,视为标的物的数量或者质量符合约定;但是,对标的物有质量保证期的,适用质量保证期,不适用该二年的规定。

出卖人知道或者应当知道提供的标的物不符合约定的,买受人不受前两款规定的通知时间的限制。

第六百二十二条 当事人约定的检验期限过短,根据标的物的性质和交易习惯,买受人在检验期限内难以完成全面检验的,该期限仅视为买受人对标的物的外观瑕疵提出异议的期限。

约定的检验期限或者质量保证期短于法律、行政法规规定期限的,应当以法律、行政法规规定的期限为准。

73. 分期付款买卖合同中,买方未支付到期价款达到全部价款1/5的,卖方怎么办?

【情景案例】

刘某是某公司营销总监,月薪2.5万元。其于2021年1月18日与某汽车公司签订了一份《汽车购销合同》。合同约定:汽车总价款为20万元,分10期付款,每期2万元,每月1日支付。刘某按期支付6期共计12万元后,因突然失业,遂停止付款。

经某汽车公司多次催促后，刘某仍不付款，并声称：现处于失业状态，目前存款主要用于供楼，已没钱供车了，希望某汽车公司能将车回购。

请问：某汽车公司可以如何维权？

【案例分析】

本案涉及的是分期付款合同预期违约的法律问题。

根据《民法典》第六百三十四条，分期付款的买受人未支付到期价款的数额达到全部价款的1/5，经催告后在合理期限内仍未支付到期价款的，出卖人可以请求买受人支付全部价款或者解除合同。出卖人解除合同的，可以向买受人请求支付该标的物的使用费。根据该法第五百六十三条的规定，在履行期限届满前，当事人一方明确表示或者以自己的行为表明不履行主要债务，或者当事人迟延履行主要债务，经催告后在合理期限内仍未履行的，相对方可以解除合同。

分期付款买卖合同，是指当事人约定在标的物交付给买受人后，买受人将其应付的总价款在一定期限内分批向出卖人支付的特殊买卖合同。分期付款买卖合同最大的特点就是出卖方先将标的物交付给买受方，买受方之后按照期限支付全部价款即可。预期违约又称先期违约，是指合同当事人一方在合同有效成立后、合同规定的履约期届满之前，明确地向合同另一方表示其将不按合同规定履行合同债务或者以自己的行动表明届时其将不会或不能履行合同债务的行为。

本案中，刘某与某汽车公司签订的《汽车购销合同》是双方真实的意思表示，合法有效。汽车总价款为20万元，分10期付款，每期2万元，每月1日支付。刘某在支付6期共计12万元后，经某汽车公司多次催促，仍未继续履行义务，且明确表示不再履行义务。刘某的行为已构成预期违约，某汽车公司有权向刘某主张立即支付全额合同价款或者解除与刘某订立的汽车购销合同，根据合同约定要求刘某承担相应的违约责任并支付使用该车的费用。

【风险防范建议】

分期付款买卖合同属于特殊的买卖合同，为了防止签订分期付款买卖合同的买受人不按时付款而给出卖人造成的损失，实务中可以注意以下几点：

(1)出卖人应根据售卖商品的性质、特点和总价值确定分期付款的期限、每期应支付的款项以及分期付款的条件，还应在合同中明确约定违约金金额以及解除合同的情形。

(2)分期付款合同当事人应重视对双方权利义务条款以及违约条款的设计。可以约定对方违约需要承担保全费、公证费、诉讼费、律师费等具体费用。合同中可以约定违约金，但不能过高。

(3)对于一些标的额较大的物品,出卖方还可以约定在买方未支付全部价款之前保留物品所有权并办理相应登记。在出卖人行使了取回标的物的权利后,可以给予买受人一定的回赎期,若买受人未在回赎期内行使回赎权,则出卖人可以将标的物另行出卖,所得价款依次扣除取回和保管费、再交易费用等。

(4)应当在买卖合同中约定分期付款标的物使用过程中损坏、灭失风险的承担,为规避标的物灭失风险,可以为标的物依法足额投保财产损失险,财产保险合同中约定标的物价款未全额清偿之情形下,灭失、损坏赔付的第一受益人为出卖方。

【法条链接】

《民法典》第五百六十三条 有下列情形之一的,当事人可以解除合同:

(一)因不可抗力致使不能实现合同目的;

(二)在履行期限届满前,当事人一方明确表示或者以自己的行为表明不履行主要债务;

(三)当事人一方迟延履行主要债务,经催告后在合理期限内仍未履行;

(四)当事人一方迟延履行债务或者有其他违约行为致使不能实现合同目的;

(五)法律规定的其他情形。

以持续履行的债务为内容的不定期合同,当事人可以随时解除合同,但是应当在合理期限之前通知对方。

第五百七十七条 当事人一方不履行合同义务或者履行合同义务不符合约定的,应当承担继续履行、采取补救措施或者赔偿损失等违约责任。

第五百七十八条 当事人一方明确表示或者以自己的行为表明不履行合同义务的,对方可以在履行期限届满前请求其承担违约责任。

第六百三十四条 分期付款的买受人未支付到期价款的数额达到全部价款的五分之一,经催告后在合理期限内仍未支付到期价款的,出卖人可以请求买受人支付全部价款或者解除合同。

出卖人解除合同的,可以向买受人请求支付该标的物的使用费。

74. 所有权保留买卖合同中,卖方在什么情况下享有取回权?

【情景案例】

2021年6月1日,甲商场以1.2万元的价格向伍某出售一台苹果电脑,双方约定:伍某要在5个月内付清货款,每月支付2400元,在全部价款付清前电脑所有权不转移。合同生效后,甲商场按约定将电脑交付给伍某使用。伍某在前4个月都能按约定付款,但因赌博输钱,无力支付最后1个月的供款。为此,甲商场向伍某提出取回电脑,并给伍某1个月的回赎期,如果伍某在1个月内不能支付最后1个月的货款,则会将电脑另行出卖。由于伍某十分喜欢这部电脑,其不同意将电脑交还甲商场,并称过2个月会还款。

请问:甲商场享有取回电脑的权利吗?

【案例分析】

本案涉及的是所有权保留买卖合同中出卖人行使取回权的法律问题。

根据《民法典》第六百四十一条、第六百四十二条和第六百四十三条,当事人可以在买卖合同中约定买受人未履行支付价款或者其他义务的,标的物的所有权属于出卖人。买受人未按照约定支付价款,经催告后在合理期限内仍未支付的,出卖人有权取回标的物。买受人在双方约定或者出卖人指定的合理回赎期限内,消除出卖人取回标的物的事由的,可以请求回赎标的物。又根据《最高人民法院关于审理买卖合同纠纷案件适用法律问题的解释》第二十六条,买受人已经支付标的物总价款的75%以上,出卖人主张取回标的物的,人民法院不予支持。

本案中,甲商场与伍某订立了电脑的买卖合同,约定分5期付清1.2万元货款,在全部价款付清前电脑所有权不转移。该约定是双方当事人的真实意思表示,且内容未违反法律法规禁止性规定,合法有效。双方之间成立所有权保留的分期付款买卖合同关系,在伍某付清全部款项前电脑的所有权仍属甲商场所有。当伍某不按照约定支付每期款项,甲商场催告后的合理期限内伍某仍不支付的,甲商场有权依据合同约定取回该电脑。本案中,伍某在支付了4期共9600元后,无力支付剩余1期款项2400元。由于伍某已支付电脑总价款的75%以上,根据上述法律及司法解释之规定,甲商场的大部分债权已经得到清偿,故不能通过行使取回权的方式保障其债权。

【风险防范建议】

大额分期付款买卖合同中标的物已交付买受人的,若买受人不按照合同约定履约,对出卖人来说存在很大的交易风险。实际操作中,出卖人往往采取保留所有权制度,并对出卖人的取回权进行相关设计。为了更好地降低交易风险,分期付款买卖合同当事人应注意以下几点:

(1)在买受人未按照约定支付价款的情况下,出卖人可主张取回标的物,但《民法典》设置了催告的前置程序,即必须先催告要求在合理期限内支付到期价款。

(2)在出卖人行使取回权后,应给予买受人合理的回赎期。所有权保留制度中,出卖人取回标的物只是导致买受人丧失对标的物的占有,但是并不立即导致买卖合同的解除。因此出卖人不能立即处分标的物,而应当给与买受人一定的回赎期并赋予其回赎权。如果出卖人指定回赎期,该回赎期必须具有合理性。

(3)买受人在回赎期限内没有回赎标的物的,出卖人可以再次向第三人出卖标的物,但是必须以合理的价格出卖。

(4)为避免分期付款标的物使用、回赎过程中灭失、损坏的风险,分期付款买卖合同中应当约定为标的物投财产保险的合同条款,并在保险合同中约定标的物价款未全额清偿之情形下灭失、损坏赔付的第一受益人为出卖方。

【法条链接】

《民法典》第六百三十四条 分期付款的买受人未支付到期价款的数额达到全部价款的五分之一,经催告后在合理期限内仍未支付到期价款的,出卖人可以请求买受人支付全部价款或者解除合同。

出卖人解除合同的,可以向买受人请求支付该标的物的使用费。

第六百四十一条 当事人可以在买卖合同中约定买受人未履行支付价款或者其他义务的,标的物的所有权属于出卖人。

出卖人对标的物保留的所有权,未经登记,不得对抗善意第三人。

第六百四十二条 当事人约定出卖人保留合同标的物的所有权,在标的物所有权转移前,买受人有下列情形之一,造成出卖人损害的,除当事人另有约定外,出卖人有权取回标的物:

(一)未按照约定支付价款,经催告后在合理期限内仍未支付;

(二)未按照约定完成特定条件;

(三)将标的物出卖、出质或者作出其他不当处分。

出卖人可以与买受人协商取回标的物;协商不成的,可以参照适用担保物权的实现程序。

第六百四十三条 出卖人依据前条第一款的规定取回标的物后,买受人在双方约定或者出卖人指定的合理回赎期限内,消除出卖人取回标的物的事由的,可以请求回赎标的物。

买受人在回赎期限内没有回赎标的物,出卖人可以以合理价格将标的物出卖给第三人,出卖所得价款扣除买受人未支付的价款以及必要费用后仍有剩余的,应当返还买受人;不足部分由买受人清偿。

《最高人民法院关于审理买卖合同纠纷案件适用法律问题的解释》第二十六条 买受人已经支付标的物总价款的百分之七十五以上,出卖人主张取回标的物的,人民法院不予支持。

在民法典第六百四十二条第一款第三项情形下,第三人依据民法典第三百一十一条的规定已经善意取得标的物所有权或者其他物权,出卖人主张取回标的物的,人民法院不予支持。

75. 一物数卖的，应当由谁取得物的所有权？

【情景案例】

2021年7月12日，余某将一幅字画出售给A公司，双方约定：字画价款为6万元，A公司先支付预付款3万元，余款在字画交付时一次性支付；余某在2021年8月20日前将字画交付给A公司；任何一方违约的，须支付字画总价款20%的违约金。7月19日，余某又将字画以10万元的价格卖给不知情的B公司，并于当天完成字画交付。A公司得知后与余某协商未果，遂将余某诉至法院，要求其交付字画并支付1.2万元违约金。余某辩称，现字画所有权已归B公司，其不能再给A公司交付字画，但同意支付1.2万元违约金。

请问：该字画的所有权应当归属于谁？

【案例分析】

本案涉及的是一般动产多重买卖合同履行顺序的法律问题。

根据《最高人民法院关于审理买卖合同纠纷案件适用法律问题的解释》第六条的规定，出卖人就同一普通动产订立多重买卖合同，在买卖合同均有效的情况下，买受人均要求实际履行合同，先行受领交付的买受人请求确认所有权已经转移的，人民法院应予支持。

本案中，余某就同一标的物字画分别与A公司、B公司签订了两份买卖合同，该两份买卖合同均合法有效。7月19日，余某将字画以10万元的价格卖给不知情的B公司，并于当天完成字画交付，根据一般动产所有权变动规则，标的物所有权自交付时发生转移，B公司已经取得了该字画的所有权。A公司将余某诉至法院要求交付字画并支付违约金。由于B公司已成为该字画的所有权人，因此要求余某交付字画的诉求不能得到法院支持，但A公司有权要求余某返还已支付价款，并按照合同约定的违约条款主张支付相应违约金。

【风险防范建议】

为了防止出卖人"一物多卖"给自己带来的风险，买受人应注意以下几点：

(1)在拟定买卖合同违约条款时，应明确违约损失的类型，增加关于律师费、诉讼费、保全费、担保费及差旅费等损失由违约方赔偿的责任条款。对出卖人违反约定与第三人签订买卖合同并完成交付的违约情形，可以约定特别条款，加重出卖人违约的责任及成本。

(2)订立买卖合同后,尽快完成所有权转移。标的物为一般动产的,买受人应要求出卖人尽快向自己交付,或者共同委托第三方保管;标的物为特殊动产的,买受人应要求出卖人尽快办理所有权变更登记。

(3)由于多重买卖是以特定物为标的物的合同,因此,在实际履行已经不可能的情形下,买受人也可以要求出卖人交付与原合同相同或者相似的标的物。

【法条链接】

《民法典》第二百零八条　不动产物权的设立、变更、转让和消灭,应当依照法律规定登记。动产物权的设立和转让,应当依照法律规定交付。

《最高人民法院关于审理买卖合同纠纷案件适用法律问题的解释》第六条　出卖人就同一普通动产订立多重买卖合同,在买卖合同均有效的情况下,买受人均要求实际履行合同的,应当按照以下情形分别处理:

(一)先行受领交付的买受人请求确认所有权已经转移的,人民法院应予支持;

(二)均未受领交付,先行支付价款的买受人请求出卖人履行交付标的物等合同义务的,人民法院应予支持;

(三)均未受领交付,也未支付价款,依法成立在先合同的买受人请求出卖人履行交付标的物等合同义务的,人民法院应予支持。

76. 买卖合同中约定在货物验收单上签字即视为验收合格的条款,是否有效?

【情景案例】

2021年3月22日,甲公司与乙公司签订一份《买卖合同》,约定:甲公司向乙公司采购一批月饼包装盒,按封样制作验收。4月1日,甲公司签字验收了乙公司送来的货物,并付清余款。2天后,甲公司发现包装盒的规格和质量存在问题,遂向乙公司提出退货或换货要求。乙公司以买卖合同中有"在货物验收单上签字即视为验收合格"的条款为由,不同意退货或换货。双方协商无果后,甲公司诉至法院,以产品质量不合格为由要求乙公司退货或换货。

请问:甲公司的请求能得到法院支持吗?

【案例分析】

本案涉及的是买卖合同中检验期限的法律问题。

根据《民法典》第六百二十一条、第六百二十二条的规定,当事人约定检验期限的,买受人应当在检验期限内将标的物的数量或者质量不符合约定的情形通知出卖人。买受人怠于通知的,视为标的物的数量或者质量符合约定。当事人约定的检验期限过短，根据标的物的性质和交易习惯，买受人在检验期限内难以完成全面检验的，该期限仅视为买受人对标的物的外观瑕疵提出异议的期限。

本案中，甲公司与乙公司签订一份采购月饼包装盒的《买卖合同》，合同中约定有“在货物验收单上签字即视为验收合格”的条款，甲公司签字验收了乙公司送来的货物2天后，发现包装盒的规格和质量存在问题，遂向乙公司提出退货或换货要求。本案的关键在于判断甲公司和乙公司之间约定的检验期限是否过短。结合标的物月饼盒的产品性质和交易习惯来判断，在约定的时间即送货时验收显然使买受人甲公司不能对所有月饼盒完成全面的检验，因此该约定的检验期限应视为甲公司对月饼盒产品外观瑕疵的检验期限。而甲公司在2天后就向乙公司提出质量异议不应当认定为怠于行使质量异议的权利。故甲公司的请求能得到法院的支持。

【风险防范建议】

在买卖合同中，为避免日后质量异议纠纷，在对合同相关条款设计时，应注意以下几点：

（1）合同当事人应当对标的物的质量标准进行明确约定，出卖人应当按照双方约定的标准向买受人交付。双方可以约定按照国家标准、行业标准履行；没有国家标准、行业标准的，可以按照通常标准或双方约定履行。

（2）在合同中要约定明确的验收条款，特别是提出质量异议的时间。鉴于产品的差异性，对不同的产品应约定不同的质量检验期、质量异议期。

（3）在确定合理的检验期间时，应当综合交易性质，交易目的，交易方式，交易习惯，标的物的种类、数量、性质、安装和使用情况，瑕疵的性质，买受人应尽的合理注意义务，检验方法和难易程度，买受人或者检验人所处的具体环境，自身技能以及其他合理因素，依据诚实信用原则进行确定。

（4）买方应加强质量验收风险意识，对于产品质量异议的处理要特别注意处理期限和通知方式，若存在质量问题，应在合同约定的质量异议期限内及时提出书面异议，还要注意保全相关证据。

【法条链接】

《民法典》第六百二十一条　当事人约定检验期限的，买受人应当在检验期限内将标的物的数量或者质量不符合约定的情形通知出卖人。买受人怠于通知的，视为标的物的数量或者质量符合约定。

当事人没有约定检验期限的，买受人应当在发现或者应当发现标的物的数量或者质量不符合约定的合理期限内通知出卖人。买受人在合理期限内未通知或者自收到标的物之日起二年内未通知出卖人的，视为标的物的数量或者质量符合约定；但是，对标的物有质量保证期的,适用质量保证期,不适用该二年的规定。

出卖人知道或者应当知道提供的标的物不符合约定的,买受人不受前两款规定的通知时间的限制。

第六百二十二条 当事人约定的检验期限过短,根据标的物的性质和交易习惯,买受人在检验期限内难以完成全面检验的,该期限仅视为买受人对标的物的外观瑕疵提出异议的期限。

约定的检验期限或者质量保证期短于法律、行政法规规定期限的,应当以法律、行政法规规定的期限为准。

77. 可以依据未加盖公司印章的合同追讨货款吗?

【情景案例】

顾某是A公司的采购员。2021年4月8日,顾某代表A公司向B公司采购30万元货物,双方签订了一份《买卖合同》。由于顾某与B公司关系甚好,故该合同没有加盖A公司印章,仅有顾某签名。当货物运到A公司时,顾某验收货物并在收货单上签了字。4月20日,顾某离职。4月30日,B公司向A公司提出支付货款的请求,但遭到A公司拒绝。A公司认为,合同上有顾某的签名,没有加盖其公章;因为合同主体是顾某而不是A公司,现在顾某已离职,应由顾某个人承担该货款。

请问:A公司的说法符合法律规定吗?

【案例分析】

本案涉及的是表见代理和无权代理的法律问题。

根据《民法典》第一百七十一条的规定,行为人没有代理权、超越代理权或者代理权终止后,仍然实施代理行为,未经被代理人追认的,对被代理人不发生效力。

本案中,顾某系A公司的采购员,仅经办A公司与B公司之间的普通业务,A公司并未特殊授权顾某对外签订合同,且B公司出具的双方签订的《买卖合同》中仅有顾某签字,没有A公司的盖章;同时,顾某在商谈合同过程中也并未出具可以让B公司有充分理由相信其有代理权的证明,B公司也无法提供证据证明顾某具有代理权。从现有材料来看,B公司未提供证据证明该普通业务人员顾某具有代理权,亦未能提供证据证明其有合理理由相信顾某在客观上具有代理权的表象,则顾某签订的合同不构成表见代理,对A公司不具有法律约束力。顾某的行为构成无权处分,同时鉴于A公司否认《买卖合同》的效力,故顾某无权代理的法律后果不应由A公司承担,而应由顾某自行承担。且B公司在订立合同时,并未履行谨慎的注意义务,也未及时要求A公司对合同进行确认并加盖公章;B公司存在过失,若其不能提供其他证据证明

A 公司已确认该买卖合同或者已实际收取或使用了 B 公司提供的货物，A 公司不受该买卖合同的约束，其对合同价款无清偿义务。

【风险防范建议】

在订立合同时，为防范相关人员无权代理给企业自身造成不必要的损失，企业在交易过程中应注意以下几点：

(1)在签订合同或者其他重要法律文书时，要清楚地知道合同受约束的主体是谁，在合同中应当以明确的方式对此进行表述。在企业是合同主体的情况下，应当加盖公章；如果实在无法加盖公章，也应当以其他方式进行主体上的确认，或者保留其他相应证据证明合同主体是法人还是个人。

(2)当事人在和对方当事人代表签订合同时，应注意审查代理人的授权委托书，明确代理权限和期限、授权事项与实际交易是否相符等，以免造成不必要的损失。

(3)如在签订合同后发现对方代理人存在没有代理权、超越代理权或者是代理权终止后仍实施代理行为的，应当及时行使催告权，向合同相对人发出追认催告，在合同效力未确定之情形下暂缓履行合同，或者行使撤销权以避免损失。

(4)公司应当加强对公司印章、法定代表人印章、财务章等的管理，不要轻易在空白合同上签章。

【法条链接】

《民法典》第一百七十条　执行法人或者非法人组织工作任务的人员，就其职权范围内的事项，以法人或者非法人组织的名义实施的民事法律行为，对法人或者非法人组织发生效力。

法人或者非法人组织对执行其工作任务的人员职权范围的限制，不得对抗善意相对人。

第一百七十一条　行为人没有代理权、超越代理权或者代理权终止后，仍然实施代理行为，未经被代理人追认的，对被代理人不发生效力。

相对人可以催告被代理人自收到通知之日起三十日内予以追认。被代理人未作表示的，视为拒绝追认。行为人实施的行为被追认前，善意相对人有撤销的权利。撤销应当以通知的方式作出。

行为人实施的行为未被追认的，善意相对人有权请求行为人履行债务或者就其受到的损害请求行为人赔偿。但是，赔偿的范围不得超过被代理人追认时相对人所能获得的利益。

相对人知道或者应当知道行为人无权代理的，相对人和行为人按照各自的过错承担责任。

第一百七十二条　行为人没有代理权、超越代理权或者代理权终止后，仍然实施代理行为，相对人有理由相信行为人有代理权的，代理行为有效。

78. 一方合同主体名称变更的，买卖合同是否有效？

【情景案例】

2021年7月9日，甲公司与乙公司签订了一份《玩具买卖合同》，约定：甲公司向乙公司采购一批儿童玩具，总价款为10万元，合同签订后3天内支付预付款2万元；乙公司于7月31日前交货，甲公司收到货物后付清余款。7月10日，甲公司按约定支付了预付款。不久后，由于原材料价格暴涨，如果按合同约定价格发货，乙公司会亏损。因此，直至8月1日，乙公司还没按时交货，甲公司多次催促，乙公司则称自己公司名称已变更，原来所签合同无效。

请问：乙公司主张的合同无效是否成立？

【案例分析】

本案涉及的是公司主体名称变更后责任承担的问题。

我国《民法典》第五百三十二条规定，合同生效后，当事人不得因姓名、名称的变更或者法定代表人、负责人、承办人的变动而不履行合同义务。合同生效后，法人名称的变更并没有实质上改变合同主体。

本案中，甲公司与乙公司签订了《玩具买卖合同》。该买卖合同是双方真实的意思表示，且内容未违反法律法规禁止性规定，合法有效。买卖合同生效后，乙公司因原材料价格上涨不愿意继续履行合同义务，以公司名称已变更、不再是该买卖合同当事人为由拒绝履行，根据《民法典》第五百三十二条之规定，乙公司变更前后只有名字不同，公司的主体并没有变更，不能使原公司应承担的民事责任消失，乙公司名称的变更并不会影响其对债务的承担，故乙公司的主张不成立。

【风险防范建议】

在进行商事交易时，为了降低风险，企业签订合同时应注意以下几点：

（1）在合同签订前首先应当核实交易对方的主体身份，查看对方营业执照、法定代表人身份证正反面照片信息、实际经营地址、相关履约能力资质文件等；还应通过相关公开方式查询核实，如通过企业所在地市场监督管理局官网、国家企业信用信息公示系统等网站查询对方的注册资本、人员规模、涉诉情况、信用情况、经营异常情况等信息，并进行综合评估判断，确定该交易方是否为适格的交易主体。

(2)若交易相对方涉诉案件多,其可能需要花费大量的人力和物力应对诉讼事宜,从而影响正常经营,也可能因诉讼负债过高,履约能力受影响。

(3)在订立合同时,应仔细检查合同载明的主体名称与其签章主体是否一致。实务中,当合同文本载明的主体与签章主体不一致时,人民法院会结合合同的签订背景、合同履行中表现出来的权利外观等综合认定合同主体。

【法条链接】

《民法典》第五百三十二条　合同生效后,当事人不得因姓名、名称的变更或者法定代表人、负责人、承办人的变动而不履行合同义务。

79. 购买的产品与样品不一致的,可以退货吗?

【情景案例】

A公司由张某创办,是一家服装加工企业。2021年6月1日,张某在广州的一次展览会上看中B公司的布料样品,觉得质量好、性价比高,于是当场以A公司名义与B公司签订《买卖合同》,订购20万元的布料。合同签约后,张某一次性向B公司支付了20万元货款。6月10日,收到B公司送来的布料后,张某发现货不对版,与在展览会上看到的样品不一致,质量相差很大。于是,张某提出退货要求,但遭到乙公司的拒绝。协商无果后,A公司诉至法院,要求B公司退还20万元货款。

请问:A公司有权要求退货吗?

【案例分析】

本案涉及的是买卖合同中产品质量不符合约定的法律问题。

根据《民法典》第六百一十五条、第六百一十七条的规定,出卖人应当按照约定的质量要求交付标的物。出卖人提供有关标的物质量说明的,交付的标的物应当符合该说明的质量要求。出卖人交付的标的物不符合质量要求的,买受人可以依据该法第五百八十二条至第五百八十四条的规定请求承担违约责任。

本案中,A公司在展览会上就B公司的某布料样品签订了《买卖合同》,并一次性支付了全部货款20万元。B公司交付的货物不符合双方合同约定的质量,其行为构成违约,A公司可以主张退货,要求B公司更换为与样本相符的货物,并要求B公司按照合同约定承担违约责任。

【风险防范建议】

产品质量问题是买卖合同中常见的争议纠纷,实务中常常出现由于买卖双方在交易前未对产品质量标准进行约定或约定不明确，导致因质量问题产生争议的情形。为降低交易风险、避免纠纷，买卖双方在交易时应注意以下几点：

(1)买卖双方在订立合同时，应对产品质量进行详细的约定，有条件的可以要求出卖人提供样品，以买受人认可的样品标准为合同约定质量标准，在合同中对样品质量予以说明，约定出卖人交付的标的物应当与样品及其说明的质量相同，并按照规定对样品进行封存。

(2)买受人受领出卖人交付的标的物后，应当在约定的检验期限或合理期限内安排检验，并及时将标的物不符合约定的质量标准的情形准确通知给出卖人。建议以书面形式进行通知，这样才能视为已经充分履行了检验通知义务。在质量异议期限内，买受人依法享有向出卖人主张质量瑕疵的权利；该期限届满时，未通知出卖人的，买受人的权利消灭。

(3)买受人收货后，发现产品存在质量瑕疵的，应及时停止使用问题产品，及时通知出卖人后封存货物，以待双方共同委托或者由法院委托第三方检测机构检测。

【法条链接】

《民法典》第五百八十二条 履行不符合约定的，应当按照当事人的约定承担违约责任。对违约责任没有约定或者约定不明确，依据本法第五百一十条的规定仍不能确定的，受损害方根据标的的性质以及损失的大小，可以合理选择请求对方承担修理、重作、更换、退货、减少价款或者报酬等违约责任。

第五百八十三条 当事人一方不履行合同义务或者履行合同义务不符合约定的，在履行义务或者采取补救措施后，对方还有其他损失的，应当赔偿损失。

第五百八十四条 当事人一方不履行合同义务或者履行合同义务不符合约定，造成对方损失的，损失赔偿额应当相当于因违约所造成的损失，包括合同履行后可以获得的利益；但是，不得超过违约一方订立合同时预见到或者应当预见到的因违约可能造成的损失。

第六百一十五条 出卖人应当按照约定的质量要求交付标的物。出卖人提供有关标的物质量说明的，交付的标的物应当符合该说明的质量要求。

第六百一十七条 出卖人交付的标的物不符合质量要求的，买受人可以依据本法第五百八十二条至第五百八十四条的规定请求承担违约责任。

80. 买卖合同约定的交易价格可以为市场价吗？

【情景案例】

2021 年 6 月 5 日，甲公司与乙公司签订了一份长期合作的《买卖合同》，约定乙公司向甲公司供应某型号的鞋底。因考虑原料的市场价格波动较大，双方在合同中特别约定：交易价格按交货时的市场价执行。乙公司按照甲公司要求的鞋底数量和型号向甲公司完成了送货，月底结算时甲公司认为乙公司结算单价高于市场价，双方关于价格发生争议，甲公司拒绝按照乙公司结算金额付款。

请问：买卖合同约定的交易价格可以为市场价吗？

【案例分析】

本案涉及的是买卖合同价款约定不明的法律问题。

《民法典》第五百一十条规定，合同生效后，当事人就质量、价款或者报酬、履行地点等内容没有约定或者约定不明确的，可以协议补充；不能达成补充协议的，按照合同相关条款或者交易习惯确定。根据第五百一十一条第（二）项的规定，当事人就价款或者报酬不明确，依据第五百一十条规定仍不能确定的，按照订立合同时履行地的市场价格履行；依法应当执行政府定价或者政府指导价的，依照规定履行。

本案中，甲公司与乙公司订立关于某型号鞋底的买卖合同，合同中约定交易价格按照交货时的市场价执行。甲公司与乙公司对合同价款约定不明确，双方可通过签订补充协议对价格进行明确；若不能达成补充协议，按照合同相关条款或者交易习惯确定。按照合同相关条款或者交易习惯仍不能确定的，按照甲公司、乙公司订立合同时履行地的市场价格履行。

【风险防范建议】

价款条款是买卖合同的基本条款和重要条款，合同当事人应当进行明确约定，以避免日后因价款问题产生纠纷。为此，应注意以下几点：

（1）在订立合同时，最基本的条款必须齐全，基本条款应包括：当事人的名称和住所；标的物；数量；质量；价款或者报酬；履行期限、地点和方式；违约责任；解决争议的方法。除此之外，双方可以根据合同的性质和交易目的，约定其他条款。

（2）合同应当明确约定货物的价格，或者明确标的物的价格确定方式、价格是否包含运输成本和税费等费用；对货物原材料价格上涨导致价格变动的处理方式也应当作出明确约定。

（3）合同应明确货款支付条件及支付方式，具体包括支付货款的前提条件、支付期限、支付方式（转账、汇票、支票、托收、现金等）、双方账户信息等。付款涉及现金收款的，还应明确指定收款人。

（4）为避免日后因付款产生争议或出现拖欠货款的情形，合同还应明确约定逾期付款的违约责任。若已签订的合同中未约定价款或约定不明确，应当尽快与对方协商签订补充协议，对付款金额、时间和方式进行补充约定。

【法条链接】

《民法典》第五百一十条 合同生效后，当事人就质量、价款或者报酬、履行地点等内容没有约定或者约定不明确的，可以协议补充；不能达成补充协议的，按照合同相关条款或者交易习惯确定。

第五百一十一条 当事人就有关合同内容约定不明确，依据前条规定仍不能确定的，适用下列规定：

……

（二）价款或者报酬不明确的，按照订立合同时履行地的市场价格履行；依法应当执行政府定价或者政府指导价的，依照规定履行。

……

81. 买卖合同终止后，出卖人负有旧物回收义务吗？

【情景案例】

甲公司系一家电子产品公司。乙公司要采购一批电子产品，与甲公司订立《买卖合同》，约定：甲公司向乙公司供应一批某电子产品，价款为20万元，质量保证期为半年，该批电子产品使用期限为5年。双方关于“甲公司有义务在使用期限届满后对该批电子产品回收报废处理”产生争议：乙公司认为，甲公司作为有固定使用期限的产品的出售方，应当在电子产品的使用期限届满后对其进行回收报废处理；甲公司则认为，回收不是强制性义务，其有权不履行。

请问：甲公司对使用期限届满的产品是否负有回收义务？

【案例分析】

本案涉及的是买卖合同中出卖人回收义务的法律问题。

《民法典》第六百二十五条规定，依照法律、行政法规的规定或者按照当事人的约定，标的物在有效使用年限届满后应予回收的，出卖人负有自行或者委托第三人对标的物予以回收的义务。又根据《废弃电器电子产品回收处理管理条例》第十一条第一款的规定，国家鼓励电器电子产品生产者自行或者委托销售者、维修机构、售后服务机构、废弃电器电子产品回收经营者回收废弃电器电子产品。电器电子产品销售者、维修机构、售后服务机构应当在其营业场所显著位置标注废弃电器电子产品回收处理提示性信息。

《民法典》第九条规定了绿色原则，即民事主体从事民事活动，应当有利于节约资源、保护生态环境。第六百二十五条规定的出卖人回收义务则是绿色原则在买卖合同中的具体体现。该条是出于法律的引领作用，对普通民众的行为规范进行指引，以践行绿色的发展理念。

本案中，甲公司向乙公司供应一批某电子产品，该批电子产品使用期限为5年。若该电子产品属于法律、行政法规规定必须回收报废处理的产品，则甲公司作为出卖人负有回收的义务，应当自行或者委托第三人对该电子产品予以回收。即使该电子产品非法律法规强制回收产品，双方已在合同条款中约定出卖人回收的，基于当事人的意思自治原则，乙公司也有权要求甲公司对使用期限届满的电子产品予以回收。

【风险防范建议】

由于《民法典》规定的出卖人回收义务是一条新增规定，目前实务案例和司法判例均较少。当事人在实务中关于该规定应注意以下几点：

(1)双方在订立合同前，首先应明确合同标的物的性质，根据国家相关法律法规判断其是否属于需要强制回收的产品，并结合实际情况或法律规定确定标的物的使用期限。

(2)由于有些标的物的使用时间较长，使用年限届满前，出卖人可能已经不存在了，因此在订立买卖合同时应特别注意合同相对方主体消灭后回收义务的承担问题。

(3)对"有效使用年限"是法定的年限还是实际使用效能丧失的时间需要进一步讨论。有的标的物达到法定的使用年限后仍可以正常使用，有的标的物未到使用年限却已不能继续使用。因此，当事人应在合同条款中对相关情形进行预先设计，明确是否按照规定的使用期限对标的物予以回收，以及期限届满仍能继续使用的标的物是否需要强制回收等。

【法条链接】

《民法典》第九条　民事主体从事民事活动，应当有利于节约资源、保护生态环境。

第六百二十五条　依照法律、行政法规的规定或者按照当事人的约定，标的物在有效使用年限届满后应予回收的，出卖人负有自行或者委托第三人对标的物予以回收的义务。

《废弃电器电子产品回收处理管理条例》第十一条　国家鼓励电器电子产品生产者自行或者委托销售者、维修机构、售后服务机构、废弃电器电子产品回收经营者回收废弃电器电子产品。电器电子产品销售者、维修机构、售后服务机构应当在其营业场所显著位置标注废弃电器电子产品回收处理提示性信息。

回收的废弃电器电子产品应当由有废弃电器电子产品处理资格的处理企业处理。

第十二条　废弃电器电子产品回收经营者应当采取多种方式为电器电子产品使用者提供方便、快捷的回收服务。

废弃电器电子产品回收经营者对回收的废弃电器电子产品进行处理，应当依照本条例规定取得废弃电器电子产品处理资格；未取得处理资格的，应当将回收的废弃电器电子产品交有废弃电器电子产品处理资格的处理企业处理。

回收的电器电子产品经过修复后销售的，必须符合保障人体健康和人身、财产安全等国家技术规范的强制性要求，并在显著位置标识为旧货。具体管理办法由国务院商务主管部门制定。

第十章

赠与合同

82. 企业与红十字会签订赠与协议后反悔的，可以撤销赠与吗？

【情景案例】

2021 年 5 月 1 日，甲公司与某红十字会签订一份《捐赠合同》，约定：甲公司和某红十字会共同开展中华骨髓库募捐活动，甲公司承诺捐赠 200 万元。合同生效后，某红十字会举行了中国造血干细胞捐献资料库接受爱心捐赠暨“慈善大使”授予仪式，同时授予甲公司法定代表人“中国红十字勋章”。但是，事后甲公司在兑现捐赠时并不积极，一直未按照合同约定捐赠善款。经多次催促无果，某红十字会于 7 月 5 日诉至法院，要求甲公司兑现捐赠 200 万元的承诺。

请问：某红十字会的请求能得到法院支持吗？

【案例分析】

本案涉及的是赠与合同能否撤销的问题。

我国《民法典》第六百五十八条规定，赠与人在赠与财产的权利转移之前可以撤销赠与。经过公证的赠与合同或者依法不得撤销的具有救灾、扶贫、助残等公益、道德义务性质的赠与合同，不适用前款规定。第六百六十条第一款规定，经过公证的赠与合同或者依法不得撤销的具有救灾、扶贫、助残等公益、道德义务性质的赠与合同，赠与人不交付赠与财产的，受赠人可以请求交付。

本案中，虽然赠与财产所有权尚未转移，但是甲公司与某红十字会签订的《捐赠合同》是具有公益道德义务性质的赠与合同，因此甲公司不能撤销《捐赠合同》。综上所述，某红十字会要求甲公司兑现捐赠 200 万元的承诺的请求能得到法院的支持。

【风险防范建议】

近年来，企业公益捐助的行为越来越多，旨在产生积极的社会影响和树立品牌形象。但如果企业不能顺利、完整地履行公益捐赠义务,反而可能因此受到公众的质疑和诟病,这与树立品牌形象的初衷背道而驰了。红十字会等非营利组织、慈善机构的活动受制于年度预算,而部分预算是基于企业的捐助承诺的,故企业进行公益捐赠时一定要量力而行,千万不要随口承诺,否则可能将自己和受助组织都置于糟糕的处境。

企业一旦作出捐赠承诺,无论该年度企业盈亏与否,都要履行承诺。为规避相应风险,企业可采取以下方式进行捐赠:

(1)承诺每销售一件产品或服务就捐赠一定金额。

(2)根据销售和产出的情况进行捐赠,这样能保证企业持续有收入来提供捐赠物。

(3)抽取一定比例的利润用于捐赠,避免出现作出承诺但又无力履行的尴尬情形。

【法条链接】

《民法典》第六百五十八条 赠与人在赠与财产的权利转移之前可以撤销赠与。

经过公证的赠与合同或者依法不得撤销的具有救灾、扶贫、助残等公益、道德义务性质的赠与合同,不适用前款规定。

第六百六十条 经过公证的赠与合同或者依法不得撤销的具有救灾、扶贫、助残等公益、道德义务性质的赠与合同,赠与人不交付赠与财产的,受赠人可以请求交付。

依据前款规定应当交付的赠与财产因赠与人故意或者重大过失致使毁损、灭失的,赠与人应当承担赔偿责任。

83.赠与的财产损毁的,企业需要承担赔偿责任吗?

【情景案例】

孟某与黄某都是某创业平台会员,两人关系甚好。2021年6月,孟某拟开一间网络科技公司,在公司筹备阶段,需要大量电脑。黄某经营的A公司有30台旧电脑,因配置较低一直没有转手出卖。当黄某知道孟某想开公司的消息后,考虑孟某刚开始创业不容易,于是决定以A公司名义将这30台电脑赠送给孟某,并通知孟某于7月1日到A公司取电脑。6月30日晚上,暴雨导致A公司装电脑的仓库被淹,旧电脑全部损坏。

请问:A公司需要承担赔偿责任吗?

【案例分析】

本案涉及的是赠与财产毁损灭失,赠与人应当承担何种责任的问题。

我国《民法典》第六百六十条第二款规定，依据该条第一款规定应当交付的赠与财产因赠与人故意或者重大过失致使毁损、灭失的，赠与人应当承担赔偿责任。由此可以见，我国《民法典》对于赠与财产毁损灭失的责任承担，采用的是过错责任原则。过错责任原则，是指民事主体只有在主观上有过错的情况下，才对自己的行为造成的损害承担民事责任。

本案中，案涉旧电脑是因自然原因被淹的，不是A公司的故意或重大过失导致的，因此A公司无须承担赔偿责任，也无须继续履行该赠与合同。

【风险防范建议】

由于赠与具有无偿性，不存在接受赠与物的对等给付，因此出于双方利益的平衡，法律对赠与人的注意义务规定要求较低。就赠与人而言，既然作出捐赠承诺，其应当在合理范围内妥善保管赠与标的物，诚信履行赠与承诺；就受赠人而言，对于因赠与人轻微过失或者无过失致使赠与物毁损、灭失的，其不应苛责赠与人承担赔偿责任，因为过分苛责赠与人不利于发扬人们扶危济困的精神。

【法条链接】

《民法典》第六百六十条　经过公证的赠与合同或者依法不得撤销的具有救灾、扶贫、助残等公益、道德义务性质的赠与合同，赠与人不交付赠与财产的，受赠人可以请求交付。

依据前款规定应当交付的赠与财产因赠与人故意或者重大过失致使毁损、灭失的，赠与人应当承担赔偿责任。

84. 赠与财产有瑕疵导致他人受损害的，企业要承担责任吗？

【情景案例】

甲公司是一家从事热水器生产的企业，穆某是该公司创始人。甲公司成立以来，一直热衷于慈善事业，每年至少给本市红十字会捐款30万元。2020年12月，为改善本市低保户家庭生活，甲公司决定给萧某等500人各赠送热水器一台。2021年1月3日，萧某在家洗澡时，受赠的热水器突然爆炸，萧某被炸伤。萧某住进医院后，花费医疗费10万元。萧某出院后，要求甲公司赔偿，但遭到甲公司拒绝。甲公司认为，热水器是赠与物，不是销售的产品，其不承担赔偿责任。索赔无果后，萧某诉至法院，要求甲公司赔偿其医疗费用及其他损失。

请问：萧某的请求能得到法院支持吗？

【案例分析】

本案涉及的是赠与人对赠与财产的担保责任问题。

根据我国《民法典》第六百六十二条的规定,赠与的财产有瑕疵的,赠与人不承担责任。赠与人故意不告知瑕疵或者保证无瑕疵,造成受赠人损失的,应当承担赔偿责任。由于赠与合同是无偿合同,受赠人纯获利益,因而赠与人对赠与财产的瑕疵担保责任与有偿合同是不一样的,赠与人原则上不承担赠与财产物的瑕疵担保责任。

但本案中,萧某受赠的热水器爆炸不只是瑕疵的问题,而是产品质量问题。根据《产品质量法》第四十一条的规定,因产品存在缺陷造成人身、缺陷产品以外的其他财产损害的,生产者应当承担赔偿责任。第四十三条规定,因产品存在缺陷造成人身、他人财产损害的,受害人可以向产品的生产者要求赔偿。虽然热水器是甲公司的赠与物,但甲公司是爆炸热水器的生产企业,甲公司应对其生产的热水器的产品质量负责。热水器爆炸致萧某受伤,甲公司作为生产者应当承担赔偿责任。

根据《产品质量法》第四十四条的规定,因产品存在缺陷造成受害人人身伤害的,侵害人应当赔偿医疗费、治疗期间的护理费、因误工减少的收入等费用。因此,萧某有权向侵害人即甲公司要求赔偿其医疗费用及其他损失,其请求能够得到法院的支持。

【风险防范建议】

企业在赠与时,为规避相应法律风险,要注意以下事项:

(1)务必签订赠与合同,以明确赠与关系。

(2)赠与人应在赠与合同中说明赠与财产可能存在的瑕疵,至少不要保证无瑕疵,否则赠与物瑕疵给受赠人造成损失的,赠与人将承担责任。

(3)生产厂家将自己的产品赠与他人,也要按照与销售同样的标准来保证产品质量,否则无论原本目的是宣传还是慈善,一旦发生事故都可能会事与愿违。

(4)如果是促销中的赠品,则不一定属于赠与关系。司法实践中可能认为是买卖合同的一部分,此时卖家("赠品"的提供方)则需要承担有偿合同中的义务。

【法条链接】

《民法典》第六百六十二条 赠与的财产有瑕疵的,赠与人不承担责任。附义务的赠与,赠与的财产有瑕疵的,赠与人在附义务的限度内承担与出卖人相同的责任。

赠与人故意不告知瑕疵或者保证无瑕疵,造成受赠人损失的,应当承担赔偿责任。

《产品质量法》第四十一条 因产品存在缺陷造成人身、缺陷产品以外的其他财产(以下简称他人财产)损害的,生产者应当承担赔偿责任。

生产者能够证明有下列情形之一的，不承担赔偿责任：

（一）未将产品投入流通的；

（二）产品投入流通时，引起损害的缺陷尚不存在的；

（三）将产品投入流通时的科学技术水平尚不能发现缺陷的存在的。

第四十三条 因产品存在缺陷造成人身、他人财产损害的，受害人可以向产品的生产者要求赔偿，也可以向产品的销售者要求赔偿。属于产品的生产者的责任，产品的销售者赔偿的，产品的销售者有权向产品的生产者追偿。属于产品的销售者的责任，产品的生产者赔偿的，产品的生产者有权向产品的销售者追偿。

第四十四条 因产品存在缺陷造成受害人人身伤害的，侵害人应当赔偿医疗费、治疗期间的护理费、因误工减少的收入等费用；造成残疾的，还应当支付残疾者生活自助具费、生活补助费、残疾赔偿金以及由其扶养的人所必需的生活费等费用；造成受害人死亡的，并应当支付丧葬费、死亡赔偿金以及由死者生前扶养的人所必需的生活费等费用。

因产品存在缺陷造成受害人财产损失的，侵害人应当恢复原状或者折价赔偿。受害人因此遭受其他重大损失的，侵害人应当赔偿损失。

85. 企业经济状况恶化，可以不履行赠与义务吗？

【情景案例】

2019 年 3 月，姚某从银行贷款 300 万元开了一个养猪场。后姚某决定适当资助一些生活条件不好的人。2021 年 7 月，姚某得知邻居邵某因儿子考上大学无力支付高额学费而犯愁，便与邵某签订了一份《赠与协议》，约定：由姚某资助邵某儿子大学 4 年的所有费用。2021 年 8 月，由于当地发生猪瘟，姚某遭受重大损失，生活陷入困境，因此无力再支付邵某儿子此后上大学的费用。

请问：姚某可以不履行赠与义务吗？

【案例分析】

本案涉及的是赠与人可以不再履行赠与义务的法定情形。

我国《民法典》第六百六十六条规定，赠与人的经济状况显著恶化，严重影响其生产经营或者家庭生活的，可以不再履行赠与义务。

本案中，姚某想不再履行对邵某儿子的赠与义务，应当符合三个条件：(1)赠与合同已成立，但是赠与财产的权利尚未完全转移。《赠与协议》是 2021 年 7 月签订的，已经成立；2021 年 8 月，赠与财产的权利尚未完全转移。(2)赠与人的经济状况显著恶化。2021 年 8 月，即《赠与协议》签订后，姚某的经济状况因猪瘟恶化。(3)经济状况显著恶化达到严重影响其生产经营或者家庭生活的程度。姚某遭受重大损失后，生活陷入了困境，若强制履行赠与合同，其将无法正常进行生产经营、生活。由于姚某已满足以上三个条件，因此其可以不履行赠与义务。

【风险防范建议】

在一些社会公益活动中，对那些本无经济能力捐赠，甚至濒临破产的企业，纯粹出于商业宣传目的签订《赠与合同》，又以自身企业经营困难为由撤销赠与的，不能简单适用《民法典》第六百六十六条的规定，否则对受赠人也是不公平的。因此在作出赠与承诺前，赠与人第一步要先衡量好自己的经济实力，切勿作出违背经济实力的承诺。

【法条链接】

《民法典》第六百六十六条 赠与人的经济状况显著恶化，严重影响其生产经营或者家庭生活的，可以不再履行赠与义务。

第十一章
借款合同

86. 企业之间口头约定的借款合同有效吗？

【情景案例】

甲公司由宋某创办，是一家手机壳生产企业。宋某与乙公司创始人庞某经常有生意往来，关系甚好。2021 年 8 月 1 日，乙公司因一笔生意急需资金周转，于是向甲公司提出借款 30 万元，并承诺 1 个月内还款。宋某考虑双方有长期合作关系，遂安排财务将 30 万元从甲公司账户转账至乙公司账户，当时未写借据。2 个多月过去了，宋某多次催讨债务，庞某以“双方没有借条”为由不还。无奈之下，甲公司将乙公司诉至法院，要求其偿还 30 万元借款及利息。

请问：甲公司的请求能得到法院支持吗？

【案例分析】

本案涉及的是企业之间订立借贷合同的法律问题。

根据我国《民法典》第六百六十八条、第四百九十条的规定，借款合同应当采用书面形式，但是自然人之间借款另有约定的除外。法律、行政法规规定或者当事人约定合同应当采用书面形式订立，当事人未采用书面形式但是一方已经履行主要义务，对方接受时，该合同成立。又根据《最高人民法院关于审理民间借贷案件适用法律若干问题的规定》第十条，法人之间、非法人组织之间以及它们相互之间为生产、经营需要订立的民间借贷合同，除存在《民法典》第一百四十六条、第一百五十三条、第一百五十四条以及该司法解释第十三条规定的情形外，当事人主张民间借贷合同有效的，人民法院应予支持。

本案中，乙公司向甲公司借款 30 万元，虽未签订书面的借款合同，但甲公司已实际向乙公司转账支付 30 万元借款，根据法律及司法解释的规定，因甲公司已经履行支付借款的主要义务，且甲公司、乙公司并未违反法律法规之强制性规定，应当认定借款合同合法有效，乙公司依法应当清偿甲公司的借款30万元。法院对甲公司的诉求应当依法予以支持。

【风险防范建议】

为了快速、便捷地融资，企业或其他组织之间的资金拆借现象普遍存在。企业之间的拆借行为应当依法依规进行，不得扰乱国家的金融秩序，否则可能导致借贷行为无效，还可能涉嫌非法集资、吸收公众存款等犯罪。企业间借贷应谨慎并注意以下几点：

（1）企业之间的借贷行为应当以生产经营需要为目的，具有临时性的资金拆借特征，不能扰乱金融秩序中的经常性资金融通，否则是不被认可的。

（2）企业间以委托投资/理财、虚假贸易等为表现形式的资金拆借合同，属于以合法形式掩盖非法目的，应认定为无效。

（3）企业之间采用虚假贸易形式进行的借贷活动，违反了国家相关金融法规的禁止性规定，属于以合法形式掩盖非法目的行为，因此而签订的协议应认定为无效；协议被确认无效后，合同当事人、保证人应按过错承担赔偿责任。

（4）企业获得金融机构贷款后，高额转贷牟利、扰乱金融秩序、危害国家金融安全的行为，违背企业借贷的初衷，触犯了法律关于高额转贷的禁止性规定，借贷行为会被认定为无效，且企业须承担相应的刑事法律责任。

【法条链接】

《民法典》第一百四十六条 行为人与相对人以虚假的意思表示实施的民事法律行为无效。

以虚假的意思表示隐藏的民事法律行为的效力，依照有关法律规定处理。

第一百五十三条 违反法律、行政法规的强制性规定的民事法律行为无效。但是，该强制性规定不导致该民事法律行为无效的除外。

违背公序良俗的民事法律行为无效。

第一百五十四条 行为人与相对人恶意串通，损害他人合法权益的民事法律行为无效。

第四百九十条 当事人采用合同书形式订立合同的，自当事人均签名、盖章或者按指印时合同成立。在签名、盖章或者按指印之前，当事人一方已经履行主要义务，对方接受时，该合同成立。

法律、行政法规规定或者当事人约定合同应当采用书面形式订立，当事人未采用书面形式但是一方已经履行主要义务，对方接受时，该合同成立。

第六百六十八条第一款 借款合同应当采用书面形式，但是自然人之间借款另有约定的除外。

《最高人民法院关于审理民间借贷案件适用法律若干问题的规定》第十条 法人之间、非法人组织之间以及它们相互之间为生产、经营需要订立的民间借贷合同，除存在民法典第一百四十六条、第一百五十三条、第一百五十四条以及本规定第十三条规定的情形外，当事人主张民间借贷合同有效的，人民法院应予支持。

第十三条 具有下列情形之一的，人民法院应当认定民间借贷合同无效：

（一）套取金融机构贷款转贷的；

（二）以向其他营利法人借贷、向本单位职工集资，或者以向公众非法吸收存款等方式取得的资金转贷的；

（三）未依法取得放贷资格的出借人，以营利为目的向社会不特定对象提供借款的；

（四）出借人事先知道或者应当知道借款人借款用于违法犯罪活动仍然提供借款的；

（五）违反法律、行政法规强制性规定的；

（六）违背公序良俗的。

第十六条 原告仅依据金融机构的转账凭证提起民间借贷诉讼，被告抗辩转账系偿还双方之前借款或者其他债务的，被告应当对其主张提供证据证明。被告提供相应证据证明其主张后，原告仍应就借贷关系的成立承担举证责任。

87. 在本金中预先扣除借款利息合法吗？

【情景案例】

熊某与纪某是初中同学，两人关系甚好。2021年6月1日，熊某经营的化工厂需要安装环保设施，因资金不够，熊某向纪某借款100万元。双方签订了一份《借款合同》，约定：纪某借给熊某100万元，借期1年，年利率为12%，预先从本金中扣除利息12万元，实交熊某88万元，1年后熊某返还100万元本金。熊某拿到钱后很快按政府要求安装了环保设施。期限届满时，熊某认为借款合同预扣利息是不合法的，因此只同意还纪某88万元。纪某认为熊某不守承诺，十分生气，遂将其诉至法院，要求熊某按合同约定还款100万元本金。

请问：纪某的请求能得到法院支持吗？

【案例分析】

本案涉及的是民间借贷中借款利息预先扣除如何认定的法律问题。

我国《民法典》第六百七十条规定，借款的利息不得预先在本金中扣除。利息预先在本金中扣除的，应当按照实际借款数额返还借款并计算利息。《最高人民法院关于审理民间借贷案件适用法律若干问题的规定》第二十六条规定，借据、收据、欠条等债权凭证载明的借款金额，一般认定为本金。预先在本金中扣除利息的，人民法院应当将实际出借的金额认定为本金。

本案中，熊某向纪某借款100万元，双方签订了一份《借款合同》，约定纪某借给熊某100万元，借期1年，年利率为12%，预先从本金中扣除利息12万元，实交熊某88万元，1年后熊某返还100万元本金。根据相关法律及司法解释的规定，纪某向熊某借款时不得预扣利息，其预先扣除的利息不能计算为借款本金，应按实际出借的88万元认定借款本金金额。故纪某若以100万元为借款本金向法院主张熊某清偿，不能全部得到法院的支持，法院会以88万元作为借款本金予以认定。

【风险防范建议】

借款本金是借款合同中最重要的内容，在签订借款合同时，关于借款本金条款应注意以下几点：

(1)我国法律对预先扣除利息作出禁止性规定，禁止变相收取高额利息。借款的利息不得预先在本金中扣除。利息预先在本金中扣除的，应当按照实际借款数额返还借款并计算利息。

(2)借款合同中，应以实际出借金额为借款本金，借款金额应当写明币种。

(3)尽量通过银行转账的方式交付借款，必要时可以在借款合同或借条中注明借款人的银行账号，日后若就借款发生纠纷，便于提供银行流水证明借款事实。若选择使用现金出借，应当在借款合同或借条中明确注明“现金交付”，并让借款人签署收条证明已收到全部现金借款。不过如果借款金额比较大，不建议现金交付借款，应当以银行或者其他方式转账支付借款。

【法条链接】

《民法典》第六百七十条 借款的利息不得预先在本金中扣除。利息预先在本金中扣除的，应当按照实际借款数额返还借款并计算利息。

《最高人民法院关于审理民间借贷案件适用法律若干问题的规定》第二十五条 出借人请求借款人按照合同约定利率支付利息的，人民法院应予支持，但是双方约定的利率超过合同成立时一年期贷款市场报价利率四倍的除外。

前款所称“一年期贷款市场报价利率”，是指中国人民银行授权全国银行间同业拆借中心自2019年8月20日起每月发布的一年期贷款市场报价利率。

第二十六条 借据、收据、欠条等债权凭证载明的借款金额，一般认定为本金。预先在本金中扣除利息的，人民法院应当将实际出借的金额认定为本金。

88. 约定借款年利率为48%合法吗?

【情景案例】

2021年4月,A公司由于资金周转困难,向B公司借款1000万元。为此,B公司特召开临时股东会,股东会决议内容为:同意借款,但为确保B公司的利益,月利率为4%,借款期限为3个月。A公司因为急需用钱,短期内也无处拆借,只好答应B公司的要求。5月1日,双方签订了《借款协议》。8月5日,B公司催A公司还款,但A公司声称4%的月利率不合法,因此只同意返还本金1000万元,不同意支付利息。协商无果后,B公司将A公司起诉到法院,要求其清偿1000万元本金及120万元利息。

请问:B公司的请求能得到法院支持吗?

【案例分析】

本案涉及的是民间借贷关系中的利率上限问题。

根据《最高人民法院关于审理民间借贷案件适用法律若干问题的规定》第二十五条的规定,出借人请求借款人按照合同约定利率支付利息的,人民法院应予支持,但是双方约定的利率超过合同成立时1年期贷款市场报价利率4倍的除外。前款所称"一年期贷款市场报价利率"(LPR),是指中国人民银行授权全国银行间同业拆借中心自2019年8月20日起每月发布的1年期贷款市场报价利率。

本案中,A公司向B公司借款1000万元,双方签订了《借款协议》,约定借款期限为3个月,月利率为4%,且B公司实际支付了1000万元借款本金。故B公司要求A公司清偿1000万元本金的诉求可以得到法院支持,但由于A公司、B公司间约定的借款利率已超出法定受保护的利率范围(1年期贷款市场报价利率的4倍),对B公司超出法定受保护的利率范围部分的利息法院将不予支持。

【风险防范建议】

我国法律法规和相关司法解释对借贷关系中的司法保护的上限利息作出明确规定,因此在约定借款利息时,应严格遵守该上限利息规定,并注意以下几点:

(1)根据相关司法解释,以中国人民银行授权全国银行间同业拆借中心每月20日发布的1年期贷款市场报价利率的4倍为标准确定民间借贷利率的司法保护上限。因此,在约定利率时,即使约定的借款利率高于4倍LPR标准,超出部分也将不受法律保护。

(2)我国禁止职业高利贷行为,未依法取得放贷资格的出借人,以营利为目的向社会不特定对象提供借款,高利放贷的,涉嫌非法经营,金额达到入罪标准的,将被侦查机关立案侦查,并被追究相应刑事法律责任。

【法条链接】

《最高人民法院关于审理民间借贷案件适用法律若干问题的规定》第二十五条 出借人请求借款人按照合同约定利率支付利息的,人民法院应予支持,但是双方约定的利率超过合同成立时一年期贷款市场报价利率四倍的除外。

前款所称"一年期贷款市场报价利率",是指中国人民银行授权全国银行间同业拆借中心自2019年8月20日起每月发布的一年期贷款市场报价利率。

89. 企业不按期清偿银行贷款,需要支付逾期利息吗?

【情景案例】

2021年1月5日,某公司与某银行签订一份《借款协议》,约定:某公司向某银行借款100万元用于购买原材料,借款期限为半年,借款年利率为7.2%;到期不能偿还借款本金及利息的,从逾期之日起按借款利率加收50%的罚息;不按时偿付贷款利息的,其欠息部分按逾期贷款罚息利率计收利息。合同签订后,某银行按约定将贷款划付至某公司账号内。合同到期后,某公司由于资金周转困难,未能按时还款。8月25日,某公司总经理舒某到某银行还款,被告知除偿还借款本金及利息外,还要支付逾期利息。对此,舒某表示不解。舒某认为,向银行借款只需要还利息,从没听过"逾期利息"的说法,并认为银行借款协议中关于"逾期利息"的条款是无效的,不受我国法律保护。

请问:舒某的说法符合我国法律规定吗?

【案例分析】

本案涉及的是金融借款合同中逾期利息(罚息)的法律效力问题。

根据《人民币利率管理规定》第二十一条、第二十五条和第二十八条的规定,对贷款期内不能按期支付的利息按合同利率按季计收复利,贷款逾期后改按罚息利率计收复利。

本案中,某公司与某银行签订《借款协议》,约定某公司向某银行借款100万元,借款期限为半年,借款年利率为7.2%,到期不能偿还借款本金及利息,从逾期之日起按借款利率加收50%的罚息,不按时偿付贷款利息的,其欠息部分按逾期贷款罚息利率计收利息。《借款协议》系各方的真实意思表示,且不违反法律、法规的强制性规定,合法有效。某银行如约履行了放款义务,某公司未按照合同约定履行还本付息的合同义务,其行为已经构成违约,某银行有权按照《借款协议》中约定的逾期利率计算罚息。因此,舒某关于"逾期利息"及罚息条款无效的说法不正确。

【风险防范建议】

在现实生活中,许多人根据生产和生活的需要申请银行贷款,但在申请贷款后,存在不能按时偿还贷款的问题,因此在向银行贷款时,应注意以下几点:

(1)在与银行签订贷款合同时,应仔细阅读逾期还款的违约条款,一般情况下,逾期还款的,逾期罚息一般比原贷款利率高30% ~50%。

(2)约定还款期限和每期还款金额时,应评估自身的收入情况,考虑收入水平和收入稳定情况。银行约定的逾期利息往往较高,因此在经济状况尚可的情况下,尽量不要拖欠银行贷款;应按时还款,减少因不及时还款产生高额的逾期利息。

(3)因自身情况无法及时还款时,借款人应该和银行保持联系,勿逃避催收,可以拿出相关证据来证明当前的经济困难,向银行说明目前的实际情况,并适当还贷,通过每月还款记录表达履约的强烈意愿,以维护好良好的商业信誉。

(4)与银行协商制订还款计划,提供相关资信证明,争取让银行同意延期还款方案。

【法条链接】

《人民币利率管理规定》第二十一条 中长期贷款(期限在一年以上)利率实行一年一定。贷款(包括贷款合同生效日起一年内应分笔拨付的所有资金)根据贷款合同确定的期限,按贷款合同生效日相应档次的法定贷款利率计息,每满一年后(分笔拨付的以第一笔贷款的发放日为准),再按当时相应档次的法定贷款利率确定下一年度利率。中长期贷款按季结息,每季度末月二十日为结息日。对贷款期内不能按期支付的利息按合同利率按季计收复利,贷款逾期后改按罚息利率计收复利。

第二十五条 逾期贷款或挤占挪用贷款,从逾期或挤占挪用之日起,按罚息利率计收罚息,直到清偿本息为止,遇罚息利率调整分段计息。对贷款逾期或挪用期间不能按期支付的利息按罚息利率按季(短期贷款也可按月)计收复利。如同一笔贷款既逾期又挤占挪用,应择其重,不能并处。

第二十八条 中国人民银行对金融机构再贷款按合同利率计息,遇利率调整不分段计息。按季结息,每季度末月二十日为结息日。对贷款期内不能按期支付的利息按合同利率计收复利。

再贷款展期,贷款期限不累计计算,按展期日相应档次的再贷款利率计息。再贷款逾期,按逾期日的罚息利率计收罚息,直到归还本息,遇罚息利率调整分段计息。对逾期期间不能按期支付的利息按罚息利率按季计收复利。

90. 借款时没有约定要支付利息的，贷款人可以主张利息吗？

【情景案例】

刘某与项某是邻居，两人关系甚好。2021 年 3 月 10 日，刘某的儿子发生了交通事故，急需 30 万元医疗费。由于刘某手上无可用资金，其便向项某借了 30 万元。双方写了借条，约定借款期限为 3 个月，但没有约定借款利息。7 月 1 日，项某准备要求刘某还款时，才发现当时没有约定借款利息。项某认为，虽然双方没有约定借款利息，但刘某应当按银行贷款利率向其支付利息。

请问：项某的说法符合我国法律规定吗？

【案例分析】

本案涉及的是民间借贷关系中借款利息的法律问题。

根据《民法典》第六百八十条和《最高人民法院关于审理民间借贷案件适用法律若干问题的规定》第二十四条、第二十八条的规定，借款合同对支付利息没有约定的，视为没有利息。未约定逾期利率或者约定不明的，人民法院可以区分不同情况处理：(1)既未约定借期内利率，也未约定逾期利率，出借人主张借款人自逾期还款之日起参照当时 1 年期贷款市场报价利率标准计算的利息承担逾期还款违约责任的，人民法院应予支持；(2)约定了借期内利率但是未约定逾期利率，出借人主张借款人自逾期还款之日起按照借期内利率支付资金占用期间利息的，人民法院应予支持。

本案中，刘某向项某借款 30 万元，约定借款期限为 3 个月，没有约定借款利率。刘某、项某之间的民间借贷关系系双方的真实意思表示，且不违反有关法律、法规的强制性规定，应属有效。项某向刘某交付了借款，刘某应当履行还款义务，由于双方没有约定借款期限内的利息，所以视为不支付利息，项某无权要求刘某支付借期内的利息。关于逾期还款利息，虽然借条中没有约定支付逾期利息，但是根据《最高人民法院关于审理民间借贷案件适用法律若干问题的规定》第二十八条的规定，项某有权向刘某主张逾期还款利息，且法院应当予以支持。

【风险防范建议】

借款利息是借款合同中的重要内容，在约定时应注意以下几点：

(1)应明确借款利率为年利率或月利率，同时用大写标明。在实务中，法院在审理民间借贷纠纷案件时，对于各种以“利息”“违约金”“服务费”“中介费”“保证金”“延期费”等突破或变相突破法定利率“红线”的约定，依法不予支持。

(2)明确约定逾期还款利率。到期未还后的利率是否和约定的借款期限内利率一致是民间借贷纠纷中常见的争议焦点，逾期利率带有惩罚性质，可以在借款合同中约定逾期利率高于借期利率。

(3)根据相关司法解释，以中国人民银行授权全国银行间同业拆借中心每月20日发布的1年期贷款市场报价利率(LPR)的4倍为标准确定民间借贷利率的司法保护上限。因此，在约定利率时高于4倍LPR标准的部分不受法律保护。

【法条链接】

《民法典》第六百八十条　禁止高利放贷，借款的利率不得违反国家有关规定。

借款合同对支付利息没有约定的，视为没有利息。

借款合同对支付利息约定不明确，当事人不能达成补充协议的，按照当地或者当事人的交易方式、交易习惯、市场利率等因素确定利息；自然人之间借款的，视为没有利息。

《最高人民法院关于审理民间借贷案件适用法律若干问题的规定》第二十四条　借贷双方没有约定利息，出借人主张支付利息的，人民法院不予支持。

自然人之间借贷对利息约定不明，出借人主张支付利息的，人民法院不予支持。除自然人之间借贷的外，借贷双方对借贷利息约定不明，出借人主张利息的，人民法院应当结合民间借贷合同的内容，并根据当地或者当事人的交易方式、交易习惯、市场报价利率等因素确定利息。

第二十八条　借贷双方对逾期利率有约定的，从其约定，但是以不超过合同成立时一年期贷款市场报价利率四倍为限。

未约定逾期利率或者约定不明的，人民法院可以区分不同情况处理：

(一)既未约定借期内利率，也未约定逾期利率，出借人主张借款人自逾期还款之日起参照当时一年期贷款市场报价利率标准计算的利息承担逾期还款违约责任的，人民法院应予支持；

(二)约定了借期内利率但是未约定逾期利率，出借人主张借款人自逾期还款之日起按照借期内利率支付资金占用期间利息的，人民法院应予支持。

91.企业没有按约定到银行提取借款的，利息从什么时候算起？

【情景案例】

董某是深圳某电器公司的董事长。2021年3月，由于资金周转需要，董某向某银行申请贷款，经过评估、审查后，某银行同意借款500万元给深圳某电器公司。4月5日，在所有借款手续办完后，银行通知董某于4月12日到银行提取借款。但由于董某的父亲生病了，其需要回老家照顾父亲，因而没有按时提款。直至5月12日，董某才去提款。董某在提款时,银行工作人员告知董某,贷款利息从4月12日开始计算。对此,董某表示十分不解。董某认为,贷款利息应当自提款之日起计算,银行这种计算方法是不合法的。

请问:董某的说法符合我国法律规定吗?

【案例分析】

本案涉及的是借款合同中借款人未按照约定收取借款的责任问题。

根据《民法典》第六百七十一条第二款的规定,借款人未按照约定的日期、数额收取借款的,应当按照约定的日期、数额支付利息。

借款合同依法成立后即对当事人产生法律约束力。贷款人和借款人都应当全面、及时履行合同约定的义务,任何一方当事人不得擅自变更或者解除合同。如果有一方当事人不履行或者不正确履行合同义务,就会影响另一方当事人正常的资金周转和生产经营活动;这样既不能实现当事人订立借款合同的目的,也给社会经济活动造成不利的影响。因此,借贷双方当事人在合同订立后,应当切实履行合同约定的义务。本案中,深圳某电器公司与某银行订立借款合同,约定由某银行向深圳某电器公司借款500万元。若双方在借款合同中已明确约定借款期限自某银行通知董某提款日起计算,则贷款利息就应当自2021年4月12日起计算,而非自借款人实际收取借款之日起计算。因此,董某的说法不正确。

实践中,贷款银行会在借款人办理贷款时,要求借款人向贷款银行出具不可撤销的授权委托书,委托贷款银行将合同约定的借款支付至借款人指定的银行账户,贷款银行在贷款审批完成后,依据借款人的委托授权直接将贷款发放至借款人指定的银行账户,完成贷款的支付。因此,本案例的类似争议并不多见。

【风险防范建议】

由于自然人之间的借款是以实际交付为生效要件的,因此,自然人之间的借款合同不适用《民法典》第六百七十一条的规定。实际上,贷款人往往是金融机构,因此借款人与贷款人签订借款合同时,关于收款条款应注意以下几点:

(1)借款人必须严格按照约定履行合同,及时收取借款。如借款人在订立借款合同后,未按照合同约定的日期、数额收取借款,仍应当按照约定日期、数额支付利息;这种做法有利于督促借款人及时接受借款,避免资金闲置。

(2)在我国目前资金短缺,金融市场尚欠发达,资金融通渠道不是很畅通的情况下,往往是借款人求助于贷款人,贷款人有可能利用其优势地位。贷款人由于资金或其他原因未按照约定日期、数额提供借款的,即构成违约,因此给借款人造成损失的,应当向借款人赔偿该损失。

【法条链接】

《民法典》第六百七十一条 贷款人未按照约定的日期、数额提供借款，造成借款人损失的，应当赔偿损失。

借款人未按照约定的日期、数额收取借款的，应当按照约定的日期、数额支付利息。

92. 企业擅自改变银行贷款用途的，要承担什么责任？

【情景案例】

梁某是甲公司的创始人。某客户拖欠甲公司300万元货款，导致其资金周转出现困难，梁某便向某银行申请贷款。2021年3月12日，甲公司与某银行签订《借款合同》，约定：甲公司向某银行借款200万元，借款用途是企业生产经营。3月20日，甲公司顺利从某客户处收回300万元货款。梁某想将从银行借来的200万元转贷给其他公司赚取利息差。但梁某听朋友杜某说，擅自改变借款用途是违约行为，不能这样做。

请问：杜某的说法符合我国法律规定吗？

【案例分析】

本案涉及的是未按照借款用途使用借款的法律责任问题。

根据《民法典》第六百七十三条的规定，借款人未按照约定的借款用途使用借款的，贷款人可以停止发放借款、提前收回借款或者解除合同。

本案中，甲公司因资金周转困难与某银行签订《借款合同》，约定：甲公司向某银行借款200万元，借款用途是企业生产经营。后甲公司因收回300万元货款解决了资金困难问题，便计划将银行贷款的200万元转贷给其他公司赚取利息。若甲公司将银行贷款转贷的，则违反了《借款合同》中约定的借款用途，构成违约，某银行有权提前收回借款或者解除与甲公司之间的借款合同。若甲公司将从银行等金融机构取得的信贷资金转借他人，牟利达到一定数额，可能构成高利转贷罪，将需要承担高利转贷犯罪相应刑事法律责任。故杜某的说法符合我国法律规定。

【风险防范建议】

借款人擅自改变借款用途，就会使原当事人共同预期的收益变得不确定，增加了贷款人的贷款风险，最终可能导致其借款难以收回。因此，借款用途作为借款合同中的重要内容，贷款人在签订借款合同时应注意以下几点：

(1)明确借款用途,对未按照约定用途使用借款的,约定较严重的违约责任以加重其违约成本。

(2)可以要求借款人提供保证人,并在借款合同的相关保证条款要求保证人承诺监督借款人专款专用,若保证人未尽监督义务而导致借款被挪作他用,保证人不得免除保证责任。

(3)对借款人未按照约定用途挪用借款的,分期提供贷款或者根据资金使用进度提供贷款的贷款人可以对尚未发出的贷款暂停发放;款项已全部贷出的,可以要求贷款期限加速到期,将已经借出的借款提前收回。

【法条链接】

《民法典》第六百七十三条 借款人未按照约定的借款用途使用借款的,贷款人可以停止发放借款、提前收回借款或者解除合同。

《刑法》第一百七十五条 以转贷牟利为目的,套取金融机构信贷资金高利转贷他人,违法所得数额较大的,处三年以下有期徒刑或者拘役,并处违法所得一倍以上五倍以下罚金;数额巨大的,处三年以上七年以下有期徒刑,并处违法所得一倍以上五倍以下罚金。

单位犯前款罪的,对单位判处罚金,并对其直接负责的主管人员和其他直接责任人员,处三年以下有期徒刑或者拘役。

93. 企业经营者遇到“套路贷”,怎么办?

【情景案例】

某科技公司成立于2018年6月,注册资本为50万元,阮某是该公司董事长。2020年12月,阮某接到一个小额贷款的推销电话,当时由于公司正缺钱周转,阮某打算从来电的某小额贷款公司借款8万元,但却被告知,想借8万元,必须签10万元的借款合同,另外2万元为借款利息。由于急需用钱,2021年1月20日,阮某同意了某小额贷款公司的要求。于是某小额贷款公司工作人员蓝某拿出一张借条让阮某填写。该借条是空白的,只需要填上名字、所借金额和还款日期就可以了。当时,阮某表示不解,蓝某解释说:“这是行规,如果不违约,你3个月后还10万元即可。”

3个月后,由于公司经营不善,阮某无力偿还这笔钱,阮某家里突然来了一帮人,威胁其还钱。由于阮某实在无钱可还,蓝某等人用殴打和语言暴力等方式反复逼其写欠条。直至2021年7月,阮某的欠款已达60万元。

2021年8月,阮某按照蓝某提供的办法,将自己一套市场价值120万元的房屋以90万元抵押给某小额贷款公司。手续办好后,某小额贷款公司将90万元打到阮某的银行账户后，立即取走60万元，只给阮某留下30万元。阮某表示，这钱只是在银行里走个过场，他的银行卡与密码早被某小额贷款公司控制，他们利用这个做银行流水，以作为证据使用。后阮某仍无力偿还高额贷款，只得将房屋过户给某小额贷款公司。

请问：阮某应该如何维权？

【案例分析】

本案涉及的是"套路贷"的构成、认定和相关法律责任的问题。

根据《最高人民法院、最高人民检察院、公安部、司法部关于办理黑恶势力犯罪案件若干问题的指导意见》第20条的规定，对于以非法占有为目的，假借民间借贷之名，通过"虚增债务""签订虚假借款协议""制造资金走账流水""肆意认定违约""转单平账""虚假诉讼"等手段非法占有他人财产，或者使用暴力、威胁手段强立债权、强行索债的，应当根据案件具体事实，以诈骗、强迫交易、敲诈勒索、抢劫、虚假诉讼等罪名侦查、起诉、审判。对于非法占有的被害人实际所得借款以外的虚高"债务"和以"保证金""中介费""服务费"等各种名目扣除或收取的额外费用，均应计入违法所得。对于名义上为被害人所得、但在案证据能够证明实际上却为犯罪嫌疑人、被告人实施后续犯罪所使用的"借款"，应予以没收。又根据《最高人民法院关于审理民间借贷案件适用法律若干问题的规定》第二十五条和第二十六条的规定，出借人请求借款人合同约定借款利率超过合同成立时1年期贷款市场报价利率4倍的，人民法院不予支持；先在本金中扣除利息的，人民法院应当将实际出借的金额认定为本金。

"套路贷"多假借民间借贷之名，通过"虚增债务""制造资金走账流水""肆意认定违约""转单平账""虚假诉讼"等手段，达到非法占有他人财产的目的。

本案中，阮某与某小额贷款公司订立借款合同，约定某小额贷款公司向阮某出借10万元，借款期限为3个月，借款利息为2万元。某小额贷款公司在10万元借款本金中扣除2万元利息，实际向阮某出借了8万元。根据司法解释的相关规定，应认定实际出借款项8万元为借款本金。后阮某无力偿还这笔钱，某小额贷款公司人员蓝某等人用殴打和语言暴力等方式威胁阮某还钱并反复逼其写欠条。至2021年7月，阮某的欠款已达60万元。某小额贷款公司还操控阮某将自己价值120万元的房屋以90万元抵押给某小额贷款公司，并控制了阮某的银行账户，在90万元借款到账后立即提款60万元，阮某实际仅收到30万元。某小额贷款公司虚增债务、签订虚假借款协议、制造资金走账流水、暴力催收等行为，已经严重违反了《刑法》，阮某应当向公安机关报案，追究某小额贷款公司及相关负责人员的刑事责任。

【风险防范建议】

“套路贷”作为一种新兴的犯罪现象，起源于高利贷但却比高利贷造成的社会危害更大。实践中，为了防止被“套路贷”，建议企业与个人做好以下几点：

(1)选择合法规范的金融机构进行融资，警惕高额利息、交易结构过分复杂的民间借贷。

(2)在借贷过程中应谨慎签署相关法律文件，仔细对合同内容等进行审核；有必要的，可以找律师对合同等文书进行审核，并提出法律风险防控意见。

(3)及时固定、保存相关证据，牢固树立“收款有收据”的意识。对于付款后不提供相关收据的要求，应明确予以拒绝或者要求以银行转让的方式实现付款，且在转账时注明款项用途。

(4)如果已经被“套路贷”，应首先确保自身的人身安全，面对实施“套路贷”的行为人威胁、勒索、收取高额利息及违约金的行为，应积极向公安机关寻求援助。

【法条链接】

《最高人民法院关于审理民间借贷案件适用法律若干问题的规定》第二十五条　出借人请求借款人按照合同约定利率支付利息的，人民法院应予支持，但是双方约定的利率超过合同成立时一年期贷款市场报价利率四倍的除外。

前款所称“一年期贷款市场报价利率”，是指中国人民银行授权全国银行间同业拆借中心自 2019 年 8 月 20 日起每月发布的一年期贷款市场报价利率。

第二十六条　借据、收据、欠条等债权凭证载明的借款金额，一般认定为本金。预先在本金中扣除利息的，人民法院应当将实际出借的金额认定为本金。

第二十七条　借贷双方对前期借款本息结算后将利息计入后期借款本金并重新出具债权凭证，如果前期利率没有超过合同成立时一年期贷款市场报价利率四倍，重新出具的债权凭证载明的金额可认定为后期借款本金。超过部分的利息，不应认定为后期借款本金。

按前款计算，借款人在借款期间届满后应当支付的本息之和，超过以最初借款本金与以最初借款本金为基数、以合同成立时一年期贷款市场报价利率四倍计算的整个借款期间的利息之和的，人民法院不予支持。

第二十八条第一款　借贷双方对逾期利率有约定的，从其约定，但是以不超过合同成立时一年期贷款市场报价利率四倍为限。

第二十九条　出借人与借款人既约定了逾期利率，又约定了违约金或者其他费用，出借人可以选择主张逾期利息、违约金或者其他费用，也可以一并主张，但是总计超过合同成立时一年期贷款市场报价利率四倍的部分，人民法院不予支持。

《最高人民法院、最高人民检察院、公安部、司法部关于办理黑恶势力犯罪案件若干问题的指导意见》 20. 对于以非法占有为目的，假借民间借贷之名，通过“虚增债务”“签订虚假借款协议”“制造资金走账流水”“肆意认定违约”“转单平账”“虚假诉讼”等手段非法占有他人财产，或者使用暴力、威胁手段强立债权、强行索债的，应当根据案件具体事实，以诈骗、强迫交易、敲诈勒索、抢劫、虚假诉讼等罪名侦查、起诉、审判。对于非法占有的被害人实际所得借款以外的虚高“债务”和以“保证金”“中介费”“服务费”等各种名目扣除或收取的额外费用，均应计入违法所得。对于名义上为被害人所得、但在案证据能够证明实际上却为犯罪嫌疑人、被告人实施后续犯罪所使用的“借款”，应予以没收。

《最高人民法院、最高人民检察院、公安部、司法部关于办理“套路贷”刑事案件若干问题的意见》 4. 实施“套路贷”过程中，未采用明显的暴力或者威胁手段，其行为特征从整体上表现为以非法占有为目的，通过虚构事实、隐瞒真相骗取被害人财物的，一般以诈骗罪定罪处罚；对于在实施“套路贷”过程中多种手段并用，构成诈骗、敲诈勒索、非法拘禁、虚假诉讼、寻衅滋事、强迫交易、抢劫、绑架等多种犯罪的，应当根据具体案件事实，区分不同情况，依照刑法及有关司法解释的规定数罪并罚或者择一重处。

5. 多人共同实施“套路贷”犯罪，犯罪嫌疑人、被告人在所参与的犯罪中起主要作用的，应当认定为主犯，对其参与或组织、指挥的全部犯罪承担刑事责任；起次要或辅助作用的，应当认定为从犯……

6. 在认定“套路贷”犯罪数额时，应当与民间借贷相区别，从整体上予以否定性评价，“虚高债务”和以“利息”“保证金”“中介费”“服务费”“违约金”等名目被犯罪嫌疑人、被告人非法占有的财物，均应计入犯罪数额……

7. 犯罪嫌疑人、被告人实施“套路贷”违法所得的一切财物，应当予以追缴或者责令退赔；对被害人的合法财产，应当及时返还。有证据证明是犯罪嫌疑人、被告人为实施“套路贷”而交付给被害人的本金，赔偿被害人损失后如有剩余，应依法予以没收……

94. 法定代表人“私贷公用”的，责任如何承担？

【情景案例】

A公司由季某与麻某等5人共同创办；季某是公司法定代表人，占公司51%的股权。2021年3月3日，因公司缺乏流动资金，季某就以个人名义向合作伙伴B公司借款50万元，借款期限为1年，借款年利率为18%。季某将借来的钱全部用于A公司运营。借款到期后，由于A公司无力偿还借款，B公司将季某、A公司诉至法院，要求两方共同承担还款责任。季某辩称，虽然是以其个人名义借款的，但钱实际用于A公司经营，该笔债务应该由A公司承担，与其个人无关。

请问:季某的说法符合我国法律规定吗?

【案例分析】

本案涉及的是公司法定代表人个人借款给公司使用的债务承担法律问题。

根据《民法典》第一百七十六条规定,民事主体依照法律规定或者按照当事人约定,履行民事义务,承担民事责任。又根据《最高人民法院关于审理民间借贷案件适用法律若干问题的规定》第二十二条第二款,法人的法定代表人或者非法人组织的负责人以个人名义与出借人订立民间借贷合同,所借款项用于单位生产经营,出借人请求单位与个人共同承担责任的,人民法院应予支持。

本案中,季某作为A公司法定代表人以个人名义向B公司借款50万元,借款期限为1年,借款年利率为18%。该借款合同是双方真实意思表示,不违反法律禁止性规定,合法有效。季某将借款全部用于A公司经营,出借人B公司依据相关司法解释规定,有权请求A公司与季某共同承担清偿责任。季某作为法定代表人虽自身未使用该款项,但基于合同相对性的基本原理,其仍需就该笔借款承担清偿责任。因此,季某的说法与上述司法解释不符。

【风险防范建议】

实践中,“私贷公用”的情况下,公司法定代表人虽自身未使用款项,但仍需就该笔借款承担责任。为减轻自身还款责任,法定代表人为公司借款时,应尽可能将公司一同纳为还款责任主体,具体建议如下:

(1)与出借人明确约定借款用途。法定代表人在与出借人签订借款合同时,应明确约定所借款项全部用于公司生产经营。

(2)要求公司加盖公章。如果法定代表人将借款用于公司,可以要求公司之后在借条上加盖公章,在一定程度上证明借款被用于“公司生产经营”。

(3)将借贷资金汇入公司账户。法定代表人出具借条之后,可以要求出借人向公司账户转账以履行借款合同,在一定程度上证明法定代表人将所借款项用于公司。也可在借款合同或借据中明确收款账户为公司账户。

(4)保留公司自认的相关证据,并要求公司提供财产担保。如果公司承认借款为公司借款并自担偿还责任,或者各方当事人对于借款用于公司生产经营均无异议,则足以认定满足“借款用于公司生产经营”。法定代表人应当及时采用书面化形式固定公司所作出的意思表示,如通过股东会决议、加盖公司印章的说明文件等方式证明。可以要求公司为“私贷公用”的借款向法定代表人或者出借人提供财产担保。

【法条链接】

《民法典》第一百七十六条 民事主体依照法律规定或者按照当事人约定,履行民事义务,承担民事责任。

《最高人民法院关于审理民间借贷案件适用法律若干问题的规定》第二十二条 法人的法定代表人或者非法人组织的负责人以单位名义与出借人签订民间借贷合同,有证据证明所借款项系法定代表人或者负责人个人使用,出借人请求将法定代表人或者负责人列为共同被告或者第三人的,人民法院应予准许。

法人的法定代表人或者非法人组织的负责人以个人名义与出借人订立民间借贷合同,所借款项用于单位生产经营,出借人请求单位与个人共同承担责任的,人民法院应予支持。

95. 员工代公司写欠条的,员工需要承担还款责任吗?

【情景案例】

贾某是甲公司的采购员。2021年3月20日,贾某代表甲公司向娄某采购了一批鞋底,价款为10万元。按以往交易习惯,甲公司向娄某采购货物,不需要签订合同,而是每个月月底准时结算货款。由于甲公司有几万元货款没有收回,因此直至6月30日仍未向娄某支付货款。在娄某的强烈要求下,贾某就以自己的名义给娄某写了一纸张条,写明:"今欠娄某鞋底货款10万元。"此后,甲公司由于经营不善倒闭了,无力偿还娄某的货款。无奈之下,娄某将贾某诉至法院,以贾某所写欠条为依据要求其偿还货款10万元。贾某认为,虽以他个人名义出具了欠条,但毕竟是甲公司欠的货款,他不应该偿还。

请问:娄某的请求能得到法院支持吗?

【案例分析】

本案涉及的是职务行为和债务加入的法律问题。

我国《民法典》第一百七十条第一款规定,执行法人或者非法人组织工作任务的人员,就其职权范围内的事项,以法人或者非法人组织的名义实施的民事法律行为,对法人或者非法人组织发生效力。第五百五十二条规定,第三人与债务人约定加入债务并通知债权人,或者第三人向债权人表示愿意加入债务,债权人未在合理期限内明确拒绝的,债权人可以请求第三人在其愿意承担的债务范围内和债务人承担连带债务。

本案中,娄某与甲公司虽未签订书面的买卖合同,但娄某给甲公司提供了产品,甲公司收了货，双方已经形成了事实上的买卖合同关系。甲公司的采购员贾某向娄某出具欠条，是因为娄某与甲公司之间已形成了事实上的买卖合同关系，欠条是对双方之间的买卖进行结算的行为，属于正常的经营活动。虽然贾某出具的欠条上没有甲公司印章，且欠款人注明的是贾某，但并不能因此排除甲公司的责任。不过贾某以个人名义出具欠条的行为，不符合职务行为的构成要件，而是表明其以新债务人的身份加入甲公司对娄某的债务，构成了债务加入，故甲公司和贾某具有共同偿还货款的义务。因此，娄某的请求不能得到法院支持。

【风险防范建议】

实务中，员工代表公司与相对方签订合同的情形非常普遍，为保障自身权益，企业在与对方代表签订合同或交易时，应注意以下几点：

(1)在签订合同或者其他重要法律文书时，应明确合同主体。相对方是企业的，应当加盖公章；如果实在无法加盖公章，也应当以其他方式进行主体上的确认，或者保留其他相应证据证明合同主体是法人还是个人。

(2)交易过程中如出现员工、股东、法定代表人等身份的人员，代公司履行相应职责或义务，应要求其出具由公司盖章的授权委托书。注意审查代理人的授权委托书，明确代理权限和期限、授权事项与实际交易是否相符等。

(3)如果明确交易对象为个人，合同的相对人应当明确为个人，结算单、欠条等字样里不应出现其代某公司履行职责、抬头显示为公司名称等内容。

【法条链接】

《民法典》第一百七十条 执行法人或者非法人组织工作任务的人员，就其职权范围内的事项，以法人或者非法人组织的名义实施的民事法律行为，对法人或者非法人组织发生效力。

法人或者非法人组织对执行其工作任务的人员职权范围的限制，不得对抗善意相对人。

第五百五十二条 第三人与债务人约定加入债务并通知债权人，或者第三人向债权人表示愿意加入债务，债权人未在合理期限内明确拒绝的，债权人可以请求第三人在其愿意承担的债务范围内和债务人承担连带债务。

96. 法定代表人以自己的名义出具欠条的，由谁承担还款责任？

【情景案例】

A公司是一家建筑公司，有股东6人；江某为该公司的法定代表人。在A公司经营过程中,江某经常用个人银行卡收付资金。2021 年 3 月 8 日,A 公司在承建某学校宿舍工程时,与 B 公司签订合同,约定由 B 公司供应所需要的水泥。4 月 8 日,A 公司、B 公司进行结算,江某以自己名义向 B 公司出具一份欠条,内容为:“今欠 B 公司水泥款人民币 60 万元,于 2021 年 5 月 8 日前付 30 万元,余款于 2021 年 7 月 30 日前付清。欠款人江某。”5 月 5 日,江某从个人账户向 B 公司转账 30 万元。之后,江某未再按时还款。

请问:B 公司应该向谁追偿这笔货款?

【案例分析】

本案涉及的是法定代表人加入公司债务的认定问题。

我国《民法典》第五百五十二条规定,第三人与债务人约定加入债务并通知债权人,或者第三人向债权人表示愿意加入债务,债权人未在合理期限内明确拒绝的,债权人可以请求第三人在其愿意承担的债务范围内和债务人承担连带债务。

本案中,B 公司向 A 公司供应水泥,A 公司的法定代表人江某与 B 公司就双方之间的水泥款项进行结算,并以自己个人的名义向 B 公司出具欠条,确认江某为欠款人,欠 B 公司水泥款 60 万元。江某以个人名义出具欠条,是其个人加入债务的真实意思表示,合法有效,应当视为江某自愿以个人名义加入 A 公司与 B 公司的债权债务关系,与 A 公司共同承担债务,属于债务加入。因此,B 公司应向 A 公司和江某追偿这笔货款。

【风险防范建议】

根据《公司法》第三条的规定,公司是企业法人,有独立的法人财产,享有法人财产权。公司以其全部财产对公司的债务承担责任。因此一般而言,因法定代表人的职务行为产生的民事责任由公司承担,法定代表人一般不需要直接对公司的债务承担清偿责任。但实务中,常因操作不当,存在法定代表人应对公司债务承担连带责任的案例,为避免此种情况的发生,企业法定代表人应注意以下几点:

(1)企业法定代表人不能以个人名义代公司签订合同。审查合同时应注意合同主体是公司还是法定代表人个人。合同主体是公司的,应加盖公司公章,法定代表人仅作为被授权代表签字。

(2)公司的法定代表人在代表公司签订合同时应当注意,审查合同中是否包含需要法定代表人承担担保责任的条款,或是否要求法定代表人单独签订保证合同。

(3)建议非实际出资人或非实际经营者不要随意做“挂名”的公司法定代表人。非实际出资人或非实际经营者往往不参与公司实际经营或对公司运营情况不了解,为避免公司因债权债务问题与第三人产生纠纷导致法定代表人须承担连带责任,尽量不要做“挂名”法定代表人。

【法条链接】

《民法典》第五百五十二条 第三人与债务人约定加入债务并通知债权人，或者第三人向债权人表示愿意加入债务，债权人未在合理期限内明确拒绝的，债权人可以请求第三人在其愿意承担的债务范围内和债务人承担连带债务。

《公司法》第三条 公司是企业法人，有独立的法人财产，享有法人财产权。公司以其全部财产对公司的债务承担责任。

有限责任公司的股东以其认缴的出资额为限对公司承担责任；股份有限公司的股东以其认购的股份为限对公司承担责任。

第十二章
保证合同

97. 主债权债务合同无效的，保证合同有效吗？

【情景案例】

A公司由李甲、王某等人创办，李甲担任公司执行董事，王某担任公司监事。王某与李甲经常一起参加赌博活动。2021年3月，王某邀李甲一起去赌博，因李甲手头缺乏资金，遂提出向王某借款100万元用于赌博，王某同意借钱给李甲去赌博，但是，王某提出必须由李甲的哥哥李乙提供担保才能借款。之后，王某和李甲一起找到李甲的哥哥李乙，谎称李甲做生意过程中遇到资金周转困难，需要向王某借款并由李乙为该100万元借款提供担保。李乙念及兄弟情谊，遂同意为李甲的100万元借款提供担保。4月1日，王某与李甲签订了一份《借款合同》，约定王某出借100万元给李甲，借款期限为1个月；同日，王某、李甲、李乙三人又签订了一份《保证合同》，约定王某出借100万元给李甲，用于解决李甲生意上的资金周转问题，由李乙作为上述100万元借款的保证人，提供连带责任担保；如果李甲不能按期还款，李乙须无条件承担还款责任。李甲在赌博过程中，将100万元借款全部输掉，借款到期后，无力偿还。王某找到李乙，要求李乙承担保证责任。李乙在了解事情真相后认为，王某借钱给李甲用于赌博，不受法律保护，王某与李甲之间的借款合同是无效的，而且，王某和李甲一起欺骗了李乙，谎称是为了解决李甲经商过程中的资金周转问题，因此，李乙不同意还款。王某遂向法院提起诉讼，要求李甲偿还借款，并要求李乙承担保证责任。

请问：李乙的说法符合我国法律规定吗？

【案例分析】

本案涉及的是在主债权债务合同无效的情况下，保证合同的效力问题，以及如果主债权债务合同被确认无效，保证人是否需要承担民事责任的问题。

我国《民法典》第六百八十二条规定，保证合同是主债权债务合同的从合同。保证合同的效力从属于主债权债务合同；主债权债务合同无效的，保证合同无效；但是法律另有规定的除外。保证合同被确认无效后，保证人有过错的，应当根据其过错承担相应的民事责任。根据《最高人民法院关于审理民间借贷案件适用法律若干问题的规定》第十三条的规定，出借人事先知道或者应当知道借款人借款用于违法犯罪活动仍然提供借款的，人民法院应当认定借款合同无效。

根据上述规定，主债权债务合同与保证合同是主合同与从合同的关系，即主债权债务合同是主合同，保证合同是主债权债务合同的从合同。由于保证合同在性质上具有附从性，当主债权债务合同无效时，作为从合同的保证合同失去了所附从的主合同，自然也就随之无效。当然，需要提醒的是，如果法律另有规定，则保证合同可以独立存在，例如，根据《最高人民法院关于审理独立保函纠纷案件若干问题的规定》，银行以及非银行金融机构开具的"独立保函"（银行或非银行金融机构作为开立人，以书面形式向受益人出具的，同意在受益人请求付款并提交符合保函要求的单据时，向其支付特定款项或在保函最高金额内付款的承诺），其效力不受主债权债务合同效力的影响。

在保证合同被确认无效后，保证人是否需要承担民事责任，不能一概而论，需要具体情况具体分析；也就是说，需要根据案件具体情况综合分析保证人是否存在过错，并据此判断保证人是否需要承担民事责任。

本案中，王某明知李甲借钱是用于赌博的，因此双方所签订的《借款合同》无效，不受法律保护。由于《借款合同》即主债权债务合同无效，故作为从合同的《保证合同》也随之无效，不受法律保护。由于受到王某和李甲的欺骗，李乙误以为该100万元借款是用于李甲解决经商过程中的资金周转问题的，才同意提供保证担保，在此过程中，李乙作为保证人并不存在过错，对此无须承担民事责任。综上所述，李乙主张不承担还款责任，符合法律规定，在司法实践中会得到法院的支持。

【风险防范建议】

保证作为常见的担保方式之一，在实践中被广泛采用。大家在以保证方式提供担保时，有以下事项需要注意：

（1）建议在保证合同中明确约定承担的保证责任是一般保证还是连带责任保证。如果是一般保证，只有在主合同纠纷经法院审判或者仲裁机构仲裁，且以债务人的财产依法强制执行仍然不能履行债务时，保证人才承担保证责任；在此之前，一般情况下，保证人有权拒绝向债权人承担保证责任。如果是连带责任保证，只要债务人不履行到期债务或者发生当事人约定的情形，债权人除可以要求债务人履行债务外，还可以要求保证人承担保证责任履行债务。二者的主要区别在于，前者必须经过司法机关对债务人的强制执行，才能要求保证人承担责任。

需要注意的是，如果当事人在保证合同中对保证方式没有约定或者约定不明确，则按一般保证承担保证责任。

(2)建议在保证合同中明确约定保证期间，而且保证期间应当晚于主债务履行期限，否则，视为没有约定保证期间。如果对保证期间没有约定或者约定不明，保证期间推定为主债务履行期限届满之日起6个月。

(3)务必在保证期间内行使权利，否则，保证人将免于承担保证责任。连带责任保证的债权人必须在保证期间内请求保证人承担保证责任，而一般保证的债权人则必须在保证期间内对债务人提起诉讼或者申请仲裁，否则，保证人就不再承担保证责任。

【法条链接】

《民法典》第六百八十二条 保证合同是主债权债务合同的从合同。主债权债务合同无效的，保证合同无效，但是法律另有规定的除外。

保证合同被确认无效后，债务人、保证人、债权人有过错的，应当根据其过错各自承担相应的民事责任。

《最高人民法院关于审理民间借贷案件适用法律若干问题的规定》第十三条 具有下列情形之一的，人民法院应当认定民间借贷合同无效：

……

(四)出借人事先知道或者应当知道借款人借款用于违法犯罪活动仍然提供借款的；

……

98. 债权人未向债务人追索债务，一般保证人有权拒绝承担保证责任吗？

【情景案例】

2021年8月1日，甲公司因资金周转需要向乙公司提出借款100万元，乙公司同意借款给甲公司，但要求其找一位担保人进行担保。于是甲公司找到丙公司进行担保，丙公司同意担保后，三方签订了《借款协议》，约定：甲公司向乙公司借款100万元，借款期限为1年，年利率为12%；丙公司是一般保证人，若甲公司到期未还清本息，丙公司要承担保证还款的责任。还款期限到后，甲公司未并按期还款。考虑到甲公司的困难情况，乙公司不忍心向甲公司追款，1个月后遂向法院提起诉讼，要求保证人丙公司偿还借款本息。丙公司辩称，其系一般保证人，乙公司必须先起诉甲公司追索债务，否则其有权拒绝承担保证责任。

请问：丙公司的请求能得到法院支持吗？

【案例分析】

本案涉及的是一般保证的保证人如何承担保证责任的问题。

根据我国《民法典》第六百八十六条的规定,保证的方式包括一般保证和连带责任保证。第六百八十七条第二款规定,一般保证的保证人在主合同纠纷未经审判或者仲裁,并就债务人财产依法强制执行仍不能履行债务前,有权拒绝向债权人承担保证责任,但是有下列情形之一的除外:(1)债务人下落不明,且无财产可供执行;(2)人民法院已经受理债务人破产案件;(3)债权人有证据证明债务人的财产不足以履行全部债务或者丧失履行债务能力;(4)保证人书面表示放弃本款规定的权利。第六百九十二条第二款规定,债权人与保证人可以约定保证期间,没有约定保证期间或者约定不明确的,保证期间为主债务履行期限届满之日起6个月。

保证分为一般保证和连带责任保证两种方式。一般保证,是指保证人在保证合同中约定,在债务人不能履行债务时,保证人承担保证责任的保证。连带责任保证,是指保证人在保证合同中约定保证人与债务人对债务承担连带责任的保证。一般保证与连带责任保证的最大区别就在于,一般保证人享有先诉抗辩权,而连带责任保证人不享有先诉抗辩权。先诉抗辩权,又称检索抗辩权,是指一般保证的保证人在就债务人的财产依法强制执行仍不能履行债务前,对债权人可以拒绝承担保证责任的权利。在主合同纠纷未经审判或者仲裁并就债务人财产依法强制执行仍不能履行债务之前,保证人一旦行使先诉抗辩权,即可对抗债权人提出的履行债务的请求,拒绝承担保证责任。需要注意的是,只有一般保证人才享有先诉抗辩权,承担连带责任保证的保证人则不享有先诉抗辩权;另外,行使先诉抗辩权仅是暂时拒绝承担保证责任,延缓一般保证人承担保证责任的时间,而非绝对地不承担保证责任。

本案中,甲公司、乙公司、丙公司三方共同签订了《借款协议》,甲公司与乙公司是借款合同关系、与丙公司是保证合同关系,丙公司为一般保证人。基于一般保证人的身份属性,丙公司享有先诉抗辩权。由于《借款协议》未明确约定丙公司承担保证责任的保证期间,依据法律规定,保证期间为还款期限届满之日起6个月。债权人乙公司在还款期限届满后1个月向法院提起诉讼,虽然没有超过保证期间,但是,由于丙公司并非连带责任保证人,而是一般保证人,且甲公司并未出现法律特别规定的情形,故丙公司依法可以行使先诉抗辩权,在债权人乙公司起诉债务人甲公司,并就债务人甲公司的财产依法强制执行仍不能履行债务之前,保证人丙公司有权拒绝向债权人乙公司承担保证责任。

【风险防范建议】

一般保证的保证人虽享有先诉抗辩权,但并不意味着一般保证人的先诉抗辩权能够免除自己的责任，如果债权人就主合同纠纷提起诉讼或者申请仲裁，并对债务人的财产依法强制执行仍然不能履行债务，那么，债权人就可以要求一般保证人承担保证责任。因此，企业在为他人提供一般保证担保时需要注意以下几点：

(1)被保证人的信用和偿债能力非常重要。提供担保之前，注意确认被保证人的信用和偿债能力，一旦还款期限届满，被保证人未能偿还债务，经审判或者仲裁并就债务人财产依法强制执行仍不能履行债务，一般保证人就需要承担保证责任。

(2)可以要求债务人(被保证人)提供反担保。反担保，是指为保障担保人将来承担保证责任后对债务人的追偿权的实现而设定的担保。企业在为债务人(被保证人)提供保证担保时，可要求债务人提供反担保，以保障自己承担保证责任后追偿权的顺利实现，降低保证人的风险，从而促使债务人积极履行还款义务。

(3)明确保证期间。保证期间是确定保证人承担保证责任的期间，不发生中止、中断和延长。债权人在保证期间内未要求保证人承担保证责任的，保证期间经过后，免除保证人的保证责任。在未约定保证期间的情况下，保证期间为主合同期限届满之日起6个月。保证期间的约定不能短于主债权债务的履行期限，故在约定保证期间时，应在不短于主债权债务合同履行期限的基础上尽可能地缩短保证期间，以尽可能减轻自己的保证责任。

【法条链接】

《民法典》第六百八十六条 保证的方式包括一般保证和连带责任保证。

当事人在保证合同中对保证方式没有约定或者约定不明确的，按照一般保证承担保证责任。

第六百八十七条 当事人在保证合同中约定，债务人不能履行债务时，由保证人承担保证责任的，为一般保证。

一般保证的保证人在主合同纠纷未经审判或者仲裁，并就债务人财产依法强制执行仍不能履行债务前，有权拒绝向债权人承担保证责任，但是有下列情形之一的除外：

(一)债务人下落不明，且无财产可供执行；

(二)人民法院已经受理债务人破产案件；

(三)债权人有证据证明债务人的财产不足以履行全部债务或者丧失履行债务能力；

(四)保证人书面表示放弃本款规定的权利。

第六百九十二条 保证期间是确定保证人承担保证责任的期间，不发生中止、中断和延长。

债权人与保证人可以约定保证期间，但是约定的保证期间早于主债务履行期限或者与主债务履行期限同时届满的，视为没有约定；没有约定或者约定不明确的，保证期间为主债务履行期限届满之日起六个月。

债权人与债务人对主债务履行期限没有约定或者约定不明确的，保证期间自债权人请求债务人履行债务的宽限期届满之日起计算。

第六百九十三条 一般保证的债权人未在保证期间对债务人提起诉讼或者申请仲裁的，保证人不再承担保证责任。

连带责任保证的债权人未在保证期间请求保证人承担保证责任的，保证人不再承担保证责任。

99. 企业经营者签订最高额保证合同有什么法律风险？

【情景案例】

2021年1月9日，甲公司为资金周转需要，向某小额贷款公司借款60万元，约定借款期限为3个月；某小额贷款公司与乙公司在同一天签了一份《最高额保证合同》，约定由乙公司对甲公司2021年发生的不超过100万元的向某小额贷款公司的借款承担连带责任保证。1月20日，甲公司又向某小额贷款公司借款30万元，约定借款期限为3个月；对于该笔借款，乙公司并不知情。4月10日，乙公司总经理苗某陪着甲公司董事长方某一起到某小额贷款公司归还了60万元及利息。8月30日，由于甲公司无力偿还后面的借款，某小额贷款公司遂诉至法院，要求甲公司归还30万元的借款及利息，并要求乙公司承担连带清偿责任。

请问：某小额贷款公司的请求能得到法院支持吗？

【案例分析】

本案涉及的是最高额保证合同及其保证责任的承担问题。

我国《民法典》第六百九十条规定，保证人与债权人可以协商订立最高额保证的合同，约定在最高债权额限度内就一定期间连续发生的债权提供保证；即债权人与保证人之间就债务人在一定期间内连续发生的若干笔债务，确定一个最高限额，由保证人在此限额内对债务人履行债务提供保证的方式。与连带责任保证以及一般保证不同，最高额保证合同所担保的债权并非确定的某一笔或者某几笔债权，而是在一定期间连续发生的债权，只要未超过最高额保证的最高限额，保证人就需要承担保证责任。

本案中，乙公司与某小额贷款公司签订了《最高额保证合同》，并约定乙公司为甲公司2021年发生的不超过100万元的借款承担保证责任。甲公司分别于同年1月9日和1月20日向某小额贷款公司贷款，且贷款数额不超过100万元，符合《最高额保证合同》所约定保证的最高限额，某小额贷款公司于8月30日诉至法院，要求甲公司、乙公司承担连带清偿责任属于在保证期间内行使自己的债权,符合法律规定,其请求能得到法院支持。

【风险防范建议】

由于最高额保证合同具有极强的独立性和不可分性,企业在提供最高额保证担保时应注意以下几点:

(1)明确保证最高限额,切忌限额空白。在司法实践中,最高额保证合同中金额部分的空白可能会被视为对合同内容中约定事项的无限授权,此举会加重保证人的保证责任。如保证人明知合同中最高保证金额内容空白而不提出异议,则视为其对空白部分的内容是放任和默认的,其将承担相应后果。

(2)明确最高额保证的范围。我国相关法律规定,最高额保证的范围应及于主债权及其利息、违约金、实现债权的费用等债权人的全部损失,当事人另有约定的,按照其约定。鉴于此,为防止债权范围处于不确定状态,保证人应在保证合同中对保证范围作出明确的约定。

【法条链接】

《民法典》第六百九十条 保证人与债权人可以协商订立最高额保证的合同,约定在最高债权额限度内就一定期间连续发生的债权提供保证。

最高额保证除适用本章规定外,参照适用本法第二编最高额抵押权的有关规定。

第六百九十一条 保证的范围包括主债权及其利息、违约金、损害赔偿金和实现债权的费用。当事人另有约定的,按照其约定。

100. 企业变更了名称,保证合同还需要继续履行吗?

【情景案例】

2021年3月1日,"××文化发展有限公司"在市场监督管理局注册成立,注册资本为100万元,雷某与贺某系公司创始股东,雷某为公司法定代表人。8月15日,因业务发展需要,雷某与贺某决定将公司名称变更为"××管理咨询有限公司"、法定代表人变更为贺某,并在市场监督管理局办理了变更登记。在公司名称变更前,"××文化发展有限公司"在某银行为乙公司的50万元借款提供了保证担保,保证期间为1年,并签订了《保证合同》。《保证合同》中有变更前"××文化发展有限公司"的盖章和雷某的签字。

请问:名称变更后的"××管理咨询有限公司"需要对案涉借款承担保证责任吗?

【案例分析】

本案涉及的是公司名称变更、法定代表人变动之后，是否需要继续履行合同义务的问题。

我国《民法典》第五百三十二条规定，合同生效后，当事人不得因姓名、名称的变更或者法定代表人、负责人、承办人的变动而不履行合同义务。第一千零一十六条第二款规定，民事主体变更姓名、名称的，变更前实施的民事法律行为对民事主体仍然具有法律约束力。因此，公司作为民事主体、合同当事人，即使变更了企业名称、更换了法定代表人，仍然需要对名称变更、法定代表人变动前实施的民事法律行为承担责任，受变更前实施的民法律行为的约束，需要对变更前签订的合同承担继续履行的义务。

本案中，虽然案涉公司名称由"××文化发展有限公司"变更为"××管理咨询有限公司"、公司法定代表人由雷某变更为贺某，但是，该公司在法律上仍然属于同一个民事主体，公司名称变更前以"××文化发展有限公司"名义签订的保证合同，对名称变更后的"××管理咨询有限公司"仍然具有法律约束力；"××管理咨询有限公司"不能以公司名称变更、法定代表人变动为由拒绝履行保证合同中的义务，依法需要对案涉借款承担保证责任。

【风险防范建议】

鉴于公司需要对名称变更、法定代表人变动前实施的民事法律行为承担责任，笔者就相关风险防范提出以下建议：

（1）在涉及股权收购时，即使股东、法定代表人、公司名称发生了变更，该公司仍然需要对变更前的债务承担责任，因此，在进行股权收购之前，建议聘请专业人士或者专业机构进行必要的尽职调查，对潜在风险作出全面评估。切不可误以为"新官不理旧事""换了老板就不用履行债务"。

（2）实践中，企业因发展需要，会发生企业名称变更以及法人、经营范围变更等民事法律行为。根据法律规定，只要正常履行变更手续，办理变更登记，都是合法行为。虽从民法、公司法等角度出发，变更不影响其债权债务关系及相关权利义务的承担。但在实践中，建议在企业名称变更后及时履行通知义务，防患于未然。

（3）建议企业在作被保证人时，在保证合同中明确约定保证人名称变更后的通知义务，以督促保证人及时履行义务。除了履行通知义务外，企业变更企业名称后还可以重新签订保证合同，载明变更或补充说明的事项，或者通过签订补充协议的形式，对原保证合同的相关内容进行变更约定，以规避法律风险。

【法条链接】

《民法典》第五百三十二条 合同生效后，当事人不得因姓名、名称的变更或者法定代表人、负责人、承办人的变动而不履行合同义务。

第一千零一十六条 自然人决定、变更姓名，或者法人、非法人组织决定、变更、转让名称的，应当依法向有关机关办理登记手续，但是法律另有规定的除外。

民事主体变更姓名、名称的，变更前实施的民事法律行为对其具有法律约束力。

101. 第三人出具的表示愿意承担债务的承诺书性质如何？

【情景案例】

2021年1月2日，甲公司与乙小额贷款公司签订一份《借款合同》，约定：甲公司向乙小额贷款公司借款120万元，借款期限为1年，年利率为12%，到期按时还款。在甲公司的请求下，丙公司为甲公司的贷款出具了一份《承诺书》，内容为："若甲公司到期不能还款，我司对甲公司向乙小额贷款公司的借款承担连带还款责任，并放弃一切抗辩权。"乙小额贷款公司表示接受。2022年2月5日，因甲公司未按期偿还欠款，经多次催收无果，乙小额贷款公司诉至法院，要求甲公司与丙公司偿还本息。丙公司辩称，《承诺书》不是保证合同，没有法律效力，因此不同意承担还款责任。

请问：丙公司的说法符合我国法律规定吗？

【案例分析】

本案涉及的是保证合同书性质认定的问题，即双方签订的承诺书之类的文件在何种情况会被认定为保证合同。

根据《民法典》第六百八十一条的规定，保证人和债权人约定，当债务人不履行到期债务或者发生当事人约定的情形时，保证人向债权人履行债务或者承担责任的合同为保证合同。第六百八十五条规定，保证合同既可以采用单独订立的书面合同形式，也可以是主债权债务合同中的保证条款；第三人单方以书面形式向债权人作出保证，债权人接收且未提出异议的，也可成立保证合同。简言之，保证合同的成立主要有三种方式：(1)签订书面保证合同，即保证人和债权人以书面形式就保证合同的主要条款达成协议，保证合同即告成立。(2)保证人在含有保证条款的主债权债务合同的保证人处签字、盖章。(3)单独出具保证书，即保证人单方以书面形式向债权人出具担保书，表示当债务人不履行债务时，由其代为履行或承担损害赔偿之责，债权人接受且未提出异议的，保证合同亦成立。

本案争议焦点为丙公司出具的《承诺书》是否构成保证合同。根据法律规定，保证是指保证人和债权人约定，当债务人不履行债务时，保证人按照约定履行债务或者承担责任的行为。第三人单方以书面形式向债权人作出保证，债权人接收且未提出异议的，保证合同成立。本案中，丙公司出具的《承诺书》载明，“若甲公司到期不能还款，我司对甲公司向乙小额贷款公司的借款承担连带还款责任”，担保的意思表示非常明显，因此，只要乙小额贷款公司接收《承诺书》且未提出异议，保证合同即告成立。丙公司认为承诺书不是保证合同、没有法律效力，与法律规定不符。

【风险防范建议】

保证合同的形式多样，实践中引发的争议较多。企业在提供保证担保的过程中应注意以下几个方面：

(1)出具保证书、承诺书要谨慎。除了单独订立的保证合同、主债权债务合同中的保证条款之外，第三人单方以书面形式向债权人作出保证，债权人接收且未提出异议的，也可以发生保证的法律效力。在签署保证书、承诺书时，一定仔细看清楚保证书、承诺书的内容，谨慎签署。

(2)慎用连带责任保证。《民法典》第六百八十六条规定，双方在保证合同中对保证方式没有约定或者约定不明确的，按照一般保证承担保证责任。此条规定体现了立法者对保证人权益的保护。连带保证的保证人与债务人承担同样的还款义务，且无先后顺序之分，不享有先诉抗辩权，债权人可以不经过债务人，直接向保证人主张债权，故连带责任保证人承担的保证责任更重。

(3)切勿随意放弃抗辩权。保证人除享有先诉抗辩权、诉讼时效经过的抗辩权外，还可以援用债务人对债权人的抗辩权。即使债务人承诺放弃以上抗辩权，保证人依然可以援用债务人对债权人的抗辩权。

【法条链接】

《民法典》第六百八十一条 保证合同是为保障债权的实现，保证人和债权人约定，当债务人不履行到期债务或者发生当事人约定的情形时，保证人履行债务或者承担责任的合同。

第六百八十五条 保证合同可以是单独订立的书面合同，也可以是主债权债务合同中的保证条款。

第三人单方以书面形式向债权人作出保证，债权人接收且未提出异议的，保证合同成立。

第七百零一条 保证人可以主张债务人对债权人的抗辩。债务人放弃抗辩的，保证人仍有权向债权人主张抗辩。

102. 主债权合同内容变动未经保证人同意的，保证人还要承担保证责任吗？

【情景案例】

B 公司是 A 公司的老客户。2021 年 6 月 9 日，B 公司在某银行贷款 600 万元，借款期限为 12 个月；由 A 公司提供连带责任保证，保证期间为 6 个月。在合同履行过程中，B 公司根据需要向银行贷款了 800 万元，并将借款期限变更为 10 个月，且未告知 A 公司。借款到期后，由于 B 公司无力偿还，某银行诉至法院，要求 B 公司偿还借款本息，A 公司承担连带清偿责任。A 公司在庭审中辩称，B 公司未经其同意变更了借款合同的内容，即变更了借款金额和借款期限，因此其可免除保证责任。

请问：A 公司的说法符合我国法律规定吗？

【案例分析】

本案涉及的是主债权合同内容未经保证人同意发生变更时，保证责任如何承担的问题。

根据我国《民法典》第六百九十五条的规定，债权人和债务人未经保证人书面同意，协议变更主合同内容，如果减轻债务，保证人对减轻后的债务继续承担保证责任；反之，如果加重了债务人的债务，保证人对于加重部分不承担保证责任；变更了债务履行期限的，保证期间仍为原合同约定的或者法律规定的期间。

本案中，A 公司同意为 B 公司向某银行贷款 600 万元提供连带责任保证，不违反法律、行政法规等相关规定，该保证行为有效。在合同履行过程中，B 公司未经 A 公司的书面同意，与某银行增加了贷款金额 200 万元，加重了 A 公司的保证责任。根据相关法律规定，A 公司应继续在原合同约定的 600 万元贷款范围内承担保证责任，对于增加的 200 万元贷款不承担保证责任。另外，B 公司与某银行将借款期限从 12 个月减少为 10 个月，未取得 A 公司的同意，故 A 公司承担保证责任的保证期间不变。综上所述，A 公司的说法不完全正确，A 公司不能完全免除自己对某银行的保证责任，而是应继续在 600 万元贷款的范围内承担保证责任。

【风险防范建议】

保证担保是借贷关系中最常见的担保方式之一。由于商事经营的多变性，借贷关系双方往往会根据实际情况对借贷内容进行调整。在此过程中，保证人及债务人需注意以下几点：

（1）明确保证范围。保证合同的保证范围原则上与主合同相同，其责任大小和范围不得超过主合同，但可以小于主合同。如保证合同约定的保证责任大小和范围超过主债务，或者合同未做明确约定，保证合同的保证责任大小和范围与主合同相同。故在签订保证合同时应明确保证责任大小和范围，以免增加保证责任的不确定性。

（2）债务人要及时向保证人更新信息。保证合同的从属性决定了保证合同的保证责任依主合同的变更、解除、无效而变化。为了确保保证人继续承担保证责任，如果主合同变更加重了债务人的义务，在主合同变更的情况下应及时取得保证人的书面同意，保障保证人的知情权，以免担保落空。

【法条链接】

《民法典》第六百九十五条 债权人和债务人未经保证人书面同意，协商变更主债权债务合同内容，减轻债务的，保证人仍对变更后的债务承担保证责任；加重债务的，保证人对加重的部分不承担保证责任。

债权人和债务人变更主债权债务合同的履行期限，未经保证人书面同意的，保证期间不受影响。

103. 保证人在保证期间内承诺“担保至还清债务为止”的，保证期间和诉讼时效如何计算？

【情景案例】

2021年1月10日，A公司与马某签订了一份《借款协议》，约定：A公司向马某借款200万元，借款用于本公司经营，借款期限为3个月，借款年利率为10%，到期还本付息。当天，韦某出具保证书，自愿为上述借款承担连带保证责任，保证期间为6个月。当天，马某通过银行转账向A公司银行账户转款200万元，A公司给马某出具了收据。4月10日，A公司因经营不善无能力按时还款。由于马某体谅A公司的难处，没有向A公司催款。5月1日，马某急需用钱，于是向A公司与韦某催款。当天，A公司向马某出具一份书面材料，内容为：“借马某的借款2个月内还清。”在A公司的请求下，韦某也在原来保证书写上“担保至还清借款本息为止”。10月20日，由于A公司没有按约定还款，马某诉至法院，要求A公司与韦某共同偿还200万元借款及利息。韦某在庭审中辩称：原来的保证期间已过，其无须承担保证责任，并声称后来在保证书所加内容是无效的。

请问：韦某的说法符合我国法律规定吗？

【案例分析】

本案涉及的是保证期间经过后保证人是否需要继续承担保证责任的问题。

根据我国《民法典》第六百九十二条的规定,保证期间是确定保证人承担保证责任的期间,不发生中止、中断和延长。第六百九十四条第二款规定,连带责任保证的债权人在保证期间届满前请求保证人承担保证责任的,从债权人请求保证人承担保证责任之日起,开始计算保证债务的诉讼时效。

本案中,A公司与马某签订了一份《借款协议》,韦某出具保证书,自愿为上述借款承担连带保证责任,保证期间为6个月,A公司与马某之间形成借贷关系,韦某与马某之间形成保证合同关系。马某与A公司约定的借款期限为3个月,与韦某约定的保证期间为6个月,故韦某承担保证责任的保证期间应自借款期限届满之日起算6个月,即到2021年10月9日止。2021年5月1日,马某向A公司与韦某催款,即马某请求韦某承担保证责任,根据《民法典》的规定,从5月1日起开始计算韦某保证债务的3年诉讼时效,即2021年5月1日至2024年4月30日这一段时间为保证债务的诉讼时效期间;由于韦某承担的是连带责任保证,故马某可以在此期间内直接向韦某主张自己的债权,韦某的说法不符合我国法律规定。

【风险防范建议】

在借贷关系中,保证合同十分常见。如果企业经营需要他方提供保证担保,在与他方签署保证合同时应作出明确的意思表示,约定由保证人为债务的履行提供保证担保,避免使用“担保至还清借款本息为止”等含义模糊的表述,否则将被认定为对保证期间的约定不够明确。实践中,无论企业作为债权人还是保证人,建议企业在签署保证合同时写明保证期间的起止时间。如果没有明确约定或者约定不明,法律将视保证期间为主债务履行期届满之日起6个月。虽然当事人对于“连带责任保证”还是“一般保证”有自主选择权,但为了保证自己的抗辩权,建议企业在当保证人时尽量选择一般保证,避免因选择了连带责任保证不享先诉抗辩权而需要直接向债权人承担保证责任。另外,企业作为债权人,要及时在不能延长的保证期间内行使自己的债权,避免因未及时行使权利而丧失债权。

【法条链接】

《民法典》第六百九十二条 保证期间是确定保证人承担保证责任的期间,不发生中止、中断和延长。

债权人与保证人可以约定保证期间,但是约定的保证期间早于主债务履行期限或者与主债务履行期限同时届满的,视为没有约定;没有约定或者约定不明确的,保证期间为主债务履行期限届满之日起六个月。

债权人与债务人对主债务履行期限没有约定或者约定不明确的，保证期间自债权人请求债务人履行债务的宽限期届满之日起计算。

第六百九十四条第二款 连带责任保证的债权人在保证期间届满前请求保证人承担保证责任的，从债权人请求保证人承担保证责任之日起，开始计算保证债务的诉讼时效。

第十三章
租赁合同

104. 租赁期限为30年的房屋租赁合同有效吗?

【情景案例】

2001年5月20日,盛某与某村委会签订一份《房屋租赁合同》,约定:某村委会将本村一栋闲置房屋出租给盛某使用,租赁期限为30年,即2001年5月20日至2031年5月19日,租金为6万元/年,租金每2年递增5%。合同签订后,双方均按合同约定履行义务,并无争议。后因租赁房屋所在地段的租金价格上涨较快,某村委会以"租赁期限30年违反国家法律规定"为由,提出租赁合同超出20年的部分无效,改为2021年5月20日收回租赁房屋另行招租并重新协商租金,但遭到盛某的拒绝。协商无果后,某村委会将盛某诉至法院,要求收回租赁房屋。

请问:某村委会的请求能得到法院支持吗?

【案例分析】

本案涉及的是租赁最长期限的问题。

我国《民法典》第七百零五条规定,租赁期限不得超过20年,超过20年的,超过部分无效;租赁期限届满,当事人可以续订租赁合同,但是,约定的租赁期限自续订之日起不得超过20年。《民法典》的上述规定是对我国《合同法》(已失效)相关规定的吸收,与我国《合同法》(已失效)第二百一十四条的规定完全一致。

租赁合同以承租人使用、收益租赁物为直接目的,承租人通过与出租人形成租赁关系,获得租赁物的使用权而满足自己一定期限内的生产或者生活需要;如果承租人的目的是长期或者永久获得租赁物的使用权,完全可以通过买卖或者其他形式实现其目的,为此,世界上很多国家或地区的法律都对租赁合同的最长期限作出限制,以体现租赁合同与买卖、转让等合同的区别。我国《民法典》规定租赁期限的上限为20年,超过20年的部分无效。

本案中，盛某与某村委会签订的《房屋租赁合同》约定租赁期限30年，与我国《民法典》第七百零五条以及《合同法》（已失效）第二百一十四条“租赁期限不得超过二十年”的规定相悖，根据上述法律规定，租赁期限超过20年的，超过部分无效。因此，盛某与某村委会签订的《房屋租赁合同》，受法律保护的租赁期限仅为20年；虽然《房屋租赁合同》约定租赁期限为30年，截至2031年5月19日，但是，租赁期限超过20年的，超过部分无效，即2021年5月19日之后的租赁期限，由于超过了法律规定的租赁期限20年的最高限制而无效。某村委会要求在2021年5月20日收回租赁房屋，符合我国《民法典》第七百零五条的规定，其诉求将依法得到支持。

【风险防范建议】

（1）在签订租赁合同时，切记租赁期限不要超过20年，否则，超过部分无效。实践中，有些当事人为了实现租赁期限超过20年之目的，同时签订两份履行期限前后连续的租赁合同，对于此种规避法律强制性规定的行为，司法实践中仍然可能会被认定为租赁期限超过20年，超过部分无效。

（2）租赁期限超过20年的，虽然出租人有权要求在20年期限届满时收回租赁标的物，但是，根据诚实信用原则，出租人仍然应当在合理期间内提前通知承租人。

（3）租赁期限经过20年后，如果承租人继续使用租赁标的物，出租人也没有提出异议，在法律上视为双方形成不定期租赁关系，并非对租赁期限超过20年部分的认可。根据我国《民法典》第七百三十条、第七百三十四条的规定，当事人可以随时解除合同，但是应当在合理期限内通知对方。

【法条链接】

《民法典》第七百零五条 租赁期限不得超过二十年。超过二十年的，超过部分无效。租赁期限届满，当事人可以续订租赁合同；但是，约定的租赁期限自续订之日起不得超过二十年。

第七百三十条 当事人对租赁期限没有约定或者约定不明确，依据本法第五百一十条的规定仍不能确定的，视为不定期租赁；当事人可以随时解除合同，但是应当在合理期限之前通知对方。

第七百三十四条第一款 租赁期限届满，承租人继续使用租赁物，出租人没有提出异议的，原租赁合同继续有效，但是租赁期限为不定期。

105. 未办理备案登记的房屋租赁合同有效吗?

【情景案例】

2021 年 1 月,甲公司与乙公司签订了一份《房屋租赁合同》,约定:甲公司将其名下的写字楼出租给乙公司使用,租赁期限为 5 年。合同签订后,双方均按约定履行,并无争议。2021 年 5 月,甲公司的一位股东认为公司出租写字楼的租金过低,要求增加租金;乙公司认为当时协商确定的租金与市场价持平,要求仍然按合同约定的租金标准执行,双方协商未果。之后,甲公司提出,《房屋租赁合同》未办理租赁备案登记手续,合同无效,同意退还乙公司已交纳的保证金,并要求乙公司搬离写字楼。

请问:甲公司认为合同无效,符合法律规定吗?

【案例分析】

本案涉及的是未按规定办理租赁合同登记备案手续,是否影响合同效力的问题。

我国《民法典》第七百零六条规定,当事人未依照法律、行政法规规定办理租赁合同登记备案手续的,不影响合同的效力。与《合同法》(已失效)相比,本条是《民法典》新增的规定。2009 年《最高人民法院关于审理城镇房屋租赁合同纠纷案件具体应用法律若干问题的解释》(已被修改)第四条第一款规定:当事人以房屋租赁合同未按照法律、行政法规规定办理登记备案手续为由,请求确认合同无效的,人民法院不予支持。《民法典》第七百零六条与上述最高人民法院司法解释的精神一脉相承。

根据《商品房屋租赁管理办法》第十四条第一款以及第二十三条的规定,房屋租赁合同订立后 30 日内,房屋租赁当事人应当到租赁房屋所在地直辖市、市、县人民政府建设(房地产)主管部门办理房屋租赁登记备案。未办理租赁登记备案的,由直辖市、市、县人民政府建设(房地产)主管部门责令限期改正,以及处以罚款等。但是,登记备案只是房屋租赁合同订立的程序性要求,并不是房屋租赁合同的生效要件。

本案中,甲公司与乙公司签订的《房屋租赁合同》虽然未在建设行政主管部门办理登记备案,可能面临行政处罚等法律责任,但是,办理登记备案手续并不影响租赁合同的效力,甲公司以《房屋租赁合同》未办理租赁备案登记手续为由认为合同无效、要求乙公司搬离写字楼的行为,不符合法律规定。

【风险防范建议】

(1)《商品房屋租赁管理办法》要求房屋租赁当事人在房屋租赁合同订立后 30 日内办理房屋租赁登记备案手续,这是行政主管部门对房屋租赁管理的要求,不是房屋租赁合同的生效要件。无论是出租人,还是承租人,均不得以房屋租赁合同未办理登记备案手续为由，主张房屋租赁合同无效。

(2)虽然房屋租赁合同不因未办理登记备案手续而无效，但是，违反《商品房屋租赁管理办法》第十四条第一款的规定，未办理房屋租赁登记备案，仍然需要承担相应的法律责任。根据《商品房屋租赁管理办法》第二十三条的规定，建设行政主管部门除了可以责令房屋租赁合同当事人限期改正，还可以对逾期不改正的当事人处以罚款，其中，个人逾期不改正的，处以 1000 元以下罚款；单位逾期不改正的，处以 1000 以上 1 万元以下罚款。

(3)从遵守行政管理规定的角度考虑，建议房屋租赁合同的各方当事人依法办理房屋租赁合同的登记备案手续，避免不必要的法律纠纷。

【法条链接】

《民法典》第七百零六条 当事人未依照法律、行政法规规定办理租赁合同登记备案手续的，不影响合同的效力。

《商品房屋租赁管理办法》第十四条 房屋租赁合同订立后三十日内，房屋租赁当事人应当到租赁房屋所在地直辖市、市、县人民政府建设(房地产)主管部门办理房屋租赁登记备案。

房屋租赁当事人可以书面委托他人办理租赁登记备案。

第二十三条 违反本办法第十四条第一款、第十九条规定的，由直辖市、市、县人民政府建设(房地产)主管部门责令限期改正；个人逾期不改正的，处以一千元以下罚款；单位逾期不改正的，处以一千元以上一万元以下罚款。

106. 口头约定的租赁合同有效吗?

【情景案例】

2021 年 1 月 8 日，林某将自己刚购买的商铺租赁给钟某。由于林某与钟某是多年好友，关系甚密，二人没有签订书面合同，只是口头约定：租金为每月 1 万元，每年递增 3%，每月 5 日前支付上一个月的租金。双方当时没有讨论租赁期限问题。钟某租赁商铺后，经营了一家小型超市，并投入资金进行装修改造。超市经营初期比较艰难，经过钟某 1 年的努力，生意才慢慢好转，有望在 2022 年下半年扭亏为盈。2022 年 5 月 8 日，林某在妻子的提议下，经慎重考虑决定收回商铺自己经营美容店，于是通知钟某在 2022 年 8 月 31 日前搬走。对此，钟某表示拒绝离开，因为经营这个超市已投入了大量成本。双方协商无果，林某遂将钟某起诉到法院，要求解除双方的口头租赁合同。

请问：林某的请求能得到法院支持吗?

【案例分析】

本案涉及的是租赁双方以口头形式达成租赁合同的效力问题。

我国《民法典》第一百三十五条规定，民事法律行为可以采用书面形式、口头形式或者其他形式。第四百六十九条规定，当事人订立合同，可以采用书面形式、口头形式或者其他形式。第七百零七条规定，租赁期限为6个月以上的，应当订立书面形式的租赁合同。若租赁关系双方没有订立书面的租赁合同，无法确定租赁期限的，视为不定期租赁。根据《民法典》第七百三十条的规定，对于不定期租赁，当事人可以随时解除合同，但是应当在合理期限之前通知对方。口头形式也是我国《民法典》规定的合同形式之一。

本案中，林某与钟某口头约定了租赁标的、租金标准以及租金支付期限和方式等，虽然双方未采用书面形式签订租赁合同，但是，林某已经将商铺实际交付给钟某使用，钟某也已经实际接收商铺并用于超市经营，双方已经在以实际行动履行租赁合同，故双方之间的租赁合同成立。钟某租赁林某商铺用于经营超市的租期超过了6个月，但是，双方并未签订书面租赁合同，也没有就租赁期限达成一致意见，因此，根据《民法典》第七百零七条的规定，林某与钟某之间的租赁期限应视为不定期租赁。对于不定期租赁合同，根据《民法典》第七百三十条的规定，林某有权随时解除租赁合同，但应当在合理期限内通知钟某。本案中，林某于2022年5月8日通知钟某于同年8月31日前搬走，已尽到了合理期限内通知的义务，故林某要求解除与钟某之间的口头租赁合同于法有据，能够获得法院支持。

【风险防范建议】

商事经营中，因租赁经营场所产生的租赁合同纠纷也越来越多，在租赁合同中应多留意以下两点：

（1）细化租赁合同条款。完整的租赁合同一般包括租赁物的名称、数量、用途、租赁期限、租金及其支付期限和方式、租赁物维修等条款。若租赁合同缺失上述内容，应及时采用签订补充协议或重新签订租赁合同的方式进行补正。否则在未约定租赁期限且双方仍未就租赁期限达成一致意见的情况下，当事人随时可解除租赁合同。

（2）慎用口头租赁。相比书面的租赁合同，口头租赁合同的风险更大，因为缺乏书面的证明材料，发生争议时还需要其他的证据来佐证。建立租赁关系时，租赁期限长于6个月的租赁合同应当采用书面合同的形式确定双方的租赁关系，避免租赁关系被认定为不定期租赁导致当事人面临随时被解除租赁合同关系的经营风险。

【法条链接】

《民法典》第一百三十五条 民事法律行为可以采用书面形式、口头形式或者其他形式;法律、行政法规规定或者当事人约定采用特定形式的,应当采用特定形式。

第四百六十九条 当事人订立合同,可以采用书面形式、口头形式或者其他形式。

书面形式是合同书、信件、电报、电传、传真等可以有形地表现所载内容的形式。

以电子数据交换、电子邮件等方式能够有形地表现所载内容,并可以随时调取查用的数据电文,视为书面形式。

第七百零七条 租赁期限六个月以上的,应当采用书面形式。当事人未采用书面形式,无法确定租赁期限的,视为不定期租赁。

第七百三十条 当事人对租赁期限没有约定或者约定不明确,依据本法第五百一十条的规定仍不能确定的,视为不定期租赁;当事人可以随时解除合同,但是应当在合理期限之前通知对方。

107.承租人不按约定支付租金的,出租人可以解除合同吗?

【情景案例】

2021 年 1 月,徐某与 A 酒店签订一份《租赁合同》,约定:徐某将其位于市中心的一幢楼房出租给 A 酒店,租赁期限为 10 年,租金标准为 30 万元/年;租金按年支付,A 酒店于每年 1 月 10 日前一次性支付当年租金;双方未约定逾期付款的违约责任。后由于附近开的酒店越来越多,竞争激烈,A 酒店收入下降,导致 A 酒店 2022 年 4 月起不能按约定支付租金。多次催收无果后,徐某向法院提起诉讼,要求解除其与 A 酒店签订的《租赁合同》。A 酒店辩称,双方约定的租赁期限为 10 年,其拖欠的租金在生意好转后肯定会支付,徐某无权单方面解除合同。

请问:徐某的请求能得到法院支持吗?

【案例分析】

本案涉及的是在承租人逾期未支付租金的情况下,出租人能否单方解除租赁合同的问题。

我国《民法典》第七百二十一条规定,承租人应当按照租赁合同约定的期限支付租金。第七百二十二条规定,承租人无正当理由未支付或者迟延支付租金的,出租人可以要求承租人在合理期限内支付。承租人逾期不支付的,出租人可以解除合同。

本案中,徐某将其位于市中心的一幢楼房出租给 A 酒店,并且与 A 酒店签订了《租赁合同》,双方均应当按合同约定履行各自义务。A 酒店承租徐某的房屋,应按合同约定的期限按时向徐某支付租金;市场竞争激烈导致A酒店收入下降,属正常经营过程中的商业风险,不能构成酒店方迟延支付徐某租金的理由。徐某要求A酒店在合理期限内支付租金,但A酒店逾期仍未支付租金,根据《民法典》第七百二十二条的规定,徐某有权通知A酒店解除租赁合同。因此,徐某的请求能够得到法院支持。

【风险防范建议】

为了防范承租人无正当事由迟延支付或拒不支付租金的风险,在租赁合同中应就承租人按时履行支付义务增设违约惩罚条款,以防止承租人不正确履行支付义务造成出租人的损失。常见的违约惩罚条款,如设定迟延支付租金时须按日向出租人支付违约金;或是出租人有权没收承租人交付的租赁保证金;或是在租赁合同中明确约定承租人超过一定期限仍未支付租金的,出租人有权通知解除合同,并要求承租人支付一定金额的违约金等。

【法条链接】

《民法典》第七百二十一条　承租人应当按照约定的期限支付租金。对支付租金的期限没有约定或者约定不明确,依据本法第五百一十条的规定仍不能确定,租赁期限不满一年的,应当在租赁期限届满时支付;租赁期限一年以上的,应当在每届满一年时支付,剩余期限不满一年的,应当在租赁期限届满时支付。

第七百二十二条　承租人无正当理由未支付或者迟延支付租金的,出租人可以请求承租人在合理期限内支付;承租人逾期不支付的,出租人可以解除合同。

108. 公司设立期间,股东为设立公司以个人名义签订租赁合同,合同责任由谁承担?

【情景案例】

2021年1月,高某与夏某商量共同成立一家软件公司,注册资本为100万元;高某出资51万元,夏某出资49万元。2021年2月,高某在报纸上看到某写字楼招租,租金比较优惠,但由于彼时软件公司尚未成立,与夏某商量后,高某以个人名义与出租人A公司签订了租期5年的《租赁合同》,并支付了2个月租金作为押金。同年3月,软件公司作为有限责任公司正式注册成立,并入驻上述租赁房屋办公经营。但是,由于市场整体不景气,软件公司出现了严重亏损,股东高某与夏某在经营过程中也发生了分歧;截至2021年8月,软件公司累计拖欠A公司4个月租金。A公司多次催款无果,遂诉至法院,要求高某与软件公司共同偿还拖欠的租金,并承担相应的违约责任。

请问：A 公司的请求能得到法院支持吗？

【案例分析】

本案涉及的是股东为设立公司以个人名义签订的租赁合同，责任由谁承担的问题。

我国《民法典》第六十条规定，法人以其全部财产独立承担民事责任。《公司法》第三条规定，公司是企业法人，有独立的法人财产，享有法人财产权。公司以其全部财产对公司的债务承担责任。有限责任公司的股东以其认缴的出资额为限对公司承担责任；股份有限公司的股东以其认购的股份为限对公司承担责任。因此，公司和股东的财产相互独立，各自独立承担法律责任，股东仅以其认购的有限责任公司出资额为限承担有限责任，这也是现代公司法的基本规定。但是，在法人设立过程中，设立人为了设立法人必然需要从事相关民事活动，由于法人此时尚未正式设立，关于其法律后果应该如何承担，我国《民法典》第七十五条作出了明确规定，即设立人为设立法人从事的民事活动，其法律后果由法人承受；法人未成立的，其法律后果由设立人承受，设立人为二人以上的，享有连带债权，承担连带债务。设立人为设立法人以自己的名义从事民事活动产生的民事责任，第三人有权选择请求法人或者设立人承担。另外，根据《最高人民法院关于适用〈中华人民共和国公司法〉若干问题的规定（三）》第二条的规定，发起人为设立公司以自己名义对外签订合同，合同相对人有权请求该发起人承担合同责任；公司成立后合同相对人有权请求公司承担合同责任。

本案中，高某作为软件公司的设立人、股东，在软件公司设立过程中，为了能够顺利设立软件公司而以自己名义与 A 公司签订《租赁合同》；软件公司正式成立后，上述租赁房屋也实际用于其办公经营，因此，高某与 A 公司签订的租赁合同，完全符合我国《民法典》第七十五条第二款规定的情形，A 公司要求高某与软件公司共同偿还拖欠的租金并承担相应的违约责任，于法有据，能得到法院支持。

【风险防范建议】

公司在设立过程中，通常会租赁房屋作为经营场所。在此过程中，建议以公司名义签订租赁合同。在设立阶段，由于公司尚不具备签订租赁合同的主体资格，发起人可以先用自己的名义承租，一旦公司成立，应及时与出租人达成补充协议或是将承租人变更为公司，以公司的名义及时追认租赁合同关系，之后以公司名义履行租赁合同约定的各项权利义务，以免除股东个人承担公司债务的风险。否则，根据上述法律规定，在公司不能履行债务的情况下，为了保护租赁合同相对人的合法权益，法律会赋予相对人要求公司或者签订合同的公司发起人承担责任的权利。

【法条链接】

《民法典》第六十条 法人以其全部财产独立承担民事责任。

第七十五条 设立人为设立法人从事的民事活动，其法律后果由法人承受；法人未成立的，其法律后果由设立人承受，设立人为二人以上的，享有连带债权，承担连带债务。

设立人为设立法人以自己的名义从事民事活动产生的民事责任，第三人有权选择请求法人或者设立人承担。

《公司法》第三条 公司是企业法人，有独立的法人财产，享有法人财产权。公司以其全部财产对公司的债务承担责任。

有限责任公司的股东以其认缴的出资额为限对公司承担责任；股份有限公司的股东以其认购的股份为限对公司承担责任。

《最高人民法院关于适用〈中华人民共和国公司法〉若干问题的规定(三)》第二条 发起人为设立公司以自己名义对外签订合同，合同相对人请求该发起人承担合同责任的，人民法院应予支持；公司成立后合同相对人请求公司承担合同责任的，人民法院应予支持。

109. 承租人违反合同约定，出租人能否留置其物品？

【情景案例】

2021年1月10日，甲公司与乙超市签订一份《商铺租赁合同》，由乙超市向甲公司承租商铺，租赁期限为6年，租金为5万元/月。3年后，乙超市向甲公司提出降低租金，但甲公司不同意。2022年5月，乙超市终止营业并撤离场地，而甲公司以乙超市拖欠2个月租金未付为由，阻止乙公司搬运商铺内的物品，并主张要扣留商铺内的物品行使留置权以抵偿租金，双方发生纠纷。

请问：甲公司是否有权留置乙超市商铺内的物品？

【案例分析】

本案涉及的是承租人拖欠租金时出租人能否对承租人的动产行使留置权的问题。

我国《民法典》第四百四十七条规定，债务人不履行到期债务，债权人可以留置已经合法占有的债务人的动产，并有权就该动产优先受偿。根据该规定，留置权是指在债权债务关系中，债权人依据一定的法律关系占有债务人的动产，在债务人未履行合同义务时，债权人对其占有的债务人的动产予以留置并变价优先受偿的权利。在留置权法律关系中，行使留置权的债权人是留置权人，被留置的动产是留置物。

根据上述规定，留置权的成立需要具备以下两个构成要件，一是债务人不履行到期债务。也就是说，债务的履行期限必须已经届满，债权人只能基于已经到期的债务行使留置权；对尚未到期的债务，不能据此行使留置权。二是债权人已经合法占有债务人的动产。债权人事先合法占有债务人的动产是行使留置权的前提；对于债权人事先未占有的债务人动产，或者债权人非法占有的债务人动产，债权人均不能行使留置权。

本案中，出租人甲公司作为债权人准备扣留承租人乙超市的财产，以迫使承租人履行债务即支付租金，这种行为从表面上看容易让人误以为是行使留置权，其实不然。虽然乙超市拖欠的租金履行期限已经届满，符合留置权的其中一个构成要件，但是，商铺内的物品并非甲公司事先合法占有的动产，乙超市并未将商铺内的物品交付给甲公司保管、加工或者运输，因此，本案不符合《民法典》第四百四十七条规定的行使留置权的条件。甲公司无权强行留置乙超市商铺内的物品。

【风险防范建议】

(1)如前所述，根据相关法律规定，出租人对承租人存放在租赁房屋内的财产并不享有法定的留置权。因此，遇到承租人拖欠租金的情形，出租人切不可鲁莽行事，强行扣押承租人的财产物品，以免造成于已不利的后果。

(2)如遇承租人拖欠租金，为了防止承租人转移财产逃避债务，必要时，出租人可以向人民法院申请诉前财产保全，由人民法院依法对承租人(债务人)存放在租赁房屋内的物品进行查封、扣押，以便出租人(债权人)的合法权益能够及时得到维护。

【法条链接】

《民法典》第四百四十七条　债务人不履行到期债务，债权人可以留置已经合法占有的债务人的动产，并有权就该动产优先受偿。

前款规定的债权人为留置权人，占有的动产为留置财产。

第四百四十八条　债权人留置的动产，应当与债权属于同一法律关系，但是企业之间留置的除外。

《民事诉讼法》第一百零四条　利害关系人因情况紧急，不立即申请保全将会使其合法权益受到难以弥补的损害的，可以在提起诉讼或者申请仲裁前向被保全财产所在地、被申请人住所地或者对案件有管辖权的人民法院申请采取保全措施。申请人应当提供担保，不提供担保的，裁定驳回申请。

人民法院接受申请后，必须在四十八小时内作出裁定；裁定采取保全措施的，应当立即开始执行。

申请人在人民法院采取保全措施后三十日内不依法提起诉讼或者申请仲裁的，人民法院应当解除保全。

110. 出租人没有按时交付租赁物，导致承租人财产受损的，承租人怎么办？

【情景案例】

A公司是一家五金制品企业。2021年3月10日，A公司接到一笔大订单，需要10辆货车才能保证及时将货物送给客户。由于公司只有7辆货车，A公司决定向经营汽车租赁的B公司租用3辆货车，租期为1天。在签订的《租赁合同》中，双方约定B公司必须在3月11日8时前将3辆货车交给A公司，但双方未就违约责任的承担作出明确约定。后乙公司由于自身原因，至3月12日14时才将3辆货车交付给A公司，导致A公司无法及时送货，给A公司造成了10万元的损失。

请问：A公司能否要求B公司赔偿损失？

【案例分析】

本案涉及的是出租人没有按约定将租赁物交付承租人的责任承担问题。

我国《民法典》第五百零九条规定，合同各方当事人应当按照约定全面履行自己的义务；第七百零八条又强调，出租人应当按照约定将租赁物交付给承租人，并在租赁期限内保持租赁物符合约定的用途；第五百七十七条规定，当事人一方不履行合同义务或者履行合同义务不符合约定的，应当承担继续履行、采取补救措施或者赔偿损失等违约责任。

合同必须得到履行，合同履行是实现合同目的的基本途径，如果合同履行不能得到保障，合同制度将失去其存在的价值。就租赁合同履行而言，出租人的首要义务就是将租赁物交付给承租人。承租人要取得租赁物的使用权，首先就必须占有租赁物，占有是使用的前提；承租人只有在占有租赁物之后，才能正常使用、收益租赁物。违约责任制度设立的目的就是保障合同的顺利履行。违约行为发生之后，我国《民法典》规定的违约责任承担方式包括继续履行、采取补救措施和赔偿损失。

本案中，B公司未能按合同约定将租赁物即3辆货车按时交付给承租人A公司，违反了《租赁合同》的约定，其行为构成违约，依法应当承担违约责任。由于双方在租赁合同中未就违约责任的承担作出明确约定，因此，A公司可以就其实际产生的损失要求B公司给予赔偿，当然，A公司必须就其实际受到的损失承担举证责任。

【风险防范建议】

（1）合同必须得到履行，一旦签订合同，就要诚实守信，全面履行合同，否则违约方将要承担相应的违约责任。

(2)在签订合同之前,务必根据实际情况综合考虑己方能否按合同条款的要求切实履行,如果预判己方不能按拟签订的合同全面履行,则应当积极与对方协商修改合同条款,或者根据实际情况决定不再签订该合同。

(3)建议在合同中设计违约责任条款,对违约行为以及违约金的计算方式等作出明确约定,一旦出现违约行为,守约方可以直接依据合同中的违约责任条款追究对方的违约责任。

【法条链接】

《民法典》第五百零九条 当事人应当按照约定全面履行自己的义务。

当事人应当遵循诚信原则,根据合同的性质、目的和交易习惯履行通知、协助、保密等义务。

当事人在履行合同过程中,应当避免浪费资源、污染环境和破坏生态。

第五百七十七条 当事人一方不履行合同义务或者履行合同义务不符合约定的,应当承担继续履行、采取补救措施或者赔偿损失等违约责任。

第七百零八条 出租人应当按照约定将租赁物交付承租人,并在租赁期限内保持租赁物符合约定的用途。

111. 承租人未经出租人同意转租商铺的行为受法律保护吗?

【情景案例】

2021年6月1日,甲公司与乙公司签订了一份《商铺租赁合同》,约定:甲公司将其100平方米的商铺租赁给乙公司,租赁期限为5年,租金为2万元/月。2022年1月5日,乙公司在未经甲公司同意的情况下,私下将商铺转租给丙公司,租金为3万元/月。丙公司与乙公司签订租赁合同时,知晓该商铺系甲公司出租给乙公司的。2022年5月20日,甲公司得知乙公司私下转租商铺后,将乙公司起诉到法院,要求解除双方的租赁合同。

请问:甲公司的要求会得到法院支持吗?

【案例分析】

根据我国《民法典》第七百一十六条的规定,承租人经出租人同意,可以将租赁物转租给第三人。承租人未经出租人同意而转租的,出租人可以解除租赁合同。

租赁合同涉及的虽然是债权债务关系,但是,出租人在选择承租人时,往往是考量后才允许特定的人承租的,出租人与承租人之间在某种程度上有一定的人身信赖关系。在转租的情形下,虽然承租人并不脱离租赁关系,但是,承租人并不实际使用租赁物,出租人也难以了解第三人对租赁物的使用状况,出租人对承租人的人身依赖关系可能受到影响或者破坏。因此,我国《民法典》规定,转租必须经出租人同意;未经出租人同意而擅自转租的,出租人可以解除租赁合同。

本案中,乙公司作为承租人,未经出租人甲公司同意,擅自将租赁的商铺转租给丙公司,乙公司的转租行为违反了《民法典》第七百一十六条的规定,出租人甲公司依法可以解除合同。

【风险防范建议】

(1)在签订租赁合同时,建议在合同条款中明确约定是否允许承租人转租,尤其是双方口头达成的允许转租的一致意见,应当在合同中得到体现。

(2)如果合同没有对转租问题作出约定,那么,在拟转租之前,承租人务必向出租人征求意见,询问出租人是否同意承租人将租赁物转租。如果出租人同意转租,承租人应当注意固定证据;如果出租人不同意转租,则承租人不要擅自转租,以免引发纠纷。

(3)即使出租人同意转租,转租的期限也不得超过承租人的剩余租赁期限,否则,一旦承租人与出租人之间未能就续租问题达成一致意见,则承租人可能面临向次承租人承担违约责任的风险。

(4)如果发现承租人擅自转租,出租人应当在6个月内提出异议,否则,视为出租人同意转租。

【法条链接】

《民法典》第七百一十六条　承租人经出租人同意,可以将租赁物转租给第三人。承租人转租的,承租人与出租人之间的租赁合同继续有效;第三人造成租赁物损失的,承租人应当赔偿损失。

承租人未经出租人同意转租的,出租人可以解除合同。

第七百一十七条　承租人经出租人同意将租赁物转租给第三人,转租期限超过承租人剩余租赁期限的,超过部分的约定对出租人不具有法律约束力,但是出租人与承租人另有约定的除外。

第七百一十八条　出租人知道或者应当知道承租人转租,但是在六个月内未提出异议的,视为出租人同意转租。

112. 出租人在租赁期内未通知承租人就将商铺卖给别人了，承租人怎么办？

【情景案例】

田某自2021年1月以来一直租赁A公司的商铺，双方签订《租赁合同》，租期为5年；租金为6000元/月，每年递增3%。2022年3月，A公司决定将商铺以200万元的价格对外转让，但田某无力购买，后A公司将商铺以200万元的价格出售给B公司。2022年4月底，B公司办好了房屋产权过户手续，遂持新的房地产权证书找到田某，要求重新签订租赁合同，并将租金涨到2万元/月，否则田某须在2个月内搬走。由于田某做的是小本经营，如果租金涨到每个月2万元，生意是不可能做下去的。其经营的理发店已积累较多老客户，如果就这样搬走，田某十分不甘心。为此，田某以合同未到期为由要求A公司给一个说法。A公司认为，商铺已出售给B公司，原来签订的《租赁合同》已失效，且现在商铺所有权是B公司的，其无权处置商铺。

请问：田某还能以原来的租金继续租用该商铺吗？

【案例分析】

本案涉及的是民法上的“买卖不破租赁”问题。

我国《民法典》第七百二十五条规定，租赁物在承租人按照租赁合同占有租赁物期间内发生所有权变动的，不影响租赁合同的效力。

所谓“买卖不破租赁”，是指在租赁关系存续期间，承租人根据租赁合同约定对租赁物的合法占有和使用可以对抗第三人，即使所有权人将租赁物转让给第三人，对租赁关系也不产生任何影响，第三人不能以其已成为租赁物的所有权人为由否认原租赁关系的存在并要求承租人返还租赁物。我国《民法典》第七百二十五条的规定就是“买卖不破租赁”原则的体现。

本案中，田某依据《租赁合同》合法占有和使用商铺，且田某与A公司签订的《租赁合同》尚未到期，B公司虽然取得了涉案商铺的所有权，但是，根据我国《民法典》第七百二十五条“买卖不破租赁”的规定，田某签订的《租赁合同》的效力不受房屋买卖、所有权变更的影响，只是租赁合同的出租人由原所有权人A公司变更为B公司而已，B公司作为涉案商铺新的所有权人，仍然需要按A公司与田某签订的《租赁合同》内容继续履行合同，直至租赁合同期限届满为止。因此，在所有权变动之后，田某要求以原来的租金继续租用该商铺，有法律依据。

【风险防范建议】

（1）租赁期内，如果出现房屋所有权变动，承租人不必过于恐慌，承租人的权益受

“买卖不破租赁”规定的保护，但是，承租人也要注意与新的所有权人的沟通。

（2）买受人在购买重大资产之前，需要进行尽职调查，了解清楚拟购买的资产是否存在租赁关系，并就租赁关系可能对日后行使所有权产生的影响进行评估，进而在此基础上决定是否购买。

（3）承租人对租赁的房屋还享有优先购买权。出租人在对外出卖租赁房屋之前，应当依法通知承租人，以便承租人决定是否行使优先购买权。

【法条链接】

《民法典》第七百二十五条　租赁物在承租人按照租赁合同占有期限内发生所有权变动的，不影响租赁合同的效力。

113. 承租人对其正在租赁的厂房有优先购买权吗？

【情景案例】

2021 年 1 月 1 日，樊某与甲公司签订了一份《厂房租赁合同》，约定：甲公司将位于东莞市虎门镇某工业区的厂房租赁给樊某，租金为 8 万元/月，租期为 5 年。租赁期间，樊某得知甲公司将厂房出售给乙公司，已经签订了《厂房买卖合同》，但乙公司还未付款且双方未办理过户手续。后甲公司书面通知樊某厂房租赁到期后必须要搬走。考虑到改变厂房位置对生产经营的影响，樊某不愿搬走，并向甲公司提出以同等条件将厂房买下来，但遭到甲公司拒绝。

请问：樊某对该厂房享有优先购买权吗？

【案例分析】

本案涉及的是房屋承租人的优先购买权问题。

根据我国《民法典》第七百二十六条的规定，出租人出卖租赁房屋的，应当在出卖之前的合理期限内通知承租人，承租人享有以同等条件优先购买的权利；出租人履行通知义务后，承租人在 15 日内未明确表示购买的，视为承租人放弃优先购买权。但如果房屋的按份共有人行使优先购买权或者出租人将房屋出卖给自己的近亲属，则属于例外情形，无须通知承租人，承租人不享有优先购买权。

所谓房屋承租人的优先购买权，是指在房屋租赁期间，当出租人将租赁房屋转让给第三人时，房屋承租人依照法律规定享有的、在同等条件下优先于其他潜在购买人而购买房屋的权利。房屋承租人行使优先购买权，必须以出租人出卖租赁房屋的行为发生在租赁期间内为前提条件，如果出卖租赁房屋的行为发生租赁开始之前或者租赁结束之后，房屋承租人均不享有优先购买权。

本案中，樊某与甲公司签订的《厂房租赁合同》尚在正常履行期间内，甲公司将厂房出售给乙公司，樊某依法享有同等条件下的优先购买权。虽然甲公司已经与乙公司签订了《厂房买卖合同》，但是，《厂房买卖合同》尚未履行，即乙公司还未付款且双方未办理过户手续，此时，樊某要求按《厂房买卖合同》约定的条件行使优先购买权，符合法律规定。

【风险防范建议】

(1)出租人在出卖租赁房屋时，应当提前通知承租人，否则，就侵害了房屋承租人在同等条件下的优先购买权，需要承担相应的法律责任。

(2)承租人行使优先购买权受到"同等条件"的限制，如果承租人要求以比其他潜在购买人更低的价格或者更优惠的条件购买租赁所房屋，则出租人可以拒绝承租人的购买要求。

(3)承租人行使优先购买权必须在法定期限内作出明确表示，即承租人应当在收到出租人通知之日起 15 日内明确表示购买，否则，就视为承租人放弃优先购买权。

【法条链接】

《民法典》第七百二十六条　出租人出卖租赁房屋的，应当在出卖之前的合理期限内通知承租人，承租人享有以同等条件优先购买的权利；但是，房屋按份共有人行使优先购买权或者出租人将房屋出卖给近亲属的除外。

出租人履行通知义务后，承租人在十五日内未明确表示购买的，视为承租人放弃优先购买权。

第七百二十七条　出租人委托拍卖人拍卖租赁房屋的，应当在拍卖五日前通知承租人。承租人未参加拍卖的，视为放弃优先购买权。

第七百二十八条　出租人未通知承租人或者有其他妨害承租人行使优先购买权情形的，承租人可以请求出租人承担赔偿责任。但是，出租人与第三人订立的房屋买卖合同的效力不受影响。

114. 出租人租赁未经消防验收的厂房，承租人可以解除合同吗？

【情景案例】

2021 年 3 月 1 日，甲公司与乙公司签订一份《租赁合同》。合同约定：乙公司将本地某开发区内的一幢新厂房租给甲公司，租赁期限为 2021 年 3 月 1 日至 2025 年 12 月 31 日，押金为 10 万元；月租金为 2 万元，每月 6 日前支付。签约后，乙公司给甲公司支付了10万元押金与第一个月租金2万元,合计12万元。3月10日,乙公司在准备装修厂房时,得知该厂房项目建设存在重大违规情况和火灾隐患,因此无法通过消防验收。由于该厂房未经消防验收合格,甲公司向乙公司提出解除合同,并让乙公司退回已支付的12万元,但遭到乙公司拒绝。无奈之下,甲公司诉至法院。

请问:甲公司可以单方面解除合同吗?

【案例分析】

本案涉及的是非因承租人原因致使租赁物无法使用情形下的合同解除问题。

根据我国《民法典》第七百零八条的规定,出租人除了应当按照约定将租赁物交付承租人之外,还应当在租赁期限内保持租赁物符合约定的用途。第七百二十四条规定,非因承租人原因致使租赁物无法使用的,承租人可以解除合同,具体包括以下三种情形:(1)租赁物被司法机关或者行政机关依法查封、扣押;(2)租赁物权属有争议;(3)租赁物具有违反法律、行政法规关于使用条件的强制性规定情形。

承租人订立租赁合同的目的就是实现对租赁物的使用、收益,如果非因承租人原因致使承租人不能实现对租赁物的使用、收益,承租人订立租赁合同的目的就不能实现,法律赋予承租人合同解除权既合乎逻辑,也有其必要性与合理性。

本案中,由于涉案厂房未经消防验收合格,存在重大安全隐患,而且,根据我国《消防法》第十五条的规定,公众聚集场所在投入使用、营业前,建设单位或者使用单位应当向场所所在地的县级以上地方人民政府消防救援机构申请消防安全检查。消防救援机构应当自受理申请之日起10个工作日内,根据消防技术标准和管理规定,对该场所进行消防安全检查;未经消防安全检查或者经检查不符合消防安全要求的,不得投入使用、营业。因此,涉案厂房"具有违反法律、行政法规关于使用条件的强制性规定情形",甲公司据此要求解除合同,符合法律规定。

【风险防范建议】

(1)在签订租赁合同之前,出租人应注意排查租赁物是否存在无法使用的情形,如果存在该等情形,则不能出租,否则承租人可以解除合同,且出租人可能还要赔偿承租人因此而遭受的损失。

(2)承租人在签订租赁合同之前,也有必要对租赁物进行尽职调查,了解租赁物是否有权属争议,是否被司法机关或者行政机关依法查封、扣押,是否具有违反法律、行政法规关于使用条件的强制性规定等情形,如果发现存在导致租赁标的无法使用的情形,建议另行寻找其他合适的租赁物,避免租赁过程中不必要的风险或者纠纷。

(3)租赁物即使存在权属争议,或被司法机关或者行政机关依法查封、扣押等,如果不影响租赁物的使用(例如,法院对租赁房屋采取"活封"措施,仅仅限制该房屋办理产权过户、抵押登记等,并不影响该房屋的正常使用),则承租人无权解除合同。

【法条链接】

《民法典》第七百零八条 出租人应当按照约定将租赁物交付承租人,并在租赁期限内保持租赁物符合约定的用途。

第七百二十四条 有下列情形之一,非因承租人原因致使租赁物无法使用的,承租人可以解除合同:

(一)租赁物被司法机关或者行政机关依法查封、扣押;

(二)租赁物权属有争议;

(三)租赁物具有违反法律、行政法规关于使用条件的强制性规定情形。

《消防法》第十五条 公众聚集场所投入使用、营业前消防安全检查实行告知承诺管理。公众聚集场所在投入使用、营业前,建设单位或者使用单位应当向场所所在地的县级以上地方人民政府消防救援机构申请消防安全检查,作出场所符合消防技术标准和管理规定的承诺,提交规定的材料,并对其承诺和材料的真实性负责。

消防救援机构对申请人提交的材料进行审查;申请材料齐全、符合法定形式的,应当予以许可。消防救援机构应当根据消防技术标准和管理规定,及时对作出承诺的公众聚集场所进行核查。

申请人选择不采用告知承诺方式办理的,消防救援机构应当自受理申请之日起十个工作日内,根据消防技术标准和管理规定,对该场所进行检查。经检查符合消防安全要求的,应当予以许可。

公众聚集场所未经消防救援机构许可的,不得投入使用、营业。消防安全检查的具体办法,由国务院应急管理部门制定。

115. 已经出租的厂房被查封,原租赁合同能否继续履行?

【情景案例】

2021年1月8日,A公司与B公司签订一份《厂房租赁合同》,约定B公司将面积为3万平方米的厂房租赁给A公司,月租金为6万元,租期为5年。3月20日,B公司因资金周转需要,向某银行贷款300万元,借款期限为5个月。贷款到期后,由于B公司无力偿还贷款,某银行遂将B公司诉至法院,并向法院申请采取财产保全措施,查封了B公司名下的上述厂房(限制该厂房办理过户和抵押登记)。对此,A公司表示十分担心,因为如果不能继续使用该租赁厂房,其一时难以找到合适的办公场所,将面临巨大的损失。

请问:如果法院查封A公司所租厂房,《厂房租赁合同》能否继续履行?

【案例分析】

本案涉及的是司法查封是否影响房屋租赁合同效力的问题。

根据我国《民法典》第七百二十四条第(一)项的规定,租赁物被司法机关或者行政机关依法查封、扣押,非因承租人原因致使租赁物无法使用的,承租人可以解除合同。第七百二十五条规定,租赁物在承租人按照租赁合同占有期限内发生所有权变动的,不影响租赁合同的效力。

根据《民法典》的上述规定,租赁物被司法机关或者行政机关依法查封、扣押,并不必然导致租赁合同解除,只有致使租赁物无法使用的,承租人才可以解除合同。

本案中,法院虽然对租赁物采取了查封措施,但是,并不影响A公司正常使用该厂房,即不影响该租赁合同的效力和继续履行。而且,即使该厂房最终被法院拍卖或者变卖,根据"买卖不破租赁"原则以及《民法典》第七百二十五条的规定,新的买受人仍然需要按A公司与B公司签订的《厂房租赁合同》继续履行,直到租赁期限届满。

【风险防范建议】

(1)租赁物被司法机关或者行政机关查封,并不必然导致租赁物无法使用,在租赁物能够继续使用的情况下,租赁合同仍然可以继续履行。

(2)租赁物被司法机关拍卖、变卖,同样受"买卖不破租赁"原则以及《民法典》第七百二十五条规定的约束,承租人可以要求新的买受人按原租赁合同继续履行,直到租赁期限届满。

【法条链接】

《民法典》第七百二十四条　有下列情形之一,非因承租人原因致使租赁物无法使用的,承租人可以解除合同:

(一)租赁物被司法机关或者行政机关依法查封、扣押;

(二)租赁物权属有争议;

(三)租赁物具有违反法律、行政法规关于使用条件的强制性规定情形。

第七百二十五条　租赁物在承租人按照租赁合同占有期限内发生所有权变动的,不影响租赁合同的效力。

116. 承租人经营状况恶化导致无力继续履行租赁合同的,可以解除合同吗?

【情景案例】

卢某与莫某签订《租赁合同》一份,约定:莫某承租卢某位于某小区的商铺,租赁期限为5年,押金为4万元;租金为每月2万元,每月3日前支付;双方在《租赁合同》中还明确约定:在租赁期间,如果莫某因经营困难等原因需要提前终止合同,应提前1个月通知卢某,经调查属实,双方互不承担违约责任,押金全额退还给莫某。后莫某给卢某致函,内容为:由于经济不景气,最近商铺生意每月都处于亏损状态,经营出现严重困难,因此自下个月起将不再继续租赁该商铺。卢某收到莫某的通知后,认可涉案商经营困难,表示将重新招租,但是一直没有找到新的承租人,因此其不同意莫某单方面解除合同,表示其找到新的租户之后才能解除《租赁合同》,否则,将追究莫某单方解除合同的违约责任,没收4万元押金。双方协商无果后,莫某诉至法院,要求确认双方签订的《租赁合同》已解除,并要求卢某返还押金4万元。

请问:莫某的请求能得到法院支持吗?

【案例分析】

本案涉及的是合同的约定解除权问题。

我国《民法典》第五百六十二条第二款规定,当事人可以约定一方解除合同的权利。解除合同的事由发生时,解除权人可以解除合同。

所谓约定解除权,是指当事人在合同中明确约定,在解除合同的事由发生时,由一方当事人享有的解除权。解除权人行使约定解除权后,合同关系归于消灭。《民法典》对约定解除权作出规定,赋予当事人协商约定解除合同的权利,是合同自由原则的重要体现。

本案中,卢某与莫某在《租赁合同》中约定:如果莫某因经营困难等原因需提前终止合同,应提前1个月通知卢某,经调查属实,双方互不承担违约责任,押金全额退还给莫某。该约定即属于《民法典》第五百六十二条第二款规定的“约定解除权”。莫某在约定解除事由出现后,已经按合同约定通知卢某,而且,卢某也认可涉案商铺经营困难,表示将重新招租。因此,莫某依法行使约定解除权,通知卢某解除租赁合同,并要求卢某返还押金,符合法律规定,其诉求能得到法院支持。

【风险防范建议】

(1)当事人在合同中约定解除事由时,一定要慎重。约定解除事由一旦出现,享有解除权的一方当事人即可行使约定解除权,而且,被动解除合同的一方不得以对方单方解除合同为由追究其违约责任。

（2）为了规避经营过程中的不确定风险，当事人也可以主动与对方协商，并在合同中明确约定合同解除事由，通过“约定解除权”降低经营风险。

需要特别注意的是，约定解除权不同于合同附条件解除，享有解除权的一方当事人，如果行使约定解除权，必须履行通知义务，及时通知合同相对方。

【法条链接】

《民法典》第五百六十二条 当事人协商一致，可以解除合同。

当事人可以约定一方解除合同的事由。解除合同的事由发生时，解除权人可以解除合同。

117. 承租人有优先承租权吗？

【情景案例】

2021年1月10日，孙某与某物业管理公司签订了一份《租赁合同》，约定：某物业管理公司将一间80平方米的公寓出租给孙某，租期为半年，月租金为5000元，押金为5000元，租金按月缴付。合同签订后，孙某按时向某物业管理公司支付租金和押金，双方均不存在违约行为。由于该公寓靠近地铁站，交通方便，而且离孙某的工作单位不远，6月10日，孙某向某物业管理公司提出续签合同，但遭到某物业管理公司经理的拒绝。某物业管理公司经理表示，由于双方签订的《租赁合同》没有约定孙某拥有优先承租权，因此该公司有权在合同到期后将该公寓出租给他人；现该公寓已经以月租金5000元出租给了别人，因此不能再将公寓租给孙某。经打听，原来是某物业管理公司经理的一位朋友贾某看中了孙某承租的那间公寓，某物业管理公司在未向孙某确认是否愿意续租的情况下，于2021年5月与贾某签订了租赁合同。孙某与某物业管理公司协商未果，非常气愤，遂诉至法院，要求按同等条件继续租赁该公寓。

请问：孙某的请求能得到法院支持吗？

【案例分析】

本案涉及的是房屋承租人的优先承租权问题。

我国《民法典》第七百三十四条第二款规定，租赁期限届满，房屋承租人享有以同等条件优先承租的权利。这是《民法典》新增设的规定，《合同法》（已失效）并未规定房屋承租人的优先承租权。

理解优先承租权时，需要特别注意两点。第一，承租人的优先承租权仅限于房屋承租人，在租赁期限届满时，房屋承租人之外的其他承租人并不享有优先承租权。第二，优先承租权的行使以“同等条件”为前提，只有在同等条件下，房屋承租人才能行使优先承租权。

本案中，孙某作为房屋承租人，在租赁期限届满时，享有以同等条件优先承租公寓的权利。某物业管理公司在未征求孙某是否愿意续租的情况下，径行将孙某租赁的公寓出租给第三人即某物业管理公司经理的朋友贾某，并拒绝按同等条件出租给原承租人孙某，违反了《民法典》第七百三十四条第二款的规定。孙某作为房屋承租人，起诉要求行使优先承租权，按同等条件继续租赁涉案公寓，符合法律规定，能得到法院支持。

【风险防范建议】

房屋承租人的优先承租权是《民法典》新增设的规定，《合同法》（已失效）虽然规定了承租人的优先购买权，但是，并未规定优先承租权。作为房屋租赁的双方，尤其是房屋租赁的出租人，应当特别注意《民法典》实施前后的这一变化。在《合同法》（已失效）适用时期的一些惯常做法（例如，无须考虑房屋承租人是否行使优先承租权），符合当时《合同法》（已失效）等相关法律规定。但是，到了《民法典》时代，需要与时俱新，根据《民法典》的规定重新审查租赁行为、租赁流程的合规性，避免产生不必要的法律纠纷和经济损失。

【法条链接】

《民法典》第七百三十四条　租赁期限届满，承租人继续使用租赁物，出租人没有提出异议的，原租赁合同继续有效，但是租赁期限为不定期。

租赁期限届满，房屋承租人享有以同等条件优先承租的权利。

第十四章
融资租赁合同

118. 融资租赁合同生效后,承租人可要求供货商直接交付租赁物吗?

【情景案例】

因生产经营需要,甲公司急需一套先进生产设备。但由于设备价格昂贵,甲公司决定租赁设备。2021年3月1日,甲公司与乙租赁公司签订一份《融资租赁合同》,约定:由乙租赁公司按照甲公司提供的供货商、设备型号、规格购买该生产设备,再将设备租赁给甲公司,交货时间为2021年3月10日。直至3月15日,甲公司还没有收到设备。为不影响公司的生产进度,甲公司要求设备供货商丙公司直接交付租赁物,但遭到丙公司拒绝。

请问:甲公司可以要求丙公司直接交付租赁物吗?

【案例分析】

本案主要涉及的是融资租赁合同中,承租人是否享有与受领标的物有关的买受人的权利的问题。

我国《民法典》第七百三十九条规定,出租人根据承租人对出卖人、租赁物的选择订立的买卖合同,出卖人应当按照约定向承租人交付标的物,承租人享有与受领标的物有关的买受人的权利。

本案中,乙租赁公司按照甲公司提供的供货商、设备型号、规格等的设备选择与供货商丙公司订立生产设备买卖合同后,供货商丙公司应当按照合同约定向承租人甲公司交付生产设备,承租人甲公司亦享有要求供货商丙公司直接交付生产设备的权利。因此,甲公司可以要求供货商丙公司直接交付租赁物。

【风险防范建议】

在融资租赁合同中,承租人具有买受人的地位,出租人根据承租人对出卖人、租赁物的选择而订立买卖合同，并且该租赁物也是由承租人使用的，如果出租人和承租人约定租赁期限届满，租赁物归承租人所有，那么，将来该租赁物的所有权还会转移给承租人。因此，企业作为承租人可以向租赁物出卖人主张以下权利：

(1)承租人有权要求出卖人按照合同约定交付标的物。也就是说，承租人有权要求出卖人按照合同约定的规格、型号、数量、履行期限、履行地点等内容向其交付标的物，并要求出卖人承担标的物的瑕疵担保责任。若出卖人不履行合同约定或履行不符合合同约定，承租人有权直接追究其违约责任，并且出租人应当予以协助。但企业需要注意的是，出租人对租赁物的质量、数量等问题一般不承担责任，也不承担出卖人迟延交付租赁物产生的违约责任。

(2)承租人享有与受领标的物有关的买受人的权利。简言之，出租人在买卖合同中享有的买受人的权利，只要与受领标的物有关，承租人都享有。例如，因交付的标的物不符合质量要求，致使合同目的无法实现的，承租人有权拒绝接受标的物；出卖人多交付标的物的，承租人有权接受或拒绝接受多交付的部分，但应及时通知出卖人。

【法条链接】

《民法典》第七百三十九条 出租人根据承租人对出卖人、租赁物的选择订立的买卖合同，出卖人应当按照约定向承租人交付标的物，承租人享有与受领标的物有关的买受人的权利。

第七百四十条 出卖人违反向承租人交付标的物的义务，有下列情形之一的，承租人可以拒绝受领出卖人向其交付的标的物：

(一)标的物严重不符合约定；

(二)未按照约定交付标的物，经承租人或者出租人催告后在合理期限内仍未交付。

承租人拒绝受领标的物的，应当及时通知出租人。

第七百四十七条 租赁物不符合约定或者不符合使用目的的，出租人不承担责任。但是，承租人依赖出租人的技能确定租赁物或者出租人干预选择租赁物的除外。

119. 融资租赁合同中的租赁物有质量缺陷的，责任由谁承担?

【情景案例】

2021年5月20日，甲公司与乙租赁公司签订了一份《融资租赁合同》，约定甲公司向乙租赁公司租赁某类型的进口生产设备，但未指定设备型号与供应商。乙租赁公司根据甲公司的需求购买了德国某供应商的生产设备(对于该设备的选定，乙租赁公司均以甲公司的需求为出发点,对租赁物的选定未起决定作用)。6月10日,乙租赁公司将生产设备交付给甲公司。刚开始使用时,甲公司没有发现问题,但从8月1日开始,这台设备经常出现故障;经检测认定系该设备设计上存在缺陷。为此,甲公司要求乙租赁公司承担质量瑕疵担保责任。乙租赁公司认为,质量问题应由供应商承担,与自己无关。

请问:乙租赁公司的说法符合我国法律规定吗?

【案例分析】

本案涉及的是融资租赁合同中标的物的质量瑕疵责任由谁承担的问题。

我国《民法典》第七百四十七条规定,租赁物不符合约定或者不符合使用目的的,出租人不承担责任。但是,承租人依赖出租人的技能确定租赁物或者出租人干预选择租赁物的除外。《最高人民法院关于审理融资租赁合同纠纷案件适用法律问题的解释》第八条进一步明确规定,租赁物不符合融资租赁合同的约定且出租人实施了下列行为之一,承租人依照《民法典》第七百四十四条、第七百四十七条的规定,要求出租人承担相应责任的,人民法院应予支持:(1)出租人在承租人选择出卖人、租赁物时,对租赁物的选定起决定作用的;(2)出租人干预或者要求承租人按照出租人意愿选择出卖人或者租赁物的;(3)出租人擅自变更承租人已经选定的出卖人或者租赁物的。

本案中,甲公司向乙租赁公司租赁某种进口生产设备,并未明确指定设备型号与供应商,并且乙租赁公司在购买该设备时尚不存在《最高人民法院关于审理融资租赁合同纠纷案件适用法律问题的解释》第八条列举的任何一种情形,租赁物交付后该生产设备出现质量瑕疵、缺陷的,乙租赁公司一般不承担责任。但甲公司可以依据《民法典》第六百一十七条、第七百三十九条的规定,对丙公司直接行使买受人乙租赁公司在买卖合同中所享有的权利,请求丙公司承担该生产设备的质量瑕疵担保责任,追究其违约责任。故乙租赁公司的说法符合法律规定。

【风险防范建议】

在融资租赁行业实践中,出租人的瑕疵担保免责规则已被社会普遍认可和适用。关于企业作出租人时,如何避免承担租赁物的瑕疵担保责任的风险,建议如下:

(1)出租人应在承租人选择出卖人、租赁物的过程中担任次要作用。例如,出租人在有多家供货商选择的情况下,应尽可能为承租人提供多家的供货商名录及信息,让承租人自主选择,不要强烈推荐其中一家给承租人,更不要对承租人选定的出卖人、供货商提过多意见或建议。但在特定情况下,承租人需要某种特殊的标的物,而生产这种特殊的标的物的企业只有一家,此时出租人向其提供仅此一家的供货商的名录及信息，并不会视为出租人起决定作用。

(2)出租人应避免对承租人的选定过多干预，也不得强求承租人按照自己的意愿对出卖人、租赁物作出选定。例如，出租人在合同中明确要求承租人必须选择其列出的供货商，或在承租人已经选定了供货商的情况下，仍强烈推荐其他的供货商给承租人，并要求承租人接受的，此种行为已表明出租人对承租人的选定进行了过多干预，日后该租赁物出现质量瑕疵的，出租人可能会面临担责的风险。

(3)出租人可以在买卖合同中约定，将其在买卖合同中的索赔权转让给承租人，当出卖人不履行合同义务或履行义务不符合合同约定时，由承租人向出卖人直接行使索赔权，但出租人应为承租人提供必要协助，避免索赔逾期或索赔失败的结果发生，以防范承租人以租赁物的质量瑕疵来对抗租金支付义务的风险。

【法条链接】

《民法典》第七百四十二条 承租人对出卖人行使索赔权利，不影响其履行支付租金的义务。但是，承租人依赖出租人的技能确定租赁物或者出租人干预选择租赁物的，承租人可以请求减免相应租金。

第七百四十七条 租赁物不符合约定或者不符合使用目的的，出租人不承担责任。但是，承租人依赖出租人的技能确定租赁物或者出租人干预选择租赁物的除外。

《最高人民法院关于审理融资租赁合同纠纷案件适用法律问题的解释》第八条 租赁物不符合融资租赁合同的约定且出租人实施了下列行为之一，承租人依照民法典第七百四十四条、第七百四十七条的规定，要求出租人承担相应责任的，人民法院应予支持：

(一)出租人在承租人选择出卖人、租赁物时，对租赁物的选定起决定作用的；

(二)出租人干预或者要求承租人按照出租人意愿选择出卖人或者租赁物的；

(三)出租人擅自变更承租人已经选定的出卖人或者租赁物的。

承租人主张其系依赖出租人的技能确定租赁物或者出租人干预选择租赁物的，对上述事实承担举证责任。

120. 融资租赁合同中的租赁物导致第三人人身损害的，出租人需要担责吗？

【情景案例】

2021年3月28日，房某、某融资租赁公司、某设备公司签订一份《融资租赁合同》，约定某融资租赁公司从某设备公司购买某品牌液压挖掘机一台，并出租给房某使用。4月10日，房某收到挖掘机并按约定向某融资租赁公司支付租金。4月20日，由于挖掘机刹车系统出现故障，房某在施工过程中造成刘某受伤。刘某被送往医院后，共花费医疗费3万元。刘某出院后找房某索赔医疗费，但遭到房某拒绝。房某认为，事故是挖掘机刹车系统出现故障造成的，应当由出租人即某融资租赁公司承担赔偿责任。

请问：由谁承担对刘某的损害赔偿责任？

【案例分析】

我国《民法典》第七百四十九条规定，承租人占有租赁物期间，租赁物造成第三人人身损害或者财产损失的，出租人不承担责任。

本案中，在承租人房某占有挖掘机期间，该挖掘机的刹车系统发生故障造成第三人刘某受伤，出租人某融资租赁公司不承担责任，而应由承租人房某承担人身损害赔偿责任。因为出租人将挖掘机交付给承租人房某后，房某便对挖掘机享有绝对的支配权和独占使用的权利，当挖掘机在施工过程中造成第三人刘某损害时，房某理应承担人身损害赔偿责任。若该人身损害是由于挖掘机本身存在质量问题而引起的，则房某在承担赔偿责任后，有权追究出卖人某设备公司的赔偿责任。

【风险防范建议】

一般情况下，物件造成第三人损害，应适用《民法典》侵权责任编中关于物件损害责任的规定，由物件的所有人、管理人、使用人承担赔偿责任。按照这种规则，租赁物造成第三人损害，也应当由租赁物的所有人、管理人、使用人（承租人）承担赔偿责任。

然而，在融资租赁合同中，出租人根据承租人对出卖人、租赁物的选择，向出卖人购买租赁物后，将租赁物提供给承租人占有使用，并以此收取承租人的租金作为对价。可以看出，出租人虽然享有租赁物的所有权，但租赁物对出租人而言主要发挥担保租金债权实现的功能，而出租人对租赁物不具有实际意义上的支配权和使用权。因此，当租赁物造成第三人损害时，无论人身损害还是财产损失，均排除出租人的责任，而由承租人负责。为此，笔者建议承租人在使用租赁物过程中，做好防护措施，谨慎使用，防止造成人身损害或财产损失。

【法条链接】

《民法典》第七百三十五条 融资租赁合同是出租人根据承租人对出卖人、租赁物的选择，向出卖人购买租赁物，提供给承租人使用，承租人支付租金的合同。

第七百四十九条 承租人占有租赁物期间，租赁物造成第三人人身损害或者财产损失的，出租人不承担责任。

121. 融资租赁合同中的承租人未按约定支付租金，出租人怎么办？

【情景案例】

2021 年 1 月 6 日，A 公司与 B 融资租赁公司签订一份《融资租赁合同》，约定：A 公司向 B 融资租赁公司租赁印刷设备一台，租金总额为 60 万元，A 公司在合同签订之日起 3 天内向 B 融资租赁公司支付首笔租金 10 万元，剩余租金共计 50 万元分 20 个月交清。1 月 10 日，A 公司从 B 融资租赁公司提走设备。合同履行过程中，A 公司支付 3 个月租金后，因经营不善无力继续履行合同义务。截至 8 月 10 日，A 公司拖欠到期租金 10 万元。经多次催款，A 公司仍不支付租金。

请问：B 融资租赁公司应当如何维权？

【案例分析】

本案涉及的是融资租赁合同中承租人未按约定支付租金时，出租人如何救济的问题。

我国《民法典》第七百五十二条规定，承租人应当按照约定支付租金。承租人经催告后在合理期限内仍不支付租金的，出租人可以请求支付全部租金；也可以解除合同，收回租赁物。《最高人民法院关于审理融资租赁合同纠纷案件适用法律问题的解释》第九条规定，承租人逾期履行支付租金义务或者迟延履行其他付款义务，出租人按照融资租赁合同的约定要求承租人支付逾期利息、相应违约金的，人民法院应予支持。第十一条规定，出租人依照该解释第五条的规定请求解除融资租赁合同，同时请求收回租赁物并赔偿损失的，人民法院应予支持。

本案中，A 公司和 B 融资租赁公司签订的《融资租赁合同》系双方真实意思表示，不违反法律法规强制性规定，合法有效。但 A 公司在履行合同过程中，未履行支付租金的义务，拖欠 B 融资租赁公司到期租金 10 万元，经 B 融资租赁公司催款后仍不支付租金的行为已构成违约，应承担相应的违约责任。根据上述法条的规定，此时 B 融资租赁公司的救济途径有两种（可选择一种）：（1）可以请求 A 公司支付全部租金（包括到期未付的租金以及未到期的租金），并按照《融资租赁合同》的相关约定支付逾期利息、相应违约金。（2）可以解除《融资租赁合同》，收回设备并要求赔偿损失。损失赔偿范围为 A 公司全部未付租金及其他费用与收回设备价值的差额。若合同约定租赁期间届满后设备归 B 融资租赁公司所有，则损失赔偿范围还应包括融资租赁合同到期后设备的残值。

【风险防范建议】

对于上述两种维权途径，出租人应根据案件本身的情况，结合承租人的经营状况及其履行能力、租赁物的状况以及出租人自身实际情况作出正确选择。建议出租人从以下三个方面进行全面考虑：

(1)如果承租人已出现严重违约、财务状况恶化、丧失商业信誉等不具备履约能力的情形，甚至出现承租人私自处分租赁物或者承租人有破产危机的情形，建议出租人选择解除融资租赁合同，收回租赁物并要求承租人赔偿损失。理由在于：上述种种情形表明，承租人已丧失支付全部租金的履约能力，就算日后出租人获得胜诉判决，仍难以逃避"执行难"的困境，无法达到维权和风险防控的目的。

(2)出租人起诉承租人时，不得同时主张上述两种救济途径，否则将面临被法院驳回起诉的结果。理由在于：融资租赁合同是承租人履行支付租金义务的基础事实，当有融资租赁合同时，承租人需按合同约定履行支付租金的义务；若该合同被解除，则承租人没有任何法律依据再履行支付租金的义务。此时出租人同时主张解除融资租赁合同和请求继续履行合同（请求承租人支付全部租金）将出现逻辑矛盾，可能会面临法院认定诉讼请求不明确进而驳回起诉的结果。

(3)出租人请求承租人支付合同约定的全部未付租金，获得法院的胜诉判决后，如果承租人不执行判决内容，出租人有权再行起诉请求解除融资租赁合同、收回租赁物并要求承租人赔偿损失。理由在于：我国倡导"填补性赔偿"原则，旨在弥补权利人（出租人）的损失，即权利人（出租人）损失多少，侵权人（承租人）赔偿多少，使权利人（出租人）的经济损失被"填平"。现承租人未履行判决内容，说明出租人的权益仍遭受损害，其经济损失尚未被"填平"，为了保障出租人的合法权益、减少其经济损失，我国《最高人民法院关于审理融资租赁合同纠纷案件适用法律问题的解释》第十条第二款赋予了出租人再行起诉请求解除合同、收回租赁物的权利。

【法条链接】

《民法典》第七百五十二条　承租人应当按照约定支付租金。承租人经催告后在合理期限内仍不支付租金的，出租人可以请求支付全部租金；也可以解除合同，收回租赁物。

《最高人民法院关于审理融资租赁合同纠纷案件适用法律问题的解释》第九条　承租人逾期履行支付租金义务或者迟延履行其他付款义务，出租人按照融资租赁合同的约定要求承租人支付逾期利息、相应违约金的，人民法院应予支持。

第十一条　出租人依照本解释第五条的规定请求解除融资租赁合同，同时请求收回租赁物并赔偿损失的，人民法院应予支持。

前款规定的损失赔偿范围为承租人全部未付租金及其他费用与收回租赁物价值的差额。合同约定租赁期间届满后租赁物归出租人所有的，损失赔偿范围还应包括融资租赁合同到期后租赁物的残值。

122. 融资租赁合同到期后，租赁物的所有权归承租人所有吗？

【情景案例】

5月8日，丁某与某公司签订《设备融资租赁合同》一份，约定：某公司根据丁某的要求购买一台某型号的塔式起重机，并将设备租赁给丁某使用；租赁期限为3年，租金总额为30万元，由丁某分30期于每月10日前支付等额租金1万元。除此之外，并无其他特殊约定。5月20日，某公司按约定将某型号的塔式起重机交付给丁某，丁某也确认收到设备并且验收合格。租赁期间内丁某按约定给某公司支付了30万元租金。此时，双方对塔式起重机的所有权归属产生了争议，事后也无法对塔式起重机的所有权归属达成补充协议。丁某认为，根据我国法律关于融资租赁合同的规定，承租人支付租金后，租赁物归承租人所有。

请问：丁某的说法符合我国法律规定吗？

【案例分析】

本案涉及的是融资租赁合同中租赁物的归属问题。

我国《民法典》第七百五十七条规定，出租人和承租人可以约定租赁期限届满租赁物的归属；对租赁物的归属没有约定或者约定不明确，依据该法第五百一十条的规定仍不能确定的，租赁物的所有权归出租人。第五百一十条规定，合同生效后，当事人就质量、价款或者报酬、履行地点等内容没有约定或者约定不明确的，可以协议补充；不能达成补充协议的，按照合同相关条款或者交易习惯确定。

本案中，丁某和某公司之间的《设备融资租赁合同》系双方真实意思表示，不违反法律法规强制性规定，合法有效。在合同履行期间，丁某和某公司没有事先就塔式起重机的归属作出约定。在租赁期届满后，双方因塔式起重机的所有权归属产生争议，事后也无法就塔式起重机的所有权归属达成补充协议，并且也无法依据租赁合同有关条款或交易习惯确定塔式起重机的归属，根据《民法典》第五百一十条、第七百五十七条的规定，该塔式起重机的所有权应归属于出租人即某公司。原因在于：在租赁期间，某公司系该塔式起重机的所有权人，当租赁期限届满后，该塔式起重机本身仍具有一定残值，若丁某未向所有权人某公司支付名义货款以换取该塔式起重机的残值，就算该塔式起重机的残值数额很小，丁某也没有任何法律依据取得该塔式起重机的所有权，故而该塔式起重机所有权依然归属于某公司，丁某的说法不符合我国法律规定。

【风险防范建议】

在融资租赁实践中，若合同当事人未事先在合同中明确约定租赁期届满后有关租赁物的所有权归属，则该租赁物将归属于出租人。因为该租赁物的权利人系出租人，这样做可以保护出租人的合法权益。为了能全面保护出租人和承租人的各项权益，笔者建议企业家们加强对融资租赁合同的条款审查，明确融资租赁合同的具体内容（如履行方式、履行期限、租金数额、租赁物归属），确保融资租赁合同约定的每一项条款都具体、明确，防止条款约定不明导致一方或双方权益受损。

【法条链接】

《民法典》第五百一十条　合同生效后，当事人就质量、价款或者报酬、履行地点等内容没有约定或者约定不明确的，可以协议补充；不能达成补充协议的，按照合同相关条款或者交易习惯确定。

第七百五十七条　出租人和承租人可以约定租赁期限届满租赁物的归属；对租赁物的归属没有约定或者约定不明确，依据本法第五百一十条的规定仍不能确定的，租赁物的所有权归出租人。

第十五章
保理合同

123. 在有追索权的保理合同中，保理融资款期限届满后，保理人未收到保理融资款的，其可向谁请求支付？

【情景案例】

甲公司因与丙公司订立《钢材买卖合同》对丙公司享有总额为3678万元的货款债权，于2021年3月1日到期。后甲公司与乙银行订立《有追索权国内保理合同》，约定：乙银行向甲公司提供3000万元保理融资款，受让甲公司基于《钢材买卖合同》对丙公司享有的3678万元应收账款债权。该保理融资款的到期日为2021年6月1日。2021年6月1日，保理融资款期限届满，乙银行却未足额收到丙公司支付的3678万元账款。

请问：此时乙银行可以找谁支付保理融资款？

【案例分析】

本案涉及的是在有追索权的保理合同中，保理人在保理融资款期限届满后未收到保理融资款时，可向谁请求支付的问题。

我国《民法典》第七百六十六条规定，当事人约定有追索权保理的，保理人可以向应收账款债权人主张返还保理融资款本息或者回购应收账款债权，也可以向应收账款债务人主张应收账款债权。保理人向应收账款债务人主张应收账款债权，在扣除保理融资款本息和相关费用后有剩余的，剩余部分应当返还给应收账款债权人。

本案中，甲公司和乙银行签订的《有追索权国内保理合同》系双方真实意思表示，不违反法律、行政法规强制性规定，合法有效。合同中，乙银行是保理人，甲公司是应收账款债权人，丙公司是应收账款债务人。该保理合同的保理融资款期限届满后，乙银行未足额收到丙公司支付的3678万元账款，此时，根据《民法典》第七百六十六条的规定，乙银行既有权请求丙公司继续支付，也有权请求甲公司以保理融资款本金、利息、迟延利息和乙银行实现债权的全部费用为对价回购乙银行受让的应收账款。

【风险防范建议】

（1）债权人在与保理人协商保理合同时，应当特别留意保理人是否享有追索权，并根据实际情况考虑能否接受有追索权保理合同条款，因为这将直接影响债权人的最终权益。

（2）债权人与保理人签订有追索权保理合同，并不表示债权人的债权已经完全实现，如果债务人未能在保理期限届满之前偿还债务，则保理人既可以向应收账款债务人主张应收账款债权，也可以向应收账款债权人主张返还保理融资款本息或者回购应收账款债权。

（3）债权人在与保理人签订有追索权保理合同之后，还有必要继续加强对应收账款的关注和追收，包括积极协助保理人追收应收账款，以最大限度保障自己的合法权益。

【法条链接】

《民法典》第七百六十六条 当事人约定有追索权保理的，保理人可以向应收账款债权人主张返还保理融资款本息或者回购应收账款债权，也可以向应收账款债务人主张应收账款债权。保理人向应收账款债务人主张应收账款债权，在扣除保理融资款本息和相关费用后有剩余的，剩余部分应当返还给应收账款债权人。

124. 在无追索权的保理合同中，保理融资款期限届满后，保理人未收到保理融资款的，其可向谁请求支付？

【情景案例】

甲公司因与丙公司订立《钢材买卖合同》对丙公司享有总额为3678万元的货款债权，于2021年3月1日到期。后甲公司与乙银行订立《无追索权国内保理合同》，约定：乙银行向甲公司提供3000万元保理融资款，受让甲公司基于《钢材买卖合同》对丙公司享有的3678万元应收账款债权。该保理融资款的到期日为2021年6月1日。2021年6月1日，保理融资款期限届满，乙银行却未足额收到丙公司支付的3678万元账款。

请问：此时乙银行应找谁支付保理融资款？

【案例分析】

本案涉及的是在无追索权的保理合同中，保理人在保理融资款期限届满后未收到保理融资款的，应向谁请求支付的问题。

我国《民法典》第七百六十七条规定，当事人约定无追索权保理的，保理人应当向应收账款债务人主张应收账款债权，保理人取得超过保理融资款本息和相关费用的部分，无须向应收账款债权人返还。

本案中，甲公司和乙银行签订的《无追索权国内保理合同》系双方真实意思表示，不违反法律、行政法规的强制性规定，合法有效。合同中，乙银行是保理人，甲公司是应收账款债权人，丙公司是应收账款债务人。该保理合同的保理融资款期限届满后，乙银行未足额收到丙公司支付的3678万元账款，此时，根据《民法典》第七百六十七条的规定，乙银行只能请求丙公司支付，而不得请求甲公司支付。

【风险防范建议】

(1)保理人在与债权人协商保理合同时，应当特别留意保理人是否享有追索权，并根据实际情况考虑能否接受无追索权保理合同条款，因为这将直接影响保理人的权益。

(2)保理人与债权人签订无追索权保理合同之后，就不能再向债权人主张返还保理融资款本息或者回购应收账款债权，只能向应收账款债务人主张应收账款债权。

(3)对于债权人而言，在与保理人协商保理合同条款时，也需要特别留意是否为无追索权保理；如果签订的是无追索权保理合同，则保理人追回的应收账款全部归保理人所有，保理人取得的超过保理融资款本息和相关费用的部分，也无须向应收账款债权人返还。

【法条链接】

《民法典》第七百六十七条 当事人约定无追索权保理的，保理人应当向应收账款债务人主张应收账款债权，保理人取得超过保理融资款本息和相关费用的部分，无需向应收账款债权人返还。

125. 在保理合同中，债务人能否以基础合同系虚构为由抗辩支付应收账款？

【情景案例】

甲公司曾因出售钢材与丙公司有业务往来，且两家公司的法定代表人私交不错。现因甲公司急需支付大笔现金，为套取融资，甲公司向丙公司的法定代表人行贿后，甲公司、丙公司虚构了《钢材买卖合同》，约定：甲公司向丙公司出售一批钢材，价款总额为3678万元，2021年3月1日到期。后甲公司与不知情的乙银行订立《有追索权国内保理合同》，约定：乙银行向甲公司提供3000万元保理融资款，受让甲公司基于

《钢材买卖合同》对丙公司享有的3678万元应收账款债权。乙银行向甲公司提供的保理融资款的到期日为2021年6月1日。保理合同签订后，乙银行按照约定向丙公司寄送了《应收账款转让通知书》，丙公司在"回执"中予以确认，"回执"上有丙公司法定代表人签名且加盖了丙公司公章。保理融资款到期后，丙公司未向乙银行支付相应账款。现乙银行选择请求丙公司全额支付应收账款，丙公司却主张《钢材买卖合同》系虚构的无效合同，《有追索权国内保理合同》亦无效，并拒绝支付应收账款。

请问：丙公司有权拒绝支付账款吗？

【案例分析】

本案涉及的是在有追索权的保理合同中，债务人能否以基础合同系虚构为由拒绝支付应收账款的问题。

我国《民法典》第七百六十三条规定，应收账款债权人与债务人虚构应收账款作为转让标的，与保理人订立保理合同的，应收账款债务人不得以应收账款不存在为由对抗保理人，但是保理人明知虚构的除外。关于虚假的意思表示，《民法典》第一百四十六条规定，行为人与相对人以虚假的意思表示实施的民事法律行为无效。另外，该法第一百四十三条规定，具备下列条件的民事法律行为有效：(1)行为人具有相应的民事行为能力；(2)意思表示真实；(3)不违反法律、行政法规的强制性规定，不违背公序良俗。

本案中，根据《民法典》第一百四十六条，甲公司和丙公司以虚假的意思表示签订的《钢材买卖合同》无效。但《钢材买卖合同》无效不影响甲公司和乙银行签订的《有追索权国内保理合同》的效力。原因在于：甲公司和乙银行签订的《有追索权国内保理合同》完全符合《民法典》第一百四十三条的规定而合法有效，并且根据《民法典》第七百六十三条的规定，乙银行对保理合同已尽到了形式上的合理审查义务，并不知《钢材买卖合同》系虚构的事实，属于善意的保理人，该保理合同合法有效。因此，当乙银行根据合法有效的保理合同，请求丙公司支付应收账款时，丙公司不得拒绝支付。

【风险防范建议】

(1)关于虚构应收账款有风险，无论是基于朋友情面，还是基于其他考虑，一旦虚构应收账款并将其作为保理合同的转让标的，那么，即使是虚构的债务人，也要承担法律上的责任，需要向保理人承担还款责任。

(2)在虚构应收账款并签订保理合同过程中，债务人除了需要向保理人承担民事上的还款责任之外，可能还会涉嫌诈骗犯罪，需要承担刑事责任。

(3)保理人权益受保护的前提是善意。如果其明知应收账款是虚构的，即使签订了保理合同,办理了保理相关手续,也不受法律保护。因此,保理人在签订保理合同之前,如果发现应收账款系虚构,应当立即终止签订保理合同,避免遭受不必要的损失。

【法条链接】

《民法典》第一百四十三条　具备下列条件的民事法律行为有效:

(一)行为人具有相应的民事行为能力;

(二)意思表示真实;

(三)不违反法律、行政法规的强制性规定,不违背公序良俗。

第一百四十六条第一款　行为人与相对人以虚假的意思表示实施的民事法律行为无效。

以虚假的意思表示隐藏的民事法律行为的效力,依照有关法律规定处理。

第七百六十三条　应收账款债权人与债务人虚构应收账款作为转让标的,与保理人订立保理合同的,应收账款债务人不得以应收账款不存在为由对抗保理人,但是保理人明知虚构的除外。

126. 债权人就同一个应收账款订立多个保理合同,多个保理人同时主张权利的,谁能最先取得应收账款?实际履行顺序如何?

【情景案例】

甲公司因与A公司订立《钢材买卖合同》对A公司享有总额为3678万元的货款债权,于2021年3月1日到期。2021年3月1日,甲公司与乙银行订立编号为"001"的《有追索权国内保理合同》,约定:乙银行向甲公司提供3000万元保理融资款,受让甲公司基于《钢材买卖合同》对A公司享有的3678万元应收账款债权。2021年4月1日,甲公司与丙银行订立编号为"002"的《有追索权国内保理合同》,约定:丙银行向甲公司提供2900万元保理融资款,受让甲公司基于《钢材买卖合同》对A公司享有的3678万元应收账款债权。2021年5月1日,甲公司与丁银行订立编号为"003"的《有追索权国内保理合同》,约定:丁银行向甲公司提供2900万元保理融资款,受让甲公司基于《钢材买卖合同》对A公司享有的3678万元应收账款债权。

经查明,编号为"001"的《有追索权国内保理合同》已办理登记手续,而编号为"002"和编号为"003"的《有追索权国内保理合同》均未登记。但编号为"002"的《有追索权国内保理合同》与编号为"003"的《有追索权国内保理合同》相比,转让通知先到达债务人。现上述的保理合同的保理融资款均已到期,乙银行、丙银行、丁银行同时向A公司主张权利。

请问：乙银行、丙银行、丁银行就同一个应收账款同时主张权利时，谁先取得应收账款？实际履行顺序如何？

【案例分析】

本案涉及的是在多个有追索权的保理合同中，多个保理人就同一个应收账款同时主张权利时实际履行顺序的问题。

我国《民法典》第七百六十八条规定，应收账款债权人就同一应收账款订立多个保理合同，致使多个保理人主张权利的，已经登记的先于未登记的取得应收账款；均已经登记的，按照登记时间的先后顺序取得应收账款；均未登记的，由最先到达应收账款债务人的转让通知中载明的保理人取得应收账款；既未登记也未通知的，按照保理融资款或者服务报酬的比例取得应收账款。

本案中，甲公司以其享有的对A公司的3678万元的货款债权，分别与乙银行、丙银行、丁银行订立三份《有追索权国内保理合同》。由于编号为“001”的保理合同已办理登记手续，而编号为“002”和编号为“003”保理合同均未登记。因此，已经办理登记的编号为“001”保理合同的保理人（乙银行）先于其他两份保理合同的保理人（丙银行、丁银行）取得应收账款；编号为“002”的保理合同比编号为“003”的保理合同的转让通知先到达债务人，因此，在丙银行与丁银行之间，丙银行先于丁银行取得应收账款。

【风险防范建议】

关于保理人为多人时，实际履行顺序如何：

（1）根据登记优先原则，已经登记的优先于未登记的，先登记的优先于后登记的，因此，签订保理合同后，保理人应当尽快办理登记，以维护自身合法权益。

（2）如果暂时不能办理登记，则应当尽快将转让通知书送达给应收账款的债务人。

（3）即使已经将转让通知书送达给应收账款债务人，仍然建议保理人努力促成办理保理合同登记，以便更好地保护自身合法权益。

【法条链接】

《民法典》第七百六十八条　应收账款债权人就同一应收账款订立多个保理合同，致使多个保理人主张权利的，已经登记的先于未登记的取得应收账款；均已经登记的，按照登记时间的先后顺序取得应收账款；均未登记的，由最先到达应收账款债务人的转让通知中载明的保理人取得应收账款；既未登记也未通知的，按照保理融资款或者服务报酬的比例取得应收账款。

第十六章
承揽合同

127. 承揽人可以将自己承揽的业务转让给他人吗？

【情景案例】

2021 年 6 月 1 日，甲公司在某大厦租了一间 8000 平方米的办公室。6 月 3 日，甲公司与乙公司签订一份《办公家具定制合同》，约定：由甲公司提供设计图纸，乙公司按要求完成办公家具的定制，包工包料，工期为 25 天。6 月 28 日，甲公司验收办公家具，发现质量十分差，没有达到预期效果。事后甲公司得知，乙公司由于太忙，擅自将办公家具转包给刚刚成立的丙公司。甲公司认为，其是因看中乙公司实力才找乙公司合作的，现乙公司未经其同意，擅自将办公家具外包给其他公司的行为不合法。

请问：乙公司擅自转让承揽业务符合我国法律规定吗？

【案例分析】

本案涉及的是承揽人能否将承揽业务交由第三人完成的问题。

我国《民法典》第七百七十二条规定，承揽人应当以自己的设备、技术和劳力，完成主要工作，但是当事人另有约定的除外。承揽人将其承揽的主要工作交由第三人完成的，应当就该第三人完成的工作成果向定作人负责；未经定作人同意的，定作人也可以解除合同。第七百八十一条规定，承揽人交付的工作成果不符合质量要求的，定作人可以合理选择请求承揽人承担修理、重作、减少报酬、赔偿损失等违约责任。

本案中，甲公司和乙公司签订的《办公家具定制合同》系双方真实意思表示，不违反法律法规强制性规定，合法有效。合同约定，定作人甲公司提供设计图纸，承揽人乙公司按要求完成办公家具定制，双方并未约定承揽人乙公司可以将其承揽的工作交由第三人实施完成。在合同履行过程中，乙公司未经甲公司同意将办公家具定制工作交由丙公司完成，违反了我国《民法典》第七百七十二条第一款的规定。

【风险防范建议】

在承揽合同中,基于对承揽人的强烈的人身信赖,定作人往往要求承揽人独立完成委托事务,而不希望承揽人将承担的工作另行交给第三人处理。为了避免承揽人私下将承担的工作另行交给第三人处理的风险,笔者建议定作人可在承揽合同中明确约定,禁止承揽人将部分或全部承揽工作交由第三人处理,否则将追究承揽人的违约责任,并在合同中对违约金作出明确约定。

【法条链接】

《民法典》第七百七十二条 承揽人应当以自己的设备、技术和劳力,完成主要工作,但是当事人另有约定的除外。

承揽人将其承揽的主要工作交由第三人完成的,应当就该第三人完成的工作成果向定作人负责;未经定作人同意的,定作人也可以解除合同。

第七百八十一条 承揽人交付的工作成果不符合质量要求的,定作人可以合理选择请求承揽人承担修理、重作、减少报酬、赔偿损失等违约责任。

128. 承揽人使用劣质材料给定作人造成损失的,承揽人要承担责任吗?

【情景案例】

2021年5月,汪某决定开一间健身房。其租好店铺后,便与A公司签订了《储物柜承揽合同》,约定:由汪某提供原材料与设计图纸,A公司按设计图纸要求完成储物柜的制定和安装。为保证健身房的格调和品质,汪某选购了质量较好的灯饰、木板以及装配材料等。6月20日,储物柜安装完成并经汪某验收合格。7月10日,汪某健身房一位会员在使用储物柜过程中因柜门突然脱落受伤,健身房为此赔偿了2万元医疗费。事后调查结果显示,事故原因是A公司将汪某选购的高档装配材料替换成形状相似、极为便宜的劣质装配材料。为此,汪某将A公司诉至法院,要求其赔偿自己因此次事故遭受的损失。

请问:汪某可要求A公司赔偿损失吗?

【案例分析】

本案涉及的是承揽人使用劣质材料造成定作人损失的法律后果的问题。

我国《民法典》第七百七十五条第二款规定,承揽人不得擅自更换定作人提供的材料,不得更换不需要修理的零部件。第七百八十一条规定,承揽人交付的工作成果不符合质量要求的,定作人可以合理选择请求承揽人承担修理、重作、减少报酬、赔偿损失等违约责任。

本案中，汪某与A公司签订的《储物柜承揽合同》系双方真实意思表示，不违反法律法规强制性规定，合法有效。合同约定，汪某负责选购与设计图纸，A公司负责按照汪某要求完成健身房的储物柜定制和安装。事后A公司擅自将汪某选购的高档材料替换成劣质材料，造成柜门脱落致使客户受伤这一结果。根据《民法典》第七百七十五条第二款的规定以及诚实信用原则，A公司按照合同约定使用汪某提供的原材料系其法定义务，其未经汪某同意，擅自更换原材料的行为，既违反《民法典》第七百七十五条第二款的规定，又违反诚实信用原则。事后A公司交付的储物柜因替换材料而致使质量不达标，此时汪某可以依据《民法典》第七百八十一条的规定合理选择请求A公司承担修理、重作、减少报酬、赔偿损失等责任。综上所述，汪某有权要求A公司赔偿损失。

【风险防范建议】

在现实生活中，对于承揽人擅自更换原材料的不诚信行为，定作人可从以下两方面进行风险防范：

(1)定作人可将承揽人擅自更换原材料的不诚信行为作为合同的违约情形约定在合同中，并以此作为解除合同的约定事由，为日后的纠纷做好风险防范。

(2)若已发现承揽人更换材料，且承揽人未能积极配合处理，建议定作人先将劣质的原材料拍照、备份，保存证据，事后向建筑部门、住建委或城管部门等相关部门进行举报、投诉。

【法条链接】

《民法典》第七百七十五条第二款 承揽人不得擅自更换定作人提供的材料，不得更换不需要修理的零部件。

第七百八十一条 承揽人交付的工作成果不符合质量要求的，定作人可以合理选择请求承揽人承担修理、重作、减少报酬、赔偿损失等违约责任。

129. 定作人中途变更要求造成承揽人损失的，需要赔偿吗？

【情景案例】

2021年5月20日，甲公司与乙家具厂签订一份《承揽合同》，约定：乙家具厂按照甲公司的制作图样定制办公桌1000张，每张价格为800元，工期为1个月。合同签订后，乙家具厂按要求投入生产。6月1日，甲公司致电乙家具厂，提出要变更办公桌部分样式的要求，此时乙家具厂已经生产300张办公桌。6月20日，乙家具厂按照甲公司的要求如期交货，乙家具厂的工作人员要求甲公司额外支付因中途变更要求而增加的人工费用3万元，但遭到了甲公司的拒绝。协商无果后，乙家具厂诉至法院，要求甲公司赔偿损失3万元。

请问：乙家具厂有权要求甲公司进行赔偿吗？

【案例分析】

本案涉及的是定作人中途变更要求造成承揽人损失的赔偿问题。

我国《民法典》第七百七十七条规定，定作人中途变更承揽工作的要求，造成承揽人损失的，应当赔偿损失。

本案中，甲公司和乙家具厂签订的《承揽合同》系双方真实意思表示，不违反法律法规强制性规定，合法有效。在合同履行过程中，甲公司中途变更办公桌部分样式的要求，造成乙家具厂额外增加人工费用3万元。这笔额外增加的人工费用造成乙家具厂的损失，乙家具厂有权依据《民法典》第七百七十七条的规定要求甲公司赔偿。

【风险防范建议】

在承揽合同履行过程中，定作人可能会因产品调整等对承揽工作提出新的要求，从而影响定作人和承揽人对承揽合同的履约情况。为了做好合同变更后的风险防控，建议如下：

(1)定作人中途变更工作要求的，建议双方依合同变更情况对报酬进行调整。从合同法原理看，定作人中途变更工作要求意味着其单方变更了合同内容，这种变更行为将直接影响承揽人在承揽过程中的加工成本、劳务成本等其他费用支出。基于此，双方应视定作人变更后的工作难度调整工作报酬：若定作人中途变更工作要求将使承揽工作难度增大，应允许承揽人提出增加工作报酬的要求；若定作人中途变更要求将使承揽工作难度明显降低，承揽人应同意定作人酌情减少工作报酬的要求。

(2)定作人中途变更工作要求的，承揽人可以请求解除合同。一般而言，根据承揽合同性质，定作人中途变更工作要求的行为并不构成违约，承揽人还需按照变更后的要求继续完成承揽工作。但在其他条件下，承揽人也可以主张解除合同，例如，定作人变更工作要求导致承揽人无法继续完成承揽工作，经承揽人催告定作人在合理期限内履行协助义务，定作人仍逾期不履行的，承揽人可以解除合同；又如，定作人变更后的工作要求已超出承揽人原合同所需的工作技能或资质要求，致使承揽人不能完成承揽工作的，承揽人可以解除合同。

【法条链接】

《民法典》第七百七十七条　定作人中途变更承揽工作的要求，造成承揽人损失的，应当赔偿损失。

第七百七十八条 承揽工作需要定作人协助的，定作人有协助的义务。定作人不履行协助义务致使承揽工作不能完成的，承揽人可以催告定作人在合理期限内履行义务，并可以顺延履行期限；定作人逾期不履行的，承揽人可以解除合同。

130. 定作人对承揽人交付的成果不满意，怎么办？

【情景案例】

毛某是一名家具设计师。2021年7月3日，毛某向某家具厂定制一个衣柜，双方签订了《衣柜承揽合同》，约定：由某家具厂按照毛某的图纸设计要求定制衣柜，包工包料，费用为1万元，工期为20天。在某家具厂送货安装时，毛某发现该衣柜没有完全按照图纸的要求设计，遂叫送货师傅送回厂修理。某家具厂再次送货安装时，毛某发现该衣柜依旧不符合图纸设计的要求。毛某十分生气，于是要求某家具厂重新制作，但是遭到某家具厂的拒绝。某家具厂认为，衣柜如果全面按图纸要求制作，人工成本会大大增加，除非毛某同意增加5000元人工费用。双方因此发生争执。

请问：毛某可以如何维权？

【案例分析】

本案涉及的是定作人对承揽人交付的工作成果不满意的处理问题。

我国《民法典》第七百八十一条规定，承揽人交付的工作成果不符合质量要求的，定作人可以合理选择请求承揽人承担修理、重作、减少报酬、赔偿损失等违约责任。

本案中，毛某和某家具厂签订的《衣柜承揽合同》系双方真实意思表示，不违反法律法规强制性规定，合法有效。按照毛某的图纸设计要求制作衣柜，是某家具厂的义务。然而在某家具厂的两次送货及安装中，该衣柜成品均不符合合同约定的图纸设计要求和质量要求。此时毛某有权依据《民法典》第七百八十一条的规定合理选择请求某家具厂承担修理、重作、减少报酬、赔偿损失等违约责任。

【风险防范建议】

司法实践中，承揽人可能在处理委托事务过程中遇到定作人提供的图纸或技术要求不合理，或者按照定作人提供的图纸制作将增加自己的工作成本等情况。笔者建议承揽人从以下三个方面做好风险防范：

(1)发生上述情况时，承揽人应当及时通知定作人更换图纸设计、降低技术要求，做好与定作人充分协商的准备。

(2)若定作人怠于答复或不同意更换、降低技术要求，致使承揽工作无法完成，承揽人应再次催告定作人在合理期限内给出明确答复,并将催告内容做好备份,留作证据。

(3)在合理期限届满后,定作人对承揽人的要求依旧不予以明确答复的,承揽人可以解除合同。

【法条链接】

《民法典》第七百七十六条　承揽人发现定作人提供的图纸或者技术要求不合理的,应当及时通知定作人。因定作人怠于答复等原因造成承揽人损失的,应当赔偿损失。

第七百七十八条　承揽工作需要定作人协助的,定作人有协助的义务。定作人不履行协助义务致使承揽工作不能完成的,承揽人可以催告定作人在合理期限内履行义务,并可以顺延履行期限;定作人逾期不履行的,承揽人可以解除合同。

第七百八十一条　承揽人交付的工作成果不符合质量要求的,定作人可以合理选择请求承揽人承担修理、重作、减少报酬、赔偿损失等违约责任。

131. 定作人可以随时解除承揽合同吗?

【情景案例】

2021年7月1日,甲公司为重新装修办公室,经股东会决议决定与乙公司签订一份《办公家具承揽合同》,约定:乙公司承揽甲公司的办公家具定制和安装工作,包工包料,工期为20天,总价款为30万元,付款方式为合同签订后支付预付款5万元,余款在验收合格后一次性支付。签约后,甲公司按约定向乙公司支付了预付款。7月2日,甲公司董事长狄某因涉嫌行贿罪被公安机关刑事拘留,公司经营突然出现问题。7月3日上午,甲公司召开股东会,会议决定取消办公室装修以及办公家具定制事宜。当天下午,甲公司通知乙公司解除合同,并要求其返还5万元预付款。

请问:甲公司可以单方面解除承揽合同吗?

【案例分析】

本案涉及的是定作人能否随时解除承揽合同的问题。

我国《民法典》第七百八十七条规定,定作人在承揽人完成工作前可以随时解除合同,造成承揽人损失的,应当赔偿损失。

本案中,甲公司和乙公司签订的《办公家具承揽合同》系双方真实意思表示,不违反法律法规强制性规定,合法有效。关于甲公司临时通知乙公司解除承揽合同的行为,根据《民法典》第七百八十七条的规定,甲公司有权在乙公司完成工作前随时解除合同,但造成乙公司损失的,应当赔偿损失。

【风险防范建议】

在承揽合同中,定作人享有的是任意解除权,这是承揽合同特有的法定解除权,是由承揽合同性质决定的。但任意解除权的行使也有一定限制,企业在行使权利过程中应注意以下四个方面:

(1)定作人须在合同有效期内行使解除权,即在承揽合同成立后、承揽人完成定作工作前。

(2)定作人行使解除权,应当通知承揽人;通知到达承揽人时,承揽合同解除。

(3)定作人解除合同给承揽人造成损失的,应当承担全部损失的赔偿责任,包括已完成的工作部分的半成品材料、支出的材料费以及解除合同的实际损失。

(4)承揽合同解除后双方负有返还义务。承揽人应将完成的部分工作成果交付定作人;定作人提供的材料有剩余的,承揽人应返还定作人。定作人预付报酬的,承揽人应扣除已完成部分工作所支出的费用,将剩余部分返还定作人。

【法条链接】

《民法典》第七百八十七条 定作人在承揽人完成工作前可以随时解除合同,造成承揽人损失的,应当赔偿损失。

132. 工作成果完成后,定作人可以解除承揽合同吗?

【情景案例】

甲公司是一间服装贸易公司。2021 年 7 月 20 日,甲公司与乙公司签订一份《承揽合同》,约定:由乙公司为其生产 1 万件西装,并约定了型号、颜色、数量、款式、交货时间等。8 月 10 日,乙公司按要求生产好 1 万件西装,准备于第二天给甲公司发货。当天,乙公司收到甲公司发来的解除合同通知。后乙公司得知,甲公司的客户临时取消订单,所以甲公司提出解除合同,以减少损失。

请问:甲公司有权单方面解除合同吗?

【案例分析】

本案涉及的是工作成果完成后定作人能否任意解除承揽合同的问题。

我国《民法典》第七百八十七条规定,定作人在承揽人完成工作前可以随时解除合同,造成承揽人损失的,应当赔偿损失。

本案中，甲公司和乙公司签订的《承揽合同》系双方真实意思表示，不违反法律法规强制性规定，合法有效。乙公司按甲公司要求生产了1万件西装并准备第二天给甲公司发货时，收到甲公司发来的解除合同通知。根据《民法典》第七百八十七条的规定，甲公司行使任意解除权，应发生在乙公司完成工作前，而此时乙公司已按照甲公司要求完成工作，基于公平、诚信交易的原则，甲公司不得行使任意解除权，不得单方面解除承揽合同。

【风险防范建议】

在承揽合同中，定作人享有的是任意解除权，这是承揽合同特有的法定解除权，是由承揽合同性质决定的。但行使任意解除权亦有一定的限制，企业在行权过程中应注意以下四个方面：

(1)定作人须在合同有效期内行使解除权，即在承揽合同成立后、承揽人完成定作工作前。

(2)定作人行使解除权，应当通知承揽人；通知到达承揽人时，承揽合同解除。

(3)定作人解除合同给承揽人造成损失的，应当承担全部损失的赔偿责任，包括已完成的工作部分的半成品材料、支出的材料费以及解除合同的实际损失。

(4)承揽合同解除后双方负有返还义务。承揽人应将完成的部分工作成果交付定作人；若定作人提供的材料有剩余的，承揽人应返还定作人。定作人预付报酬的，承揽人应扣除已完成部分工作所支出的费用，将剩余部分返还定作人。

【法条链接】

《民法典》第七百八十七条　定作人在承揽人完成工作前可以随时解除合同，造成承揽人损失的，应当赔偿损失。

133. 承揽人违反保密义务，要承担什么责任？

【情景案例】

2019年12月，A公司设计出一款时尚手表，款式独特新潮。2021年1月9日，A公司与B公司签订了一份《加工合同》，约定：A公司提供设计图纸，B公司按照图纸要求生产5万只手表成品，1个月内交付。合同签订后，B公司按照合同约定完成交付。A公司将产品投放市场后，十分受年轻人喜爱，产品上市后不到1周就售罄了。随后，A公司与B公司形成战略合作伙伴关系，A公司委托B公司长期加工该款手表。2021年6月，A公司发现市场上出现了一样的产品，经调查发现是B公司将设计图纸高价销售给其他手表公司，导致其他公司也能生产一样的手表。A 公司立即终止与 B 公司的合作关系，并将其诉至法院，要求其赔偿相应经济损失。

请问：B 公司违反保密义务，要承担什么责任？

【案例分析】

本案涉及的是承揽人违反保密义务后的责任承担问题。

我国《民法典》第七百八十五条规定，承揽人应当按照定作人的要求保守秘密，未经定作人许可，不得留存复制品或者技术资料。

本案中，A 公司和 B 公司的《加工合同》系双方真实意思表示，不违反法律法规强制性规定，合法有效。根据《民法典》第七百八十五条的规定，B 公司对 A 公司的设计图纸负有法定保密义务，其不得留存 A 公司定作成果的复制品或技术资料。现 B 公司将 A 公司的设计图纸擅自泄露，且以高价销售给其他公司，导致其他公司生产与 A 公司一样的手表，严重侵犯了 A 公司的合法权益；对于 A 公司遭受的损失，B 公司应承担赔偿责任。

【风险防范建议】

在承揽合同中，承揽人对定作人的工作成果负有法定保密义务。承揽人在履行保密义务时，需要注意以下两个方面：

(1)对于定作人已经公开的秘密，承揽人虽然可以不再承担保密义务，但仍负有不得不正当利用、使用定作人保密信息的义务，承揽人不正当利用、使用定作人保密信息损害定作人合法权益的，定作人依法可向承揽人主张赔偿。

(2)承揽工作的图纸、技术资料等由定作人设计、提供的，关于该部分内容是否应保密，当事人应进行明确约定。若当事人对此并无约定或约定不明，则依据《民法典》第五百一十条、第五百一十一条处理。若当事人既无约定，又无法依据《民法典》第五百一十条、第五百一十一条处理，如该工作成果系定作人特殊需求，且图纸、技术资料等设计研究成本主要由定作人负担，一般应当认为承揽人对图纸、技术资料等仍负有保密义务。

【法条链接】

《民法典》第七百八十五条 承揽人应当按照定作人的要求保守秘密，未经定作人许可，不得留存复制品或者技术资料。

134. 定作人拒绝提取已加工完毕的货物，怎么办？

【情景案例】

2021年6月10日，甲公司委托乙公司加工一批箱包，双方签订了一份《加工承揽合同》。乙公司按约定完成加工任务后，多次催促甲公司提货，但甲公司拒绝提货且未向乙公司支付30万元货款。1个月后，这批箱包市值约为28万元，乙公司想将这批货品出售，又担心自己违约；但如果不出售这批箱包，又会影响乙公司的资金周转。

请问：乙公司应该如何处理为好？

【案例分析】

本案涉及的是定作人拒绝提取已加工完毕的货物应如何处理的问题。

我国《民法典》第七百八十条规定，承揽人完成工作的，应当向定作人交付工作成果，并提交必要的技术资料和有关质量证明。定作人应当验收该工作成果。第七百八十二条规定，定作人应当按照约定的期限支付报酬。第七百八十三条规定，定作人未向承揽人支付报酬或者材料费等价款的，承揽人对完成的工作成果享有留置权或者有权拒绝交付，但是当事人另有约定的除外。第四百五十三条第一款规定，留置权人与债务人应当约定留置财产后的债务履行期限；没有约定或者约定不明确的，留置权人应当给债务人60日以上履行债务的期限，但是鲜活易腐等不易保管的动产除外。债务人逾期未履行的，留置权人可以与债务人协议以留置财产折价，也可以就拍卖、变卖留置财产所得的价款优先受偿。

本案中，甲公司和乙公司签订的《加工承揽合同》系双方真实意思表示，不违反法律法规强制性规定，合法有效。乙公司按照约定完成箱包加工任务后，多次催促甲公司提取，都被甲公司以各种理由拒绝，并且甲公司也未支付30万元货款。甲公司的上述行为已构成违约，此时乙公司有权依据《民法典》第七百八十三条的规定对箱包进行留置，同时应当向甲公司发出催告，给予其一定的宽限期。宽限期满后甲公司仍未支付报酬的，可以通过依法拍卖或变卖箱包优先受偿，实现留置权。但如果当事人在承揽合同中另有约定，则应当按照约定处理。

【风险防范建议】

在承揽合同履行过程中，定作人未向承揽人支付报酬或材料费等价款的行为已构成违约。此时承揽人可从以下三个方面进行维权：

(1)对于定作人不支付报酬或材料费等价款的行为，承揽人有权留置定作物，但应当催告定作人支付，给予其合理的宽限期，待该宽限期届满后定作人仍未支付报酬或材料费等价款的，承揽人可以拍卖或变卖工作成果，实现留置权。

(2)对于定作人不支付报酬或材料费等价款的行为，承揽人有权拒绝交付工作成果，直至定作人支付报酬或材料费等价款。

(3)若在留置期间，留置物发生毁损、灭失或被征收，承揽人有权依据《民法典》第三百九十条的规定，向定作人主张因此而获得的保险金、赔偿金或补偿金优先受偿。

【法条链接】

《民法典》第四百四十七条 债务人不履行到期债务，债权人可以留置已经合法占有的债务人的动产，并有权就该动产优先受偿。

前款规定的债权人为留置权人，占有的动产为留置财产。

第四百五十三条 留置权人与债务人应当约定留置财产后的债务履行期限；没有约定或者约定不明确的，留置权人应当给债务人六十日以上履行债务的期限，但是鲜活易腐等不易保管的动产除外。债务人逾期未履行的，留置权人可以与债务人协议以留置财产折价，也可以就拍卖、变卖留置财产所得的价款优先受偿。

留置财产折价或者变卖的，应当参照市场价格。

第七百八十条 承揽人完成工作的，应当向定作人交付工作成果，并提交必要的技术资料和有关质量证明。定作人应当验收该工作成果。

第七百八十二条 定作人应当按照约定的期限支付报酬。对支付报酬的期限没有约定或者约定不明确，依据本法第五百一十条的规定仍不能确定的，定作人应当在承揽人交付工作成果时支付；工作成果部分交付的，定作人应当相应支付。

第七百八十三条 定作人未向承揽人支付报酬或者材料费等价款的，承揽人对完成的工作成果享有留置权或者有权拒绝交付，但是当事人另有约定的除外。

135. 承揽人保管不善造成加工材料毁损灭失的，责任由谁承担？

【情景案例】

2021 年 3 月，伏某从海南购买了一批优质红木。4 月 1 日，伏某与某家具厂签订一份《加工合同》，约定：伏某委托某家具厂定制一批家具，加工费用为 10 万元，预付款为 2 万元，工期为 1 个月。合同签订后，伏某按约定支付了 2 万元预付款。4 月 2 日，伏某将该批红木运送到某家具厂仓库。次日，仓库发生火灾，所有红木全部被烧毁。这批红木购买价格为 50 万元，伏某可提供相关单据为证。经相关部门鉴定，火灾系某家具厂的员工扔烟头引发的。

请问：红木被烧毁的责任应当由谁来承担？

【案例分析】

本案涉及的是加工材料毁损、灭失的,应由谁承担责任的问题。

我国《民法典》第七百八十四条规定,承揽人应当妥善保管定作人提供的材料以及完成的工作成果,因保管不善造成毁损、灭失的,应当承担赔偿责任。

本案中,付某和某家具厂签订的《加工合同》系双方真实意思表示,不违反法律法规强制性规定,合法有效。在合同签订后,付某按约将红木运送到某家具厂的仓库,完成交付义务,该红木的风险随之转移给某家具厂,某家具厂负有妥善保管的义务。但次日,某家具厂的仓库因员工扔烟头引起火灾,未能尽到妥善保管的义务,致使所有红木被烧毁,因此应由某家具厂承担这批红木被烧毁的赔偿责任。

【风险防范建议】

对于工作成果的意外毁损、灭失的风险承担问题,《民法典》并没有明文规定。但司法实务中存在以下规则供企业参考:

(1)工作成果须实际交付的,工作成果交付前发生的风险由承揽人承担;交付后发生的风险由定作人承担。

(2)工作成果毁损、灭失是定作人迟延受领后发生的,由定作人承担。

(3)工作成果无须实际交付的,工作完成即视为交付,工作完成前发生的风险由承揽人承担;工作完成后发生的风险由定作人承担。

【法条链接】

《民法典》第七百八十四条 承揽人应当妥善保管定作人提供的材料以及完成的工作成果,因保管不善造成毁损、灭失的,应当承担赔偿责任。

136. 承揽人的员工遭受人身损害,定作人需要承担赔偿责任吗?

【情景案例】

戴某是某装修公司员工。2021年5月2日,某幼儿园与某装修公司签订一份《承揽合同》,约定:由某装修公司承接某幼儿园外墙粉刷工程,包工包料,每平方米20元,工程结束后按实际粉刷面积支付价款,工期为15天。5月10日15时,二楼外墙粉刷施工过程中,由于钢管滚动,戴某和架板同时坠落,发生安全事故。事后调查人员发现,内外墙粉刷工程属于高度危险作业,需有一定资质的公司才能胜任,而某幼儿园在选任某装修公司时并不知道其资质情况,存在选任疏忽。受伤后,戴某被送往医院抢救治疗，共花费5万元，该费用由某装修公司支付。戴某出院后，某装修公司要求某幼儿园承担戴某的医疗费用，但遭到某幼儿园的拒绝。协商无果后，某装修公司诉至法院。

请问：某幼儿园需要承担赔偿责任吗？

【案例分析】

本案涉及的是承揽人的员工遭受人身损害，定作人是否需要承担赔偿责任的问题。

我国《民法典》第一千一百九十三条规定，承揽人在完成工作过程中造成第三人损害或者自己损害的，定作人不承担侵权责任。但是，定作人对定作、指示或者选任有过错的，应当承担相应的责任。

本案中，某幼儿园和某装修公司签订的《承揽合同》系双方真实意思表示，不违反法律法规强制性规定，合法有效。某装修公司的员工戴某在装修过程中，没有做好防护措施，导致钢管滚动，发生安全事故，造成人身损害，应由某装修公司自行承担责任。但由于某幼儿园在选任时未能全面了解某装修公司的资质情况，存在过错，其也应对事故承担相应的赔偿责任。

【风险防范建议】

(1)在签订承揽合同前，定作人应先对承揽人的资信情况、技术技能、工作资质等情况进行全面了解，必要时可要求对方提供相关书面证明文件，并将文件备份，以便日后发生纠纷时作证据使用。

(2)定作人可以聘请专业律师或专业机构全程参与签约过程，对承揽合同的各项条款做好审查工作。

(3)在企业成本允许的范围内，定作人可以为承揽人提供必要的施工防护装备、防护用品，在施工地带设置防护栏和警惕标志，并安排人员进行日常监督。

【法条链接】

《民法典》第一千一百九十三条 承揽人在完成工作过程中造成第三人损害或者自己损害的，定作人不承担侵权责任。但是，定作人对定作、指示或者选任有过错的，应当承担相应的责任。

第十七章
建设工程合同

137. 口头约定的建设工程合同有效吗?

【情景案例】

宗某系甲房地产公司项目经理,丁某系乙园林绿化公司的董事长,两人是多年好友。2021年6月5日,丁某与宗某口头约定,由乙园林绿化公司承包甲房地产公司某小区的园林绿化工程,工期为80天,开工日期为2021年6月10日,工程款为200万元。2021年6月8日,丁某将按口头协议拟定的书面合同交给宗某盖章,但宗某以领导审批等理由进行推脱,公章一直未盖成。考虑甲房地产公司是一家大型房地产企业,且与宗某有一定的交情,丁某按口头约定完成了全部工程。但是,甲房地产公司验收工程并表示接受后却以双方无书面合同为由拒绝支付工程款。多次催款无果后,乙园林绿化公司诉至法院,要求甲房地产公司支付工程款200万元。

请问:乙园林绿化公司的请求能得到法院支持吗?

【案例分析】

本案涉及的是口头约定的建设工程合同是否有效的问题。

我国《民法典》第七百八十九条规定,建设工程合同应当采用书面形式。第四百九十条第二款规定,法律、行政法规规定或者当事人约定合同应当采用书面形式订立,当事人未采用书面形式但是一方已经履行主要义务,对方接受时,该合同成立。

本案中,甲房地产公司项目经理宗某和乙园林绿化公司的董事长丁某口头约定,由乙园林绿化公司承包甲房地产公司某小区的园林绿化工程。二人未签订书面的建设工程合同。事后,乙园林绿化公司按照口头约定完成了全部工程,履行了主要义务,并且甲房地产公司验收了工程并表示接受,尽管二人未签订书面的建设工程合同,但依据《民法典》第四百九十条的规定,该合同依旧成立,甲房地产公司和乙园林绿化公司已形成建设工程合同关系。因此,甲房地产公司不得以双方无书面合同为由拒绝支付工程款，乙园林绿化公司有权要求甲房地产公司支付工程款200万元。故乙园林绿化公司的请求能得到法院支持。

【风险防范建议】

在司法实务中，虽然口头的建设工程合同不必然导致合同无效，但却难以全面保护当事人的合法权益。基于建设工程施工的复杂性、涉及的技术难度等因素，笔者建议企业在签订建设工程合同时采用书面形式，明确双方的权利义务、开工期、报酬以及支付方式、违约责任等重要内容。

【法条链接】

《民法典》第四百九十条 当事人采用合同书形式订立合同的，自当事人均签名、盖章或者按指印时合同成立。在签名、盖章或者按指印之前，当事人一方已经履行主要义务，对方接受时，该合同成立。

法律、行政法规规定或者当事人约定合同应当采用书面形式订立，当事人未采用书面形式但是一方已经履行主要义务，对方接受时，该合同成立。

第七百八十九条 建设工程合同应当采用书面形式。

138. 应该招标而未招标签订的建设工程施工合同有效吗?

【情景案例】

A公司拟开发的某楼盘系应当依法招投标的工程项目。2021年3月1日，A公司在没有经过招投标程序的情况下，直接与B公司签订《建设工程施工合同》，约定：B公司承包A公司开发的某楼盘项目工程，工程施工造价为3亿元，工期2年；工程施工完毕后，按当月施工实际完成工作量的80%支付进度款，剩余工程款竣工验收合格后结算。为办理形式上的相关手续，A公司、B公司制作了《施工招标文件》《投标邀请书》《投标函》《中标通知书》等招投标文件。在合同履行过程中，因A公司拖欠工程款，双方发生纠纷。协商无果后，B公司诉至法院。

请问：A公司与B公司签订的《建设工程施工合同》有效吗?

【案例分析】

本案涉及的是应该招标而未招标签订的建设工程施工合同是否有效的问题。

我国《民法典》第七百九十条规定，建设工程的招标投标活动，应当依照有关法律的规定公开、公平、公正进行。根据《最高人民法院关于审理建设工程施工合同纠纷案件适用法律问题的解释(一)》第一条的规定，建设工程必须进行招标而未招标或者中标无效的,应当依据《民法典》第一百五十三条第一款的规定,认定无效。

本案中,A公司拟开发的某楼盘属于应当依法招投标的工程项目,但A公司在没有经过招投标程序的情况下,直接与B公司签订《建设工程施工合同》。并且二者为办理形式上的相关手续,还制作了《施工招标文件》《投标邀请书》《投标函》《中标通知书》等招投标文件。A公司拟开发的楼盘未按照法律规定进行招投标程序,其与B公司签订的《建设工程施工合同》因违反法律强制性规定而无效。

【风险防范建议】

根据相关规定,建设工程的招投标活动必须按照公开、公平、公正的原则进行。对于依法必须招投标却未招标的建设工程项目,其建设工程合同为无效合同。对此,笔者建议企业从以下两个方面进行风险防范:

(1)对于必须招投标的建设工程项目,企业在招投标前不要与相对方签订建设工程合同,否则该合同可能被认定为无效合同。

(2)在处理建设工程合同纠纷的过程中,应先确定中标的效力。若中标无效,则建设工程合同可能会随之无效。

【法条链接】

《民法典》第一百五十三条第一款 违反法律、行政法规的强制性规定的民事法律行为无效。但是,该强制性规定不导致该民事法律行为无效的除外。

第七百九十条 建设工程的招标投标活动,应当依照有关法律的规定公开、公平、公正进行。

《最高人民法院关于审理建设工程施工合同纠纷案件适用法律问题的解释(一)》第一条 建设工程施工合同具有下列情形之一的,应当依据民法典第一百五十三条第一款的规定,认定无效:

(一)承包人未取得建筑业企业资质或者超越资质等级的;

(二)没有资质的实际施工人借用有资质的建筑施工企业名义的;

(三)建设工程必须进行招标而未招标或者中标无效的。

承包人因转包、违法分包建设工程与他人签订的建设工程施工合同,应当依据民法典第一百五十三条第一款及第七百九十一条第二款、第三款的规定,认定无效。

139. 承包人能以合同约定的工程价款低于成本价为由要求变更合同价款吗?

【情景案例】

乙建筑公司成立于2018年3月1日,由郑某与李某共同创办。2021年1月5

日,甲公司与乙建筑公司签订一份《建设工程施工合同》,约定由乙建筑公司承建某楼盘1号楼的土建工程。合同明确约定了双方的承包方式、工期、工程款、工程执行条款和结算条款等。6月30日,乙建筑公司按约定完成工程并交付甲公司使用。之后,双方按合同约定进行工程款结算,甲公司支付乙建筑公司工程款300万元。为完成本工程,乙建筑公司实际支出成本是380万元,按合同价只收回300万元,乙建筑公司认为承包方式显失公平,于是诉至法院,要求甲公司支付80万元差额。

请问:乙建筑公司的请求能获得法院支持吗?

【案例分析】

本案涉及的是承包人能否以合同约定的工程价款低于实际成本价为由要求变更合同价款的问题。

我国《民法典》第一百五十一条规定,一方利用对方处于危困状态、缺乏判断能力等情形,致使民事法律行为成立时显失公平的,受损害方有权请求人民法院或者仲裁机构予以撤销。

本案中,甲公司和乙建筑公司签订的《建设工程施工合同》系双方真实意思表示,不违反法律、行政法规强制性规定,合法有效。合同明确约定了承包项目、施工主体、承包方式、工期、工程款、工程执行条款和结算条款等各项内容。现乙建筑公司以其实际支出的成本价高于合同约定的工程价为由主张承包方式显失公平,要求甲公司补偿差额,缺乏法律依据和证据佐证。理由在于:首先,乙建筑公司作为完全民事行为能力人,其对合同内容负有审慎审查的义务。其次,在签订合同过程中,不存在甲公司故意利用乙建筑公司处于危困状态、缺乏判断能力等情形致使《建设工程施工合同》成立时显失公平的状况。最后,乙建筑公司单纯以建设工程实际成本高于合同价款,便认为显失公平,显然没有说服力,且缺乏证据支撑。因此,乙建筑公司的该主张不能获得法院支持。

【风险防范建议】

在建筑行业中,关于工程价款的计算标准较多,计算方式也复杂多样,以何种标准确定承包人的工程价款,是实务中难以解决的问题。对此,笔者建议承包人在承揽建设工程施工项目时,提前委托专业律师或专业机构仔细审查建设工程施工合同的各项条款内容,并委托精通建筑业的专业工程师对前期建设工程的预算成本进行估算,全面考虑该工程施工过程中可能涉及的各项成本,再结合建设工程的实际情况、施工风险等全面确定最终的工程价款。

【法条链接】

《民法典》第一百五十一条 一方利用对方处于危困状态、缺乏判断能力等情形,致使民事法律行为成立时显失公平的,受损害方有权请求人民法院或者仲裁机构予以撤销。

140. 签订建设工程施工合同后,发包方可将合同权利义务全部转让给第三人吗?

【情景案例】

2021 年 3 月 15 日,A 房地产公司与 B 建筑公司签订一份《建设工程施工合同》,约定:A 房地产公司将某楼盘 7 号楼建设工程发包给 B 建筑公司,开工日期为 2021 年 4 月 1 日,竣工日期为 2021 年 6 月 30 日。2021 年 4 月 1 日,B 建筑公司按约定进场施工。2021 年 4 月 10 日,A 房地产公司在没有征得 B 建筑公司同意的情况下,私自将该工程整体转让给 C 房地产公司,同时将《建设工程施工合同》的权利义务一并转让给 C 房地产公司,并与 C 房地产公司签订了《转让合同》。2021 年 8 月 1 日,B 建筑公司在向 A 房地产公司催收工程进度款时,被告知整个项目已转让给 C 房地产公司,A 房地产公司让其向 C 房地产公司催要工程进度款。由于 C 房地产公司资金周转困难,无力支付工程进度款,B 建筑公司遂将 A 房地产公司与 C 房地产公司诉至法院,要求两公司按合同约定支付工程进度款 3000 万元。

请问:B 建筑公司有权要求 A 房地产公司和 C 房地产公司支付工程进度款吗?

【案例分析】

本案涉及的是发包人能否在签订建设工程施工合同后将合同全部的权利义务转让给第三人的问题。

我国《民法典》第七百八十八条第一款规定,建设工程合同是承包人进行工程建设,发包人支付价款的合同。第五百五十六条规定,合同的权利和义务一并转让的,适用债权转让、债务转移的有关规定。第五百五十五条规定,当事人一方经对方同意,可以将自己在合同中的权利和义务一并转让给第三人。第五百五十一条规定,债务人将债务的全部或者部分转移给第三人的,应当经债权人同意。债务人或者第三人可以催告债权人在合理期限内予以同意,债权人未作表示的,视为不同意。

本案中,A 房地产公司与 B 建筑公司签订的《建设工程施工合同》系双方真实意思表示,不违反法律法规强制性规定,合法有效。而建设工程合同是承包人进行工程建设、发包人支付价款的合同。现 B 建筑公司按约进行施工建设，但 A 房地产公司未按约履行支付价款的义务，故此时 B 建筑公司系债权人，A 房地产公司系债务人。

2021 年 4 月 10 日，A 房地产公司在没有征得 B 建筑公司同意的情况下，私自将该工程整体转让给 C 房地产公司，并将该合同的权利义务一并转让给 C 房地产公司。债务人 A 房地产公司未经债权人 B 建筑公司同意便将合同的权利义务一并转让给第三人 C 房地产公司的行为，因违反了《民法典》第五百五十一条、第五百五十五条的规定，对 B 建筑公司不发生法律效力。B 建筑公司有权根据合同的相对性原理，依据合法有效的《建筑工程施工合同》要求 A 房地产公司支付工程进度款 3000 万元。

【风险防范建议】

现实生活中，时常出现签订建设工程施工合同后，一方擅自将合同权利义务转让给第三人的现象。对此，笔者建议建设工程企业从以下两个方面做好风险防范：

（1）事先在合同中明确约定，非经对方书面同意，禁止将合同的部分或全部权利义务转让，否则构成违约，守约方有权单方面解除合同，并追究违约方的违约责任。

（2）在合同中约定保证条款，明确声明该合同项下无任何第三人主张权利的情形。

【法条链接】

《民法典》第五百五十一条　债务人将债务的全部或者部分转移给第三人的，应当经债权人同意。

债务人或者第三人可以催告债权人在合理期限内予以同意，债权人未作表示的，视为不同意。

第五百五十五条　当事人一方经对方同意，可以将自己在合同中的权利和义务一并转让给第三人。

第五百五十六条　合同的权利和义务一并转让的，适用债权转让、债务转移的有关规定。

第七百八十八条第一款　建设工程合同是承包人进行工程建设，发包人支付价款的合同。

141. 承包人明显不能在合同期限内完工的，发包人可以解除合同吗？

【情景案例】

2021 年 3 月 20 日，A 公司与 B 建筑公司签订《建设工程施工合同》，约定：A 公司将某开发区新建厂房的工程发包给 B 建筑公司，工程价款为 1200 万元，工期为 4

个月,开工日期为2021年4月1日,竣工日期为2021年7月31日。4月10日,B建筑公司董事长赵某因涉嫌行贿罪被逮捕,导致B建筑公司内部管理混乱,严重影响了施工进度,直至6月25日工程才完成一半。经查明,B建筑公司将无法按期完成该工程建设,A公司的合同目的将落空。A公司于6月26日给B建筑公司发函要求立即解除合同,并计划安排C建筑公司入场施工。

请问:A公司可以解除合同吗?

【案例分析】

本案涉及的是承包人明显不能在合同期限内完工的,发包人能否解除合同的问题。

根据我国《民法典》第五百六十三条的规定,当事人一方迟延履行债务或者有其他违约行为致使不能实现合同目的的,当事人可以解除合同。

本案中,A公司和B建筑公司签订的《建设工程施工合同》系双方真实意思表示,不违反法律法规强制性规定,合法有效。合同约定,工期为4个月,开工日期为2021年4月1日,竣工日期为2021年7月31日。4月10日,因B建筑公司的内部管理出现问题,严重影响了施工进度,直至6月25日工程才完成一半,其可能无法按期完成工程建设,将导致A公司的合同目的无法实现。此时,B建筑公司的行为可认定为根本违约,A公司可以根据《民法典》第五百六十三条第(四)项的规定解除合同。

【风险防范建议】

在建设工程实践中,发包人的利益往往和承包人的履行时效密切关联,合同的履行期限对合同的目的实现至关重要,若承包人无法在约定的竣工期内竣工,将导致发包人的合同目的难以实现。比如,销售商在圣诞节前订购了一批相关商品,若生产商无法按期交货,则势必导致销售商期待的合同利益落空。对此,笔者建议发包人在确定承包人迟延履行对合同目的的影响较大时,结合承包人迟延竣工的时间长短以及因迟延竣工给发包人造成的实际损失等方面,提前收集承包人明显无法按期完成工程建设的相关证据。

【法条链接】

《民法典》第五百六十三条　有下列情形之一的,当事人可以解除合同:

(一)因不可抗力致使不能实现合同目的;

(二)在履行期限届满前,当事人一方明确表示或者以自己的行为表明不履行主要债务;

(三)当事人一方迟延履行主要债务,经催告后在合理期限内仍未履行;

(四)当事人一方迟延履行债务或者有其他违约行为致使不能实现合同目的;

(五)法律规定的其他情形。

以持续履行的债务为内容的不定期合同,当事人可以随时解除合同,但是应当在合理期限之前通知对方。

142.发包人不支付工程进度款的,承包人可以解除合同吗?

【情景案例】

2021年3月1日,甲建筑公司与乙房地产公司签订《建设工程施工合同》,约定:甲建筑公司负责乙房地产公司旗下某小区8号楼建设工程,工期为15个月,开工日期为2021年3月18日;按每个月当月施工实际完成工作量的50%支付进度款,剩余50%的工程款进入决算,待竣工验收合格后7个工作日内一次性结算。6月18日开始,乙房地产公司开始拖欠工程进度款,直至8月18日,由于没有收到工程进度款,甲建筑公司决定停工。多次催款无果后,甲建筑公司诉至法院,要求解除双方签订的合同,并要求乙房地产公司赔偿相应的经济损失。

请问:甲建筑公司可以解除合同吗?

【案例分析】

本案涉及的是发包人不支付工程进度款承包人能否解除合同的问题。

我国《民法典》第五百六十三条第一款第(三)项规定,当事人一方迟延履行主要债务,经催告后在合理期限内仍未履行的,可以解除合同。第八百零七条规定,发包人未按照约定支付价款的,承包人可以催告发包人在合理期限内支付价款。发包人逾期不支付的,除根据建设工程的性质不宜折价、拍卖外,承包人可以与发包人协议将该工程折价,也可以请求人民法院将该工程依法拍卖。建设工程的价款就该工程折价或者拍卖的价款优先受偿。

本案中,甲建筑公司与乙房地产公司签订的《建设工程施工合同》系双方真实意思表示,不违反法律法规强制性规定,合法有效。合同约定,乙房地产公司每月按当月施工实际完成工作量的50%支付进度款,剩余50%的工程款进入决算,待完成竣工验收合格后7个工作日内一次性结算。但从6月18日开始,乙房地产公司开始拖欠工程进度款,直至8月18日都未支付工程进度款,致使甲建筑公司决定停工。关于乙房地产公司未按照合同约定支付工程进度款的行为,我国《民法典》虽然没有明文规定发包人不支付工程进度款,承包人可以解除建设工程合同,但是,根据我国《民法典》第五百六十三条第一款第(三)项的规定,当事人一方迟延履行主要债务,经催告后在合理期限内仍未履行,可以解除合同。本案中,乙房地产公司拖欠工程进度款,经多次催款仍然未支付,其行为属于迟延履行主要债务且经催告后在合理期限内仍未履行,因此,甲建筑公司可以解除建设工程合同。另外,根据《民法典》第八百零七条的规定,乙房地产公司逾期不支付价款的,除根据该建设工程的性质不宜折价、拍卖外,甲建筑公司可以与乙房地产公司协议将该工程折价,也可以请求法院将该工程依法拍卖。对于该建设工程折价或拍卖的价款,甲建筑公司有权优先受偿。

【风险防范建议】

关于承包人如何应对发包人拖欠工程进度款的法律风险,建议如下:

(1)在合同中约定指定收款账户,要求发包人将工程进度款支付到该指定账户。如发包人未按约定支付进度款,承包人应根据合同约定,通过书面发函等方式进行催收,并准备好相应的工程量清单、工期签证等证据,进行索赔。

(2)在合同中明确约定,如果发包人拖欠工程进度款达到一定数额,承包人有权暂停施工,停工期间造成的损失全部由发包人承担。实务操作中,承包人可以先发出暂停施工的书面文件,并将可能造成的损失通知发包人。暂停施工后,承包人应详细记录暂停施工造成的人员、周转材料、机械设备损失,提出索赔请求,并附相关证据报监理人审核。关于停工损失等费用的索赔需要由承包人承担举证责任,因此承包人务必收集好相关证据。

(3)在合同中明确约定,发包人拖欠工程进度款而引发停工的,在计算工期时应当扣除停工时间并对工期进行相应顺延,避免由此引发不必要的逾期竣工法律风险。

【法条链接】

《民法典》第五百六十三条 有下列情形之一的,当事人可以解除合同:

(一)因不可抗力致使不能实现合同目的;

(二)在履行期限届满前,当事人一方明确表示或者以自己的行为表明不履行主要债务;

(三)当事人一方迟延履行主要债务,经催告后在合理期限内仍未履行;

(四)当事人一方迟延履行债务或者有其他违约行为致使不能实现合同目的;

(五)法律规定的其他情形。

以持续履行的债务为内容的不定期合同,当事人可以随时解除合同,但是应当在合理期限之前通知对方。

第八百零七条 发包人未按照约定支付价款的,承包人可以催告发包人在合理期限内支付价款。发包人逾期不支付的,除根据建设工程的性质不宜折价、拍卖外,承包人可以与发包人协议将该工程折价,也可以请求人民法院将该工程依法拍卖。建设工程的价款就该工程折价或者拍卖的价款优先受偿。

143. 发包人提供的建筑材料不符合强制性标准的，承包人可以解除合同吗？

【情景案例】

2021 年 4 月 18 日，A 房地产公司与 B 建筑公司签订《建设工程施工合同》，约定：A 房地产公司将某小区 9 号楼第一期土建工程发包给 B 建筑公司，所有建筑材料由 A 房地产公司提供。A 房地产公司采购了大量价格便宜的“××牌商品混凝土”并送到施工现场。宣某是 B 建筑公司的项目经理，按其过往经验，宣某认为“××牌商品混凝土”产品质量较差，不宜用于本项目施工，否则存在重大安全隐患。为证明宣某的专业判断，B 建筑公司做了六根柱砼进行测试，并送至某建筑工程质量检测中心进行检测，最后得出的结论是混凝土质量存在问题，不符合国家强制性标准。经多次协商，A 房地产公司不同意更换其他牌子的商品混凝土。无奈之下，B 建筑公司诉至法院，请求解除双方签订的《建设工程施工合同》。

请问：B 建筑公司的请求能得到法院支持吗？

【案例分析】

本案涉及的是发包人提供的建筑材料不符合强制性标准，承包人能否解除合同的问题。

我国《民法典》第八百零六条第二款规定，发包人提供的主要建筑材料、建筑构配件和设备不符合强制性标准或者不履行协助义务，致使承包人无法施工，经催告后在合理期限内仍未履行相应义务的，承包人可以解除合同。

本案中，A 房地产公司和 B 建筑公司签订的《建设工程施工合同》系双方真实意思表示，不违反法律法规强制性规定，合法有效。合同约定，A 房地产公司将某小区 9 号楼第一期土建工程发包给 B 建筑公司，所有建筑材料由 A 房地产公司提供。A 房地产公司采购了大量便宜的“××牌商品混凝土”，后 B 建筑公司查明这些混凝土质量不符合国家强制性标准。于是，B 建筑公司多次要求 A 房地产公司更换其他牌子的商品混凝土，A 房地产公司均表示不同意更换，致使 B 建筑公司无法施工。根据《民法典》第八百零六条第二款的规定，B 建筑公司有权解除双方签订的《建设工程施工合同》，故其请求能得到法院的支持。

【风险防范建议】

现实生活中，建筑材料不符合国家强制性标准等导致的“豆腐渣工程”、烂尾楼现象层出不穷。为避免出现相关问题，笔者建议承包人可从以下两个方面做好风险防范：

(1)承包人在检验发包人提供的主要建筑材料、建筑构配件和设备过程中发现不符合强制性标准的，应要求发包人更换符合国家强制性标准的建筑材料。若发包人在合理期限内经催告后仍不更换的，导致工程无法施工，此时承包人可以解除合同。

(2)将发包人的行为向有关部门举报、投诉，并请求相关部门对发包人进行整顿。

【法条链接】

《民法典》第八百零六条第二款　发包人提供的主要建筑材料、建筑构配件和设备不符合强制性标准或者不履行协助义务，致使承包人无法施工，经催告后在合理期限内仍未履行相应义务的，承包人可以解除合同。

144. 因施工人的原因致使工程质量不合格的，发包人可以不支付工程款吗？

【情景案例】

2021年3月12日，甲公司与乙建筑公司签订《建设工程施工合同》，约定：由乙建筑公司承建甲公司开发的某公寓楼工程，工程款为3000万元，工期为1年，开工日期为2021年4月1日。合同签订后，乙建筑公司按约定进行施工。7月15日，甲公司工作人员在检查工程时发现工程存在较多质量问题，于是提出鉴定申请，要对工程是否达到合同及施工图设计要求、质量是否合格等进行鉴定。8月1日，某建筑工程司法鉴定所出具书面鉴定报告，认定工程质量达不到国家规定的合格标准。为此，甲公司向乙建筑公司提出解除双方签订的合同，终止合作。乙建筑公司回复称："合同可以解除，但贵司需支付已完工工程的工程款。"甲公司以工程质量不合格为由拒绝支付。协商无果后，乙建筑公司诉至法院。

请问：甲公司可以不支付工程款吗？

【案例分析】

本案涉及的是因施工人的原因致使工程质量不合格的，发包人能否不支付工程款的问题。

我国《民法典》第八百零一条规定，因施工人的原因致使建设工程质量不符合约定的，发包人有权请求施工人在合理期限内无偿修理或者返工、改建。经过修理或者返工、改建后，造成逾期交付的，施工人应当承担违约责任。《最高人民法院关于审理建设工程施工合同纠纷案件适用法律问题的解释(一)》第十二条规定，因承包人的原因造成建设工程质量不符合约定，承包人拒绝修理、返工或者改建，发包人请求减少支付工程价款的，人民法院应予支持。

本案中，甲公司和乙建筑公司签订的《建筑工程施工合同》系双方真实意思表示，不违反法律法规强制性规定，合法有效。在乙建筑公司施工过程中，甲公司发现该工程存在较多质量问题，并经鉴定被认定工程质量达不到国家规定的合格标准。此时，根据《民法典》第八百零一条的规定，甲公司有权请求乙建筑公司在合理期限内无偿修理或返工、改建。根据《最高人民法院关于审理建设工程施工合同纠纷案件适用法律问题的解释（一）》第十二条的规定，若乙建筑公司拒绝修理、返工或改建，甲公司有权请求减少支付工程价款，但不得拒绝支付工程款。

【风险防范建议】

实践中，因施工人原因致使建设工程质量不符合约定的，发包人有权请求施工人在合理期限内无偿修理或返工、改建。若施工人在合理期限内未予修理或返工、改建，发包人可以采取以下措施：

（1）如果建设工程质量不符合约定的情形较为严重，严重影响发包人对建设工程的正常使用，根据《民法典》第五百六十三条的规定，发包人可以解除建设工程施工合同。

（2）发包人可以建设工程质量不合格或不符合合同约定为由，扣减相应的工程价款。

（3）发包人可在合理范围内拒绝返还施工人的工程质量保证金。

（4）发包人可以委托第三人代为修复，并请求施工人支付由此产生的修复费用。

【法条链接】

《民法典》第八百零一条 因施工人的原因致使建设工程质量不符合约定的，发包人有权请求施工人在合理期限内无偿修理或者返工、改建。经过修理或者返工、改建后，造成逾期交付的，施工人应当承担违约责任。

《最高人民法院关于审理建设工程施工合同纠纷案件适用法律问题的解释（一）》第十二条 因承包人的原因造成建设工程质量不符合约定，承包人拒绝修理、返工或者改建，发包人请求减少支付工程价款的，人民法院应予支持。

145. 承包人超越资质等级承揽工程，会有什么法律后果？

【情景案例】

邓某系甲房地产公司董事长，刘某系乙建筑公司总经理，两人在一次朋友聚餐中认识。2021 年 3 月，甲房地产公司计划在刘某所在地开发一个小型楼盘。4 月 1 日，甲房地产公司与乙建筑公司签订《建设工程施工合同》,约定:工程款总价为6000万元,工期为1年,按当月施工实际完成工作量的70%支付进度款,剩余30%的工程款在工程竣工验收合格后1个月内支付。工程完工后,经某建筑工程质量监督检验站鉴定,工程存在严重的质量问题,但可以加固、维修处理,因此双方一直未进行竣工验收。之后,邓某才得知乙建筑公司只具有装饰装修工程企业资质,不具备房屋建设施工企业资质。甲房地产公司遂将乙建筑公司诉至法院,要求确认双方签订的合同无效,并要求乙建筑公司赔偿相应损失。

请问:甲房地产公司的请求能得到法院支持吗?

【案例分析】

本案涉及的是承包人超越资质等级承揽工程的法律后果的问题。

根据《建筑法》第二十六条的规定,承包建筑工程的单位应当持有依法取得的资质证书,并在其资质等级许可的业务范围内承揽工程。禁止建筑施工企业超越本企业资质等级许可的业务范围或者以任何形式用其他建筑施工企业的名义承揽工程。《民法典》第一百五十三条规定,违反法律、行政法规的强制性规定的民事法律行为无效。另外,根据《最高人民法院关于审理建设工程施工合同纠纷案件适用法律问题的解释(一)》第一条第一款的规定,承包人未取得建筑业企业资质或者超越资质等级的,应当依据《民法典》第一百五十三条第一款的规定,认定无效。该解释第六条规定,建设工程施工合同无效,一方当事人请求对方赔偿损失的,应当就对方过错、损失大小、过错与损失之间的因果关系承担举证责任。损失大小无法确定,一方当事人请求参照合同约定的质量标准、建设工期、工程价款支付时间等内容确定损失大小的,人民法院可以结合双方过错程度、过错与损失之间的因果关系等因素作出裁判。

本案中,甲房地产公司和乙建筑公司签订的《建设工程施工合同》系双方真实意思表示,不违反法律法规强制性规定,合法有效。工程完工后,甲房地产公司董事长邓某得知乙建筑公司只具有装饰装修工程企业资质,不具备房屋建设施工企业资质,乙建筑公司的行为属于超越资质等级承揽工程。根据上述规定,甲房地产公司与乙建筑公司签订的《建设工程施工合同》属于无效合同,甲房地产公司有权要求乙建筑公司赔偿相应损失。

【风险防范建议】

建设工程施工合同履行过程中,承包人超越相应资质等级签订合同导致合同无效的情况普遍存在。关于如何防范相应法律风险,建议如下:

(1)就发包人而言,在签订合同前应当严格审查承包人的资质,包括资质证书是否真实、有效,资质等级是否符合要求,承包人的从业人员是否具有相应的从业资格。

必要时,发包人还应到政府主管部门进行查询核实。审核无误后,发包人应要求承包人提供有关资质、资格证书的复印件,要求承包人盖章后自己留存。

(2)就承包人而言,必须依法取得相应的资质,并在资质等级允许的范围内承包建设工程,避免非法转包、违法分包、工程挂靠等法律风险,避免因合同无效而承担法律责任。

(3)在进行专业分包和劳务分包时,发包人务必严格审查分包工程承包人是否具有资质及相应的资质等级。

【法条链接】

《民法典》第一百五十三条 违反法律、行政法规的强制性规定的民事法律行为无效。但是,该强制性规定不导致该民事法律行为无效的除外。

违背公序良俗的民事法律行为无效。

第一百五十七条 民事法律行为无效、被撤销或者确定不发生效力后,行为人因该行为取得的财产,应当予以返还;不能返还或者没有必要返还的,应当折价补偿。有过错的一方应当赔偿对方由此所受到的损失;各方都有过错的,应当各自承担相应的责任。法律另有规定的,依照其规定。

《建筑法》第二十六条 承包建筑工程的单位应当持有依法取得的资质证书,并在其资质等级许可的业务范围内承揽工程。

禁止建筑施工企业超越本企业资质等级许可的业务范围或者以任何形式用其他建筑施工企业的名义承揽工程。禁止建筑施工企业以任何形式允许其他单位或者个人使用本企业的资质证书、营业执照,以本企业的名义承揽工程。

《最高人民法院关于审理建设工程施工合同纠纷案件适用法律问题的解释(一)》第一条 建设工程施工合同具有下列情形之一的,应当依据民法典第一百五十三条第一款的规定,认定无效:

(一)承包人未取得建筑业企业资质或者超越资质等级的;

(二)没有资质的实际施工人借用有资质的建筑施工企业名义的;

(三)建设工程必须进行招标而未招标或者中标无效的。

承包人因转包、违法分包建设工程与他人签订的建设工程施工合同,应当依据民法典第一百五十三条第一款及第七百九十一条第二款、第三款的规定,认定无效。

第六条 建设工程施工合同无效,一方当事人请求对方赔偿损失的,应当就对方过错、损失大小、过错与损失之间的因果关系承担举证责任。

损失大小无法确定,一方当事人请求参照合同约定的质量标准、建设工期、工程价款支付时间等内容确定损失大小的,人民法院可以结合双方过错程度、过错与损失之间的因果关系等因素作出裁判。

146. 发包人未取得建设工程规划许可证，有什么法律后果？

【情景案例】

2021年3月1日，甲公司与乙建筑公司签订《建设工程施工合同》，约定：甲公司将某开发区的厂房建设工程交由乙建筑公司组织实施，工期为6个月，工程价款为3000万元。合同签订后，乙建筑公司按约定组织施工，工程于2021年8月31日竣工并经验收合格。事后，双方因工程款结算产生纠纷。协商过程中，乙建筑公司得知甲公司未取得建设工程规划许可证，遂将甲公司诉至法院，请求法院确认双方所签订合同无效，并要求甲公司支付拖欠的工程款2000万元。

请问：乙建筑公司的请求能得到法院支持吗？

【案例分析】

本案涉及的是发包人未取得建设工程规划许可证等规划审批手续的法律后果问题。

《最高人民法院关于审理建设工程施工合同纠纷案件适用法律问题的解释（一）》第三条第一款规定，当事人以发包人未取得建设工程规划许可证等规划审批手续为由，请求确认建设工程施工合同无效的，人民法院应予支持，但发包人在起诉前取得建设工程规划许可证等规划审批手续的除外。《民法典》第七百九十三条第一款规定，建设工程施工合同无效，但是建设工程经验收合格的，可以参照合同关于工程价款的约定折价补偿承包人。

本案中，乙建筑公司按照《建设工程施工合同》的约定完成施工，并经甲公司验收合格。事后双方因工程款结算产生纠纷，并且乙建筑公司发现甲公司未取得建设工程规划许可证，遂起诉甲公司。根据《最高人民法院关于审理建设工程施工合同纠纷案件适用法律问题的解释（一）》第三条的规定，乙建筑公司有权以甲公司未取得建设工程规划许可证等规划审批手续为由请求法院确认合同无效，但甲公司在乙建筑公司起诉前取得建设工程规划许可证等规划审批手续的除外。同时，乙建筑公司有权依据《民法典》第七百九十三条的规定，请求甲公司按照《建设工程施工合同》的约定折价补偿工程款2000万元。

【风险防范建议】

司法实务中，发包人未取得建设工程规划许可证等规划审批手续将承担建设工程施工合同无效的法律后果。为了避免发生这一法律后果，笔者建议发包人在签订建设工程施工合同前应先取得有关部门颁发的建设工程规划许可证；若因其他原因无法及时取得，发包人也应在合同纠纷发生后、承包人起诉前取得建设工程规划许可证。

【法条链接】

《民法典》第七百九十三条 建设工程施工合同无效，但是建设工程经验收合格的，可以参照合同关于工程价款的约定折价补偿承包人。

建设工程施工合同无效，且建设工程经验收不合格的，按照以下情形处理：

（一）修复后的建设工程经验收合格的，发包人可以请求承包人承担修复费用；

（二）修复后的建设工程经验收不合格的，承包人无权请求参照合同关于工程价款的约定折价补偿。

发包人对因建设工程不合格造成的损失有过错的，应当承担相应的责任。

《最高人民法院关于审理建设工程施工合同纠纷案件适用法律问题的解释（一）》第三条 当事人以发包人未取得建设工程规划许可证等规划审批手续为由，请求确认建设工程施工合同无效的，人民法院应予支持，但发包人在起诉前取得建设工程规划许可证等规划审批手续的除外。

发包人能够办理审批手续而未办理，并以未办理审批手续为由请求确认建设工程施工合同无效的，人民法院不予支持。

147. 建设工程施工合同约定的违约金过高，有效吗？

【情景案例】

2021 年 3 月 1 日，A 房地产公司与 B 建筑公司签订《建设工程施工合同》，约定：A 房地产公司将某楼盘 2 号楼工程发包给 B 建筑公司，工期为 6 个月，工程价款为 1 亿元；如果不能按期完工，违约金为工程总价款的 40%。由于 B 建筑公司遇到招工难的问题，严重影响了工期，直至 2022 年 4 月 1 日，B 建筑公司只完成工程总量的 3/4，未能按约定完工。为此，A 房地产公司将 B 建筑公司起诉至法院，要求 B 建筑公司支付违约金 4000 万元。B 建筑公司辩称，“天价”违约金违反我国法律规定，是无效的，因此不同意支付违约金。

请问：B 建筑公司的说法符合法律规定吗？

【案例分析】

本案涉及的是建设工程施工合同约定违约金过高的合同的效力问题。

我国《民法典》第五百八十五条规定，当事人可以约定一方违约时应当根据违约情况向对方支付一定数额的违约金，也可以约定因违约产生的损失赔偿额的计算方法。约定的违约金低于造成的损失的,人民法院或者仲裁机构可以根据当事人的请求予以增加;约定的违约金过分高于造成的损失的,人民法院或者仲裁机构可以根据当事人的请求予以适当减少。当事人就迟延履行约定违约金的,违约方支付违约金后,还应当履行债务。

本案中,A 房地产公司和 B 建筑公司签订的《建设工程施工合同》系双方真实意思表示,不违反法律法规强制性规定,合法有效。在合同履行过程中,因 B 建筑公司未按照合同约定完工,构成违约,被 A 房地产公司起诉至法院要求其支付违约金 4000 万元。但 B 建筑公司认为"天价"违约金违反我国法律规定,系无效条款而拒不支付。对此,笔者认为,B 建筑公司单纯以违约金过高便认定条款无效系不合理、不实际的,这与《民法典》第五百八十五条第一款的立法目的相违背,违反了当事人意思自治原则。而且,基于建设工程本身的复杂性,判断当事人在建设工程施工合同中约定的违约金是否过高,不可能存在一个统一而具体的客观标准,因此,单纯认定违约金过高并不足以导致合同无效。若 B 建筑公司认为合同约定的违约金过高是不合理的,其可以依据《民法典》第五百八十五条第二款的规定,请求法院根据 A 房地产公司的实际损失情况予以适当减少。并且,B 建筑公司在支付违约金之后,还应当按照合同约定继续完成施工。故 B 建筑公司的说法不符合法律规定。

【风险防范建议】

现实生活中,由于建设工程的工程量大、难度高、建设周期长等,当事人在建设工程合同中约定的违约金会较高,目的是加重对方的义务负担,使其能按照合同约定严格履行合同义务。发生纠纷时,笔者建议守约方从以下四个方面对违约金数额进行全面考虑:

(1)违约金数额与守约方的实际损失之间的比例;

(2)违约方违约的原因及其过错大小;

(3)违约金数额与违约方所获得的合同利润之间的比例;

(4)违约方违约时间的长短。

【法条链接】

《民法典》第五百八十五条 当事人可以约定一方违约时应当根据违约情况向对方支付一定数额的违约金,也可以约定因违约产生的损失赔偿额的计算方法。

约定的违约金低于造成的损失的,人民法院或者仲裁机构可以根据当事人的请求予以增加;约定的违约金过分高于造成的损失的,人民法院或者仲裁机构可以根据当事人的请求予以适当减少。

当事人就迟延履行约定违约金的,违约方支付违约金后,还应当履行债务。

148. 未备案的建筑工程施工合同有效吗?

【情景案例】

2021 年 5 月 12 日,A 房地产公司与 B 建筑公司签订《建设工程施工合同》,约定:A 房地产公司将某楼盘 9 号住宅楼工程发包给 B 建筑公司,工期为 1 年,开工日期为 2021 年 6 月 1 日,工程总价款为 9000 万元;B 建筑公司开工日期或阶段工期延误超过 10 日或总工期延误超过 60 日的,其要承担合同金额 2% 的违约金。合同签订后,双方没有到相关部门办理备案手续。B 建筑公司正在承建的另一项目发生重大安全事故,导致其 6 月 25 日才能开工。为此,A 房地产公司向 B 建筑公司发函,要求其支付 180 万元违约金,但 B 建筑公司拒绝支付。B 建筑公司认为,双方签订的合同未办理备案手续,是无效合同,因此不同意支付违约金。

请问:B 建筑公司的说法符合我国法律规定吗?

【案例分析】

本案涉及的是建设工程施工合同未备案是否影响合同效力的问题。

我国《民法典》第五百零二条第一款规定,依法成立的合同,自成立时生效,但是法律另有规定或者当事人另有约定的除外。由此可见,建设工程施工合同的备案程序并非效力性的强制性规定,而是国家政府管理部门为了严格管理和监督建设工程合同而采取的一种行政管理方法,如果合同当事人违反了行政管理规范将受到相应的行政处罚,但合同不备案并不影响合同效力,依旧是有效合同。

本案中,A 房地产公司和 B 建筑公司签订的《建设工程施工合同》系双方真实意思表示,不违反法律法规强制性规定,合同虽未备案,但不影响合同效力,合同依旧合法有效。合同约定,开工日期为 2021 年 6 月 1 日,B 建筑公司开工日期或阶段工期延误超过 10 日或总工期延误超过 60 日的,其要承担合同金额 2% 的违约金。B 建筑公司 6 月 25 日才开始施工,已延误超过 10 日。该延误开工的行为已违反合同约定,构成违约,B 建筑公司应当按照合同约定向 A 房地产公司支付逾期施工的违约金。故 B 建筑公司的说法不符合我国法律规定。

【风险防范建议】

司法实践中,建设工程合同备案制度的意义不在于建设工程合同必须经过备案程序才生效,而在于日后发生纠纷时承包人和发包人能够以备案合同作为结算工程款的依据。为了更好地实现合同目的、保护合同当事人的合法权益,笔者建议承包人与发包人在签订建设工程合同后到相关部门办理备案手续,保证建设工程手续齐备,提前做好风险防控。

【法条链接】

《民法典》第五百零二条第一款　依法成立的合同,自成立时生效,但是法律另有规定或者当事人另有约定的除外。

149.建设工程施工合同无效,会导致结算协议也无效吗?

【情景案例】

2021 年 6 月 10 日,甲房地产公司与未取得建筑业企业资质的乙建筑公司签订《建设工程施工合同》,约定:甲房地产公司将某小区 3 号楼工程发包给乙建筑公司施工,开工日期为 2021 年 7 月 1 日,工期为 13 个月。9 月 10 日,甲房地产公司董事长赵某得知乙建筑公司没有取得建筑业企业资质的事情后,十分生气,遂与乙建筑公司签订《退场清算协议》,约定:按乙建筑公司实际完成工程量给其结算工程费用。9 月 20 日,乙建筑公司向甲房地产公司主张工程款,但遭到拒绝。甲房地产公司认为,由于乙建筑公司没有相应的建筑业企业资质,《建设工程施工合同》无效,后来签订的《退场清算协议》也进而无效。

请问:甲房地产公司的说法符合我国法律规定吗?

【案例分析】

本案涉及的是建设工程施工合同无效是否影响结算协议效力的问题。

根据《最高人民法院关于审理建设工程施工合同纠纷案件适用法律问题的解释(一)》第一条的规定,承包人未取得建筑业企业资质或者超越资质等级的,应当依据《民法典》第一百五十三条第一款的规定,认定无效。《民法典》第七百九十三条第一款规定,建设工程施工合同无效,但是建设工程经验收合格的,可以参照合同关于工程价款的约定折价补偿承包人。第一百四十三条规定,具备下列条件的民事法律行为有效:(1)行为人具有相应的民事行为能力;(2)意思表示真实;(3)不违反法律、行政法规的强制性规定,不违背公序良俗。

本案中,甲房地产公司与未取得建筑业企业资质的乙建筑公司签订的《建设工程施工合同》,因违反了《最高人民法院关于审理建设工程施工合同纠纷案件适用法律问题的解释(一)》第一条第一项的规定而无效,但并不影响甲房地产公司与乙建筑公司签订的《退场清算协议》的效力。根据《民法典》第七百九十三条的规定,若乙建筑公司的建设工程经验收合格，则甲房地产公司可以参照合同的有关工程价款的约定折价补偿。这一规定说明，甲房地产公司事后与乙建筑公司签订的《退场结算协议》并不因《建设工程施工合同》的无效而无效，其签订的《退场结算协议》因符合《民法典》第一百四十三条的规定，依旧合法有效。

【风险防范建议】

为了避免建设工程施工合同的无效影响工程的正常施工，笔者建议当事人可从以下两个方面做好风险防范：

(1)对于依法必须进行招投标的项目，承包人应当仔细认真审核招标文件的各项合同条款，分析招标文件的各项内容，明确双方的权利义务，并有针对性地做好建设工程项目的投标规划，减少工程中标后合同履行的风险。

(2)在订立建设工程施工合同前，发包人应先对承包人的资信情况、合同履约能力进行全面了解。必要时，发包人可以聘请专业律师全程参与签约工作，对建设工程合同的各项条款进行全面审查。

【法条链接】

《民法典》第一百四十三条　具备下列条件的民事法律行为有效：

(一)行为人具有相应的民事行为能力；

(二)意思表示真实；

(三)不违反法律、行政法规的强制性规定，不违背公序良俗。

第七百九十三条　建设工程施工合同无效，但是建设工程经验收合格的，可以参照合同关于工程价款的约定折价补偿承包人。

建设工程施工合同无效，且建设工程经验收不合格的，按照以下情形处理：

(一)修复后的建设工程经验收合格的，发包人可以请求承包人承担修复费用；

(二)修复后的建设工程经验收不合格的，承包人无权请求参照合同关于工程价款的约定折价补偿。

发包人对因建设工程不合格造成的损失有过错的，应当承担相应的责任。

《最高人民法院关于审理建设工程施工合同纠纷案件适用法律问题的解释(一)》第一条　建设工程施工合同具有下列情形之一的，应当依据民法典第一百五十三条第一款的规定，认定无效：

(一)承包人未取得建筑业企业资质或者超越资质等级的；

(二)没有资质的实际施工人借用有资质的建筑施工企业名义的；

(三)建设工程必须进行招标而未招标或者中标无效的。

承包人因转包、违法分包建设工程与他人签订的建设工程施工合同，应当依据民法典第一百五十三条第一款及第七百九十一条第二款、第三款的规定，认定无效。

150. 发包人与承包人签订的“黑白合同”的效力如何？

【情景案例】

B公司是一家汽车配件制造公司，孙某系该公司董事长。2021年1月10日，A建筑公司与B公司签订了两份员工宿舍楼承建的《建设工程施工合同》。第一份合同（“白合同”）约定：工程总价款为2000万元。第二份合同（“黑合同”）约定：工程总价款为3000万元，工程款费用以本合同为结算依据，开工日期为2021年1月18日。双方还在第二份合同中约定，第一份合同是双方为了配合办理备案手续而签订，不是双方的真实意思表示；履行的内容以第二份合同为准。两份合同签订后，双方以第一份合同办理了备案手续。之后，A建筑公司按约定组织人员入场施工。2021年8月18日，工程全部竣工并交付使用。2021年8月20日，孙某发生交通事故身亡，周某被B公司董事会任命为公司新的董事长。之后，A建筑公司与B公司在最后结算时，关于依据哪份合同进行结算产生争议。周某认为，依据我国法律的规定，应当以办理备案手续的合同结算，没有备案的合同是无效合同。

请问：应以哪一份合同进行结算？

【案例分析】

本案涉及的是建设工程中“黑白合同”的效力问题。

我国《民法典》第一百四十六条第一款规定，行为人与相对人以虚假的意思表示实施的民事法律行为无效。《民法典》第一百四十三条规定，具备下列条件的民事法律行为有效：(1)行为人具有相应的民事行为能力；(2)意思表示真实；(3)不违反法律、行政法规的强制性规定，不违背公序良俗。

本案中，A建筑公司和B公司就承建员工宿舍楼一事分别签订了两份《建设工程施工合同》。第一份合同约定：工程总价款为2000万元。第二份合同约定：工程总价款为3000万元，以该合同为工程款费用结算依据。合同签订后，双方以第一份合同办理备案手续，但实际履行的合同却是第二份合同，这便是实践中的“黑白合同”，第一份合同是为了配合行政管理机关的备案程序而签订的“白合同”，第二份合同才是实际约束双方权利义务的“黑合同”。

A建筑公司和B公司签订的第一份合同（“白合同”），因违反《民法典》第一百四十六条第一款的规定而无效。而第二份合同（“黑合同”）虽未备案，但由于备案程序只是行政管理机关对建设工程的一种行政管理办法，是一种管理性的法律规定，并不影响合同的效力,并且第二份合同(“黑合同”)完全符合《民法典》第一百四十三条的规定,因此合法有效。对此,应当以第二份合同(“黑合同”)进行结算。

【风险防范建议】

(1)签订“黑白合同”需谨慎,由于同时存在两份合同,在合同履行过程中容易产生纠纷,也容易给不诚信的违约方提供违约的借口。

(2)实践中之所以签订“黑白合同”,往往是出于经济利益考虑或者为了逃避监管,此时,可能会触犯相关法律的规定,轻则会影响市场主体的诚信或者受到相应行政处罚,重则可能涉嫌刑事犯罪,需要承担刑事责任,得不偿失。

【法条链接】

《民法典》第一百四十三条 具备下列条件的民事法律行为有效:

(一)行为人具有相应的民事行为能力;

(二)意思表示真实;

(三)不违反法律、行政法规的强制性规定,不违背公序良俗。

第一百四十六条第一款 行为人与相对人以虚假的意思表示实施的民事法律行为无效。

以虚假的意思表示隐藏的民事法律行为的效力,依照有关法律规定处理。

151.“黑白合同”均无效的,如何确定工程款的结算依据?

【情景案例】

吴某是甲公司分管工程项目的副总经理,李某是乙建筑公司的董事长,两人是高中同学,关系甚好。在吴某与李某的运作下,2021年1月8日,在没有经过招投标程序的情况下,甲公司就某楼盘1号楼建设工程与乙建筑公司签订两份《建设工程施工合同》。第一份合同(“白合同”)用于办理备案手续,第二份合同(“黑合同”)作为双方实际履行的合同及结算依据。“白合同”无论是合同价款、计价方式、支付节点等,均优于“黑合同”。2021年7月28日,吴某因违反公司制度被公司辞退。工程竣工并经验收合格后,双方就工程款结算发生纠纷。甲公司认为应当按照备案合同(“白合同”)结算工程款。乙公司则认为应按“黑合同”结算工程款。协商无果后,甲公司诉至法院。法院查明,本案讼争工程属于必须进行招标的工程,因此双方签订的“黑白合同”均属无效合同。

请问:甲公司与乙建筑公司应当如何确定工程款的结算依据?

【案例分析】

本案涉及的是“黑白合同”均无效时，工程款结算的问题。

根据《最高人民法院关于审理建设工程施工合同纠纷案件适用法律问题的解释（一）》第一条的规定，建设工程必须进行招标而未招标或者中标无效的，应当依据《民法典》第一百五十三条第一款的规定，认定无效。第二十四条规定，当事人就同一建设工程订立的数份建设工程施工合同均无效，但建设工程质量合格，一方当事人请求参照实际履行的合同关于工程价款的约定折价补偿承包人的，人民法院应予支持。实际履行的合同难以确定，当事人请求参照最后签订的合同关于工程价款的约定折价补偿承包人的，人民法院应予支持。

本案中，在没有依法进行招投标程序的情况下，甲公司就某楼盘 1 号楼建设工程与乙建筑公司签订了两份《建设工程施工合同》；事后查明该建设工程属于必须进行招标的工程，故甲公司和乙建筑公司签订的两份合同因违反《最高人民法院关于审理建设工程施工合同纠纷案件适用法律问题的解释（一）》第一条的规定而归于无效。关于该建设工程竣工并经甲公司验收合格后的工程款结算问题，根据《最高人民法院关于审理建设工程施工合同纠纷案件适用法律问题的解释（一）》第二十四条的规定，甲公司可以请求参照实际履行的合同（“黑合同”）中关于工程价款的约定折价补偿乙建筑公司。

【风险防范建议】

（1）依法必须招投标的建设工程，一定要严格按法律规定进行招投标，通过招投标程序依法确定中标人，不得未经招标擅自确定施工人。而且，招投标程序应当依法进行，否则可能导致中标无效。

（2）签订“黑白合同”需谨慎，由于同时存在两份合同，在合同履行过程中容易产生纠纷，也容易给不诚信的违约方提供违约的借口。

（3）实践中之所以签订“黑白合同”，往往是出于经济利益考虑或者为了逃避监管，此时，可能会触犯相关法律的规定，轻则会影响市场主体的诚信或者受到相应行政处罚，重则可能涉嫌刑事犯罪，需要承担刑事责任，得不偿失。

【法条链接】

《最高人民法院关于审理建设工程施工合同纠纷案件适用法律问题的解释（一）》

第一条　建设工程施工合同具有下列情形之一的，应当依据民法典第一百五十三条第一款的规定，认定无效：

（一）承包人未取得建筑业企业资质或者超越资质等级的；

（二）没有资质的实际施工人借用有资质的建筑施工企业名义的；

（三）建设工程必须进行招标而未招标或者中标无效的。

承包人因转包、违法分包建设工程与他人签订的建设工程施工合同，应当依据民法典第一百五十三条第一款及第七百九十一条第二款、第三款的规定，认定无效。

第二十四条 当事人就同一建设工程订立的数份建设工程施工合同均无效，但建设工程质量合格，一方当事人请求参照实际履行的合同关于工程价款的约定折价补偿承包人的，人民法院应予支持。

实际履行的合同难以确定，当事人请求参照最后签订的合同关于工程价款的约定折价补偿承包人的，人民法院应予支持。

第十八章
运输合同

152. 货物在运输途中丢失的，责任由谁承担？

【情景案例】

A 公司是一家玩具贸易公司，由童某创办。2021 年 7 月 8 日，童某在好友颜某的推荐下，通过电话向 B 公司订购了一批玩具，双方没有签订购销合同。当天，A 公司将 3 万元货款转账给 B 公司，并将收货地址提供给 B 公司。B 公司打包完货物，遂通知 C 物流公司上门收货，并按 A 公司提供的地址将货物发了出去。B 公司选择的是非保价运输，损失赔偿不超过运费的 3 倍。7 月 12 日，A 公司接到 B 公司的电话，声称 C 物流公司在运输途中将该批货物丢失。对于责任由谁承担的问题，A 公司、B 公司与 C 物流公司三方发生争议。

请问：货物在运输途中丢失，责任由哪一方承担？

【案例分析】

本案涉及的是物流公司在运输途中将货物丢失，责任由谁承担的问题。

我国《民法典》第六百零四条规定，标的物毁损、灭失的风险，在标的物交付之前由出卖人承担，交付之后由买受人承担，但是法律另有规定或者当事人另有约定的除外。第八百二十五条规定，托运人办理货物运输，应当向承运人准确表明收货人的姓名、名称或者凭指示的收货人，货物的名称、性质、重量、数量，收货地点等有关货物运输的必要情况。因托运人申报不实或者遗漏重要情况，造成承运人损失的，托运人应当承担赔偿责任。第八百三十二条规定，承运人对运输过程中货物的毁损、灭失承担赔偿责任。但是，承运人证明货物的毁损、灭失是因不可抗力、货物本身的自然性质或者合理损耗以及托运人、收货人的过错造成的，不承担赔偿责任。

本案中，B 公司打包完货物，遂通知 C 物流公司上门收货，并按 A 公司提供的地址将货发了出去，在托运人 B 公司、收货人 A 公司没有过错的情况下，应当由承运人

C 物流公司承担赔偿责任。

【风险防范建议】

就托运人而言，在办理托运的时候，要仔细审查合同的主要条款以及权利、义务，明确合同的标的、数量、质量、价款、履行地点、期限、方式、费用等，尽量使用保价运输。如果承运人采用格式条款的方式，免除或者减轻自身责任，托运人应当及时提出异议，以避免日后发生纠纷。

就收货人而言，在接收货物的时候，一定要当场验货，发现问题及时提出异议，并做书面记录。

就承运人而言，要查验货物实际情况，查验托运人是否持有货物合法手续，如购货单证、销售单证。与货主或托运人签订承运合同，约定各自的权利义务，明晰责任界限，如果采用格式条款的方式，应当遵循公平原则确定当事人之间的权利和义务，并采取合理的方式提示对方注意免除或者减轻其责任等与对方有重大利害关系的条款，按照对方的要求，对该条款予以说明，以避免日后发生纠纷。

【法条链接】

《民法典》第六百零四条 标的物毁损、灭失的风险，在标的物交付之前由出卖人承担，交付之后由买受人承担，但是法律另有规定或者当事人另有约定的除外。

第八百二十五条 托运人办理货物运输，应当向承运人准确表明收货人的姓名、名称或者凭指示的收货人，货物的名称、性质、重量、数量，收货地点等有关货物运输的必要情况。

因托运人申报不实或者遗漏重要情况，造成承运人损失的，托运人应当承担赔偿责任。

第八百三十二条 承运人对运输过程中货物的毁损、灭失承担赔偿责任。但是，承运人证明货物的毁损、灭失是因不可抗力、货物本身的自然性质或者合理损耗以及托运人、收货人的过错造成的，不承担赔偿责任。

153. 因托运人给承运人指定运输路线而发生交通事故的，责任由谁承担？

【情景案例】

2021 年 8 月 8 日，甲公司与乙物流公司签订《货物运输合同》。该合同就运输货物、日期、费用、目的地、收货人等进行了约定。由于货物价值较高，为确保货物能顺利送到目的地，双方还约定了比较安全的运输路线。8 月 9 日，由于客户急需货物，甲公司致电乙物流公司，要求其改走另一条路程较短但有一定运输风险的线路；对此，乙物流公司表示拒绝。但在甲公司的再三请求下，乙物流公司只好答应。后来，乙物流公司的车在路途中发生了交通事故导致货物损毁。

请问：乙物流公司对货物损毁要承担责任吗？

【案例分析】

本案涉及的是托运人给承运人指定运输路线而发生交通事故的情况下，承运人是否承担赔偿责任的问题。

我国《民法典》第八百三十二条规定，承运人对运输过程中货物的毁损、灭失承担赔偿责任。但是，承运人证明货物的毁损、灭失是因不可抗力、货物本身的自然性质或者合理损耗以及托运人、收货人的过错造成的，不承担赔偿责任。原则上，在运输过程中发生的货损，即托运货物毁损、灭失，应当由承运人负担；但货物毁损、灭失负担规则并非绝对，如果存在免责事由，承运人应当免责。

承运人具体的免责事由是：(1)不可抗力。由于运输过程中的不可抗力导致货物毁损、灭失的，承运人不承担赔偿责任。(2)货物本身的自然性质或者合理损耗。货物本身自然性质，如气体因自然属性而挥发；合理损耗是货物在长时间运输过程中必然发生的一部分损失。(3)托运人、收货人的过错。如包装缺陷导致的损失、收货人负责卸货时造成的损失。有上述免责事由的，承运人不承担赔偿责任。

本案中，甲公司与乙物流公司已约定比较安全的运输路线，在运输途中甲公司强烈要求乙物流公司改走有一定运输风险的线路，这表明甲公司对货物损毁存在过错，符合《民法典》第八百三十二条规定的承运人证明货物的毁损、灭失是因托运人、收货人的过错造成的免责事由，乙物流公司可免责。

【风险防范建议】

承运人和托运人应采取下列防范措施：

(1)事先明确约定。承运人和托运人在订立运输合同时应当对运输过程中货物毁损、灭失的责任承担，特别是各方过错情形进行明确约定，以防范此种风险发生。建议运输合同双方在订立合同时，详细约定运输路线、运输期限、可以变更运输路线的具体情形，以及合同履行中变更运输路线的具体方式。为了避免计算赔偿额时产生纠纷，双方还可以对赔偿额的计算方式等进行约定。

(2)事中明确证据。在合同未明确约定运输路线的情形下，可以通过以下顺序确定运输路线：①合同签订后、开始运输前，双方确定运输路线；②如果存在通常运输路线，或者之前选择过的路线，依照此路线；③如果上述方式都不能确定运输路线，承运人应当依据诚实信用原则，选择一条最有利于合同目的实现、最安全和快捷的路线，作为货物运输路线。运输过程中，承运人获得托运人方变更运输路线指令的，应当核实发出此指令的人员是否具有该权限。如果托运人的客户中途要求更改运输路线，托运人原则上应当明确表示拒绝；如果客户坚持要更改运输路线，托运人要留好电话录音等证据。

(3)事后积极止损。货物损毁事故发生后，承运人应当及时通知托运人，以减轻可能给对方造成的损失，并应当在合理期限内提供事故发生的相应证明；托运人应当积极配合承运人采取合理措施，尽可能地防止损失的扩大，并积极协商责任分担，减少解决争议的成本。

【法条链接】

《民法典》第八百一十二条 承运人应当按照约定的或者通常的运输路线将旅客、货物运输到约定地点。

第八百一十三条 旅客、托运人或者收货人应当支付票款或者运输费用。承运人未按照约定路线或者通常路线运输增加票款或者运输费用的，旅客、托运人或者收货人可以拒绝支付增加部分的票款或者运输费用。

第八百三十二条 承运人对运输过程中货物的毁损、灭失承担赔偿责任。但是，承运人证明货物的毁损、灭失是因不可抗力、货物本身的自然性质或者合理损耗以及托运人、收货人的过错造成的，不承担赔偿责任。

154. 收货人拒绝受领货物的，承运人如何处理？

【情景案例】

2021年3月3日，A公司与B公司签订了《购销合同》，约定：B公司向A公司采购1万条牛仔裤，价款为50万元，A公司负责送货上门。合同签订后，A公司当天按约定向B公司支付全部货款。3月4日，A公司与C物流公司签订了《运输合同》，约定由C物流公司将货送到B公司所在地。3月9日，C物流公司按约定将货物送到B公司所在城市。当C物流公司通知B公司上门提货时，B公司则声称暂时不能安排工人上门提货，也没有确定什么时候能提货。直至3月31日，B公司仍未提货，导致C物流公司仓库没有地方摆放这批货物。

请问：C物流公司可以如何处置这批货物？

【案例分析】

本案涉及的是收货人不按时提货，承运人该如何处置货物的问题。

我国《民法典》第八百三十条规定，货物运输到达后，承运人知道收货人的，应当及时通知收货人，收货人应当及时提货。收货人逾期提货的，应当向承运人支付保管费等费用。第八百三十七条规定,收货人不明或者收货人无正当理由拒绝受领货物的,承运人依法可以提存货物。

本案中,C 物流公司已经及时通知 B 公司提取货物,但 B 公司声称不能安排工人上门提货也未确认什么时候可以提取货物。在这种情况下,C 物流公司可指定合理的期限要求 B 公司上门提货并要求 B 公司支付保管费等费用;如果 B 公司逾期提货给 C 物流公司造成损失,B 公司应当承担赔偿责任。B 公司在给定的期限内拒绝提货又没有给出正当的理由拒绝受领货物的,C 物流公司可以将 B 公司的货物提存;提存成立的,视为 C 物流公司已经在提存范围内向 B 公司交付了货物。需要说明的是,提存 B 公司的货物后,货物毁损、灭失的风险由 B 公司承担。

【风险防范建议】

就托运人而言,在办理托运的时候,要仔细审查合同的主要条款以及权利、义务,明确逾期收货的责任承担,约定相应违约责任。

就收货人而言,在接收货物的时候,一定要及时收货,当场验货,发现问题及时提出异议,防范纠纷发生。

就承运人而言,要查验货物实际情况,查验托运人是否持有货物合法手续,如购货单证、销售单证,与货主或托运人签订承运合同,约定各自的权利义务,明确逾期收货的责任界限,如收货人无正当理由拒绝受领货物,除非货物不适合提存或者提存费用过高,承运人依法可以拍卖或者变卖货物,提存所得的价款。提存成立的,视为债务人在其提存范围内已经交付标的物。提存,是指债务人履行其到期债务时,因债权人的原因无正当理由而拒绝受领,或者因债权人下落不明等原因债务人无法向债权人履行债务时,可依法将其履行债务的标的物送交有关部门(通常是公证机关),以代替履行的制度。

【法条链接】

《民法典》第五百七十条　有下列情形之一,难以履行债务的,债务人可以将标的物提存:

(一)债权人无正当理由拒绝受领;

(二)债权人下落不明;

(三)债权人死亡未确定继承人、遗产管理人,或者丧失民事行为能力未确定监护人;

(四)法律规定的其他情形。

标的物不适于提存或者提存费用过高的,债务人依法可以拍卖或者变卖标的物,提存所得的价款。

第五百七十一条 债务人将标的物或者将标的物依法拍卖、变卖所得价款交付提存部门时，提存成立。

提存成立的，视为债务人在其提存范围内已经交付标的物。

第五百七十二条 标的物提存后，债务人应当及时通知债权人或者债权人的继承人、遗产管理人、监护人、财产代管人。

第五百七十三条 标的物提存后，毁损、灭失的风险由债权人承担。提存期间，标的物的孳息归债权人所有。提存费用由债权人负担。

第五百七十四条 债权人可以随时领取提存物。但是，债权人对债务人负有到期债务的，在债权人未履行债务或者提供担保之前，提存部门根据债务人的要求应当拒绝其领取提存物。

债权人领取提存物的权利，自提存之日起五年内不行使而消灭，提存物扣除提存费用后归国家所有。但是，债权人未履行对债务人的到期债务，或者债权人向提存部门书面表示放弃领取提存物权利的，债务人负担提存费用后有权取回提存物。

第八百三十条 货物运输到达后，承运人知道收货人的，应当及时通知收货人，收货人应当及时提货。收货人逾期提货的，应当向承运人支付保管费等费用。

第八百三十七条 收货人不明或者收货人无正当理由拒绝受领货物的，承运人依法可以提存货物。

155. 保价金额明显高于货物实际价值的，如何认定赔偿金额？

【情景案例】

位于广州的甲公司委托乙快递公司将1部小型的医疗设备送到位于北京的丙医院，该医疗设备的市价为2.5万元。甲公司在快递合同的保价条款中写明保价金额为10万元，并按乙快递公司的收费标准交纳了保价费。之后，乙快递公司在运输途中不小心将医疗设备丢失。双方就赔偿问题产生争议。甲公司认为，应当按保价金额赔偿10万元，但乙快递公司只同意按医疗设备的市价2.5万元进行赔偿。协商无果后，甲公司诉至法院，要求乙快递公司赔偿损失10万元。

请问：甲公司的请求能得到法院支持吗？

【案例分析】

本案涉及的是运输合同的保价金额明显高于物品实际价值时的赔偿范围问题。

保价运输是民商事活动的意思自治原则与承运人赔偿责任限额制度平衡的产物，目的在于平衡托运人与承运人之间的利益，因此，既要保证托运人获得赔偿，也不得任意加重承运人责任。通常情况下，如果托运人填写的保价金额高于实际价值，法院需要结合货物的实际价值,依据公平原则,参照货物实际价值,判定承运人赔付的金额。

我国《邮政法》第四十五条第二款规定,邮政普遍服务业务范围以外的邮件的损失赔偿,适用有关民事法律的规定。因此,邮件的损失赔偿适用有关民事法律的规定。《民法典》第五百八十五条规定,当事人可以约定一方违约时应当根据违约情况向另一方支付一定数额的违约金,也可以约定因违约产生的损失赔偿额的计算方法。约定的违约金低于造成的损失的,人民法院或者仲裁机构可以根据当事人的请求予以增加;约定的违约金过分高于造成的损失的,人民法院或者仲裁机构可以根据当事人的请求予以适当减少。

本案中,甲公司与乙快递公司依据意思自治原则,就医疗设备的运输订立运输合同,并约定了保价金额,即双方都同意接受保价条款的约束,但该医疗设备的市价为2.5万元,如果按保价金额赔偿10万元,则对乙快递公司是不公平的。甲公司诉至法院,要求乙快递公司赔偿损失10万元的请求不能完全得到法院支持。法院应依据《民法典》第五百八十五条的法理,调整赔偿金额,同时对于多收的保价费,乙快递公司应当按照比例退还。

【风险防范建议】

就托运人而言,在与承运人签订运输合同时,应当仔细阅读合同条款,对于快递的收费标准和保价赔偿的金额要有充分的了解,并根据运输货物谨慎选择保价方式。托运人应根据自身物品的价值,如实申报、填写物品价值,合理审慎地选择保价服务,以免因物品毁损丢失造成不必要的损失。寄送的快递出现问题时,托运人要与承运人进行合理沟通,如遭受财产损失,可要求承运人进行符合约定及标准额度的相应赔偿;但需要注意的是,违约金偏高的,法院基于对方的申请,可以依法进行调整。

就承运人而言,在保价条款设置中应不存在免除己方责任、加重对方责任、排除对方主要权利的内容;应采取合理方式提醒对方注意该条款,如用不同于其他条款的字号、字体、颜色、字体加粗,将保价条款突出显示。与托运人约定的保价金额尽量不要超过货物的实际价值,既保障托运人的合法权益,也可以合理规避承运人的运输风险。

【法条链接】

《民法典》第五百八十五条　当事人可以约定一方违约时应当根据违约情况向对方支付一定数额的违约金,也可以约定因违约产生的损失赔偿额的计算方法。

约定的违约金低于造成的损失的,人民法院或者仲裁机构可以根据当事人的请求予以增加;约定的违约金过分高于造成的损失的,人民法院或者仲裁机构可以根据当事人的请求予以适当减少。

当事人就迟延履行约定违约金的,违约方支付违约金后,还应当履行债务。

第八百三十三条 货物的毁损、灭失的赔偿额,当事人有约定的,按照其约定;没有约定或者约定不明确,依据本法第五百一十条的规定仍不能确定的,按照交付或者应当交付时货物到达地的市场价格计算。法律、行政法规对赔偿额的计算方法和赔偿限额另有规定的,依照其规定。

《邮政法》第四十五条第二款 邮政普遍服务业务范围以外的邮件的损失赔偿,适用有关民事法律的规定。

156. 托运人拖欠运费不付,承运人可以留置货物吗?

【情景案例】

A公司是一家从事皮鞋生产的企业,总部位于温州,在广州有办事处。2021年3月1日,A公司与B物流公司签订《货物运输合同》,约定:A公司委托B物流公司从温州运送1000件皮鞋到广州,运费到付。3月8日,B物流公司通知A公司办事处上门提货。由于A公司暂时没有流动资金支付运费,请求B物流公司先让其提货,待货出售后再支付运费,但遭到B物流公司的拒绝。为此,B物流公司留置了A公司的全部货物,以此督促A公司支付运费。

请问:B物流公司可以留置A公司的货物吗?

【案例分析】

本案涉及的是托运人不按约支付运费,承运人可以如何处置货物的问题。

我国《民法典》第八百三十六条规定,托运人或者收货人不支付运费、保管费或者其他费用的,承运人对相应的运输货物享有留置权,但是当事人另有约定的除外。第八百三十条规定,货物运输到达后,承运人知道收货人的,应当及时通知收货人,收货人应当及时提货。收货人逾期提货的,应当向承运人支付保管费等费用。

留置权,是指债权人因合法手段占有债务人的财物,在由此产生的债权未得到清偿以前留置该项财物并在超过一定期限仍未得到清偿时依法变卖留置财物,从价款中优先受偿的权利。留置权的效力主要体现为留置权人的占有权和优先受偿权。债权人就留置物优先受偿后,如留置物的价值超过应交偿范围,应将剩余部分的价款返还给债务人,留置物的价值不足以清偿时,债权人得请求补足。

本案中,A公司拖欠运费,B物流公司为保护自己的权益,将该批货物进行扣押的行为,其实质是在行使留置权。双方签订的货物运输合同若没有排除B物流公司享有的留置权,B物流公司虽然有权行使留置权,但不能滥用权利,行使权利应当合理、适当,留置物的价值不得超过运费。

【风险防范建议】

就托运人而言，根据《民法典》第四百四十九条“法律规定或者当事人约定不得留置的动产，不得留置”的规定，双方在签订货物运输合同时明确约定承运人不得留置该批货物，因此产生的合同纠纷由承运人另行起诉主张。若货物被留置，应该第一时间和留置人协商处理。

就承运人而言，在签订货物运输合同时，要约定在托运人不支付运费时承运人享有留置权，若约定不享有，则物流企业丧失留置权。承运人必须直接占有该批货物，债权必须经过对账确认，并已经到期未支付；留置财产为可分物的，留置财产的价值应当相当于债务的金额。托运人拖欠运费不付的，承运人行使留置权时，要注意留置财产的价值应当相当于债务的金额。留置财产后，应当及时书面通知托运人，并给予托运人 60 日以上的期限履行债务。托运人逾期仍不履行的，承运人才可与托运人协议以留置物折价，或者可以依法拍卖、变卖留置物。另外，留置的财产应妥善保管，避免遭受损失。

【法条链接】

《民法典》第八百三十条 货物运输到达后，承运人知道收货人的，应当及时通知收货人，收货人应当及时提货。收货人逾期提货的，应当向承运人支付保管费等费用。

第八百三十一条 收货人提货时应当按照约定的期限检验货物。对检验货物的期限没有约定或者约定不明确，依据本法第五百一十条的规定仍不能确定的，应当在合理期限内检验货物。收货人在约定的期限或者合理期限内对货物的数量、毁损等未提出异议的，视为承运人已经按照运输单证的记载交付的初步证据。

第八百三十五条 货物在运输过程中因不可抗力灭失，未收取运费的，承运人不得请求支付运费；已经收取运费的，托运人可以请求返还。法律另有规定的，依照其规定。

第八百三十六条 托运人或者收货人不支付运费、保管费或者其他费用的，承运人对相应的运输货物享有留置权，但是当事人另有约定的除外。

第八百四十一条 因托运人托运货物时的过错造成多式联运经营人损失的，即使托运人已经转让多式联运单据，托运人仍然应当承担赔偿责任。

157. 托运单中关于“赔偿限额”的格式条款有效吗？

【情景案例】

2021 年 8 月 12 日，甲公司负责人梅某委托乙物流公司运输一批货物，托运单注明:某货物5件,价值8万元。乙物流公司收件员郭某在填写托运单时,向梅某特别提醒了托运单中的以下内容:“发货人必须声明货物价值,并交纳保险金,否则后果自负;货物丢失的,由承运人按声明保价赔偿,未保价的,按运费5倍赔偿,赔偿金额最高不超过1000元。”梅某听完郭某的介绍后,为节省成本,没有为甲公司交纳保险金。之后货物丢失,双方就货物的赔偿问题发生争议。8月20日,甲公司将乙物流公司起诉到法院,要求赔偿货物损失8万元。乙物流公司辩称,托运单已对赔偿数额进行明确,赔偿金额最高不超过1000元。梅某认为,托运单关于“赔偿限额”的格式条款是无效条款,不受法律保护。

请问:梅某的说法符合我国法律规定吗?

【案例分析】

本案涉及的是如何认定格式条款的问题。

我国《民法典》第四百九十六条规定,格式条款是当事人为了重复使用而预先拟定,并在订立合同时未与对方协商的条款。采用格式条款订立合同的,提供格式条款的一方应当遵循公平原则确定当事人之间的权利和义务,并采取合理的方式提示对方注意免除或者减轻其责任等与对方有重大利害关系的条款,按照对方的要求,对该条款予以说明。提供格式条款的一方未履行提示或者说明义务,致使对方没有注意或者理解与其有重大利害关系的条款的,对方可以主张该条款不成为合同的内容。第四百九十七条规定,有下列情形之一的,该格式条款无效:(1)具有《民法典》第一编第六章第三节和本法第五百零六条规定的无效情形;(2)提供格式条款一方不合理地免除或者减轻其责任、加重对方责任、限制对方主要权利;(3)提供格式条款一方排除对方主要权利。

本案中,托运单载明:“发货人必须声明货物价值,并交纳保险金,否则后果自负;货物丢失的,由承运人按声明保价赔偿,未保价的,按运费5倍赔偿,赔偿金额最高不超过1000元。”涉案托运单属于格式合同,而上述“托运方注意事项”属于限额赔偿格式条款。本案中的限额赔偿格式条款虽记载于托运单正面,但字体偏小,“托运人签名”处与该限额赔偿格式条款相距较远,不足以引起托运人注意。承运人乙物流公司亦未提供有效证据证实其就上述限额赔偿格式条款向甲公司已经履行过特别提示和明确说明义务。从涉案条款的内容看,对托运方的损害赔偿请求权予以限制,属于《民法典》第四百九十七条规定的提供格式条款一方免除其责任、加重对方责任、排除对方主要权利的情形。故梅某主张限额赔偿格式条款无效或内容不产生效力,具有事实和法律依据,应该得到支持。

【风险防范建议】

就托运人而言，遇到承运人采用格式条款订立合同的情况，应当注意合同条款，如果某条款是承运人为了重复使用而预先拟定且在订立合同时未与己方协商的条款，该条款即为格式条款，那么就要注意格式条款中的权利和义务是否遵循公平原则，以及承运人是否采取合理的方式提示己方注意格式条款。托运人可要求承运人对格式条款予以说明。承运人未履行提示或者说明义务，致使托运人没有注意或者理解与其有重大利害关系的条款的，托运人可以主张该条款不成为合同的内容，不产生约束力。

就承运人而言，如果需要使用格式条款，应当遵循公平原则确定当事人之间的权利和义务，并采取合理的方式提示对方注意免除或者减轻其责任等与对方有重大利害关系的条款，按照对方的要求，对该条款予以说明。

【法条链接】

《民法典》第四百九十六条　格式条款是当事人为了重复使用而预先拟定，并在订立合同时未与对方协商的条款。

采用格式条款订立合同的，提供格式条款的一方应当遵循公平原则确定当事人之间的权利和义务，并采取合理的方式提示对方注意免除或者减轻其责任等与对方有重大利害关系的条款，按照对方的要求，对该条款予以说明。提供格式条款的一方未履行提示或者说明义务，致使对方没有注意或者理解与其有重大利害关系的条款的，对方可以主张该条款不成为合同的内容。

第四百九十七条　有下列情形之一的，该格式条款无效：

（一）具有本法第一编第六章第三节和本法第五百零六条规定的无效情形；

（二）提供格式条款一方不合理地免除或者减轻其责任、加重对方责任、限制对方主要权利；

（三）提供格式条款一方排除对方主要权利。

第四百九十八条　对格式条款的理解发生争议的，应当按照通常理解予以解释。对格式条款有两种以上解释的，应当作出不利于提供格式条款一方的解释。格式条款和非格式条款不一致的，应当采用非格式条款。

第十九章
技术合同

158. 员工职务技术成果的转让权归谁所有?

【情景案例】

2018年3月,王某到某软件公司上班,负责公司电脑软件的研发工作。在工作中,王某非常刻苦努力,经常加班,并于2021年1月为公司研发了一款很受市场欢迎的电脑软件。该款软件投放市场后,为公司赚取了数百万元的利润。2021年5月,王某得知公司计划将该软件技术以人民币1000万元的价格转让给日本的一家软件公司,王某对此表示疑惑,于是向公司提出异议。王某认为,软件是其开发的,技术成果的转让权应当归其所有。某软件公司认为,软件是王某利用公司的物质条件开发出来的,且公司每月给王某发工资,技术成果的转让权应当归公司所有。

请问:某软件公司有权转让电脑软件吗?

【案例分析】

本案涉及的是员工研发的职务技术成果的转让权归谁所有的问题。

我国《民法典》第八百四十七条规定,职务技术成果的使用权、转让权属于法人或者非法人组织的,法人或者非法人组织可以就该项职务技术成果订立技术合同。法人或者非法人组织订立技术合同转让职务技术成果时,职务技术成果的完成人享有以同等条件优先受让的权利。职务技术成果是执行法人或者非法人组织的工作任务,或者主要是利用法人或者非法人组织的物质技术条件所完成的技术成果。《最高人民法院关于审理技术合同纠纷案件适用法律若干问题的解释》第四条规定,《民法典》第八百四十七条第二款所称"主要是利用法人或者非法人组织的物质技术条件",包括职工在技术成果的研究开发过程中,全部或者大部分利用了法人或者非法人组织的资金、设备、器材或者原材料等物质条件,并且这些物质条件对形成该技术成果具有实质性的影响;还包括该技术成果实质性内容是在法人或者非法人组织尚未公开的技术成果、阶段性技术成果基础上完成的情形。但下列情况除外：(1)对利用法人或者非法人组织提供的物质技术条件，约定返还资金或者交纳使用费的；(2)在技术成果完成后利用法人或者非法人组织的物质技术条件对技术方案进行验证、测试的。《专利法》第六条规定，执行本单位的任务或者主要是利用本单位的物质技术条件所完成的发明创造为职务发明创造。职务发明创造申请专利的权利属于该单位，申请被批准后，该单位为专利权人。该单位可以依法处置其职务发明创造申请专利的权利和专利权，促进相关发明创造的实施和运用。非职务发明创造，申请专利的权利属于发明人或者设计人；申请被批准后，该发明人或者设计人为专利权人。利用本单位的物质技术条件所完成的发明创造，单位与发明人或者设计人订有合同，对申请专利的权利和专利权的归属作出约定的，从其约定。

本案中，王某在某软件公司上班，负责公司电脑软件的开发工作，涉案软件属于王某执行单位的任务或者利用单位的物质技术条件完成的发明创造，由于王某与公司没有专利权归属方面的约定，故职务发明创造申请专利的权利属于该单位。综上所述，某软件公司有权转让该电脑软件，但同等条件下王某有优先受让权。

【风险防范建议】

实践中，由于职务发明与个人发明的权属界定不清，容易引起纠纷，而且这种问题普遍存在。关于企业如何规避相应风险，建议如下：

(1)企业应当注意保存下列证据，以证明职务关系及职工是在执行工作任务：

①具体的研发项目的劳动合同中关于员工职责的条款。

②具有技术人员签名的研发任务责任书、承诺书。

③研发员工负责撰写并署名的有关技术研发的可行性分析报告、工作汇报、总结、实验报告等材料。

④单位组织实施的针对员工工作成果检验、考察的研发成果鉴定、测试结果报告等证明材料。

⑤单位因参与研发项目有关的事项，对员工发放奖励的书面证明材料。

⑥员工与本单位就研发项目事项签署的商业秘密保密协议。

(2)企业应建立职务发明审查制度，加强对职务发明的保护力度，从而实现对职务研发活动的系统管理，明确职务发明的范围和审核认定工作流程，避免因职务技术成果的归属约定不明而引发的纠纷。

(3)企业应当与员工签订保密协议，对包括保密内容、保密义务、保密期限、违约责任等主要内容进行约定，通过开放列举的方式列明需要保密的内容，明确保密义务一直有效，直至企业的商业秘密向社会公开，并对员工违反保密协议的后果予以明确，包括惩戒处分、民事赔偿责任及行政责任、刑事责任等。

(4)为了防止员工离职后利用相关信息与本企业竞争、减少企业商业秘密的外泄风险,企业可与管理人员及技术人员签订竞业限制协议,对包括限制行为、限制期限、经济补偿、违约责任等主要内容进行约定。

(5)为了防止本企业的技术成果权属旁落,企业可以直接与员工就相关技术成果的权属进行约定,约定员工在职期间以及离职以后一定时间(如2年)内完成的所有技术成果,表现形式包括但不限于专利、植物新品种、技术秘密等,均属于企业所有。同时还可约定,员工在离职、退休、调离或者劳动、人事关系终止前,应当将其使用的企业技术资料、工具以及完成的技术成果向企业归还,待公司核准确认后,方可办理离职手续。

【法条链接】

《民法典》第八百四十七条 职务技术成果的使用权、转让权属于法人或者非法人组织的,法人或者非法人组织可以就该项职务技术成果订立技术合同。法人或者非法人组织订立技术合同转让职务技术成果时,职务技术成果的完成人享有以同等条件优先受让的权利。

职务技术成果是执行法人或者非法人组织的工作任务,或者主要是利用法人或者非法人组织的物质技术条件所完成的技术成果。

《专利法》第六条 执行本单位的任务或者主要是利用本单位的物质技术条件所完成的发明创造为职务发明创造。职务发明创造申请专利的权利属于该单位,申请被批准后,该单位为专利权人。该单位可以依法处置其职务发明创造申请专利的权利和专利权,促进相关发明创造的实施和运用。

非职务发明创造,申请专利的权利属于发明人或者设计人;申请被批准后,该发明人或者设计人为专利权人。

利用本单位的物质技术条件所完成的发明创造,单位与发明人或者设计人订有合同,对申请专利的权利和专利权的归属作出约定的,从其约定。

《最高人民法院关于审理技术合同纠纷案件适用法律若干问题的解释》第四条 民法典第八百四十七条第二款所称"主要是利用法人或者非法人组织的物质技术条件",包括职工在技术成果的研究开发过程中,全部或者大部分利用了法人或者非法人组织的资金、设备、器材或者原材料等物质条件,并且这些物质条件对形成该技术成果具有实质性的影响;还包括该技术成果实质性内容是在法人或者非法人组织尚未公开的技术成果、阶段性技术成果基础上完成的情形。但下列情况除外:

(一)对利用法人或者非法人组织提供的物质技术条件,约定返还资金或者交纳使用费的;

(二)在技术成果完成后利用法人或者非法人组织的物质技术条件对技术方案进

行验证、测试的。

159. 受让侵犯他人技术成果的技术,如何维权?

【情景案例】

2021 年 4 月 3 日,某公司与冯某签订《技术转让合同》,约定:冯某将刚研发的一种节能电磁铁技术转让给某公司,转让费用为 50 万元,该费用在合同签订后 3 天内支付。合同签订后,双方到公证处办理了公证。4 月 5 日,某公司按约定给冯某支付了技术转让费用。6 月 10 日,某公司在投入生产后才发现,冯某研发的电磁铁技术侵犯了他人的技术成果。为此,某公司将冯某诉至法院,要求确认双方签订的合同无效,并要求冯某返还 50 万元转让费用。事后查明,冯某对于自己侵犯了他人的技术成果的行为是知情的。

请问:某公司的请求能得到法院支持吗?

【案例分析】

本案涉及的是受让侵犯他人技术成果的技术合同的效力问题。

我国《民法典》第八百五十条规定,非法垄断技术或者侵害他人技术成果的技术合同无效。第八百七十四条规定,受让人或者被许可人按照约定实施专利、使用技术秘密侵害他人合法权益的,由让与人或者许可人承担责任,但是当事人另有约定的除外。第一百四十八条规定,一方以欺诈手段,使对方在违背真实意思的情况下实施的民事法律行为,受欺诈方有权请求人民法院或者仲裁机构予以撤销。

本案中,冯某研发的节能电磁铁技术侵犯了他人的技术成果,导致某公司在不知情且支付合理对价的情况下不能使用该技术。不知情且支付合理对价的善意受让人可以在其取得该技术使用权利时转让合同约定的范围内继续使用该技术,但应当向被侵犯技术成果的权利人支付合理的使用费并承担保密义务;已向技术让与人或者许可人支付的使用费,可以要求让与人或许可人返还。冯某明知自己研发的技术产品侵犯了他人的技术成果,仍利用某公司的不知情进行欺诈,理应返还 50 万元转让费并承担相应的法律责任。

需要注意的是,非法垄断技术或者侵害他人技术成果的技术合同无效,对于合同无效后技术受让人面临的法律后果,《民法典》及相关司法解释依据是否善意做了不同的规定:对于不知情且支付合理对价的善意受让人,可以在其取得使用权利时的范围内继续使用该技术秘密,但应当向权利人支付合理的使用费并承担保密义务,已向无效合同的让与人或者许可人支付的使用费,可以要求让与人或许可人返还;对于与让与人串通或者知道或应当知道另一方侵权仍与其订立或者履行合同的恶意受让人,应当与让与人承担连带赔偿责任和保密义务,且不得继续使用该技术秘密。

【风险防范建议】

随着经济的高速发展,受让他人技术是企业经营的一个重要方面。关于企业在受让技术时如何规避相应法律风险,建议如下:

(1)在技术转让合同中约定转让方所拥有技术没有侵犯他人技术成果,否则要承担相应的违约责任,并且对侵犯他人技术所造成的损失,全部由转让方承担。

(2)确认技术提供方是否为合法权利人,对技术提供方进行必要审查,不要为了贪小便宜而受到欺诈。

(3)了解技术的真实性、可靠性与市场价值,在科学鉴定和评估基础上支付使用费,考察技术标的时还应了解该技术实施后可能创造的经济效益、市场范围、是否已实施、实施范围,从而对付出的费用成本有所衡量。

(4)在评估时切实分析该技术是否对已有技术侵权,应严格监控没有侵权分析的技术付费情形。

【法条链接】

《民法典》第一百四十八条 一方以欺诈手段,使对方在违背真实意思的情况下实施的民事法律行为,受欺诈方有权请求人民法院或者仲裁机构予以撤销。

第八百五十条 非法垄断技术或者侵害他人技术成果的技术合同无效。

第八百七十四条 受让人或者被许可人按照约定实施专利、使用技术秘密侵害他人合法权益的,由让与人或者许可人承担责任,但是当事人另有约定的除外。

160. 委托开发合同未约定开发成果的专利申请权归属的,开发后的技术成果归谁所有?

【情景案例】

2021年1月18日,甲公司与乙研究所签订《委托开发合同》,约定:甲公司委托乙研究所研发一种电力新设备,并提供研发经费100万元。由于疏忽大意,双方在合同中未约定研发完成的发明创造的专利申请权归谁所有。之后,乙研究所如期完成了这一电力新设备的研发并准备申请专利,但其与甲公司在谁享有专利申请权的问题上产生了纠纷。甲公司认为,该技术成果应当归甲公司所有,因为研发费用由其提供。乙研究所认为,委托开发完成的发明创造,申请专利的权利应当属于研发人。

请问:甲公司的说法符合法律规定吗?

【案例分析】

本案涉及的是委托开发成果的专利申请权属于委托人还是受托人的问题。

我国《民法典》第八百五十九条规定,委托开发完成的发明创造,除法律另有规定或者当事人另有约定外,申请专利的权利属于研究开发人。研究开发人取得专利权的,委托人可以依法实施该专利。研究开发人转让专利申请权的,委托人享有以同等条件优先受让的权利。

本案中,甲公司与乙研究所并未对电力新设备的专利申请权进行明确约定,专利申请权应当属于乙研究所,甲公司的说法不符合法律规定。

【风险防范建议】

实务中,很多企业需要投入巨资进行技术研发。企业在委托他人进行技术研发时,应当注意在委托开发合同中对知识产权的权属及各方的权利、义务作出明确的约定,否则将很难取得知识产权所有权。

通过合同条款约定技术权利归属是保护知识产权和防止纠纷的主要手段。合同签约方在合同条款中应明确约定技术权利归属,明确违约责任,避免纠纷的发生。建议在合同中约定在专利的申请与审查过程中受托方需要配合的具体工作。

【法条链接】

《民法典》第八百四十五条　技术合同的内容一般包括项目的名称,标的的内容、范围和要求,履行的计划、地点和方式,技术信息和资料的保密,技术成果的归属和收益的分配办法,验收标准和方法,名词和术语的解释等条款。

与履行合同有关的技术背景资料、可行性论证和技术评价报告、项目任务书和计划书、技术标准、技术规范、原始设计和工艺文件,以及其他技术文档,按照当事人的约定可以作为合同的组成部分。

技术合同涉及专利的,应当注明发明创造的名称、专利申请人和专利权人、申请日期、申请号、专利号以及专利权的有效期限。

第八百五十九条　委托开发完成的发明创造,除法律另有规定或者当事人另有约定外,申请专利的权利属于研究开发人。研究开发人取得专利权的,委托人可以依法实施该专利。

研究开发人转让专利申请权的,委托人享有以同等条件优先受让的权利。

161. 技术转让合同中没有约定后续改进的技术成果归属的，改进后的技术成果归谁所有？

【情景案例】

2021年1月10日，甲公司和乙研究所签订《技术转让合同》，约定：乙研究所将“节能热水器”的技术转让给甲公司，价款为80万元。双方对该技术的后续改进成果归属没有做约定。1月12日，甲公司按约定向乙研究所一次性支付了80万元，同时，乙研究所向甲公司交付“节能热水器”的全部技术资料及一个样品。之后，乙研究所在原有技术上进行改进，发明了性能更好的“节能热水器2号”。甲公司得知后，认为乙研究所研究的“节能热水器2号”技术成果应当归甲公司所有，要求乙研究所提交所有技术资料，但遭到乙研究所的拒绝。协商无果后，甲公司诉至法院。

请问：乙研究所后续改进的技术成果应当归谁所有？

【案例分析】

本案涉及的是技术转让合同中约定后续改进成果归属的必要性问题。

我国《民法典》第八百七十五条规定，当事人可以按照互利的原则，在合同中约定实施专利、使用技术秘密后续改进的技术成果的分享办法；没有约定或者约定不明确，依据本法第五百一十条的规定仍不能确定的，一方后续改进的技术成果，其他各方无权分享。第五百一十条规定，合同生效后，当事人就质量、价款或者报酬、履行地点等内容没有约定或者约定不明确的，可以补充协议；不能达成补充协议的，按照合同相关条款或者交易习惯确定。

后续改进，是指在技术转让合同有效期内，当事人一方或各方对作为合同标的的专利技术或者技术秘密成果所做的革新和改良。技术转让合同的订立和履行，不仅实现了现有技术的转移、推广和应用，而且也是当事人进行改良、革新和进行新的研究开发的基础。合同订立后，当事人一方或者双方在技术转让合同标的技术的基础上作出创新和改良是常见的现象。这种创新和改良推动了科学技术的发展。

本案中，乙研究所在原有技术上进行改进，由于甲公司和乙研究所签订的《技术转让合同》未对案涉技术的后续改进成果归属进行约定，故后续改进的技术成果应当归乙研究所所有。

【风险防范建议】

技术转让双方可就技术改进成果归属进行约定，受让技术的企业为保持技术领先，应当在《技术转让合同》中约定技术改进成果归自己所有，明确提出在技术转让合同中约定实施专利、使用技术秘密后续改进的技术成果的归属，维护自身技术改进的同时也保护自身利益及增加自身收益。为鼓励转让方进行技术改进，企业可在合同中约定对技术改进进行奖励，根据其推广应用的范围和取得的经济效益，给予合理的报酬。同时可明确约定奖励的发放方式和金额标准。

【法条链接】

《民法典》第五百一十条　合同生效后，当事人就质量、价款或者报酬、履行地点等内容没有约定或者约定不明确的，可以协议补充；不能达成补充协议的，按照合同相关条款或者交易习惯确定。

第八百七十五条　当事人可以按照互利的原则，在合同中约定实施专利、使用技术秘密后续改进的技术成果的分享办法；没有约定或者约定不明确，依据本法第五百一十条的规定仍不能确定的，一方后续改进的技术成果，其他各方无权分享。

162. 技术咨询合同中的委托人不接受工作成果的，可以不支付报酬吗？

【情景案例】

2021年4月20日，A公司与B公司签订《技术咨询合同》，约定，B公司委托A公司为其提供技术咨询服务，使其获取某认证证书；咨询费为5万元，合同签订后一次性支付。4月22日，A公司派咨询师韩某到B公司提供技术咨询服务。韩某虽然在B公司做了大量咨询服务工作，但B公司对韩某提供的咨询服务不满意，认为其专业水平不足，遂将此工作暂停。6月3日，B公司诉至法院，以对韩某提供技术咨询服务不满意为由，要求A公司返还已支付的技术咨询费5万元。

请问：B公司的请求能得到法院支持吗？

【案例分析】

本案涉及的是技术咨询合同中的委托人不接受工作成果，是否可以拒绝支付报酬的问题。

根据我国《民法典》第八百八十一条第一款、第二款的规定，技术咨询合同的委托人未按照约定提供必要的资料，影响工作进度和质量，不接受或者逾期接受工作成果的，支付的报酬不得追回，未支付的报酬应当支付。技术咨询合同的受托人未按期提出咨询报告或者提出的咨询报告不符合约定的，应当承担减收或者免收报酬等违约责任。

本案中，A公司与B公司签订的《技术咨询合同》系双方真实意思表示，不违反法律法规强制性规定，合法有效，应当全面履行。韩某在B公司做了大量工作，B公司仅以不满意为由，就要求A公司返还5万元的技术咨询费，有违双方签订合同的契约精神，A公司投入了大量时间和精力，理应得到认可。因此，B公司要求A公司返还已支付的报酬的请求不应得到支持。

【风险防范建议】

就委托人而言，在与受托人签订技术咨询服务合同时，应当对服务的质量、目标、报酬、时期等作出明确约定，在受托人未按照双方约定完成目标任务时，应当终止合同，及时止损，并要求对方承担违约责任。

【法条链接】

《民法典》第八百八十一条 技术咨询合同的委托人未按照约定提供必要的资料，影响工作进度和质量，不接受或者逾期接受工作成果的，支付的报酬不得追回，未支付的报酬应当支付。

技术咨询合同的受托人未按期提出咨询报告或者提出的咨询报告不符合约定的，应当承担减收或者免收报酬等违约责任。

技术咨询合同的委托人按照受托人符合约定要求的咨询报告和意见作出决策所造成的损失，由委托人承担，但是当事人另有约定的除外。

第二十章
保管合同与仓储合同

163. 保管人将保管物转交第三人保管，造成保管物丢失的，保管人需承担责任吗？

【情景案例】

2021 年 6 月 1 日，甲公司将一批服装货物从 A 市运送到 B 市，准备交付给乙公司。由于乙公司采购经理秦某不在，要推迟 3 天才能收货。于是，甲公司当天晚上与丙物流公司签订《保管合同》，约定：甲公司将一批服装交付给丙物流公司保管，保管费用为 2000 元，保管期限为 3 天，从 2021 年 6 月 2 日起算。6 月 2 日，由于丙物流公司仓库已满，于是丙物流公司将货物转交丁物流公司保管，给其保管费 1000 元。6 月 4 日，甲公司通知秦某到丙物流公司提货。秦某到丙物流公司后，得知货物在丁物流公司被盗。为此，甲公司要求丙物流公司赔偿该批货物损失 10 万元，但遭到丙物流公司拒绝。丙物流公司认为，货物是在丁物流公司处丢失的，应当由丁物流公司承担责任。

请问：谁应当对货物的丢失承担赔偿责任？

【案例分析】

本案涉及的是保管合同纠纷，保管人将保管物转交第三人保管后，保管物丢失，保管人是否需要承担责任的问题。

我国《民法典》第八百九十四规定，保管人不得将保管物转交第三人保管，但是当事人另有约定的除外。保管人违反前款规定，将保管物转交第三人保管，造成保管物损失的，应当承担赔偿责任。

本案中，甲公司与丙物流公司事先并未明确约定丙物流公司可将保管物转交给第三人保管，因此丙物流公司将保管物转交给丁物流公司后致保管物被盗，应当由丙物流公司承担赔偿责任。

【风险防范建议】

企业临时为他人保管货物的，为规避货物丢失的风险，建议在《保管合同》中约定："保管物可转交第三人保管，当归第三人保管后，保管物发生丢失及被盗等情况时，应当由第三人承担责任。"

【法条链接】

《民法典》第八百九十四条 保管人不得将保管物转交第三人保管，但是当事人另有约定的除外。

保管人违反前款规定，将保管物转交第三人保管，造成保管物损失的，应当承担赔偿责任。

164. 存货人提取货物时发现物品损坏的，责任由谁承担?

【情景案例】

2021 年 6 月 9 日，A 公司从内蒙古的某公司购买了 10 吨牛肠，由于货物量太大，A 公司没有足够的空间存储，于是与 B 仓储公司签订了《仓储合同》，约定：由 B 仓储公司为 A 公司储存 3 吨牛肠，费用为 100 元/天，押金 2000 元，取货时结算仓储费用。7 月 15 日，A 公司到 B 仓储公司取货时发现，由于 B 仓储公司的冷库温度过高，导致所有牛肠都变质了。为此，A 公司要求 B 仓储公司赔偿货物损失 9 万元，但遭到拒绝。B 仓储公司认为，其只同意退还押金与不收仓储费，但不同意赔偿货物损失。协商无果后，A 公司将 B 仓储公司起诉到法院，要求其赔偿货物损失 9 万元。

请问：A 公司的请求能得到法院支持吗?

【案例分析】

本案涉及的是存货人提取货物时发现货物变质、损坏，应当由谁承担责任的问题。

我国《民法典》第九百一十七条规定，储存期内，因保管不善造成仓储物毁损、灭失的，保管人应当承担赔偿责任。因仓储物本身的自然性质、包装不符合约定或者超过有效储存期造成仓储物变质、损坏的，保管人不承担赔偿责任。

本案中，B 仓储公司作为仓储保管公司，在替 A 公司保存牛肠时，应当选择适合保存牛肠的仓储方式，B 仓储公司的冷库温度过高，导致 A 公司的牛肠发生变质而产生的赔偿责任，应当由保管不善的 B 仓储公司承担。因此，A 公司的赔偿请求能得到法院支持。

【风险防范建议】

就存货人而言,在与保管人签订仓储合同前,应当注意检查保管人的保管条件,在保管人无保存货物的条件或者保存条件不满足要求时,应当及时转移货物。

就保管人而言,在与存货人签订仓储合同前,应对存货人的货物进行检查,如果发现存货人要储存易燃、易爆、有毒、有腐蚀性、有放射性等危险物品或者易变质物品,应当要求存货人说明该物品的性质,提供有关资料。仓储物本身的自然性质等决定仓储物易变质、损坏,存货人未说明的,保管人可以拒收仓储物,也可以采取相应措施以避免损失的发生,因此产生的费用可要求存货人负担。

【法条链接】

《民法典》第九百零七条　保管人应当按照约定对入库仓储物进行验收。保管人验收时发现入库仓储物与约定不符合的,应当及时通知存货人。保管人验收后,发生仓储物的品种、数量、质量不符合约定的,保管人应当承担赔偿责任。

第九百一十七条　储存期内,因保管不善造成仓储物毁损、灭失的,保管人应当承担赔偿责任。因仓储物本身的自然性质、包装不符合约定或者超过有效储存期造成仓储物变质、损坏的,保管人不承担赔偿责任。

165. 寄存人不按照约定支付保管费的,保管人可否将保管物留置?

【情景案例】

2021年7月8日,甲公司与乙仓储公司签订《保管合同》,约定:甲公司在乙仓储公司仓库寄存空调200台,押金为3000元,保管费为300元/天,保管期限为1个月。合同签订后,甲公司立即给乙仓储公司支付了3000元押金,乙仓储公司也开具了收据。8月8日,甲公司派车到乙仓储公司处提货,并告知因资金周转困难,希望先提货,在空调销售出去后再支付保管费。乙仓储公司不同意甲公司的要求,明确表示如果不给保管费,不准将空调搬走。为此,双方产生纠纷。

请问:乙仓储公司可以将保管物留置吗?

【案例分析】

本案涉及的是寄存人不按照约定支付保管费,保管人可否将货物进行留置的问题。

我国《民法典》第九百零三条规定,寄存人未按照约定支付保管费或者其他费用的,保管人对保管物享有留置权,但是当事人另有约定的除外。

留置权，是指债权人因合法手段占有债务人的财物，在由此产生的债权未得到清偿以前留置该项财物并在超过一定期限仍未得到清偿时依法变卖留置财物，从价款中优先受偿的权利。

本案中，甲公司未按约定给乙仓储公司支付保管费，由于双方没有关于“甲公司可以先提货，待空调销售出去后再支付保管费”的约定，故乙仓储公司有权留置甲公司寄存的200台空调。

【风险防范建议】

寄存人在签署仓储合同时，应当对保管费等作出明确约定，避免在双方对保管费产生争议时，发生保管人将货物留置的情况。

【法条链接】

《民法典》第九百零三条 寄存人未按照约定支付保管费或者其他费用的，保管人对保管物享有留置权，但是当事人另有约定的除外。

166. 存货人不按约定时间提货，保管人可以怎么办？

【情景案例】

A家具公司于2021年4月8日从越南进口大量红木，由于自己仓库放不下这么多货物，其便将一部分红木寄存在B公司。经过协商后，A家具公司与B公司签订了《保管合同》，约定：保管费用为5000元，保管期限为1个月；为保证B公司的正常生产经营，A家具公司必须在1个月后将红木搬走。5月8日，B公司通知A家具公司搬走红木，但A家具公司以各种理由进行推脱。经查明，由于A家具公司最近订单较少，其仓库已满，无法存放这批红木。

请问：A家具公司超期未提货，B公司可以怎么办？

【案例分析】

本案涉及的是存货人不按约定时间提货，保管人是否可对保管货物进行提存的问题。

我国《民法典》第九百一十五条规定，储存期限届满，存货人或者仓单持有人应当凭仓单、入库单等提取仓储物。存货人或者仓单持有人逾期提取的，应当加收仓储费；提前提取的，不减收仓储费。第九百一十六条规定，储存期限届满，存货人或者仓单持有人不提取仓储物的，保管人可以催告其在合理期限内提取；逾期不提取的，保管人可以提存仓储物。

提存,是指债权人因自身原因无法向债务人交付合同标的物时,债务人将该标的物交给提存机关而消灭债务的制度。提存机关一般是国家设立的办理提存事务的专门机关,目前我国的提存机关为公证处。一般情形下,提存人即债务人。提存是为了保障债权人的利益而进行的行为,因此提存的费用由债权人承担。提存费主要包括:提存公证费、提存公告费、邮电费、保管费、评估鉴定费、代管费、拍卖变卖费、保险费,以及为保管、处理、运输提存标的物所支出的必要的费用。提存的程序如下:(1)债务人应向清偿地提存机关提交提存申请。(2)债务人提交提存物。(3)提存机关授予债务人提存证书。(4)通知债权人受领提存物。(5)验收提存物登记存档。

本案中,A 家具公司在 B 公司寄放的红木到期后,A 家具公司一直以各种理由推脱而不提走,属于逾期不提取,且 A 家具公司如果不将这批红木提走,会严重影响 B 公司的正常运营,因此 B 公司有权提存 A 公司的这批红木。

【风险防范建议】

在订立保管合同时,应当在合同中对保管期限作出明确约定,避免双方在发生保管期限纠纷时,各自遭受不必要的损失。企业如果将货物存放在他人处,应当在约定期限内将货物搬走,否则保管人有权将货物提存,届时企业要承担提存费用。

【法条链接】

《民法典》第五百七十条　有下列情形之一,难以履行债务的,债务人可以将标的物提存:

(一)债权人无正当理由拒绝受领;

(二)债权人下落不明;

(三)债权人死亡未确定继承人、遗产管理人,或者丧失民事行为能力未确定监护人;

(四)法律规定的其他情形。

标的物不适于提存或者提存费用过高的,债务人依法可以拍卖或者变卖标的物,提存所得的价款。

第九百一十五条　储存期限届满,存货人或者仓单持有人应当凭仓单、入库单等提取仓储物。存货人或者仓单持有人逾期提取的,应当加收仓储费;提前提取的,不减收仓储费。

第九百一十六条　储存期限届满,存货人或者仓单持有人不提取仓储物的,保管人可以催告其在合理期限内提取;逾期不提取的,保管人可以提存仓储物。

167. 仓储物在寄存期间被盗，保管人要承担赔偿责任吗？

【情景案例】

许某是甲服装公司采购经理。2021年7月10日，许某采购了一批布料；由于公司仓库已满，其将这批布料寄存在乙仓储公司。当天，甲服装公司与乙仓储公司签订了一份《存储协议》，约定：存储期限为1个月，存储费用为2000元。在许某取货的前两天，乙仓储公司遭盗窃，甲服装公司的部分货物被偷走，经核算损失金额为5万元。许某认为，乙仓储公司没有尽到保管义务，应当赔偿相应损失。但乙仓储公司认为，其也是受害者，不应对盗窃事件造成的损失承担赔偿责任。

请问：乙仓储公司需要向甲服装公司赔偿损失吗？

【案例分析】

本案涉及的是仓储货物在寄存期间被盗，责任由谁承担的问题。

我国《民法典》第九百一十七条规定，储存期内，因保管不善造成仓储物毁损、灭失的，保管人应当承担赔偿责任。因仓储物本身的自然性质、包装不符合约定或者超过有效储存期造成仓储物变质、损坏的，保管人不承担赔偿责任。

本案中，乙仓储公司在替甲公司保管期间，因保管不善，致使甲公司的布料被盗。对甲公司的损失，乙仓储公司应当承担赔偿责任。

【风险防范建议】

就存货人而言，如果寄存的是重要货物，为保证能向客户按时按质交货，在选择仓储公司时应做到以下两个方面：

(1)如仓储公司的确没有存储货物的条件，应重新选择管理水平较高、实力较强的仓储公司进行储存，避免发生损失。

(2)如仓储公司有存储货物的条件，应对寄存的货物按时检查，并提醒保管人提高安全保管义务，避免保管货物被盗、遗失，并在合同中明确约定，仓储物交给仓储公司后，在仓储期间发生的任何风险均由仓储公司承担。

【法条链接】

《民法典》第九百一十七条　储存期内，因保管不善造成仓储物毁损、灭失的，保管人应当承担赔偿责任。因仓储物本身的自然性质、包装不符合约定或者超过有效储存期造成仓储物变质、损坏的，保管人不承担赔偿责任。

168. 存货人可以转让仓单吗?

【情景案例】

甲公司是一家专注生产LED灯的企业。2021年5月,由于市场行情不好,甲公司生产的灯饰数量过多,导致仓库存放不下货物。为此,甲公司于6月1日将新生产的1000件灯饰寄存在乙仓储公司的仓库里,乙仓储公司在验收货物之后给甲公司出具了仓单。8月10日,由于甲公司资金链断裂,其欠供应商丙公司的100万元到期无法偿还。于是,甲公司打算将上述仓单转让给丙公司,以抵销彼此之间的债务。但甲公司提出这个要求后,遭到乙仓储公司拒绝。乙仓储公司认为,仓单是不可以转让的,只能由存货人提货。

请问:甲公司可以转让仓单给丙公司吗?

【案例分析】

本案涉及的是存货人是否可单方决定将仓单转让给第三人的问题。

我国《民法典》第九百一十条规定,仓单是提取仓储物的凭证。存货人或者仓单持有人在仓单上背书并经保管人签名或者盖章的,可以转让提取仓储物的权利。

本案中,甲公司是存货人、乙仓储公司是保管人、丙公司是第三人,如果甲公司在仓单上背书并经保管人签字或盖章后转让给丙公司,丙公司则可以获得提取仓储物的权利。然而,乙仓储公司作为本案的保管人,未在仓单上签字或盖章,并不同意将仓单转让,故甲公司不可以将仓单转让给丙公司。

【风险防范建议】

企业将货物交给仓储公司保管时,必须要求保管人出具签名或盖章的仓单,以证明企业已经交付了仓储物。仓单要载明如下内容:存货人的姓名或者名称和住所;仓储物的品种、数量、质量、包装及其件数和标记;仓储物的损耗标准;储存场所;储存期限;仓储费;仓储物已经办理保险的,其保险金额、期间以及保险人的名称;填发人、填发地和填发日期。仓单以给付一定的物品为标的,为物品证券,是提取仓储物的凭证。当存货人或仓单持有人转移仓单的货物时,应当在仓单上背书,并经保管人签名或盖章,将背书的仓单交给受让人,提取仓储物的权利方可转移给被背书人享有。因此,如存货人想转让仓单,可提前与保管人明确约定,该仓单可转让并让保管人签字或盖章。

【法条链接】

《民法典》第九百零八条 存货人交付仓储物的,保管人应当出具仓单、入库单等凭证。

第九百零九条　保管人应当在仓单上签名或者盖章。仓单包括下列事项：

（一）存货人的姓名或者名称和住所；

（二）仓储物的品种、数量、质量、包装及其件数和标记；

（三）仓储物的损耗标准；

（四）储存场所；

（五）储存期限；

（六）仓储费；

（七）仓储物已经办理保险的，其保险金额、期间以及保险人的名称；

（八）填发人、填发地和填发日期。

第九百一十条　仓单是提取仓储物的凭证。存货人或者仓单持有人在仓单上背书并经保管人签名或者盖章的，可以转让提取仓储物的权利。

第九百一十一条　保管人根据存货人或者仓单持有人的要求，应当同意其检查仓储物或者提取样品。

第二十一章

委托合同

169. 委托人可以随时解除委托合同吗?

【情景案例】

甲房地产公司与乙物业公司签订《委托合同》,约定:由乙物业公司全权负责甲房地产公司刚开发的某商业广场的经营管理,包括物业管理、代收租金等,期限为5年。在合同履行过程中,乙物业公司经常不按时交纳代收的租金,直至2021年6月30日,拖欠甲房地产公司租金500万元。2021年7月8日,甲房地产公司将乙物业公司起诉到法院,要求解除双方签订的《委托合同》,并要求乙物业公司退还代收租金500万元及利息。

请问:甲房地产公司的请求能得到法院支持吗?

【案例分析】

本案涉及的是委托合同的解除权问题。

我国《民法典》第九百三十三条规定,委托人或者受托人可以随时解除委托合同。因解除合同造成对方损失的,除不可归责于该当事人的事由外,无偿委托合同的解除方应当赔偿因解除时间不当造成的直接损失,有偿委托合同的解除方应当赔偿对方的直接损失和合同履行后可以获得的利益。由此可见,委托人与受托人对委托合同有任意解除权,即只要一方想终止合同,就可以随时解除合同,且无须任何理由。

本案中,甲房地产公司与乙物业公司签订的是《委托合同》,甲房地产公司对合同有任意解除权,甲公司可以随时解除合同。且根据该合同的约定,甲房地产公司解除合同是因为乙物业公司违反合同约定,属于不可归责于甲房地产公司的事由,甲方无须赔偿乙物业公司的损失。同时,乙物业公司拖欠甲方的租金应当返还。

关于利息,《民法典》第九百二十七条规定,受托人处理委托事务取得的财产,应当转交给委托人。所取得的财产包括金钱、实物、金钱与实物所生的孳息以及其他财产权利。由此可见,甲房地产公司可以要求Z物业公司利息。《民法典》第六百四十六条规定,法律对其他有偿合同有规定的,依照其规定;没有规定的,参照适用买卖合同的有关规定。根据《最高人民法院关于审理买卖合同纠纷案件适用法律问题的解释买卖合同》第十八条之规定,甲房地产公司可以乙物业公司违约为由主张赔偿逾期付款损失。

综上所述,甲房地产公司的请求能得到支持。

【风险防范建议】

(1)委托人和被委托人在建立委托关系之前,就应针对可能影响该委托事项的各种因素进行预测,根据所预测各种因素的影响程度来决定是否处理委托事务,并尽量避免解除委托合同。如在委托合同订立后,发生了事前不能预知的情况,必须解除委托合同的,应当尽量避免、减少因解除委托合同给对方所造成的损失。

(2)在订立委托合同的基础上,无论是委托人还是受托人,都享有任意解除权,但任意解除权不等于"任性解除",解除合同是需要付出代价的,除不可归责于解除人的事由外,解除人都需要赔偿对方的损失,故在作出解除合同的决定前,应当先做好利害分析。但是,在合同履行过程中,仍不能排除一方当事人不按合同约定内容履行的情形,因此,应当在合同当中设定违约责任条款。

【法条链接】

《民法典》第五百六十三条 有下列情形之一的,当事人可以解除合同:

(一)因不可抗力致使不能实现合同目的;

(二)在履行期限届满前,当事人一方明确表示或者以自己的行为表明不履行主要债务;

(三)当事人一方迟延履行主要债务,经催告后在合理期限内仍未履行;

(四)当事人一方迟延履行债务或者有其他违约行为致使不能实现合同目的;

(五)法律规定的其他情形。

以持续履行的债务为内容的不定期合同,当事人可以随时解除合同,但是应当在合理期限之前通知对方。

第五百六十五条 当事人一方依法主张解除合同的,应当通知对方。合同自通知到达对方时解除;通知载明债务人在一定期限内不履行债务则合同自动解除,债务人在该期限内未履行债务的,合同自通知载明的期限届满时解除。对方对解除合同有异议的,任何一方当事人均可以请求人民法院或者仲裁机构确认解除行为的效力。

当事人一方未通知对方,直接以提起诉讼或者申请仲裁的方式依法主张解除合同,人民法院或者仲裁机构确认该主张的,合同自起诉状副本或者仲裁申请书副本送达对方时解除。

第六百四十六条 法律对其他有偿合同有规定的,依照其规定;没有规定的,参照适用买卖合同的有关规定。

第九百二十七条 受托人处理委托事务取得的财产,应当转交给委托人。

第九百三十三条 委托人或者受托人可以随时解除委托合同。因解除合同造成对方损失的,除不可归责于该当事人的事由外,无偿委托合同的解除方应当赔偿因解除时间不当造成的直接损失,有偿委托合同的解除方应当赔偿对方的直接损失和合同履行后可以获得的利益。

《最高人民法院关于审理买卖合同纠纷案件适用法律问题的解释买卖合同》第十八条 买卖合同对付款期限作出的变更,不影响当事人关于逾期付款违约金的约定,但该违约金的起算点应当随之变更。

买卖合同约定逾期付款违约金,买受人以出卖人接受价款时未主张逾期付款违约金为由拒绝支付该违约金的,人民法院不予支持。

买卖合同约定逾期付款违约金,但对账单、还款协议等未涉及逾期付款责任,出卖人根据对账单、还款协议等主张欠款时请求买受人依约支付逾期付款违约金的,人民法院应予支持,但对账单、还款协议等明确载有本金及逾期付款利息数额或者已经变更买卖合同中关于本金、利息等约定内容的除外。

买卖合同没有约定逾期付款违约金或者该违约金的计算方法,出卖人以买受人违约为由主张赔偿逾期付款损失,违约行为发生在2019年8月19日之前的,人民法院可以中国人民银行同期同类人民币贷款基准利率为基础,参照逾期罚息利率标准计算;违约行为发生在2019年8月20日之后的,人民法院可以违约行为发生时中国人民银行授权全国银行间同业拆借中心公布的一年期贷款市场报价利率(LPR)标准为基础,加计30－50%计算逾期付款损失。

170. 因不可归责于受托人的事由,委托人提前解除合同的,需要全额支付报酬吗?

【情景案例】

2021年3月1日,因资金周转需要,某公司向章某借款200万元,借款期限为3个月。借款到期后,由于某公司以各种理由拒绝还款,章某委托苏某代为收账。7月5日,章某与苏某签订《委托合同》,约定:苏某代章某收回某公司的欠款200万元,酬金为20万元。由于苏某与某公司财务总监潘某有一定交情,在苏某的努力下当月共收回欠款100万元。此后,章某告诉苏某,其暂时不能收回某公司剩余欠款。8月8日,苏某要求章某支付20万元酬金,但章某只同意支付10万元酬金。章某认为,苏某仅能就已完成的委托事项要求酬金,不能主张其他费用。协商无果后,苏某诉至法院。

请问:章某的说法符合我国法律规定吗?

【案例分析】

本案涉及的是因不可归责于受托人的事由,委托人提前解除委托合同的,是否应当向受托人支付委托合同所约定的报酬的问题。

我国《民法典》第九百二十八条规定,受托人完成委托事务的,委托人应当按照约定向其支付报酬。因不可归责于受托人的事由,委托合同解除或者委托事务不能完成的,委托人应当向受托人支付相应的报酬。当事人另有约定的,按照其约定。由此可见,在有偿委托中,按照约定向受托人支付报酬是委托人的主要义务。而条文中的相应的报酬,具体来说就是根据受托人处理委托事务所付出的工作时间长短或者所处理事务的大小及完成情况,向受托人支付相应的报酬。第九百三十三条规定,委托人或者受托人可以随时解除委托合同。因解除合同造成对方损失的,除不可归责于该当事人的事由外,无偿委托合同的解除方应当赔偿因解除时间不当造成的直接损失,有偿委托合同的解除方应当赔偿对方的直接损失和合同履行后可以获得的利益。

本案中,委托人章某在受托人苏某收回部分欠款时就提出解除合同,属于不可归责于受托人苏某的事由,苏某有权要求章某支付酬金;由于二人之间并无其他约定,苏某只能要求章某支付 10 万元酬金。另外,根据《民法典》第九百三十三条的规定,苏某可以要求章某赔偿损失 10 万元。综上所述,章某的说法不符合我国法律规定。

【风险防范建议】

由于法律允许当事人另行约定受托人的报酬请求权,故就受托人而言,为保证能获得预期报酬,可以在委托合同中约定“委托人因不可归责于受托人的事由解除合同的,受托人可以要求委托人支付全额报酬”的条款。

【法条链接】

《民法典》第九百二十八条　受托人完成委托事务的,委托人应当按照约定向其支付报酬。

因不可归责于受托人的事由,委托合同解除或者委托事务不能完成的,委托人应当向受托人支付相应的报酬。当事人另有约定的,按照其约定。

第九百三十三条　委托人或者受托人可以随时解除委托合同。因解除合同造成对方损失的,除不可归责于该当事人的事由外,无偿委托合同的解除方应当赔偿因解除时间不当造成的直接损失,有偿委托合同的解除方应当赔偿对方的直接损失和合同履行后可以获得的利益。

171. 委托人解除合同，需要支付违约金吗？

【情景案例】

葛某是某家具公司董事长。为扩大生产经营需要，2021年8月10日，葛某与好友范某签订《委托合同》，约定：葛某委托范某在某市寻找可用于生产家具的厂房，面积为5000平方米左右，事成之后范某可获得10万元酬金；如有违约，违约方向未违约方支付酬金20%的违约金。经过多方打探，范某终于在8月20日找到一间符合葛某需要的厂房，葛某看过后也十分满意。8月23日，葛某电话通知范某暂不租赁厂房，并提出解除委托合同，原因是公司股东会不同意，并表示歉意。对此，范某十分生气，于是要求葛某按协议约定支付违约金，但遭到葛某的拒绝。双方经多次协商均未能达成一致，范某遂诉至法院。

请问：葛某需要向范某支付违约金吗？

【案例分析】

本案涉及的是，委托人解除委托合同，该合同中的违约条款是否对委托人还具有约束力的问题。

我国《民法典》第五百六十七条规定，合同的权利义务关系终止，不影响合同中结算和清理条款的效力。违约金是当事人预先确定的一种独立于合同债务履行之外的给付。违约金条款属于"合同中结算和清理条款"，因此，即便合同解除，违约金条款也继续有效。《最高人民法院关于印发全国法院民商事审判工作会议纪要的通知》第四十九条第一款规定，合同解除时，一方依据合同中有关违约金、约定损害赔偿的计算方法、定金责任等违约责任条款的约定，请求另一方承担违约责任的，人民法院依法予以支持。

本案中，葛某虽然享有任意解除合同的权利，但其以股东会不同意为由单方解除合同是违约行为，需要向范某支付违约金。此外，该委托合同系有偿委托合同，根据《民法典》第九百三十三条的规定，范某同时还可就合同履行后可以获得的利益进行主张。

【风险防范建议】

对于委托合同，法律虽然赋予双方任意解除权，但一方任意解除合同可能需要承担合同中的违约责任。因此，企业做委托人时，应首先针对可能影响合同履行的因素进行考量,再决定是否与对方订立委托合同。此外,如果企业通过预测认为己方可能产生违约,为尽量减少因违约所带来的损失,建议在委托合同中不约定违约内容或将违约金的数额定低一点。

【法条链接】

《民法典》第五百六十七条 合同的权利义务关系终止,不影响合同中结算和清理条款的效力。

第九百三十三条 委托人或者受托人可以随时解除委托合同。因解除合同造成对方损失的,除不可归责于该当事人的事由外,无偿委托合同的解除方应当赔偿因解除时间不当造成的直接损失,有偿委托合同的解除方应当赔偿对方的直接损失和合同履行后可以获得的利益。

《全国法院民商事审判工作会议纪要》49.【合同解除的法律后果】合同解除时,一方依据合同中有关违约金、约定损害赔偿的计算方法、定金责任等违约责任条款的约定,请求另一方承担违约责任的,人民法院依法予以支持。

双务合同解除时人民法院的释明问题,参照本纪要第36条的相关规定处理。

《最高人民法院关于当前形势下审理民商事合同纠纷案件若干问题的指导意见》8、为减轻当事人诉累,妥当解决违约金纠纷,违约方以合同不成立、合同未生效、合同无效或者不构成违约进行免责抗辩而未提出违约金调整请求的,人民法院可以就当事人是否需要主张违约金过高问题进行释明。人民法院要正确确定举证责任,违约方对于违约金约定过高的主张承担举证责任,非违约方主张违约金约定合理的,亦应提供相应的证据。合同解除后,当事人主张违约金条款继续有效的,人民法院可以根据合同法第九十八条的规定进行处理。

172. 无偿委托合同履行过程中,受托人造成委托人损失的,受托人需要承担责任吗?

【情景案例】

彭某是某旅游公司董事长,鲁某与彭某是初中同学,两人关系甚好。2021年3月3日,由于彭某有急事要去外地两天,没有时间为某旅游公司订购火车票。彭某不想公司其他股东知道他外出的事,于是委托好友鲁某代购,双方口头约定:彭某委托鲁某购买2021年3月7日由广州到桂林的高铁票共计100张。彭某表示事成后给鲁某2000元报酬,但鲁某明确表示不收取报酬。次日,由于父亲中风住院,鲁某为照顾父亲忘记了彭某委托的事,导致某旅游公司因此损失10万元。对此,彭某十分生气,遂要求鲁某赔偿所有损失,但遭到鲁某拒绝。鲁某认为,这是无偿的委托,其不收取任何报酬,因此无须承担任何责任。

请问:鲁某的说法符合我国法律规定吗?

【案例分析】

本案涉及的是无偿委托合同是否需要承担责任的问题。

我国《民法典》第九百二十九条第一款规定,有偿的委托合同,因受托人的过错造成委托人损失的,委托人可以请求赔偿损失。无偿的委托合同,因受托人的故意或者重大过失造成委托人损失的,委托人可以请求赔偿损失。即在无偿的委托合同中,由于受托人没有报酬,其承担的责任相比有偿委托合同较轻,受托人在一般过失下并不承担赔偿责任,只有在故意和重大过失的情况下才对损害承担赔偿责任。

本案中,鲁某由于其父亲中风住院而忘记代购机票,其行为应当被认定为存在一般过失,故其不承担赔偿责任。

【风险防范建议】

企业在委托他人办理重要事务时,就算与受托人订立的是无偿委托合同,也应当在合同中设立违约条款;无偿委托合同中,受托人没有因此获得利益,在合同的履行上可能会有一些问题。因此,为更好地保证委托事务的顺利完成,建议企业与他人签订有偿委托合同,这样才能更好地促使受托人履行合同义务。

【法条链接】

《民法典》第九百二十九条 有偿的委托合同,因受托人的过错造成委托人损失的,委托人可以请求赔偿损失。无偿的委托合同,因受托人的故意或者重大过失造成委托人损失的,委托人可以请求赔偿损失。

受托人超越权限造成委托人损失的,应当赔偿损失。

173. 因不可归责于受托人的事由,委托事务不能完成的,委托人需要支付报酬吗?

【情景案例】

2021年5月2日,甲公司与马某签订一份《委托合同》,约定:甲公司委托马某从广州到上海购买某型号机器1台,事成后酬金为3万元。之后,马某自费购买机票到上海处理购买机器事宜,但因该型号机器价格上涨,比合同签订时贵了50万元,尽管马某再三努力，机器价格仍超过了甲公司可以承受的限度，马某只好无功而返。返回广州后，马某向甲公司索要酬金，但被甲公司拒绝。甲公司认为，委托事务未能完成，其无义务支付酬金。马某觉得很无奈，因为事情办不成不是自己的问题，而是因为机器价格太高甲公司接受不了，如果甲公司不支付酬金，自己不仅损失了5000元差旅费，而且还浪费了几天的工作时间。

请问：甲公司需要向马某支付报酬吗？

【案例分析】

本案涉及的是因不可归责于受托人的事由，委托事项未完成的，委托人是否应当向受托人支付报酬的问题。

我国《民法典》第九百二十八条规定，受托人完成委托事务的，委托人应当按照约定向其支付报酬。因不可归责于受托人的事由，委托合同解除或者委托事务不能完成的，委托人应当向受托人支付相应的报酬。当事人另有约定的，按照其约定。第九百三十条规定，受托人处理委托事务时，因不可归责于自己的事由受到损失的，可以向委托人请求赔偿损失。

本案中，马某按照委托合同约定内容前往上海购买机器，但机器价格太高超出甲公司承受范围，导致甲公司的委托购买事项未完成，马某并未对委托事项的完成造成影响，根据《民法典》第九百二十八条之规定，马某可以要求甲公司支付与其付出时间相应的报酬。此外，因履行该委托合同给自己造成的损失，马某也可根据《民法典》第九百三十条之规定向甲公司主张赔偿。

【风险防范建议】

在委托人与受托人签订委托合同时，就应当对可能影响该委托合同履行的内容进行充分考虑，在出现因不可归责于受托人的事由而导致委托合同解除或者委托事项不能完成时，针对报酬的支付问题，应当在委托合同中予以明确约定。

【法条链接】

《民法典》第九百二十八条 受托人完成委托事务的，委托人应当按照约定向其支付报酬。

因不可归责于受托人的事由，委托合同解除或者委托事务不能完成的，委托人应当向受托人支付相应的报酬。当事人另有约定的，按照其约定。

第九百三十条 受托人处理委托事务时，因不可归责于自己的事由受到损失的，可以向委托人请求赔偿损失。

174. 因受托人的过错造成委托人损失的，受托人需要承担责任吗？

【情景案例】

2021 年 3 月 10 日，甲贸易公司与苗某签订《委托协议》，约定：甲贸易公司委托苗某与乙服装厂订立加工合同，并由苗某负责监工，保证乙服装厂生产的服装符合质量标准；事成后，甲贸易公司支付苗某 6 万元酬金。在签订合同的时候，苗某因粗心大意将布料颜色由黄色写成黑色。合同签订后，苗某因母亲生病入院回家一周，并让乙服装厂直接按样本进行生产。1 周后，苗某返回乙服装厂后方知布料颜色出错，给甲贸易公司造成了 50 万元的经济损失。之后，甲贸易公司起诉苗某要求赔偿。

请问：苗某需要给甲贸易公司赔偿损失吗？

【案例分析】

本案涉及的是因受托人的过错造成委托人损失的，受托人是否应当承担赔偿责任的问题。

我国《民法典》第九百二十九条规定，有偿的委托合同，因受托人的过错造成委托人损失的，委托人可以请求赔偿损失。无偿的委托合同，因受托人的故意或者重大过失造成委托人损失的，委托人可以请求赔偿损失。受托人超越权限造成委托人损失的，应当赔偿损失。

本案中，苗某与甲贸易公司订立了《委托协议》，且苗某作为监工，对加工合同的履行具有推进、监督义务，因其失误导致达不到甲贸易公司签订合同的目的，且给甲贸易公司造成了 50 万元经济损失，根据《民法典》第九百二十九条之规定，在有偿合同中，因受托人过错给委托人造成损失的，应当承担赔偿责任。综上所述，苗某应当向甲贸易公司承担赔偿责任。

【风险防范建议】

委托合同虽然赋予了双方任意解除权，但是仍不排除有一方当事人违约的情形，在考虑此情形出现可能性的情况下，应在合同中约定违约责任的承担方式。

【法条链接】

《民法典》第九百二十九条　有偿的委托合同，因受托人的过错造成委托人损失的，委托人可以请求赔偿损失。无偿的委托合同，因受托人的故意或者重大过失造成委托人损失的，委托人可以请求赔偿损失。

受托人超越权限造成委托人损失的，应当赔偿损失。

175. 受托人处理委托事务垫付费用的,可以要求委托人支付利息吗?

【情景案例】

2021 年 1 月 6 日,甲公司与方某签订《委托合同》,约定:甲公司委托方某到山西洽谈收购一家煤矿公司的事宜,由其进行前期的考察、谈判等工作,委托期限为 2 个月,报酬为 10 万元,差旅费实报实销。之后,方某在山西花费 2 个月时间进行各种考察、谈判,经核算,机票、车费、住宿、应酬吃饭等差旅费高达 3 万元。在方某的努力下,甲公司于3 月 10 日与丙公司签订了《并购意向书》。4 月 1 日,甲公司给方某支付报酬费用 10 万元,并称根据公司规定,差旅费要等到 6 月底才能报。7 月 1 日,方某向甲公司索要差旅费及利息,但遭到甲公司的拒绝。甲公司认为,支付差旅费可以,但双方没有约定要支付利息,所以不支付。

请问:甲公司的说法符合我国法律规定吗?

【案例分析】

本案涉及的是,在委托合同履行过程中,受托人垫付的费用是否可以要求支付利息的问题。

我国《民法典》第九百二十一条规定,委托人应当预付处理委托事务的费用。受托人为处理委托事务垫付的必要费用,委托人应当偿还该费用并支付利息。

本案中,根据方某与甲公司订立的《委托合同》,方某作为受托人,为完成合同约定内容而垫付了必要费用,根据《民法典》第九百二十一条之规定,其可以向甲公司主张所垫付费用的利息。利息自受托人垫付费用之日起计算,关于利率,如果双方当事人在订立合同时就对利率有约定,事后就应按其约定;如果对利率没有约定或者约定得不明确,就应当依照法定利率计算。

【风险防范建议】

受托人在垫付费用时,应向委托人询问,明确垫付费用情况,同时在订立委托合同时应约定利息起算日及利率。

【法条链接】

《民法典》第九百二十一条　委托人应当预付处理委托事务的费用。受托人为处理委托事务垫付的必要费用,委托人应当偿还该费用并支付利息。

第二十二章

物业服务合同

176. 物业公司与开发商签订的前期物业服务合同对业主有约束力吗？

【情景案例】

2021 年 1 月 1 日，吴某向 A 置业公司购买一套 120 平方米的商品房，合同约定房屋于 2022 年 1 月 31 日前交付使用。2022 年 1 月 8 日，A 置业公司与 B 物业公司签订《前期物业服务合同》，约定：B 物业公司对 A 置业公司开发的某小区实行物业管理，服务期限至小区业委会成立并依法选聘物业公司之日，物业服务费收取标准为每平方米 3 元。由于附近同档次小区的物业服务费为每平方米 2 元，B 物业公司收取物业管理费用明显过高，吴某等业主对此表示强烈反对。2022 年 6 月 30 日，B 物业公司向吴某催交 2022 年 1 月至 3 月的物业管理费 1800 元，但遭到吴某拒绝。吴某认为，《前期物业服务合同》是 A 置业公司与 B 物业公司签订的，不能约束业主。

请问：吴某的说法符合我国法律规定吗？

【案例分析】

本案涉及的是前期物业服务合同能否对业主产生约束力的问题。

我国《民法典》第九百三十九条规定，建设单位依法与物业服务人订立的前期物业服务合同，以及业主委员会与业主大会依法选聘的物业服务人订立的物业服务合同，对业主具有法律约束力。

本案中，根据上述法条的规定，A 置业公司与 B 物业公司签订的《前期物业服务合同》系双方真实意思表示，不违反法律法规强制性规定，合同合法有效，并且合同效力及于全体业主。因此，吴某作为业主的一方，其权利义务受《前期物业服务合同》的约束，应按照合同约定向 B 物业公司缴纳 2022 年 1 月至 3 月的物业管理费 1800 元。

当然，对于物业服务费收取标准明显过高的问题，吴某等业主可以根据具体情况进行综合分析，并依法通过以下方式维护自身合法权益：

(1)如果物业服务收费违反了《价格法》或者其他法律规定,可以向房地产主管部门和物价主管部门投诉。

(2)依法成立业主委员会,然后通过业主委员会依法维护业主的合法权益,包括在必要时依法重新选聘物业服务公司。

【风险防范建议】

现实生活中,不少业主没有与物业公司签订物业服务合同,而开发商和物业公司签订了前期物业服务合同,业主对该前期物业服务合同的效力并不认可而不愿支付相应的物业费,从而引发民事纠纷。针对此种情况,笔者建议物业公司先催告业主在合理期限内交纳物业费,若经过书面催交,该业主仍逾期不交纳,物业公司有权依据前期物业服务合同的约定追究该业主的违约责任。但切记不得采取停止供电、供水、供热、供燃气等方式处理,否则将构成侵权。

【法条链接】

《民法典》第九百三十九条 建设单位依法与物业服务人订立的前期物业服务合同,以及业主委员会与业主大会依法选聘的物业服务人订立的物业服务合同,对业主具有法律约束力。

177. 物业公司与开发商未通过招投标签订的前期物业管理合同有效吗?

【情景案例】

"金×湾"是甲房地产公司开发的大型楼盘。2021 年 1 月 5 日,甲房地产公司与乙物业公司签订《前期物业管理合同》,约定:由乙物业公司在"金×湾"小区业主委员会未成立之前为该小区提供物业管理服务;委托管理期限为 2021 年 1 月 5 日至该小区业主委员会成立并依法选聘物业公司之日。1 月 10 日,郑某购买了"金×湾"第 7 幢 502 室,其建筑面积为 100 平方米,总价款为 200 万元。3 月 30 日,郑某与甲房地产公司办理了收楼手续。之后,郑某没有向乙物业公司交纳物业管理费。多次追缴未果后,乙物业公司向法院提起诉讼,要求郑某交纳自 2021 年 4 月至 8 月的物业服务费及滞纳金。郑某辩称,甲房地产公司与乙物业管理公司没有经过招投标程序签订的《前期物业管理合同》是无效合同,因此拒绝支付物业管理费。

请问:郑某的说法符合我国法律规定吗?

【案例分析】

本案涉及的是前期物业服务合同的签订未通过招投标程序,合同是否有效的问题。

我国《民法典》第九百三十九条规定,建设单位依法与物业服务人订立的前期物业服务合同,以及业主委员会与业主大会依法选聘的物业服务人订立的物业服务合同,对业主具有法律约束力。国务院制定的《物业管理条例》第二十四条规定,国家提倡建设单位按照房地产开发与物业管理相分离的原则,通过招投标的方式选聘物业服务企业。住宅物业的建设单位,应当通过招投标的方式选聘物业服务企业;投标人少于 3 个或者住宅规模较小的,经物业所在地的区、县人民政府房地产行政主管部门批准,可以采用协议方式选聘物业服务企业。

本案中,甲房地产公司和乙物业公司签订的《前期物业管理合同》系双方真实意思表示,不违反法律法规强制性规定,合法有效,并且,根据《民法典》第九百三十九条的规定,该合同效力及于全体业主。关于未经过招投标程序签订的前期物业服务合同是否有效的问题,在学界和司法实践中仍存在争议。观点一认为,国务院制定的《物业管理条例》第二十四条第二款的规定属于管理性强制性规定,而不属于效力性强制性规定,那么甲房地产公司没有进行招投标程序的行为违反了国务院的《物业管理条例》,但不影响其与乙物业公司签订的《前期物业管理合同》的效力,合同依然合法有效。基于此,郑某作为业主一方,其权利义务受《前期物业管理合同》约束,应按照合同约定支付物业管理费。观点二认为,国务院制定的《物业管理条例》第二十四条第二款的规定属于效力性强制性规定,甲房地产公司没有进行招投标程序的行为已违反了《物业管理条例》的效力性强制性规定,则其与乙物业公司签订的《前期物业管理合同》无效。但是,乙物业公司自合同签订之日起对"金×湾"小区提供物业服务,郑某作为业主一方亦接受了物业服务,应当支付物业服务费。

【风险防范建议】

既然关于国务院制定的《物业管理条例》第二十四条第二款属于效力性强制性规定还是管理性强制性规定,在学界和司法实践中仍存在争议,笔者建议物业服务企业通过招投标程序签订住宅项目的前期物业服务合同,以免承受因各地法院对该条例第二十四条第二款的理解差异导致前期物业服务合同无效的法律风险。

【法条链接】

《民法典》第九百三十九条 建设单位依法与物业服务人订立的前期物业服务合同,以及业主委员会与业主大会依法选聘的物业服务人订立的物业服务合同,对业主具有法律约束力。

《物业管理条例》第二十四条 国家提倡建设单位按照房地产开发与物业管理相分离的原则,通过招投标的方式选聘物业服务企业。

住宅物业的建设单位,应当通过招投标的方式选聘物业服务企业;投标人少于3个或者住宅规模较小的,经物业所在地的区、县人民政府房地产行政主管部门批准,可以采用协议方式选聘物业服务企业。

178.前期物业服务合同约定的服务期未满,业主委员会有权解聘物业服务企业吗?

【情景案例】

甲置业公司与乙物业公司签订《前期物业管理服务协议》,由乙物业公司对某小区实施物业管理服务,合同期限为5年。2021年5月10日,该小区召开业主大会,选举成立某小区业主委员会,且小区所在的镇人民政府批复认可全体业主选举产生业主委员会的程序符合相关规定,选举结果有效,小区业主委员会遂向房地产管理局登记备案。由于小区业主对乙物业公司服务极不满意,于是以小区业主委员会的名义,于6月1日给乙物业公司发出通知,不再要求乙物业公司提供物业服务,并附有800户业主的签字。6月12日,小区业主委员会与丙物业公司签订了《物业服务合同》。6月20日,业主委员会向乙物业公司发出通知,要求解除《前期物业管理服务协议》,并让其10日内撤离小区,并移交物业用房及相关资料给丙物业公司。但乙物业公司以《前期物业管理服务协议》未到期为由拒绝搬走。

请问:某小区业主委员会可以解聘乙物业公司吗?

【案例分析】

本案涉及的是在前期物业服务合同服务期未满时业主委员会能否解聘物业服务企业的问题。

根据《民法典》第二百七十八条的规定,选聘和解聘物业服务企业或者其他管理人由业主共同决定。业主共同决定事项,应当由专有部分面积占比2/3以上的业主且人数占比2/3以上的业主参与表决……决定前款其他事项,应当经参与表决专有部分面积过半数的业主且参与表决人数过半数的业主同意。第九百四十条规定,建设单位依法与物业服务人订立的前期物业服务合同约定的服务期限届满前,业主委员会或者业主与新物业服务人订立的物业服务合同生效的,前期物业服务合同终止。第九百四十六条规定,业主依照法定程序共同决定解聘物业服务人的,可以解除物业服务合同。决定解聘的,应当提前60日书面通知物业服务人,但是合同对通知期限另有约定的除外。依据前款规定解除合同造成物业服务人损失的,除不可归责于业主的事由外,业主应当赔偿损失。

本案中,甲置业公司和乙物业公司签订的《前期物业管理服务协议》系双方真实意思表示,不违反法律法规强制性规定,合法有效,并且效力及于全体业主。6 月 1 日,因不满乙物业公司的服务,该小区的业主以小区业主委员会的名义向乙物业公司发出停止提供物业服务的通知,并附上 800 户业主的签字。根据《民法典》第二百七十八条的规定,该解聘通知已符合法定程序。6 月 12 日,该小区业主委员会与丙物业公司签订了《物业服务合同》,根据《民法典》第九百四十条的规定,《前期物业管理服务协议》的服务期限虽未满,但《物业服务合同》生效时,《前期物业管理服务协议》终止。小区业主委员会有权根据《民法典》第九百四十六条第一款的规定决定解聘乙物业公司,并解除与其签订的《前期物业管理服务协议》,但应当提前 60 日书面通知乙物业公司,除非《前期物业管理服务协议》对通知期限另有约定外。根据《民法典》第九百四十六条第二款的规定,若该小区业主解除《前期物业管理服务协议》导致乙物业公司受损,除不可归责于业主的事由外,业主应当赔偿损失。

【风险防范建议】

关于如何预防业主委员会或业主提前解除前期物业服务合同,笔者对物业公司有以下建议:

(1)建议物业公司结合实际情况对物业合同中的通知期限作出具体约定,以减少经济损失和时间成本。

(2)建议物业公司提前收集为业主们提供服务的相关证据,以在日后业主委员会提前解除物业合同时证明己方可能遭受的损失。

【法条链接】

《民法典》第二百七十八条　下列事项由业主共同决定:

……

(四)选聘和解聘物业服务企业或者其他管理人;

……

业主共同决定事项,应当由专有部分面积占比三分之二以上的业主且人数占比三分之二以上的业主参与表决。决定前款第六项至第八项规定的事项,应当经参与表决专有部分面积四分之三以上的业主且参与表决人数四分之三以上的业主同意。决定前款其他事项,应当经参与表决专有部分面积过半数的业主且参与表决人数过半数的业主同意。

第九百四十条　建设单位依法与物业服务人订立的前期物业服务合同约定的服务期限届满前,业主委员会或者业主与新物业服务人订立的物业服务合同生效的,前期物业服务合同终止。

第九百四十六条 业主依照法定程序共同决定解聘物业服务人的，可以解除物业服务合同。决定解聘的，应当提前六十日书面通知物业服务人，但是合同对通知期限另有约定的除外。

依据前款规定解除合同造成物业服务人损失的，除不可归责于业主的事由外，业主应当赔偿损失。

第九百四十九条 物业服务合同终止的，原物业服务人应当在约定期限或者合理期限内退出物业服务区域，将物业服务用房、相关设施、物业服务所必需的相关资料等交还给业主委员会、决定自行管理的业主或者其指定的人，配合新物业服务人做好交接工作，并如实告知物业的使用和管理状况。

原物业服务人违反前款规定的，不得请求业主支付物业服务合同终止后的物业费；造成业主损失的，应当赔偿损失。

《物业管理条例》第二十六条 前期物业服务合同可以约定期限；但是，期限未满、业主委员会与物业服务企业签订的物业服务合同生效的，前期物业服务合同终止。

179. 没有签订书面物业服务合同的，业主可以拒交物业管理费吗？

【情景案例】

王某与冯某系大学同学，两人关系甚好。王某是甲物业公司董事长，冯某是某小区业主委员会主任。由于某小区业主对原物业公司服务不满意，2021 年 3 月 1 日，冯某以业主委员会主任的名义委托甲物业公司提供物业服务。由于王某与冯某关系好，某小区业主委员会与王某只是对物业服务内容与收费标准进行了口头协商，没有签订任何书面协议；当时业主委员会的所有人员都在场。4 月 10 日，甲物业公司的工作人员向业主们收取物业费时遭到拒绝，业主们称双方并未签订任何书面的物业服务合同。经冯某与甲物业公司多次催促，业主们还是不交物业费。

请问：某小区业主以没有签订物业服务合同为由拒交物业费，合法吗？

【案例分析】

本案涉及的是业主能否以未签订书面物业服务合同为由拒绝支付物业服务费的问题。

我国《民法典》第九百三十八条第三款规定，物业服务合同应当采用书面形式。第四百九十条第二款规定，法律、行政法规规定或者当事人约定合同应当采用书面形式订立，当事人未采用书面形式但是一方已经履行主要义务，对方接受时，该合同成立。第九百四十四条第一款规定，业主应当按照约定向物业服务人支付物业费。物业服务人已经按照约定和有关规定提供服务的，业主不得以未接受或者无须接受相关物业服务为由拒绝支付物业费。第九百四十四条第二款规定，业主违反约定逾期不支付物业费的，物业服务人可以催告其在合理期限内支付；合理期限届满仍不支付的，物业服务人可以提起诉讼或者申请仲裁。

本案中，某小区业主委员会和甲物业公司之间的物业服务合同没有采取书面形式签订，违反了《民法典》第九百三十八条第三款的规定，但根据《民法典》第四百九十条第二款的规定，甲物业公司虽未与该小区签订书面物业服务合同，但其已经履行了物业服务合同的主要义务，即为该小区提供物业服务，并且该小区的业主们亦接受了其提供的服务，该物业服务合同成立。因此，根据《民法典》第九百四十四条第一款的规定，该小区的业主应按照合同约定向甲物业公司支付物业费，业主们以没有签订物业服务合同为由拒绝支付物业费的行为，不符合法律规定。

【风险防范建议】

司法实务中，当事人之间未采用书面形式签订物业服务合同，但一方当事人履行了合同的主要义务，且对方表示接受的，则该物业服务合同成立。为了避免引起不必要的纠纷，笔者建议物业公司应采用书面形式签订物业服务合同，并将双方的权利义务、服务期限、服务内容、报酬及其支付方式等重要内容加以明确。

【法条链接】

《民法典》第四百九十条第二款　法律、行政法规规定或者当事人约定合同应当采用书面形式订立，当事人未采用书面形式但是一方已经履行主要义务，对方接受时，该合同成立。

第九百三十八条第三款　物业服务合同应当采用书面形式。

第九百四十四条　业主应当按照约定向物业服务人支付物业费。物业服务人已经按照约定和有关规定提供服务的，业主不得以未接受或者无需接受相关物业服务为由拒绝支付物业费。

业主违反约定逾期不支付物业费的，物业服务人可以催告其在合理期限内支付；合理期限届满仍不支付的，物业服务人可以提起诉讼或者申请仲裁。

物业服务人不得采取停止供电、供水、供热、供燃气等方式催交物业费。

180. 业主以房屋没人住为由拒交物业管理费，可以吗？

【情景案例】

2021 年 1 月 1 日，陈某在广州市白云区购买了一套 100 平方米的房屋，并于 2021 年 1 月 30 日收楼。收楼后不久，陈某因妻子怀孕带妻回自己父母家居住，直至 2022

年5月才搬回该套房屋居住。该小区物业公司的工作人员上门催陈某补交2021年2月至2022年4月的物业管理费及滞纳金。陈某认为,房子空置了1年多,在此期间,其并未享受某物业公司的服务,因此物业公司无权索要物业费。协商无果后,物业公司诉至法院,要求判令陈某缴纳拖欠的物业管理费用及滞纳金。

请问:某物业公司的请求能得到法院支持吗?

【案例分析】

本案涉及的是业主能否以未接受物业服务为由拒绝支付物业服务费的问题。

我国《民法典》第九百四十四条第一款规定,业主应当按照约定向物业服务人支付物业费。物业服务人已经按照约定和有关规定提供服务的,业主不得以未接受或者无须接受相关物业服务为由拒绝支付物业费。

本案中,陈某所在的小区与物业公司签订的物业服务合同对业主陈某具有约束力,陈某应当按照合同约定向某物业公司支付物业费。物业公司已经按照合同约定向业主陈某提供物业服务,业主陈某不得以未接受某物业公司的相关物业服务为由拒绝支付物业费。业主陈某拒交物业费的行为构成违约,此时物业公司要求判令业主陈某交纳拖欠的物业管理费用及滞纳金的请求具有法律依据,能得到法院支持。

【风险防范建议】

现实生活中,有些业主购买了楼房后长期不居住,事后却以未接受或未享受物业服务为由拒绝支付相应的物业费。针对此种现象,笔者建议物业公司可以以下三种方式维权:

(1)协商。物业公司应先找业主协商,并告知其无正当理由拒交物业费将承担不利的法律后果。

(2)投诉。物业公司可以向业主委员会进行投诉,要求业主委员会监督业主限期交纳。

(3)起诉。物业公司应先对业主进行书面催交,若业主在合理期限内无正当理由仍不交纳,可以起诉至法院,请求法院判令业主交纳物业费。

【法条链接】

《民法典》第九百四十四条第一款 业主应当按照约定向物业服务人支付物业费。物业服务人已经按照约定和有关规定提供服务的,业主不得以未接受或者无需接受相关物业服务为由拒绝支付物业费。

第二十三章

行纪合同

181. 行纪人处理委托事务支出的费用，由谁承担？

【情景案例】

甲公司是一家机械贸易公司。2021年3月2日，甲公司与乙公司签订《行纪合同》，约定由乙公司为甲公司在德国代购一台某型号的印刷设备。双方在合同中就印刷设备的品牌、价格、交货时间以及报酬进行了约定。3月20日，乙公司向甲公司交货时，索要关税费用，但遭到甲公司拒绝。甲公司认为，双方在合同中就报酬已进行约定，该报酬包含了乙公司为完成任务而支出的各项费用，因此乙公司现在索要关税费用是不合法的。

请问：甲公司的说法符合我国法律规定吗？

【案例分析】

本案涉及的是行纪人处理委托事务支出的费用由谁负担的问题。

我国《民法典》第九百五十二条规定，行纪人处理委托事务支出的费用，由行纪人负担，但是当事人另有约定的除外。

本案中，甲公司和乙公司签订的《行纪合同》系双方真实意思表示，不违反法律法规效力性强制性规定，合法有效。双方就印刷设备的品牌、价格、交货时间以及报酬进行了明确约定，并且明确报酬内容包含了乙公司为完成任务而支出的各项费用。因此，对于乙公司因处理委托事务而支出的关税费用，应由乙公司自行负担。现乙公司索要关税费用的行为没有法律依据。

【风险防范建议】

司法实践中，行纪合同和委托合同不同，根据《民法典》的相关规定，行纪人处理委托事务支出的费用，一般应由行纪人承担，而不由委托人承担。这一规定主要涉及行纪业的商业风险，即将行纪费用作为行纪风险，当行纪人没有处理好委托事务时，其付出的代价将是自担风险（自担委托事务支出的费用），但当事人另有约定的除外。因此，笔者建议作为行纪人的企业在与委托人签订行纪合同时，应明确约定处理委托事务所支出的一切成本及其费用由委托人承担，进而规避行纪商业风险。

【法条链接】

《民法典》第九百五十二条 行纪人处理委托事务支出的费用，由行纪人负担，但是当事人另有约定的除外。

182. 行纪人自己购买委托物的，还能要求支付报酬吗？

【情景案例】

2021年5月10日，A服装公司与B贸易公司签订《行纪合同》，约定：A服装公司委托B贸易公司销售一批库存产品，货值50万元；酬金为出售库存产品款项的20%。5月13日，B贸易公司通知A服装公司库存产品已售完，希望A服装公司按约定向其支付报酬。后A服装公司了解，原来是B贸易公司看好这批库存产品，于是自己买入了这批产品。A服装公司认为，B贸易公司不是将库存产品卖给他人，而是自己购买，因此无权索要报酬。

请问：A服装公司的说法符合我国法律规定吗？

【案例分析】

本案涉及的是行纪人购买委托物后能否请求委托人支付报酬的问题。

我国《民法典》第九百五十六条规定，行纪人卖出或者买入具有市场定价的商品，除委托人有相反的意思表示外，行纪人自己可以作为买受人或者出卖人。行纪人有前款规定情形的，仍然可以请求委托人支付报酬。

本案中，A服装公司和B贸易公司签订的《行纪合同》系双方真实意思表示，不违反法律法规效力性强制性规定，合法有效。合同约定，A服装公司委托B贸易公司销售一批库存产品，货值50万元；酬金为出售库存产品款项的20%。后B贸易公司自行买下这批库存，并要求A服装公司按约定支付报酬。根据《民法典》第九百五十六条的规定，在委托人A服装公司没有相反意思表示下，行纪人B贸易公司有权买下这批库存产品，并仍然可以请求A服装公司支付报酬。因此，A服装公司的说法不符合我国法律规定。

【风险防范建议】

实务中,在委托人没有反对意见的情况下,行纪人可以自行买入具有市场定价的商品,并可以要求委托人支付报酬。但企业作为行纪人行使购买权时,应同时满足以下条件:(1)行纪合同合法有效。(2)行纪人未对委托事务作出处理。(3)委托人对行纪人的买入没有反对意见。

当行纪人买入该商品时,其与委托人之间将产生买卖合同关系,二者因该商品引起的纠纷依然可以适用《民法典》关于买卖合同的规定。

【法条链接】

《民法典》第九百五十六条 行纪人卖出或者买入具有市场定价的商品,除委托人有相反的意思表示外,行纪人自己可以作为买受人或者出卖人。

行纪人有前款规定情形的,仍然可以请求委托人支付报酬。

183. 行纪人以高于委托人指定的价格卖出产品的,如何处理?

【情景案例】

2021年6月1日,某公司与任某签订《行纪合同》,约定:甲公司委托任某销售一辆公司所有的宝马汽车,售价为20万元,酬金为1万元。由于该汽车保养得非常好,任某认为该车可售25万元以上。在任某的努力下,该车最终以26万元的高价售出。在结算酬金时,双方对1万元酬金没有异议,但关于比预期售价多出的6万元的归属产生争议。任某认为,某公司给其的销售底价是20万元,其能高价出售是其本事,多出费用应当归其所有。

请问:任某的说法符合我国法律规定吗?

【案例分析】

本案涉及的是行纪人以高于委托人指定的价格卖出产品后的处理问题。

我国《民法典》第九百五十五条第二款规定,行纪人高于委托人指定的价格卖出或者低于委托人指定的价格买入的,可以按照约定增加报酬;没有约定或者约定不明确,依据本法第五百一十条的规定仍不能确定的,该利益属于委托人。《民法典》第五百一十条规定,合同生效后,当事人就质量、价款或者报酬、履行地点等内容没有约定或者约定不明确的,可以协议补充;不能达成补充协议的,按照合同相关条款或者交易习惯确定。

本案中,甲公司和任某签订的《行纪合同》系双方真实意思表示,不违反法律法规效力性强制性规定，合法有效。合同约定，甲公司委托任某销售一辆公司所有的宝马汽车，售价为 20 万元，酬金为 1 万元。在任某的努力下，该车最终以 26 万元的高价卖出，由于双方均未对汽车高价售出后多得的金额归属作出约定，故在《行纪合同》生效后，任某和甲公司可以就汽车高价售出后多出的金额归属内容进行协商补充；协商不成的，该多出的 6 万元金额属于甲公司。因此，任某的说法不符合我国法律规定。

【风险防范建议】

在行纪业务的实践过程中，有不少行纪企业以高于委托人指定的价格卖出商品，却不得分配其中的差额利润；以低于委托人指定的价格买入商品，却面临自垫差价的风险。针对此种现象，笔者建议行纪企业在签订行纪合同时，事先将此种现象在合同中明确约定，如明确商品高价卖出的差额利润的分配方式、商品低价购入时的差价承担方式等。

【法条链接】

《民法典》第五百一十条　合同生效后，当事人就质量、价款或者报酬、履行地点等内容没有约定或者约定不明确的，可以协议补充；不能达成补充协议的，按照合同相关条款或者交易习惯确定。

第九百五十五条第二款　行纪人高于委托人指定的价格卖出或者低于委托人指定的价格买入的，可以按照约定增加报酬；没有约定或者约定不明确，依据本法第五百一十条的规定仍不能确定的，该利益属于委托人。

第二十四章
中介合同

184. 中介人没有促成交易，可以要求支付报酬吗？

【情景案例】

因生产经营需要，某塑料厂想购买一台二手的某型号机械设备。2021 年 6 月 15 日，某塑料厂与柳某签订《中介合同》，约定：由柳某负责寻找市场上出售的该二手生产设备，柳某如果能促成交易，可获得 8000 元酬金。在柳某的努力下，其很快找到一个该二手机械设备的卖家，且价格合理，在某塑料厂的接受范围之内。6 月 27 日，某塑料厂总经理唐某与卖家见了面，双方就该机械设备的买卖达成了合作意向，并让卖家于 7 月 1 日到工厂签约。6 月 30 日，由于卖家所在地发生洪灾，待售的机械设备被水浸坏了。之后，柳某要求某塑料厂支付酬金，但遭到拒绝。某塑料厂认为，虽然柳某做了很多中介工作，但交易最终没完成，因此其不需要支付酬金。

请问：某塑料厂的说法符合我国法律规定吗？

【案例分析】

本案涉及的是中介人没有促成交易能否请求支付报酬的问题。

我国《民法典》第九百六十四条规定，中介人未促成合同成立的，不得请求支付报酬；但是，可以按照约定请求委托人支付从事中介活动支出的必要费用。

本案中，某塑料厂和柳某签订的《中介合同》系双方真实意思表示，不违反法律法规效力性强制性规定，合法有效。合同约定，由柳某负责寻找二手生产设备的卖家，若促成交易便获得 8000 元酬金。之后双方也没有就中介人从事中介活动支出的必要费用作出特别约定。后来，在柳某的努力下，很快便找到该二手机械设备的卖家，但因卖家所在地发生洪灾事故，导致某塑料厂无法与其达成交易。由于柳某最终未促成合同成立，故其不得请求某塑料厂支付报酬；并且，双方也没有就中介人从事中介活动支出的必要费用作出特别约定，因此柳某亦无权请求某塑料厂支付从事中介活动支出的必要费用。因此,某塑料厂的说法符合我国法律规定。

【风险防范建议】

在现实生活中,有不少中介人为了促成交易,付出了许多成本和时间,结果却不尽如人意,而且还不得向委托人请求支付报酬。对此,笔者建议中介人在签订中介合同时对将其从事中介活动所支出的必要费用进行明确约定。日后尽管未促成合同成立,不得请求委托人支付报酬,但也可以依据合同约定请求委托人支付从事中介活动支出的必要费用,从而降低工作成本、减少经济损失。

【法条链接】

《民法典》第九百六十四条 中介人未促成合同成立的,不得请求支付报酬;但是,可以按照约定请求委托人支付从事中介活动支出的必要费用。

185. 第三人骗取委托人财物的,中介人要承担责任吗?

【情景案例】

2021年3月1日,甲公司与乙运输服务中心签订《中介合同》,约定:乙运输服务中心如果能促成一位有A牌自带货车的司机与甲公司合作,可获得6000元酬金。次日,乙运输服务中心给甲公司推荐了司机贺某,甲公司与贺某见面后,对贺某表示十分认可,双方签订了《货物运输长期合作协议》。在签约过程中,乙运输服务中心一直未向甲公司告知司机贺某的真实信息和资信状况。协议签订后,甲公司按约定向乙运输服务中心支付了酬金,贺某也向乙运输服务中心支付了1000元中介服务费。3月10日,甲公司安排贺某将一批价值30万元的货物从长沙运输到广州的丙公司。至3月15日,丙公司仍未收到货物。为此,甲公司打电话给贺某,贺某的电话已关机。后经调查得知,贺某的身份证、车牌都是假的,货车是其租赁的。3月20日,甲公司诉至法院,以乙运输服务中心没有严格把关贺某证件,致使其货物被贺某骗取为由,要求乙运输服务中心赔偿货物损失30万元。

请问:甲公司的请求能得到法院支持吗?

【案例分析】

本案涉及的是第三人骗取委托人的财物后委托人能否要求中介人赔偿的问题。

我国《民法典》第九百六十二条规定,中介人应当就有关订立合同的事项向委托人如实报告。中介人故意隐瞒与订立合同有关的重要事实或者提供虚假情况,损害委托人利益的,不得请求支付报酬并应当承担赔偿责任。

本案中,甲公司和乙运输服务中心签订的《中介合同》合法有效,双方构成中介关系。在签约过程中,乙运输服务中心一直未向甲公司告知司机贺某的真实信息和资信状况,导致甲公司在一次运输安排中被司机贺某欺骗,损失了价值30万元的货物。中介人乙运输服务中心应当将有关订立合同的事项(如货车司机贺某的资信情况、真实个人信息)向委托人甲公司如实报告。因乙运输服务中心未尽到上述如实报告的义务,导致甲公司被司机贺某欺骗,遭受了30万元的损失,甲公司有权要求乙运输服务中心返还报酬、赔偿损失。

【风险防范建议】

现实生活中,中介人未及时核查第三人的信用情况、履约能力等信息,导致委托人的财物遭受第三人损害的现象时有发生。对此,笔者建议中介人在签订中介合同前尽到审慎核查的义务,尽可能地了解第三人的真实情况,并详尽告知委托人有关第三人的信用、履约能力等现实情况,以确保委托人获得正确、充分的交易信息,从而促成合同的订立。

【法条链接】

《民法典》第九百六十二条　中介人应当就有关订立合同的事项向委托人如实报告。

中介人故意隐瞒与订立合同有关的重要事实或者提供虚假情况,损害委托人利益的,不得请求支付报酬并应当承担赔偿责任。

186.中介合同约定"买卖不成的,买方须支付违约金",有效吗?

【情景案例】

A公司是一家房地产中介公司,成立于2018年10月。2021年8月3日,汤某委托A公司出售一套100平方米、市场价为100万元的房屋。汤某、A公司与罗某(买房人)签订了一份A公司事先拟定好的《房地产买卖中介合同》,约定:A公司作为中介人将汤某的房屋介绍给罗某购买,意向金为5000元,房屋价格为100万元,因罗某原因致使房地产买卖合同未签订的,罗某须向A公司支付总房款2%的违约金。协议签订后,罗某按约定向A公司支付了意向金。之后,罗某因不能按时收回客户所欠货款,放弃购买该房屋。罗某认为,其不购买房屋最多是损失5000元购房意向金,令他没想到的是,A公司将其诉至法院,要求其支付违约金2万元。

请问:A公司的请求能得到法院支持吗?

【案例分析】

本案涉及的是中介合同约定“买卖不成的,买方须支付违约金”的格式条款的效力问题。

我国《民法典》第四百九十六条第一款规定,格式条款是当事人为了重复使用而预先拟定,并在订立合同时未与对方协商的条款。第四百九十七条规定,有下列情形的,该格式条款无效:……提供格式条款一方不合理地免除或者减轻其责任、加重对方责任、限制对方主要权利……

本案中,A 公司提供的《房地产买卖中介合同》是 A 公司在汤某和罗某订约之前事先拟定好的合同,并没有经过合同当事人反复协商的环节。该合同适用于与 A 公司订约的不特定的委托人,符合《民法典》第四百九十六条规定的格式条款的属性。合同约定“因罗某原因致使房地产买卖合同未签订的,罗某须向 A 公司支付总房款 2% 的违约金”的条款加重了罗某的责任、限制了罗某的主要权利,不合理地要求罗某必须与汤某签订房屋买卖合同,购买该房屋,否则就得承担向 A 公司支付违约金的后果。根据《民法典》第四百九十七条的规定,这一格式条款因加重罗某的责任、排除罗某的主要权利而无效。对此,A 公司在罗某放弃购房后要求罗某承担违约金 2 万元的请求没有法律依据,不能得到法院支持。

【风险防范建议】

现实生活中,许多中介公司在事先拟定好的中介合同中约定“若买卖未成,委托方/买方需承担违约责任”的条款。这一条款实际上侵犯了对方的实体权利、加重了对方的责任,因而会被法律认定为无效条款。为了降低时间成本、减少经济损失,笔者建议中介公司提前在合同中明确约定,若中介人未促成合同成立的,委托人需支付中介人从事中介活动支出的必要费用,并且中介公司可以将服务过程中所产生的相关书面文件、服务项目等内容做好备份工作,以便日后产生纠纷时作为证据使用。

【法条链接】

《民法典》第四百九十六条　格式条款是当事人为了重复使用而预先拟定,并在订立合同时未与对方协商的条款。

采用格式条款订立合同的,提供格式条款的一方应当遵循公平原则确定当事人之间的权利和义务,并采取合理的方式提示对方注意免除或者减轻其责任等与对方有重大利害关系的条款,按照对方的要求,对该条款予以说明。提供格式条款的一方未履行提示或者说明义务,致使对方没有注意或者理解与其有重大利害关系的条款的,对方可以主张该条款不成为合同的内容。

第四百九十七条　有下列情形之一的，该格式条款无效：

（一）具有本法第一编第六章第三节和本法第五百零六条规定的无效情形；

（二）提供格式条款一方不合理地免除或者减轻其责任、加重对方责任、限制对方主要权利；

（三）提供格式条款一方排除对方主要权利。

第二十五章
合伙合同

187. 合伙人不按协议约定履行出资义务的，怎么办？

【情景案例】

甲、乙两人于2021年4月1日成立一家合伙企业，双方签订的《合伙协议》约定：甲出资60万元，占合伙份额的60%，乙出资40万元，占合伙份额的40%，出资款应当在2021年8月31日前交纳。之后，甲按约定履行了出资义务，但乙未按约定出资。直至8月20日，企业已亏损30万元，资金周转十分困难。在这种情况下，为让企业能继续经营下去，甲多次催促乙履行出资义务，但乙以各种理由拒绝支付。

请问：对于乙不按约定履行出资义务的行为，甲可以怎么办？

【案例分析】

本案涉及的是合伙人未按照约定履行出资义务的法律后果。

我国《民法典》第九百六十八条规定，合伙人应当按照约定的出资方式、数额和缴付期限，履行出资义务。根据《合伙企业法》第四十九条第一款的规定，合伙人未履行出资义务的，经其他合伙人一致同意，可以决议将其除名。第四十九条第二款规定，对合伙人的除名决议应当书面通知被除名人。被除名人接到除名通知之日，除名生效，被除名人退伙。

本案中，甲、乙二人合资成立合伙企业，并签订了《合伙协议》。后来，乙未按照《合伙协议》履行出资义务。此时，甲有以下救济方式：(1)先找乙协商，催告其按照《合伙协议》履行出资义务。(2)根据《合伙企业法》的规定，甲可以召开合伙人会议将乙除名，并将除名结果书面通知乙。当除名通知到达乙时，除名生效，乙退伙。(3)通过诉讼的方式解决，依据《合伙协议》要求乙方履行出资义务。

【风险防范建议】

针对部分合伙人可能出现不按合伙协议约定履行出资义务的问题，建议采取以下措施，防患于未然：

（1）一定要签订书面的合伙合同，明确约定各方的权利义务、出资时间、金额等，避免发生纠纷时口说无凭。

（2）在合伙合同中明确约定，合伙人不按合伙合同约定的时间、金额履行出资义务，需要根据逾期时间按逾期金额的一定比例向其他合伙人支付逾期违约金。

（3）在合伙合同中明确约定，经催告仍未履行出资义务的，其他合伙人有权将未履行出资义务的合伙人除名，并追究其违约责任（要求支付一定数额的违约金）。

【法条链接】

《民法典》第九百六十八条　合伙人应当按照约定的出资方式、数额和缴付期限，履行出资义务。

《合伙企业法》第四十九条　合伙人有下列情形之一的，经其他合伙人一致同意，可以决议将其除名：

（一）未履行出资义务；

（二）因故意或者重大过失给合伙企业造成损失；

（三）执行合伙事务时有不正当行为；

（四）发生合伙协议约定的事由。

对合伙人的除名决议应当书面通知被除名人。被除名人接到除名通知之日，除名生效，被除名人退伙。

被除名人对除名决议有异议的，可以自接到除名通知之日起三十日内，向人民法院起诉。

188. 合伙企业的利润应当如何分配？

【情景案例】

A合伙企业由褚某、卫某与蒋某共同创办。2021年5月31日，三人签订《合伙合同》，约定：褚某、卫某、蒋某分别出资50万元、40万元、10万元，各占合伙份额的50%、40%、10%，出资款应当在2021年7月31日前交纳；蒋某担任合伙企业的执行合伙人，全面负责企业的运营。之后，三人都按约定履行了出资义务。在蒋某的运作下，A合伙企业在2个月内已盈利60多万元。由于合伙合同没有对企业利润如何分配作出约定，蒋某召开合伙人会议进行商量。在会议中，褚某、卫某均提出应当按实缴出资比例进行分配，但蒋某表示反对。蒋某认为，褚某、卫某虽然出资比其多，但对企业的贡献没有其大。

请问：A合伙企业的利润应当如何分配？

【案例分析】

本案涉及的是合伙企业应如何分配利润的问题。

我国《民法典》第九百七十二条规定，合伙的利润分配和亏损分担，按照合伙合同的约定办理；合伙合同没有约定或者约定不明确的，由合伙人协商决定；协商不成的，由合伙人按照实缴出资比例分配、分担；无法确定出资比例的，由合伙人平均分配、分担。《合伙企业法》第三十三条第一款也规定，合伙企业的利润分配、亏损分担，按照合伙协议的约定办理；合伙协议未约定或者约定不明确的，由合伙人协商决定；协商不成的，由合伙人按照实缴出资比例分配、分担；无法确定出资比例的，由合伙人平均分配、分担。

本案中，对于合伙企业利润如何分配的问题，褚某、卫某与蒋某在《合伙合同》中未作出特别约定，且三人就该利润的分配无法达成一致意见，故利润应按照实缴出资的比例分配。

【风险防范建议】

现实社会中，合伙作为一种灵活性很强的合作经营模式受到很多投资者和经营者的青睐，尤其是在个体工商户、小型加工投资以及风险投资上特别突出，但是，这种在法律上称为人合性的经营模式却具有很强的不稳定性。为防范合伙企业利润分配与亏损负担方面的法律风险，建议注意以下几个方面：

(1)在合伙协议中对利润分配、亏损分担等事项作出明确约定，发生争议时，做到有据可依。

(2)合伙人投入的投资款，应当账目清晰，有据可查；合伙人向合伙企业投入资金时，尽量采用银行转账方式，并保存转账凭证。

(3)合伙协议在约定利润分配、亏损分担时，应当注意由全体合伙人共享共担，不得约定将全部利润分配给部分合伙人或者由部分合伙人承担全部亏损。

【法条链接】

《民法典》第九百七十二条 合伙的利润分配和亏损分担，按照合伙合同的约定办理；合伙合同没有约定或者约定不明确的，由合伙人协商决定；协商不成的，由合伙人按照实缴出资比例分配、分担；无法确定出资比例的，由合伙人平均分配、分担。

《合伙企业法》第三十三条 合伙企业的利润分配、亏损分担，按照合伙协议的约定办理；合伙协议未约定或者约定不明确的，由合伙人协商决定；协商不成的，由合伙人按照实缴出资比例分配、分担；无法确定出资比例的，由合伙人平均分配、分担。

合伙协议不得约定将全部利润分配给部分合伙人或者由部分合伙人承担全部亏损。

189. 合伙人对合伙期限没有约定的，合伙人可随时解除合伙合同吗？

【情景案例】

5 月 14 日，甲、乙共同出资经营一个合伙企业，两人签订《合伙合同》，约定：甲出资 60 万元，占合伙份额的 60%，乙出资 40 万元，占合伙份额的 40%，出资款应在 10 月 14 日前交纳完毕。两人未就合伙期限作出特别约定。经营不到 2 年，甲母因患病，需出国救治。为陪伴母亲出国看病，甲决定不再经营合伙企业，并在合理期限内将退伙和解除合伙合同的事通知乙。乙得知此事后表示强烈反对，不允许甲退伙和解除合伙合同。后来，因两人无法就此事达成一致意见，合伙企业的生意每况愈下。

请问：甲能否随时解除合伙合同？

【案例分析】

本案涉及的是合伙合同未约定合伙期限时合伙人能否随时解除合伙合同的问题。

我国《民法典》第九百七十六条第一款规定，合伙人对合伙期限没有约定或者约定不明确，依据本法第五百一十条的规定仍不能确定的，视为不定期合伙。第九百七十六条第三款规定，合伙人可以随时解除不定期合伙合同，但是应当在合理期限之前通知其他合伙人。

本案中，合伙人甲、乙对合伙期限没有约定，视为两人是不定期合伙关系。甲可以随时解除合伙合同，但应当在合理期限内通知乙。

【风险防范建议】

现实生活中，各合伙人基于对彼此的信任，为了表露自己的真诚与真心会不约定合伙期限，但若日后感情出现破裂，可能引发不必要的合同纠纷。对此，笔者建议合伙人在签订合伙合同时明确合伙期限等条款，否则合伙合同将被视为不定期合同，当事人可能面临其他合伙人随时解除合伙合同的法律风险。

【法条链接】

《民法典》第九百七十六条　合伙人对合伙期限没有约定或者约定不明确，依据本法第五百一十条的规定仍不能确定的，视为不定期合伙。

合伙期限届满，合伙人继续执行合伙事务，其他合伙人没有提出异议的，原合伙合同继续有效，但是合伙期限为不定期。

合伙人可以随时解除不定期合伙合同，但是应当在合理期限之前通知其他合伙人。

第二十六章
股权转让合同

190. 有限责任公司股东之间的股权转让未办理登记的，转让合同有效吗？

【情景案例】

某有限责任公司由许某与何某共同成立，许某出资300万元，占公司75%的股权，何某出资100万元，占公司25%的股权。2021年3月，由于许某与何某两人在公司经营上发生重大分歧，何某提出退出公司。4月1日，许某与何某签订了《股权转让合同》，约定：何某将其持有的公司25%的股权全部转让给许某，许某在合同签订后3日内向何某支付股权转让款200万元。之后，何某多次向许某催要上述款项，但许某以未办理股权变更登记为由拒绝给付。5月10日，何某将许某起诉到法院，要求其支付200万元股权转让款及利息。

请问：何某的请求能得到法院支持吗？

【案例分析】

本案涉及的是有限公司的股东之间的股权转让未办理登记手续能否发生法律效力的问题。

我国《公司法》第三十二条第三款规定，公司应当将股东的姓名或者名称向公司登记机关登记；登记事项发生变更的，应当办理变更登记。未经登记或者变更登记的，不得对抗第三人。根据《市场主体登记管理条例》第二十四条的规定，公司变更股东的，应当自作出变更决议、决定或者法定变更事项发生之日起30日内向登记机关申请变更登记；同时应当自作出变更决议、决定或者法定变更事项发生之日起30日内向登记机关办理备案。

本案中，许某和何某是某有限责任公司的股东，因经营问题发生重大分歧，何某决定将股权转让给许某。随后二人签订了《股权转让合同》，该合同系双方真实意思表示，不违反法律法规强制性规定，合法有效。但当何某将股权转让给许某后，许某却以未办理股权变更登记为由拒绝给付股权转让款。根据《公司法》和《市场主体登记管理条例》的相关规定，结合法律法规的立法精神，许某和何某作为公司股东，在转让股权后，某有限责任公司应当自股东发生变更之日起向登记机构申请变更登记；未经变更登记的，不得对抗第三人。这一法律法规限定的责任主体实际上是公司，而非股权转让的股东双方。若股东签订的股权转让合同因公司的原因未办理变更登记而归于无效的话，将违背《公司法》和《市场主体登记管理条例》的立法目的。而且，《公司法》和《市场主体登记管理条例》仅要求公司应办理变更登记，而未规定办理变更登记手续后该股权转让合同才生效。也就是说，股权转让后的变更登记手续不影响许某和何某的股权转让合同的效力。此时，何某当然有权根据合法有效的《股权转让合同》要求许某支付200万元的股权转让款及利息，其请求能得到法院支持。

【风险防范建议】

在公司运营过程中，股东转让股权后，可能出现公司怠于履行义务，未能及时办理股东名册变更、公司章程修改、工商变更登记手续而使受让方不能正常取得股东身份或行使股东权利的现象。尽管股权转让合同合法有效，但也因未办理变更登记手续而无法产生对抗第三人的效力，致使受让股东的权益无法得到保障。对此，笔者建议受让股东从以下三个方面做好风险防范：

（1）在受让股权后，要求转让股东履行通知公司变更登记的义务。

（2）采取发律师函等方式督促公司履行对股东名册、工商登记等内容的变更工作。

（3）经催告后，公司仍然怠于履行义务的，可以起诉公司，请求法院判令公司协助办理股权变更的手续，维护自己的合法权益。

【法条链接】

《公司法》第三十二条第三款　公司应当将股东的姓名或者名称向公司登记机关登记；登记事项发生变更的，应当办理变更登记。未经登记或者变更登记的，不得对抗第三人。

《市场主体登记管理条例》第二十四条　市场主体变更登记事项，应当自作出变更决议、决定或者法定变更事项发生之日起30日内向登记机关申请变更登记。

市场主体变更登记事项属于依法须经批准的，申请人应当在批准文件有效期内向登记机关申请变更登记。

191."零作价"的股权转让合同有效吗?

【情景案例】

2016年9月1日,吕某和施某两人共同注册某公司,注册资本100万元,吕某出资90万元,占公司90%的股权,施某出资10万元,占公司10%的股权。公司成立后,在吕某与施某的共同努力下,生意十分红火。施某于2021年1月8日私下与孔某签订《股权转让协议》,约定:施某将自己所拥有的某公司的10%股权转让给其表弟孔某,股权转让款为0元。由于吕某十分认可孔某的能力,对该转让协议没有表示反对。

请问:施某和孔某签订的"零作价"股权转让合同有效吗?

【案例分析】

本案涉及的是"零作价"的股权转让合同的效力问题。

我国《民法典》第一百四十三条规定,具备下列条件的民事法律行为有效:(1)行为人具有相应的民事行为能力;(2)意思表示真实;(3)不违反法律、行政法规的强制性规定,不违背公序良俗。《公司法》第七十一条第二款规定,股东向股东以外的人转让股权,应当经其他股东过半数同意。

本案中,施某和孔某两人签订的《股权转让协议》虽约定股权转让款为0元,但该协议系施某和孔某的真实意思表示,不违反法律、行政法规的强制性规定,不违背公序良俗,且不存在恶意串通损害第三人的合法权益的情形,应为合法有效。

【风险防范建议】

在现实生活中,"零作价"的股权转让行为可能会被认定为无偿赠与股权行为,当股权尚未发生实际转移时,转让方都有可能行使撤销权,撤销转股的行为。为规避相应法律风险,建议如下:

(1)在签订股权转让合同时应当明确股权转让价款,必要时,双方可以聘请专业律师等专业机构参与股权转让工作,做好风险防控。

(2)若转让方同意"零作价"转让股权,则应当明确处分该股权的性质为赠与,双方应签订股权赠与协议,并将股权转让款明确为"无偿赠与",当受让方出现合同约定或法律规定的违约事由时,转让方有权行使撤销权维护其权益。

(3)若受让方接受"零作价"受让股权,则应当明确受让该股权的性质为转让,而非赠与,并且应在合同中将股权转让款表现为"有偿转让"替代"零元",此时当产生纠纷时,受让方可向法院起诉,并请求法院判令公司履行办理股权变更登记手续的义务。

【法条链接】

《公司法》第七十一条第二款 股东向股东以外的人转让股权,应当经其他股东过半数同意。股东应就其股权转让事项书面通知其他股东征求同意,其他股东自接到书面通知之日起满三十日未答复的,视为同意转让。其他股东半数以上不同意转让的,不同意的股东应当购买该转让的股权;不购买的,视为同意转让。

《民法典》第一百四十三条 具备下列条件的民事法律行为有效:

(一)行为人具有相应的民事行为能力;

(二)意思表示真实;

(三)不违反法律、行政法规的强制性规定,不违背公序良俗。

192. 没有约定股权转让价格的股权转让协议有效吗?

【情景案例】

某公司是由甲、乙、丙三人共同设立的,注册资本1000万元,甲出资500万元,占公司50%的股权,乙出资300万元,占公司30%的股权,丙出资200万元,占公司20%的股权。2021年8月1日,丙欲将其股权转让,在征得甲与乙同意的情况下,丙与丁签订《股权转让协议》,约定:丙将其对某公司持有的20%股权转让给丁,双方以资产评估公司的评估价值为定价依据。在该股权转让合同中未明确约定具体的转让价格。

请问:丙与丁签订的股权转让合同有效吗?

【案例分析】

本案涉及的是股权转让协议未约定转让价款能否发生法律效力的问题。

我国《民法典》第一百四十三条规定,具备下列条件的民事法律行为有效:(1)行为人具有相应的民事行为能力;(2)意思表示真实;(3)不违反法律、行政法规的强制性规定,不违背公序良俗。第四百七十条第一款规定,合同的内容由当事人约定,一般包括价款或者报酬的条款。第五百一十条规定,合同生效后,当事人就质量、价款或者报酬、履行地点等内容没有约定或者约定不明确的,可以协议补充;不能达成补充协议的,按照合同相关条款或者交易习惯确定。

本案中,在征得股东甲、乙的同意下,股东丙便将其股权转让给第三人丁,二人签订的《股权转让协议》系双方真实意思表示,不违反法律法规强制性规定,因而合法有效。但二人的《股权转让协议》缺乏《民法典》第四百七十条第一款第(五)项中关于"价款"的合同要件,是否会导致协议无效的问题,实践中存在争议。观点一认为,

《股权转让协议》虽未约定具体的转让价款，只是缺乏了合同的一般条款，但能确定协议当事人的名字或名称、标的和数量的必备条款，该协议便成立，并且该协议符合《民法典》第一百四十三条的规定便合法有效。至于丙和丁在《股权转让协议》中未明确具体的转让对价，二人可以根据《民法典》第五百一十条的规定，事后通过补充协议的方式进行解决。因此，未约定股权转让价不影响股权转让协议的成立和生效。观点二认为，根据商事活动的有偿交易规则，股权转让价是股权转让合同的必备条款之一，缺乏这一条款，将使合同无法实际履行、合同目的无法实现，进而导致合同归于未成立状态。

【风险防范建议】

司法实务中，各地法院对于"股权转让协议未约定转让价款能否发生法律效力"这一问题的裁判结果不尽相同。笔者建议企业家在股权转让的交易过程中从以下三个方面规避风险：

(1)在签订股权转让合同时必须明确合同的主体、标的、数量、股权转让价款、支付时间及其方式等合同必备条款。

(2)在交易过程中，尽可能聘请专业律师等专业人员参与股权转让工作，这样既能充分了解对方公司的经营状况和交易企图，又能快速、准确地收集相关有利资料作为日后发生纠纷时的证据。

(3)若发现股权转让合同中未明确具体的股权转让款时，应当尽快通过补充协议的方式明确。

【法条链接】

《民法典》第一百四十三条　具备下列条件的民事法律行为有效：

(一)行为人具有相应的民事行为能力；

(二)意思表示真实；

(三)不违反法律、行政法规的强制性规定，不违背公序良俗。

第四百七十条第一款　合同的内容由当事人约定，一般包括下列条款：

……

(五)价款或者报酬；

……

第五百一十条　合同生效后，当事人就质量、价款或者报酬、履行地点等内容没有约定或者约定不明确的，可以协议补充；不能达成补充协议的，按照合同相关条款或者交易习惯确定。

193. 有限责任公司的股东违反公司章程禁止性规定转让股权有效吗?

【情景案例】

某有限责任公司由曹某、严某与华某共同创办,曹某占股51%,严某占股39%,华某占股10%。为保证公司的人合性,某有限责任公司的公司章程规定了如下条款:“股东的股权不得转让给本公司股东之外的自然人或单位。”2021年5月,华某想将股权转让给曹某或严某,但两人都不同意受让股权。无奈之下,华某与股东之外的第三人金某签订《股权转让合同》,将自己持有的10%股权转让给金某,转让价款为50万元。在华某请求某有限责任公司办理股权变更登记时,遭到曹某与严某的阻止。曹某认为,华某将股权转让给股东以外的人,违反了公司章程的禁止性规定,股权转让无效。

请问:曹某的说法符合我国法律规定吗?

【案例分析】

本案涉及的是有限责任公司的股东违反公司章程禁止性规定实施的股权转让是否有效的问题。

我国《公司法》第七十一条第二款规定,股东向股东以外的人转让股权,应当经其他股东过半数同意。股东应就其股权转让事项书面通知其他股东征求同意,其他股东自接到书面通知之日起满30日未答复的,视为同意转让。其他股东半数以上不同意转让的,不同意的股东应当购买该转让的股权;不购买的,视为同意转让。第七十一条第四款规定,公司章程对股权转让另有规定的,从其规定。

本案中,曹某、严某与华某是某有限责任公司的股东,现华某想将股权转让给曹某或严某,但二人均表示不同意受让,再加上公司章程对股权转让进行了禁止性规定,导致华某无法与第三人金某完成股权转让手续,使华某的股权转让目的落空。

根据《公司法》第七十一条第三款的规定,公司章程对股权转让另有规定的,从其规定。单纯从该法条的字面意思上看,曹某和严某禁止华某转让股权的做法符合公司章程规定和相关法律法规规定。本案中公司章程的相关规定看似是该公司对股东股权转让的限制性规定,但实质上是一种变相禁止股东股权转让的禁止性规定。它既违背了《公司法》关于股权转让的立法目的,又剥夺了《公司法》赋予股东华某的依法进行股权转让的法定权利,还与有限责任公司的人合性特征相冲突,因此这一规定因过度限制股东华某的股权转让,违反法律法规强制性规定而无效。

对此,尽管股东华某违反该公司章程的禁止性规定进行股权转让,但因该章程关于股权转让的禁止性规定属于无效条款,华某有权根据《公司法》第七十一条第二款的规定，在曹某、严某不同意转让且不同意购买的情况下，将股权转让给第三人金某，该转让行为依旧合法有效。

【风险防范建议】

关于在制定公司章程的过程中，如何既避免侵犯股东的法定权利或违背法律的立法意图，又有效地限制股东的股权转让行为，建议企业从以下两个方面进行防范：

(1)公司章程可以规定在一定合理期限内股东不得对外进行股权转让。

(2)公司章程可以设定股东对外转让股权时的具体程序要求，如对外股权转让时应提前多少日书面通知其他股东。

【法条链接】

《公司法》第七十一条 有限责任公司的股东之间可以相互转让其全部或者部分股权。

股东向股东以外的人转让股权，应当经其他股东过半数同意。股东应就其股权转让事项书面通知其他股东征求同意，其他股东自接到书面通知之日起满三十日未答复的，视为同意转让。其他股东半数以上不同意转让的，不同意的股东应当购买该转让的股权；不购买的，视为同意转让。

经股东同意转让的股权，在同等条件下，其他股东有优先购买权。两个以上股东主张行使优先购买权的，协商确定各自的购买比例；协商不成的，按照转让时各自的出资比例行使优先购买权。

公司章程对股权转让另有规定的，从其规定。

194. 实际出资人与受让人签订的股权转让协议有效吗？

【情景案例】

某公司于2021年1月成立，公司成立时的股权结构是：甲出资800万元，占80%的股权，乙、丙分别出资100万元，各占10%股权。丙出资的100万元实际上系丁出资，双方签订了《股权代持协议》，约定：丙是某公司的显名股东，丁是某公司的实际投资人、隐名股东。对于丁是某公司的实际投资人，甲与乙并不知情。2021年8月10日，丁由于资金周转需要，与戊签订了《股权转让协议》，约定：丁将其实际拥有的某公司10%的股权以200万元的价格转让给戊。

请问：丁与戊签订的《股权转让协议》有效吗？

【案例分析】

本案涉及的是实际出资人与受让人签订的股权转让协议是否有效的问题。

我国《民法典》第一百四十三条规定,具备下列条件的民事法律行为有效:(1)行为人具有相应的民事行为能力;(2)意思表示真实;(3)不违反法律、行政法规的强制性规定,不违背公序良俗。第五百四十六条第一款规定,债权人转让债权,未通知债务人的,该转让对债务人不发生效力。

本案中,股东丙出资的100万元实际上是丁出资的,二人签订的《股权代持协议》约定:丙是某公司的显名股东,丁是某公司的实际投资人、隐名股东。后隐名股东丁为了资金周转,与戊签订《股权转让协议》,尽管公司股东甲和乙并不知道隐名股东丁的存在,丁亦不具备公司股东的身份,但都不影响丁与戊间的股权转让协议的效力,协议合法有效。原因在于:(1)该协议完全符合《民法典》第一百四十三条的规定,合法有效;(2)这种股权转让实质上是一种债权(股权收益)转让,即显名股东丙在公司获取的股权收益原本应归属于隐名股东丁名下,如今却转移给第三人戊名下,该转让行为合法有效,但隐名股东丁转让其债权(股权收益)时,应根据《民法典》第五百四十六条的规定,对显名股东丙履行通知义务,否则不对丙产生效力。

【风险防范建议】

为了避免隐名股东转让股权后,转让合同被认定为无效或受让人无法获取股权等情况,笔者建议隐名股东可从以下两个方面做好风险防范:

(1)在股权代持协议中约定,在名义股东持股期间,隐名股东可随时转让股权,并且可以处置与股权事项相关的文件,为日后在公司决议上显名提供有利证据。

(2)密切关注公司的经营情况和名义股东的持股实况,一旦出现名义股东转让股权或因个人债务被冻结股权等情况,及时向公司显名,并办理股权变更登记手续。

【法条链接】

《民法典》第一百四十三条 具备下列条件的民事法律行为有效:

(一)行为人具有相应的民事行为能力;

(二)意思表示真实;

(三)不违反法律、行政法规的强制性规定,不违背公序良俗。

第五百四十六条 债权人转让债权,未通知债务人的,该转让对债务人不发生效力。

债权转让的通知不得撤销,但是经受让人同意的除外。

195.显名股东私自转让股权的,实际出资人怎么办?

【情景案例】

某公司成立于2021年3月,魏某持有该公司20%的股权。但魏某只是名义股东,陶某才是魏某持有股权的实际出资人,二人私下签订了《股权代持协议》,约定:由魏某替陶某代持某公司20%的股权,陶某负责履行公司的出资义务。5月1日,魏某由于赌博输了200万元,于是,在其他股东的同意下,将其持有的某公司20%的股权转让给善意第三人姜某。姜某将上述款项支付给魏某后,双方到市场监管部门办理了股权变更登记。7月3日,陶某得知此事后,认为魏某未征得其同意转让股权是不合法的,其股权转让行为无效,于是要求姜某返还其股权,但遭到姜某拒绝。姜某认为,其已支付股权转让款且已办理股权变更手续,股权当然归其所有,陶某与魏某之间如果存在股权代持关系,陶某可依法追究魏某的责任,与姜某本人无关。

请问:姜某的说法符合我国法律规定吗?

【案例分析】

本案涉及的是显名股东私自转让股权后实际出资人的救济途径的问题。

《最高人民法院关于适用〈中华人民共和国公司法〉若干问题的规定(三)》第二十四条规定,有限责任公司的实际出资人与名义出资人订立合同,约定由实际出资人出资并享有投资权益,以名义出资人为名义股东,实际出资人与名义股东对该合同效力发生争议的,如无法律规定的无效情形,人民法院应当认定该合同有效。实际出资人与名义股东因投资权益的归属发生争议,实际出资人以其实际履行了出资义务为由向名义股东主张权利的,人民法院应予支持。名义股东以公司股东名册记载、公司登记机关登记为由否认实际出资人权利的,人民法院不予支持。第二十五条规定,名义股东将登记于其名下的股权转让、质押或者以其他方式处分,实际出资人以其对于股权享有实际权利为由,请求认定处分股权行为无效的,人民法院可以参照《民法典》第三百一十一条的规定处理。名义股东处分股权造成实际出资人损失,实际出资人请求名义股东承担赔偿责任的,人民法院应予支持。《民法典》第三百一十一条第一款对善意取得制度作出了规定,无处分权人将不动产或者动产转让给受让人的,除法律另有规定外,受让人是善意的,以合理的价格受让,转让的不动产或者动产依照法律规定应当登记的已经登记,不需要登记的已经交付给受让人,则受让人取得该不动产或者动产的所有权。

本案中,显名股东魏某和实际出资人陶某签订的《股权代持协议》系双方真实意思表示,不违反法律、行政法规强制性规定,合法有效。魏某在未经陶某同意的情况下，将代持的20%股权私下转让给善意第三人姜某，并完成了股权变更登记手续，姜某在不知道股权代持的情况下，经其他股东同意，与登记注册的股东魏某进行股权转让交易，且支付了合理的股权转让对价，姜某在本案中属于善意第三人，应当受到《民法典》第三百一十一条善意取得制度的保护。根据《关于适用〈中华人民共和国公司法〉若干问题的规定（三）》第二十六条第一款的规定，姜某善意取得该股权，陶某主张魏某的股权转让行为无效的请求没有法律依据，但是，陶某可以依据合法有效的《股权代持协议》追究魏某的违约责任。

【风险防范建议】

面对显名股东未经实际出资人同意便私下将代持的股权转让给第三人的现象，笔者建议实际出资人可以从以下方面做好风险防范：

（1）在股权代持协议中，实际出资人可以约定严格的违约责任，对显名股东的行为予以震慑，加大显名股东的违约成本。

（2）实际出资人可以显名化，让公司及其他股东知道自己的真实身份，日后当显名股东转让股权时，实际出资人能够及时得到消息，进而实现维权的目的。

（3）实际出资人应注意收集代持股的证据，如股权代持协议、验资证明、股东会决议、公司登记资料等书面文件，为日后与显名股东间纠纷作为证据使用。

【法条链接】

《公司法》第三十二条第三款　公司应当将股东的姓名或者名称向公司登记机关登记；登记事项发生变更的，应当办理变更登记。未经登记或者变更登记的，不得对抗第三人。

《民法典》第一百五十三条　违反法律、行政法规的强制性规定的民事法律行为无效。但是，该强制性规定不导致该民事法律行为无效的除外。

违背公序良俗的民事法律行为无效。

第三百一十一条　无处分权人将不动产或者动产转让给受让人的，所有权人有权追回；除法律另有规定外，符合下列情形的，受让人取得该不动产或者动产的所有权：

（一）受让人受让该不动产或者动产时是善意；

（二）以合理的价格转让；

（三）转让的不动产或者动产依照法律规定应当登记的已经登记，不需要登记的已经交付给受让人。

受让人依据前款规定取得不动产或者动产的所有权的，原所有权人有权向无处分权人请求损害赔偿。

当事人善意取得其他物权的，参照适用前两款规定。

《最高人民法院关于适用〈中华人民共和国公司法〉若干问题的规定（三）》第二十四条 有限责任公司的实际出资人与名义出资人订立合同，约定由实际出资人出资并享有投资权益，以名义出资人为名义股东，实际出资人与名义股东对该合同效力发生争议的，如无法律规定的无效情形，人民法院应当认定该合同有效。

前款规定的实际出资人与名义股东因投资权益的归属发生争议，实际出资人以其实际履行了出资义务为由向名义股东主张权利的，人民法院应予支持。名义股东以公司股东名册记载、公司登记机关登记为由否认实际出资人权利的，人民法院不予支持。

实际出资人未经公司其他股东半数以上同意，请求公司变更股东、签发出资证明书、记载于股东名册、记载于公司章程并办理公司登记机关登记的，人民法院不予支持。

第二十五条 名义股东将登记于其名下的股权转让、质押或者以其他方式处分，实际出资人以其对于股权享有实际权利为由，请求认定处分股权行为无效的，人民法院可以参照民法典第三百一十一条的规定处理。

名义股东处分股权造成实际出资人损失，实际出资人请求名义股东承担赔偿责任的，人民法院应予支持。

196. 股权转让导致股东人数超过 50 人的，转让行为是否有效？

【情景案例】

甲公司成立于 2016 年 5 月，是一家通过众筹成立的有限责任公司。戚某是公司大股东，占公司 80% 的股权，邹某等 49 人是公司小股东，共占公司 20% 的股权。2021 年 8 月，由于儿子结婚急需用钱购房，戚某将持有公司的 10% 股权转让给股东之外的自然人谢某，转让金额为 80 万元。邹某认为：戚某是公司占有 80% 股权的大股东，其转让股权不需要其他股东同意；但是，股权转让导致公司股东人数超过 50 人，转让合同应为无效合同。

请问：邹某的说法符合我国法律规定吗？

【案例分析】

本案涉及的是股权转让导致有限责任公司的股东人数超过 50 人时转让行为是否有效的问题。

我国《公司法》第七十一条第二款规定，股东向股东以外的人转让股权，应当经其他股东过半数同意。股东应就其股权转让事项书面通知其他股东征求同意，其他股东自接到书面通知之日起满 30 日未答复的，视为同意转让。其他股东半数以上不同意转让的，不同意的股东应当购买该转让的股权；不购买的，视为同意转让。第二十四条规定，有限责任公司由50个以下股东出资设立。第七十八条规定，设立股份有限公司，应当有2人以上200人以下为发起人，其中须有半数以上的发起人在中国境内有住所。第九条规定，有限责任公司变更为股份有限公司，应当符合本法规定的股份有限公司的条件。股份有限公司变更为有限责任公司，应当符合本法规定的有限责任公司的条件。

本案中，根据《公司法》第七十一条第二款的规定，尽管戚某是甲公司的大股东，其将自己持有的公司10%股权转让给第三人谢某的行为，仍应当经过其他股东过半数同意。当戚某的股权转让行为导致甲公司人数超出法定人数（50人）时，并不当然导致转让合同无效。原因在于：（1）戚某和谢某间的《股权转让合同》系双方真实意思表示，不违反法律法规强制性规定而合法有效。（2）《公司法》第二十四条的规定仅指有限责任公司设立时的股东法定人数，这是一种指导性规范，而不是强制性规定，不能因股权转让导致有限责任公司股东人数超过50人，便以违反《公司法》第二十四条为由主张股权转让合同无效。（3）基于鼓励交易原则，推动公司的存续发展，不得将股东人数超过50人作为股权转让合同无效的认定因素。故邹某的说法不符合我国法律规定。

【风险防范建议】

实践中，关于如何防范股权转让的相关风险，建议如下：

（1）股权转让时，应审慎核查目标公司的股东人数及公司章程的相关规定，合理构建股权转让交易架构，谨防因股权转让导致公司股东人数高于或低于法定人数。

（2）如有限公司因股权转让导致股东人数超过50人，可通过设立合伙企业、股权信托等方式进行公司股权架构设计以防范因股东人数不符合法律规定而引发相关纠纷。

（3）必要时，也可以考虑将公司变更为股份有限公司，突破股东人数50人的上限。

【法条链接】

《公司法》第九条　有限责任公司变更为股份有限公司，应当符合本法规定的股份有限公司的条件。股份有限公司变更为有限责任公司，应当符合本法规定的有限责任公司的条件。

有限责任公司变更为股份有限公司的，或者股份有限公司变更为有限责任公司的，公司变更前的债权、债务由变更后的公司承继。

第二十四条　有限责任公司由五十个以下股东出资设立。

第七十一条第二款　股东向股东以外的人转让股权，应当经其他股东过半数同意。股东应就其股权转让事项书面通知其他股东征求同意,其他股东自接到书面通知之日起满三十日未答复的,视为同意转让。其他股东半数以上不同意转让的,不同意的股东应当购买该转让的股权;不购买的,视为同意转让。

第七十八条 设立股份有限公司,应当有二人以上二百人以下为发起人,其中须有半数以上的发起人在中国境内有住所。

197. 股东未实际出资便转让股权的,是否影响股权转让协议的效力?

【情景案例】

2017 年 6 月 1 日,甲、乙、丙三人通过认缴的方式成立某软件公司,注册资本 100 万元,甲认缴出资 51 万元,占公司 51% 的股权,乙认缴出资 39 万元,占公司 39% 的股权,丙认缴出资 10 万元,占公司 10% 的股权。2021 年 5 月,丙由于经营理念与甲、乙不一致,于是在甲、乙的同意下将股权转让给丁。6 月 1 日,丙与丁签订《股权转让协议》,约定:丙将其所持某软件公司的 10% 股权转让给丁,转让价款为 20 万元。合同签订后,丁按约定给丙支付了上述转让款。

请问:若丙未实际出资,丙与丁签订的股权转让协议还有效吗?

【案例分析】

本案涉及的是股东未履行出资义务便转让股权是否影响股权转让协议效力的问题。

根据《公司法》第七十一条第二款的规定,有限责任公司的股东向股东以外的人转让股权,应当经其他股东过半数同意。《最高人民法院关于适用〈中华人民共和国公司法〉若干问题的规定(三)》第十八条第一款规定,有限责任公司的股东未履行或者未全面履行出资义务即转让股权,受让人对此知道或者应当知道,公司请求该股东履行出资义务、受让人对此承担连带责任的,人民法院应予支持。另外,《民法典》第一百五十三条规定,违反法律、行政法规的强制性规定的民事法律行为无效。

本案中,甲、乙、丙是某软件公司的股东,在甲、乙的同意下,丙在未履行出资义务的情况下便将股权转让给第三人丁,丙、丁签订的《股权转让协议》系双方真实意思表示,不违反法律、行政法规的强制性规定,合法有效。丙未履行出资义务转让的股权属于出资瑕疵股权,该股权虽然具有瑕疵,但仍然具有让与性,不影响丙作为股东行使股权转让的权利,不能因丙未履行出资义务便否定丙和丁间的股权转让合同的效力。公司法虽然规定未履行出资义务或未足额出资的股东对公司负有补缴出资或补足出资额、对其他股东负有违约责任等,但并未规定未履行出资义务的股东不得对外转让股权,因此,丙虽然没有足额出资,但仍然可以将股权转让给卫某。

当然,根据《最高人民法院关于适用〈中华人民共和国公司法〉若干问题的规定(三)》第十九条第一款的规定,若受让人丁知道或应当知道丙未履行出资义务的事实,仍受让该股权,日后公司有权在请求丙履行出资义务的同时,要求受让人丁对未履行出资承担连带责任。

【风险防范建议】

在社会生活中,股权转让经常发生,关于如何防范股东未履行出资义务便转让股权而引起的法律风险,建议如下:

(1)在签订《股权转让协议》前,受让方需要对转让方是否已履行出资义务进行尽职调查,例如,查阅公司的工商登记档案、查阅公司的会计账簿和原始凭证等资料,审查判断股东是否已经完全履行出资义务,必要时,也可以要求股东陈述是否已经履行出资义务并提供相关凭证进行查验。

(2)如果转让股权的股东确实未完全履行出资义务,受让方应当在签订股权转让协议之前与转让方协商如何缴纳出资、由谁承担缴纳出资义务。

(3)如果转让方不愿意继续缴纳出资,也可以考虑在股权转让款中扣除未履行出资义务对应的款项金额,并及时补缴出资款,履行出资义务。

【法条链接】

《民法典》第一百五十三条　违反法律、行政法规的强制性规定的民事法律行为无效。但是,该强制性规定不导致该民事法律行为无效的除外。

违背公序良俗的民事法律行为无效。

《公司法》第七十一条　有限责任公司的股东之间可以相互转让其全部或者部分股权。

股东向股东以外的人转让股权,应当经其他股东过半数同意。股东应就其股权转让事项书面通知其他股东征求同意,其他股东自接到书面通知之日起满三十日未答复的,视为同意转让。其他股东半数以上不同意转让的,不同意的股东应当购买该转让的股权;不购买的,视为同意转让。

经股东同意转让的股权,在同等条件下,其他股东有优先购买权。两个以上股东主张行使优先购买权的,协商确定各自的购买比例;协商不成的,按照转让时各自的出资比例行使优先购买权。

公司章程对股权转让另有规定的,从其规定。

《最高人民法院关于适用〈中华人民共和国公司法〉若干问题的规定(三)》第十三条第一款　股东未履行或者未全面履行出资义务,公司或者其他股东请求其向公司依法全面履行出资义务的,人民法院应予支持。

第十八条 有限责任公司的股东未履行或者未全面履行出资义务即转让股权，受让人对此知道或者应当知道，公司请求该股东履行出资义务、受让人对此承担连带责任的，人民法院应予支持；公司债权人依照本规定第十三条第二款向该股东提起诉讼，同时请求前述受让人对此承担连带责任的，人民法院应予支持。

受让人根据前款规定承担责任后，向该未履行或者未全面履行出资义务的股东追偿的，人民法院应予支持。但是，当事人另有约定的除外。

第二十七章
准 合 同

198. 管理人为避免他人利益受损失而管理他人事务，可以要求受益人偿还因管理产生的费用吗？

【情景案例】

某房地产开发商与甲公司于2021年1月1日签订《前期物业服务合同》，约定由甲公司对A小区提供前期物业服务，并指定陈某为项目负责人。2022年1月，A小区业主委员会以管理不善为由，要求甲公司撤离小区物业管理事务，并要求甲公司与业主委员会财务管理人员刘某办理相关交接工作，同时要求将相关费用转入刘某账户。甲公司随即向刘某退还物业费、保证金等费用12万元。事后，刘某代为对A小区的物业事务进行管理。代为管理期间，刘某向部分小区业主收取物业费1.9万元。代为管理期间所支出的相关费用，未与刘某进行具体结算。直到2022年6月，A小区业主委员会才与乙物业管理有限公司签订《A小区物业管理服务合同》，约定由乙公司对A小区业主委员会小区提供物业服务。

对于刘某代为收取甲公司退还的物业费12万元和代为管理小区期间收取的物业费1.9万元，A小区业主委员会认为是不当得利应当返还业主委员会；刘某认为，在没有相应物业公司对小区管理期间，其从事的工作构成无因管理，管理期间支出的相应费用应从甲公司结算的管理费和收取业主的物管费中扣减。

请问：刘某的说法正确吗？

【案例分析】

本案涉及的是无因管理产生合理费用的承担主体问题。

根据《民法典》第一百二十一条和第九百七十九条的规定，没有法定的或者约定的义务，为避免他人利益受损失而进行管理的人，有权请求受益人偿还由此支出的必要费用。管理人没有法定的或者约定的义务，为避免他人利益受损失而管理他人事务的,可以请求受益人偿还因管理事务而支出的必要费用;管理人因管理事务受到损失的,可以请求受益人给予适当补偿。

无因管理,是指没有法定的或者约定的义务,为避免他人利益受损失而进行管理的行为。

本案中,A 业主委员会于 2022 年 1 月要求甲公司撤离 A 小区,并指定刘某办理相关交接工作。甲公司据此向刘某支付 12 万元的行为是 A 小区业主委员会指示后退还多收款项,刘某收取该 12 万元亦是受 A 业主委员会指示和委托,因此不构成不当得利。甲公司退出小区后,刘某对小区物业服务进行管理,在此期间刘某向部分小区业主收取了物业管理费,其收取物业费是为了向小区提供物业服务,亦不构成不当得利。刘某作为业主委员会财务管理人员,在原物业公司撤离之后、新物业公司进驻之前,主动代为管理小区物业事务的行为,虽未取得业主委员会的正式授权,但业主委员会亦未明确反对,客观上为 A 小区提供了必要的物业管理服务。根据相关法律的规定,刘某代为管理 A 小区物业事务的行为构成无因管理,A 小区业主从中获得了利益。据此,A 小区业主委员会应当对刘某代为管理小区物业期间的支出据实结算支付。

【风险防范建议】

无因管理人在实施管理事务时,应注意以下几点:

(1)在实施管理行为前,应注意以下事项不宜适用无因管理:一是违法行为,如为他人销赃;二是必须经本人授权、同意或者必须由本人亲为的行为,如股东的投票权、演员亲自表演节目;三是违反公序良俗的行为;四是单纯属于管理人自己的事项。

(2)无因管理人有权请求受益人偿还必要费用的支出。所谓必要费用,是指一个理性的管理人在完成管理事务时所支出的合理费用。对于管理事务无益的支出费用,管理人无权请求本人偿还。受益人偿还必要费用及其利息,并不以其是否获得管理利益为前提条件,即使受益人没有因管理人的管理事务而获得管理收益,但只要管理人为管理其事务尽到了合理义务,且没有违背受益人真实意愿的,受益人应当向管理人偿还必要的费用支出。

(3)除受益人的真实意愿违反法律或者违背公序良俗外,不适当无因管理的管理人原则上不享有请求受益人偿还必要费用和补偿损失的权利。

(4)管理人在受益人自己能进行管理时,可以停止管理行为,并将管理事务移交给受益人,但是管理人在开始管理后,中途停止管理行为较不管理对本人更为不利的,管理人不得中断对事务的管理,应当继续管理事务。管理人违反该义务导致受益人的利益受到损害的,管理人应当承担损害赔偿责任。

(5)管理人在管理事务时对受益人有通知的义务。为了促使管理人更好地履行管理中的义务,更好地保护受益人的利益,管理人在开始管理时,在有可能和必要的情况下应当通知本人。在实践中,通知是认定管理人有为他人管理事务意思的重要方式。

【法条链接】

《民法典》第一百二十一条 没有法定的或者约定的义务,为避免他人利益受损失而进行管理的人,有权请求受益人偿还由此支出的必要费用。

第九百七十九条 管理人没有法定的或者约定的义务,为避免他人利益受损失而管理他人事务的,可以请求受益人偿还因管理事务而支出的必要费用;管理人因管理事务受到损失的,可以请求受益人给予适当补偿。

管理事务不符合受益人真实意思的,管理人不享有前款规定的权利;但是,受益人的真实意思违反法律或者违背公序良俗的除外。

第九百八十条 管理人管理事务不属于前条规定的情形,但是受益人享有管理利益的,受益人应当在其获得的利益范围内向管理人承担前条第一款规定的义务。

第九百八十一条 管理人管理他人事务,应当采取有利于受益人的方法。中断管理对受益人不利的,无正当理由不得中断。

第九百八十二条 管理人管理他人事务,能够通知受益人的,应当及时通知受益人。管理的事务不需要紧急处理的,应当等待受益人的指示。

第九百八十三条 管理结束后,管理人应当向受益人报告管理事务的情况。管理人管理事务取得的财产,应当及时转交给受益人。

第九百八十四条 管理人管理事务经受益人事后追认的,从管理事务开始时起,适用委托合同的有关规定,但是管理人另有意思表示的除外。

199. 企业不小心将钱转到他人银行账号的,怎么办?

【情景案例】

甲公司是一家服装制造企业,由沈某与韩某共同创办。杨某系甲公司的出纳,于2021年5月入职。6月3日,杨某在银行转账时不小心将一笔30万元的货款转错了,本来是想转给乙公司,但转到丙公司的账户上去了。丙公司系甲公司5年前的原材料供应商,多年没有合作。杨某发现转错后,马上向某银行反馈情况,希望某银行能将款退回来,但某银行称按规定不能退款,建议杨某找乙公司协商解决,如果协商不成,可通过诉讼解决。

请问:某银行的说法符合法律规定吗?

【案例分析】

本案涉及的是不当得利利益返还的法律问题。

根据《民法典》第九百八十五条和第九百八十七条的规定，得利人没有法律根据取得不当利益的，受损失的人可以请求得利人返还取得的利益。得利人知道或者应当知道取得的利益没有法律根据的，受损失的人可以请求得利人返还其取得的利益并依法赔偿损失。

本案中，丙公司系甲公司5年前的原材料供应商，双方已无业务往来，丙公司收取甲公司30万元款项无合法根据，应认定为不当得利。甲公司有权向人民法院起诉，要求丙公司返还该款项，丙公司抗辩的，应当对自己取得财物或者钱款“有法律上的原因”承担举证责任。无法举证证明的或证据不足以证实的，应当承担举证不利的后果。结合本案，某银行的说法符合法律规定。

【风险防范建议】

不当得利的法律事实发生以后，就在不当得利人与利益所有人之间产生了一种权利义务关系，即利益所有人有权请求不当得利人返还不应得的利益，不当得利者有义务返还。这在双方之间产生了一种债的关系。在司法实践中，相关当事人应注意以下几点：

(1)给付系履行道德上的义务不构成不当得利，如对亲属误以为有抚养义务而抚养，对救治自己生命的人支付报酬，对促进婚姻缔结的中间人支付报酬，民间的礼尚往来等。

(2)受损方应保留相关给付的证据，如付款凭证、履行合同的相关证据，以便据此请求他人返还利益或支付对价。

(3)不当得利行为也可能构成刑法上的财产犯罪，如侵占、盗窃、诈骗等罪，构成犯罪的，需要承担相应的刑事责任。

(4)实践中，民间借贷纠纷中出借人因证据不足败诉，有可能以不当得利为由另行起诉。但是，不当得利作为一种独立的法律制度，具有严格的构成要件及适用范围，不能作为当事人在其他具体民事法律关系中缺少证据时的请求权基础。原告以不当得利起诉，则应当对符合不当得利法律构成之事实举证，若主张事实成立，举证责任发生转移，由被告举证证明其占有钱款的合法性。

【法条链接】

《民法典》第九百八十五条 得利人没有法律根据取得不当利益的，受损失的人可以请求得利人返还取得的利益，但是有下列情形之一的除外：

（一）为履行道德义务进行的给付；

（二）债务到期之前的清偿；

（三）明知无给付义务而进行的债务清偿。

第九百八十七条　得利人知道或者应当知道取得的利益没有法律根据的，受损失的人可以请求得利人返还其取得的利益并依法赔偿损失。

第九百八十八条　得利人已经将取得的利益无偿转让给第三人的，受损失的人可以请求第三人在相应范围内承担返还义务。